Guia

de condicionamento físico

Guia

de condicionamento físico
Diretrizes para elaboração de programas

National Strength and Conditioning Association (NSCA)

Jay R. Hoffman

University of Central Florida, Orlando
EDITOR

Manole

Título original em inglês: *NSCA's Guide to Program Design*
Copyright © 2012 by the National Strength and Conditioning Association.
Publicado mediante acordo com a Human Kinetics. Todos os direitos reservados.

Este livro contempla as regras do Novo Acordo Ortográfico da Língua Portuguesa.

Editor gestor: Walter Luiz Coutinho
Editora de traduções: Denise Yumi Chinem
Edição: Regiane da Silva Miyashiro

Tradução: Sueli Rodrigues Coelho

Consultoria técnica: Orlando Laitano
        Professor de Fisiologia do Exercício da Universidade Federal do Vale do São Francisco (Univasf)
        Doutor em Ciências do Movimento Humano pela Universidade Federal do Rio Grande do Sul (UFRGS)
          e pela Brunel University, Inglaterra
        Mestre em Ciências do Movimento Humano pela UFRGS
        Especialista em Medicina Esportiva e Ciências da Saúde pela Pontifícia Universidade Católica do Rio
          Grande do Sul (PUC-RS)
        Graduado em Educação Física pela Universidade Luterana do Brasil (Ulbra)

Revisão de tradução e revisão de prova: Depto. editorial da Editora Manole
Projeto gráfico e diagramação: Lira Editorial
Capa: Ricardo Yoshiaki Nitta Rodrigues

Dados Internacionais de Catalogação na Publicação (CIP)
(Câmara Brasileira do Livro, SP, Brasil)

Guia de condicionamento físico : diretrizes para
    elaboração de programas / Jay R. Hoffman, editor ;
    consultor técnico Orlando Laitano ; [traduzido
    por Sueli Rodrigues Coelho]. -- Barueri, SP :
    Manole, 2015.

    Título original: NSCA's guide to program
design.
    Bibliografia.
    ISBN 978-85-204-3591-5

    1. Aptidão física 2. Condicionamento físico
3. Educação física 4. Exercícios físicos I. Hoffman,
Hay R.

14-07977   CDD-613.7

Índices para catálogo sistemático:
1. Condicionamento físico: Educação física
613.7

Edição brasileira – 2015

Direitos em língua portuguesa adquiridos pela:
Editora Manole Ltda.
Av. Ceci, 672 – Tamboré
06460–120 – Barueri – SP – Brasil
Fone: (11) 4196–6000
Fax: (11) 4196–6021
www.manole.com.br
info@manole.com.br

Impresso no Brasil
Printed in Brazil

Nota: Foram feitos todos os esforços para que as informações contidas neste livro fossem o mais precisas possível.
Os autores e os editores não se responsabilizam por quaisquer lesões ou danos decorrentes da aplicação das informações
aqui apresentadas.

Sumário

Prefácio

Em meus 30 anos como atleta, treinador e cientista, vi enormes mudanças na área de força e condicionamento. No início de minha carreira, força e condicionamento, pelo menos na América do Norte, eram um fenômeno associado principalmente ao futebol americano. De fato, a maior parte dos treinadores de força surgiu desse esporte. Quando a posição de treinador de força e condicionamento passou a ser remunerada, geralmente ela se limitava aos programas de futebol americano. Muitos outros esportes mantinham-se longe da sala de musculação, visto que se acreditava que o treinamento de força tornaria os atletas muito musculosos e comprometeria sua habilidade de jogar basquete, beisebol ou qualquer outro esporte. Só depois da metade da década de 1990 é que treinadores de força passaram a ser contratados por times da divisão principal de beisebol e pela associação americana de basquete. Hoje em dia, todos os times profissionais dos principais esportes nos Estados Unidos e toda a primeira divisão de programas de atletismo da National Collegiate Athletic Association (NCAA) possuem profissionais de força e condicionamento que trabalham em período integral.

A National Strength and Conditioning Association (NSCA) passou a definir padrões internacionais na área, com mais de 30.000 membros que representam 52 países. Por meio da educação, da ciência e, claro, dos atletas que se tornaram os indicadores dessa tendência em seus respectivos esportes, os benefícios associados a programas de treinamento adequadamente elaborados estão surgindo. Os atletas de hoje são maiores, mais rápidos, mais fortes e mais ágeis em decorrência do treinamento, da orientação e da supervisão que recebem. Melhorias tecnológicas e nutricionais também ajudaram a proporcionar equipamentos de treinamento mais eficazes, específicos e seguros, além de informações importantes sobre nutrição, tudo prontamente disponível para treinadores e atletas. Contudo, mesmo os melhores especialistas e os centros de treinamento mais bem equipados terão resultados modestos, na melhor das hipóteses, sem um programa de força e condicionamento bom, progressivo e adequadamente desafiador para guiar o desenvolvimento dos atletas.

Apesar da proliferação dos cargos de treinador de força e dos recursos disponíveis a profissionais e atletas, parece que a missão básica da NSCA é ainda mais necessária do que antes. Todos os anos, atletas sofrem lesões, ou até mesmo morrem, durante treinamentos de condicionamento fora de temporada. Alguns treinadores começaram a se afastar dos resultados de pesquisas comprovadas ao desenvolverem seus programas de força e condicionamento e passaram a seguir programas que buscam desenvolver a força mental ou que são erroneamente elaborados para um atleta específico em uma época específica do ano. Programas que não se baseiam em evidência científica podem aumentar desnecessariamente os riscos associados ao treinamento de força e condicionamento.

Felizmente, há uma grande variedade de experiências e pesquisas a se consultar, que permitem identificar exatamente o tipo de treinamento que produzirá os resultados desejados para atletas de todos os tipos. Este livro oferece orientações para a elaboração de programas de treinamento com base científica. Os Capítulos 1 e 2 fornecem a base de um bom programa de força e condicionamento específico para cada esporte ao detalhar o processo de análise das necessidades de um atleta e a avaliação da eficácia de um programa de treinamento. No Capítulo 3, são apresentadas recomendações de aquecimento para melhorar o desempenho e evitar lesões em todos os tipos de programas de treinamento.

Os Capítulos 4 a 10 apresentam uma análise detalhada sobre elaboração de programas para vários tipos de treinamento, incluindo percepções sobre o desenvolvimento de força, potência, condicionamento anaeróbio, resistência aeróbia, agilidade, velocidade e equilíbrio nos atletas. São detalhadas evidências de pesquisas para recomendações de treinamento, bem como práticas e exercícios. Finalmente, os Capítulos 11 e 12 reúnem todas essas informações para mostrar aos profissionais como elaborar programas de treinamento completos e eficazes. O Capítulo 11 apresenta uma discussão aprofundada sobre a teoria e a prática da periodização. O Capítulo 12 discute a implementação do programa de treinamento e apresenta exemplos do mundo real, além de várias amostras de exercícios. Ao longo de todo o texto, quadros de referência ao Capítulo 12 ajudam o leitor a fazer a conexão entre o entendimento aprofundado dos vários modos de treinamento e a implementação do programa completo.

Este livro ajuda a eliminar a especulação e os erros que treinadores e atletas consideram tão frustrantes. Ele também oferece uma extensa lista de referências para pesquisa a todos os leitores que queiram explorar tópicos específicos mais a fundo. Por meio deste texto, e contando com a riqueza de informações sobre força e condicionamento agora disponível, treinadores e outros profissionais de áreas relacionadas podem continuar a elaborar programas seguros e eficazes para o público e para os atletas com os quais trabalham.

Jay R. Hoffman, PhD

Agradecimentos

Este livro é uma ponte entre o amor pela atividade atlética e o desejo de compreender a melhor maneira de maximizar o desempenho humano. Essa é exatamente a missão que a National Strength and Conditioning Association (NSCA) assumiu. Tem sido uma honra trabalhar com pessoas tão apaixonadas cujo objetivo principal é compartilhar o conhecimento e garantir a disseminação dele, para que treinadores e atletas possam alcançar seus objetivos com o menor risco possível de lesões. Obrigado a todos esses sensacionais colaboradores!

Para Yaffa, Raquel, Mattan e Ariel: se um homem é julgado pelo caráter de seus filhos e pelo amor de sua mulher, então eu fui realmente abençoado.

Sobre o editor

 Jay R. Hoffman, PhD, é professor de ciência do exercício na University of Central Florida e coordenador do programa de ciência do exercício e esporte dessa universidade. Há muito tempo reconhecido como especialista na área de fisiologia do exercício, Hoffman tem mais de 150 trabalhos publicados em revistas científicas, capítulos de livros e livros completos, e já fez palestras em mais de 300 conferências e encontros nacionais e internacionais. Ele também possui mais de 17 anos de experiência como treinador de atletas universitários e profissionais. Essa combinação de prática e teoria proporciona a ele uma perspectiva única, escrevendo tanto para treinadores quanto para professores do ensino superior.

Em 2009, Hoffman foi eleito presidente da National Strength and Conditioning Association (NSCA). Em 2005, recebeu o prêmio de profissional de destaque em cinesiologia pela Neag School of Education da University of Connecticut, e, em 2007, o prêmio de cientista esportivo do ano pela NSCA. Ele também foi premiado em 2000 como pesquisador júnior de destaque pela NSCA. É associado ao American College of Sports Medicine e faz parte da diretoria da Federação de *Bobsled* e *Skeleton* dos Estados Unidos. É autor dos livros *Physiological Aspects of Sport Training and Performance* (Human Kinetics, 2000) e *Norms for Fitness, Performance, and Health* (Human Kinetics, 2006).

Colaboradores

Abbie E. Smith, PhD, CSCS*D, CISSN
University of North Carolina, Chapel Hill

Andy V. Khamoui, MS, CSCS
The Florida State University, Tallahassee

Avery D. Faigenbaum, EdD, CSCS*D, FNSCA, FACSM
The College of New Jersey, Ewing

Brett A. Comstock, MA
University of Connecticut, Storrs

Courtenay Dunn-Lewis, MA
University of Connecticut, Storrs

Erin E. Haff, MA
Edith Cowan University, Joondalup, Western Australia

G. Gregory Haff, PhD, ASCC, CSCS*D, FNSCA
Edith Cowan University, Joondalup, Western Australia

James E. Clark, MS
University of Connecticut, Storrs

Jay R. Hoffman, PhD, CSCS*D, FNSCA
University of Central Florida, Orlando

Joel T. Cramer, PhD, CSCS*D, FACSM, FISSN, FNSCA, NSCA–CPT*D
Oklahoma State University, Stillwater

John F. Graham, MS, CSCS*D, FNSCA
Lehigh Valley Health Network, Allentown, Pensylvania

Lee E. Brown, EdD, CSCS*D, FACSM, FNSCA
California State University, Fullerton

Nejc Sarabon, PhD
University of Ljubljana, Slovenia

Nicholas A. Ratamess, PhD, CSCS*D, FNSCA
The College of New Jersey, Ewing

Prue Cormie, PhD
Edith Cowan University, Joondalup, Western Australia

Robert U. Newton, PhD, CSCS*D, FNSCA
Edith Cowan University, Joondalup, Western Australia

William J. Kraemer, PhD, CSCS, FNSCA
University of Connecticut, Storrs

Análise das necessidades do atleta

William J. Kraemer, PhD, CSCS, FNSCA
Brett A. Comstock, MA
James E. Clark, MS
Courtenay Dunn-Lewis, MA

No início da década de 1980, pesquisas na área da ciência do exercício haviam demonstrado que mudanças em variáveis específicas relacionadas ao exercício influenciavam o tipo de adaptações e melhorias vistas no desempenho. O conceito de *variáveis críticas de um programa de treinamento* foi apresentado para descrever melhor todos os componentes de um exercício.[18] Essas variáveis críticas de um programa de exercícios, bem estabelecidas durante os últimos 25 anos, consistem no seguinte:

- Escolha do exercício
- Ordem do exercício
- Força aplicada
- Número de séries
- Tempo de repouso entre as séries e exercícios

Também se estabeleceu naquela época que um programa de treinamento eficaz precisava ser adaptado às exigências específicas do esporte praticado.[19] As muitas escolhas dentro de cada um dos domínios dessas variáveis críticas exigiam um processo preliminar para obter informações sobre o esporte e o atleta. O conceito de uma análise das necessidades foi introduzido, fazendo o processo de prescrição de exercício refletir as escolhas feitas para cada uma das variáveis críticas e estabelecer um programa adequado para um treinamento periodizado ideal.[21] Isso forneceu um paradigma teórico para a elaboração de programas para esportes diferentes e, mais importante, para os atletas individualmente.

Uma análise das necessidades responde a três perguntas gerais:

1. Quais são as demandas metabólicas do esporte?
2. Quais são as demandas biomecânicas do esporte?
3. Quais são as lesões comuns vistas no perfil desse esporte?

A análise das necessidades, os dados de testes iniciais e as avaliações dos atletas e do esporte permitem a elaboração de programas inteligentes.[9] Esse processo, juntamente com os dados de testes iniciais, ajuda os profissionais de força e condicionamento a examinar a base de condicionamento geral, o condicionamento específico do esporte e o histórico de lesões dos atletas, bem como as demandas fisiológicas e biomecânicas do esporte e seu risco potencial de lesões. Reunindo essas informações preliminares, eles podem fazer escolhas adequadas em relação à elaboração do programa, testes necessários para monitorar o progresso e outras avaliações necessárias aos atletas de determinado esporte.[2] Isso permite a eles compreender melhor as necessidades do programa de força e condicionamento e desenvolver objetivos de treinamento apropriados.[9] Desse modo, o objetivo principal da análise das necessidades é desenvolver um programa de condicionamento total para melhorar o desempenho atlético e diminuir a ocorrência de lesões.[21]

DEMANDAS METABÓLICAS DO ESPORTE

Nem todos os esportes são realizados sob as mesmas condições metabólicas. A via metabólica predominante varia de acordo com as demandas do esporte. Ela também pode ser específica aos músculos que são utilizados. Quando um músculo é ativado no processo de recrutamento para produção de força, a quantidade de energia usada e a fonte do sistema energético predominante podem variar, ainda que a maioria dos esportes possua um perfil metabólico inerente e reconhecível que varia, em sua natureza, de altamente aeróbio a altamente anaeróbio. Como mostrado na Tabela 1.1, eventos de resistência aeróbia e de ultrarresistência (p. ex., maratona, triatlo) estão em um extremo da lista, e eventos de curtíssima duração ou de explosão de força/potência (p. ex., arremesso de peso, levantamento de peso na modalidade arremesso), no outro extremo. Entre esses dois extremos estão esportes que usam uma combinação desses sistemas metabólicos durante a competição. O metabolismo muda rapidamente com base nas demandas externas, o que permite variações significativas no sistema anaeróbio no momento de um *sprint* e depois no sistema aeróbio durante a recuperação (p. ex., um jogador de futebol disparando pelo campo e depois voltando mais lentamente para sua posição em direção ao campo adversário). A Tabela 1.1 apresenta o perfil geral da dominância de energia para vários esportes.

TABELA 1.1 Demandas energéticas aproximadas para vários esportes

Esporte	Sistema ATP-CP	Sistema de ácido láctico	Sistema aeróbio
Arco e flecha	100	–	–
Basquete	20	20	60
Beisebol	95	5	–
Boliche	100	–	–
Boxe	30	45	25
Ciclismo de estrada	10	10	80
Corrida (curta distância)	90	5	5
Corrida (longa distância)	5	5	90
Corrida (média distância)	15	50	35
Corrida de carros	30	10	60
Esgrima	85	10	5
Esqui (*downhill*)	35	25	40
Futebol	15	25	60
Futebol americano	70	25	5
Ginástica artística	90	5	5
Hóquei na grama	20	25	55
Hóquei no gelo	30	30	40
Lacrosse	20	25	55
Luta livre	30	45	25
Maratona	–	–	100
Natação (distâncias)	10	10	80
Natação (*sprint*)	75	25	–
Provas de campo	100	–	–
Remo	10	40	50

(continua)

TABELA 1.1 Demandas energéticas aproximadas para vários esportes (*continuação*)

Rúgbi	25	25	50
Skateboarding	80	10	10
Tênis	50	5	45
Vôlei	80	15	5

Apesar de parecer existir uma ênfase no treinamento metabólico no domínio da atividade atlética, é importante avaliar cuidadosamente as demandas metabólicas reais do esporte antes de prescrever exercícios. As demandas metabólicas podem ser calculadas como um perfil metabólico total do esporte. Pode-se estimar qual será o metabolismo predominante para os principais músculos usados, com base em uma análise do tempo-movimento do esporte. Por exemplo, as demandas metabólicas do beisebol são predominantemente relacionadas ao sistema ATP--CP; desse modo, programas com períodos de repouso curtos, que exigem muito do sistema de ácido láctico (glicólise), não são realmente necessários.[9,21,26]

Muitos programas de treinamento relacionados ao desenvolvimento de força e potência máximas exigem que os atletas estejam descansados e recuperados ao realizar os exercícios.[20] Portanto, um programa que exige muito do sistema de ácido láctico e leva à fadiga pode comprometer outros aspectos do treinamento. Os protocolos de repouso curto frequentemente prescritos constituem apenas um estilo de treinamento dentro de uma vastidão de exercícios que podem ser indicados para os atletas. Portanto, o condicionamento específico para o esporte deve incluir tentativas de treinar os mesmos sistemas metabólicos utilizados no esporte. Além disso, esse método permite que os atletas pratiquem força e potência dentro do contexto do metabolismo de seus respectivos esportes.

O trifosfato de adenosina (ATP) é a molécula de energia do corpo. Ela é produzida pelos sistemas energéticos aeróbio e anaeróbio. Todas as fibras musculares usam moléculas de ATP como fonte de combustível durante o exercício para produzir energia química e, por fim, mecânica. O ATP é um elemento essencial no mecanismo de deslizamento dos filamentos na contração muscular que produz a força. As principais preocupações nos esportes incluem a quantidade de energia ATP requerida, o quão rapidamente ela deve estar disponível e se as condições metabólicas presentes podem ser toleradas. Logo, os programas de condicionamento devem enfatizar a melhoria da capacidade de produzir energia e tolerar as demandas metabólicas dos esportes (p. ex., compare uma corrida de 100 m, uma de 800 m e uma maratona).

Geralmente, a fisiologia de um esporte pode ser descrita pelas demandas energéticas desse esporte (i. e., aeróbia ou anaeróbia). Ainda que os esportes sejam classificados como aeróbios ou anaeróbios, é importante lembrar que nenhuma competição esportiva demandará esforço apenas de um único sistema energético (Fig. 1.1). Além disso, a ideia de energia pode ser estendida para incluir esportes de resistência (aeróbia) cardiorrespiratória, *sprint,* força e potência. Conforme os atletas se movem dentro dessa cascata de energia e sistemas de combustível, o nível de oxigênio exigido dentro do sistema varia de baixo (nada de oxigênio necessário para realizar determinada tarefa, como levantar um peso apenas uma vez) a alto, sendo predominantemente dependente do sistema aeróbio para a produção de ATP, a fim de manter a atividade (p. ex., correr uma maratona).

Os sistemas de energia utilizados pelo corpo em um treinamento ou durante um esporte são os seguintes:

- Fosfagênio (sistema ATP-CP)
- Glicólise (sistema de ácido láctico)
- Ciclo de Krebs ou ciclo do ácido cítrico (sistema aeróbio)

O sistema ATP-CP suporta imediatamente a contração muscular, já que usa a energia obtida da reserva intramuscular de ATP e fosfato de creatina (CP). Esse sistema é tipicamente utilizado durante atividades físicas de curta duração e alta intensidade. O outro sistema anaeróbio, mais conhecido como *sistema de ácido láctico,* é chamado de *glicólise.* A glicólise resulta na produção de ATP a partir da quebra da glicose no sarcoplasma das fibras musculares. A glicose pode ser obtida tanto a partir da glicose do sangue quanto a partir das reservas intramusculares de glicogênio. Logo, é uma fonte de energia ATP não tão rápida quanto o sistema ATP-CP.

Na maioria das vezes chamado de *ciclo de Krebs* ou *ciclo de ácido cítrico,* o sistema aeróbio é o sistema mais robusto para a produção de energia ATP, no entanto é o mais lento em levar o ATP para a musculatura ativa. O sistema aeróbio é obviamente muito importante na realização de atividades de resistência aeróbia cardiorrespiratória, em razão de sua capacidade de produzir grandes quantidades de ATP sem gerar os produtos da fadiga. Ele difere da glicólise pelo fato de carboidratos, gorduras e proteínas poderem entrar no ciclo aeróbio para a quebra e produção final de ATP pelo sistema de transporte de elétrons na mitocôndria.

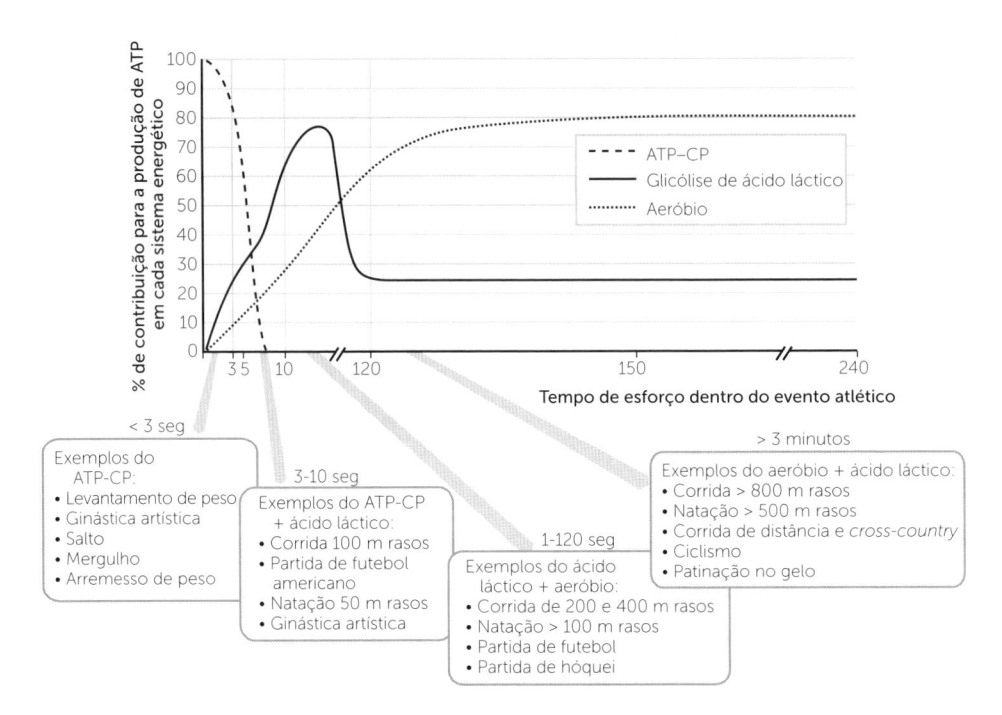

FIGURA 1.1 Contribuições dos três sistemas energéticos para o desempenho atlético no decorrer do tempo. Conforme aumenta a duração de um movimento, o sistema energético principal em uso muda do sistema ATP-CP para o sistema de ácido láctico (glicólise) e, finalmente, para o sistema aeróbio.

Geralmente, o ciclo ATP-CP começa a gerar fadiga e exaustão cerca de 6 segundos após o início do exercício. Se o exercício se estender para além desse tempo, a via glicolítica passa a assumir o controle, fornecendo a energia necessária para o atleta continuar. No entanto, a via glicolítica é um sistema de energia de vida curta, que dura apenas alguns minutos. Isso significa que se a intensidade do exercício permitir aos atletas manter a atividade por mais de 1 minuto ou 2, então eles precisarão mudar muito provavelmente para o sistema final de energia (metabolismo aeróbio) para se manterem, mesmo durante um exercício intenso.

Seja qual for o esporte e a posição em que jogam, os atletas devem ser capazes de atingir e, preferencialmente, exceder as demandas metabólicas do esporte. Isso significa simplesmente que os atletas precisam suportar o estresse (metabólico, biomecânico e físico) do esporte pelo tempo da competição. Um programa de treinamento elaborado de maneira adequada deve ter demandas metabólicas que se aproximem das demandas do esporte. No entanto, por causa do *timing* dos movimentos individuais dentro do evento, pode ser necessário indicar exercícios personalizados que aumentem a habilidade de tolerar as demandas metabólicas. Por exemplo, considere as enormes diferenças de demanda metabólica entre um meio-campo e um goleiro no futebol, ou entre um ala e um goleiro no hóquei no gelo. O programa de condicionamento deve ser específico à análise fisiológica de cada posição.

A fim de determinar os requisitos e protocolos de teste e treinamento mais apropriados para os atletas individualmente, é preciso compreender o equilíbrio entre os sistemas energéticos e combustíveis usados dentro de um esporte. Alguns exercícios dentro de um programa de treinamento periodizado devem imitar o metabolismo do esporte. Por exemplo, lutadores precisam desenvolver força e potência, mas também precisam realizar atividades de condicionamento com períodos curtos de repouso, de modo que desenvolvam capacidade de armazenamento para que possam expressar seu máximo de força e potência muscular sob as condições metabólicas do esporte (i. e., níveis altos de ácido láctico e valores baixos de pH no sangue).[24] É por isso que um programa de treinamento eficaz deve incorporar vários exercícios e que atletas diferentes exigem programas diferentes.[9]

DEMANDAS BIOMECÂNICAS DO ESPORTE

A próxima etapa da análise das necessidades é uma avaliação biomecânica básica, baseada nos tipos de movimento generalizado dos membros e do corpo que ocorrem durante um evento atlético. Isso inclui a posição do corpo no espaço, o *timing* e a coordenação das várias partes do corpo necessárias para executar os movimentos desejados, a velocidade do corpo do atleta (ou de partes do corpo) durante o movimento desejado e o tempo de esforço do atleta.[6] Além de um exame das ações do principal músculo usado e dos planos do movimento nos quais essas ações ocorrem (i. e., sagital, frontal, transverso), treinadores de força e condicionamento podem examinar o padrão do movimento, as articulações envolvidas durante a competição, o padrão das ações musculares e os planos de movimento nos quais as ações ocorrem.

Ao realizar essa análise biomecânica bem básica dos movimentos atléticos exigidos no esporte, um profissional de força e condicionamento pode determinar os aspectos-chave do movimento, incluindo o tipo de movimento envolvido, a amplitude de movimento das articulações durante a atividade, a velocidade necessária do movimento, o padrão da ação muscular durante os movimentos e as demandas metabólicas do esporte ou evento com base no tempo de duração de cada esforço dentro do evento atlético.[34] Esses fatores são importantes no momento de escolher os exercícios a serem aplicados em um programa de treinamento. Essa análise dos planos de movimento e do tipo de ações musculares usadas ajuda os profissionais de força e condicionamento a escolher exercícios de força que sejam biomecanicamente similares às demandas do esporte. A partir desses padrões generalizados de movimento, eles podem se concentrar nos movimentos específicos exigidos para a realização de várias habilidades esportivas.

Descrição dos movimentos do esporte

O padrão geral do movimento será descrito como estático ou dinâmico dentro de um plano ou planos específicos de movimento.[34] O chamado movimento dinâmico pode ser descrito, ainda, como *aberto* ou *fechado*.[34] Quando o movimento é aberto, a mão ou o pé ficam livres para se mover e o corpo permanece relativamente estático (Fig. 1.2). Em um movimento fechado, a mão ou o pé permanecem relativamente estáticos e o corpo se move com relativa liberdade (Fig. 1.3).

FIGURA 1.2 Chutar uma bola de futebol é um exemplo de movimento de cadeia aberta no esporte.

FIGURA 1.3 Jogadores de futebol americano se empurrando um contra o outro durante um bloqueio é um exemplo de movimento de cadeia fechada no esporte.

Três tipos principais de ações musculares são usados nas habilidades esportivas (isométrica, concêntrica e excêntrica). A ação isométrica não resulta em mudança na extensão do músculo (o músculo produz força igual à força aplicada na ligação óssea do músculo). O movimento concêntrico do músculo diminui sua extensão (o músculo produz mais força do que a força aplicada em sua ligação óssea). O movimento excêntrico resulta em um alongamento do músculo (a força aplicada na ligação óssea do músculo é maior do que a força produzida por ele). Compreender esses três tipos de ação garante que se atinja o efeito desejado.

Além do tipo do movimento, outro elemento a se considerar é a velocidade do movimento, ou velocidade angular da articulação envolvida. A descrição da velocidade do movimento é geralmente dada em referência ao movimento do membro ou velocidade rotacional do corpo ao redor de um eixo central (vertebral).[34] Ainda que a medição precisa da velocidade do movimento exija equipamentos sofisticados, os profissionais de força e condicionamento podem usar seu melhor julgamento para estimar a velocidade de que os atletas precisam no esporte. O ponto importante na análise da velocidade do movimento é observar as articulações essenciais aos movimentos dentro da ação. Para a maioria dos movimentos atléticos, isso envolve observar a velocidade do movimento do quadril, joelho ou tornozelo e do ombro, cotovelo, punho ou mão.[34] Além disso, deve-se prestar atenção ao posicionamento e ao movimento do tronco durante os movimentos atléticos.[6,33,34]

Além do tipo e velocidade do movimento, também é preciso considerar a velocidade do desenvolvimento da força muscular exigida tanto para executar o movimento atlético quanto para estabilizar o tronco e corpo durante esse movimento[6,33] (p. ex., manter o tronco ereto durante um movimento de ataque no vôlei). Por meio de uma análise cuidadosa dos padrões do movimento, treinadores de força e condicionamento podem determinar e distinguir quando a ação muscular está causando o movimento, estabilizando o corpo em uma posição estática ou controlando a carga de um membro a partir de uma força externa.[33,34] Geralmente, entende-se que a aceleração do corpo ou membro é conseguida por meio de uma contração concêntrica, enquanto a desaceleração do corpo ou membro é conseguida mediante uma concentração excêntrica.[34] Quando o corpo ou membro está sendo estabilizado sem movimento, a contração é considerada isométrica.[34]

Além disso, ao analisar os movimentos e as ações musculares dentro do esporte do atleta, os profissionais de força e condicionamento também podem determinar o sistema energético que está sendo utilizado.[27] Eles podem usar a análise do movimento para determinar o tempo de duração para cada um dos pontos individuais do esforço, de modo que o programa de condicionamento possa se alinhar às demandas energéticas do esporte.[3,5,23] Para os profissionais de força e condicionamento com esse tipo de análise, interessa determinar por quanto tempo o atleta estará ativamente envolvido em um movimento atlético durante um evento esportivo. Essa análise lhes proporciona um guia para estabelecer as demandas metabólicas do programa de condicionamento em relação ao tempo de esforço, tempo de repouso disponível dentro de um evento esportivo e os tipos de força muscular que o atleta precisa produzir (p. ex., arremesso de peso *vs.* uma luta *vs.* uma corrida de 10 km). A partir dessa análise de tempo, os profissionais de força e condicionamento podem trabalhar as diversas variáveis do treinamento para gerar esquemas que proporcionem tanto estresse neurológico quanto metabólico[3-5,7,23] que permitam adaptações relacionadas às necessidades do esporte a ser praticado.[19,32]

Análise biomecânica na prática

A fim de entender o movimento que está sendo analisado, os profissionais de força e condicionamento devem usar as quatro questões a seguir. Primeiro, quais são os padrões do movimento (i. e., concêntrico, excêntrico ou isométrico), e em quais planos eles ocorrem? Segundo, quais articulações são envolvidas durante a atividade? Terceiro, quais músculos são recrutados, e quais são as ações musculares? Por fim, por quanto tempo o atleta ficará ativamente envolvido no evento atlético? Com essas questões principais, os profissionais de força e condicionamento podem determinar as demandas impostas ao corpo durante o esporte.[6,33,34] O objetivo final da análise é trabalhar e combinar as principais variáveis que governam a elaboração do programa para alinhar o metabolismo e os movimentos envolvidos no esporte.

Normalmente, as avaliações biomecânicas exigem que os profissionais de força e condicionamento analisem vídeos dos atletas durante a prática do esporte. Aqueles sem acesso a equipamentos avançados de vídeo podem fazer esse tipo de análise assistindo vídeos simples de atletas durante treinamentos ou jogos. A seguir, são apresentados alguns procedimentos bastante básicos para a análise do vídeo que podem ser seguidos pelos profissionais de força e condicionamento.[9]

1. Assista a um vídeo de uma atividade atlética.
2. Selecione um movimento específico no esporte (p. ex., salto e arremesso no basquete, ou uma derrubada em luta). Para analisar completamente o esporte, pode ser necessário examinar vários movimentos ou habilidades. Veja a sequência inteira da competição para ter uma ideia das exigências do esporte.
3. Identifique as articulações nas quais ocorrem as ações musculares mais intensas. Corrida e saltos, p. ex., envolvem ações musculares intensas no joelho, quadril e tornozelo, mas um esforço intenso não envolve necessariamente movimento, uma força isométrica considerável pode ser exercida em uma articulação pela flexão ou extensão sob estresse externo.
4. Determine se o movimento é concêntrico, isométrico ou excêntrico.
5. Para cada articulação identificada acima, determine o alcance do movimento angular. Observe como o ângulo da articulação muda durante o movimento e em qual plano ele ocorre.
6. Tente determinar onde ocorrem os esforços mais intensos dentro do movimento ao redor de cada articulação em particular. Algumas vezes, caretas ou músculos tensos vistos no vídeo podem ajudar a identificar o pico da intensidade.
7. Calcule a velocidade do movimento nas fases inicial, intermediária e final do movimento. Se estiver usando o vídeo, determine o tempo entre os quadros para examinar o movimento durante o tempo da atividade.

8. Selecione exercícios que combinem o alcance do movimento dos membros com a velocidade angular, assegurando-se de que os exercícios sejam devidamente concêntricos, isométricos ou excêntricos.

Por meio desse tipo de análise biomecânica, os profissionais de força e condicionamento podem ter certeza de que os programas de treinamento refletem essas demandas (Tab. 1.2).

É importante lembrar, ainda, que a análise dos movimentos do esporte e a combinação dos exercícios adequados na sala de musculação são essenciais para os programas de treinamento de força em relação à natureza específica do esporte, muitos exercícios podem ser considerados universais, já que todos os atletas precisam deles. Esses exercícios incluem agachamentos, movimentos de puxar (p. ex., arranque) e levantamentos, como o supino reto. Tais exercícios fornecem o núcleo ao redor do qual um programa é construído. A integração dos movimentos de exercícios para várias articulações no corpo é importante porque exercícios apenas para uma única articulação não conseguem melhorar a coordenação neurológica entre as articulações.

TABELA 1.2 Padrões do movimento biomecânico

Tipo de movimento	Análise descritiva	Tipo de movimento	Análise descritiva
Flexão	Movimento da mão ou pé em direção ao tronco Movimento do braço ou perna em frente ao corpo	Supinação	Virar a mão de modo que a palma esteja voltada para cima Virar o pé sobre a borda externa, de modo que a região medial da planta se afaste do chão (aumentando o arco do pé)
Extensão	Movimento da mão ou pé para longe do tronco Movimento do braço ou perna para trás do corpo	Pronação	Virar a mão de modo que a palma esteja voltada para baixo Virar o pé sobre a borda interna, de modo que a região lateral da planta se afaste do chão (diminuindo o arco do pé)
Abdução	Movimento do braço ou perna para longe da linha mediana do corpo	Inversão	Virar o pé de modo que o hálux se mova para dentro e em direção ao nariz
Adução	Movimento do braço ou perna em direção à linha mediana do corpo	Eversão	Virar o pé de modo que o quinto dedo se mova para fora e em direção ao nariz

(continua)

TABELA 1.2 Padrões do movimento biomecânico (*continuação*)

Rotação medial	Rotação do úmero ou fêmur para dentro (na articulação do ombro ou quadril, respectivamente)	Desvio	Deslizar o punho e a mão em direção ao lado do polegar (radial) ou dedo mínimo (ulnar)
Rotação lateral	Rotação do úmero ou fêmur para fora (na articulação do ombro ou quadril, respectivamente)	Circundução	Movimento da articulação do ombro em todas as direções, fazendo um movimento circular ao redor do braço
Protração	Giro dos ombros (permitindo que as escápulas se afastem uma da outra)	Rotação	Movimento circular do membro ou parte do membro Movimento do tronco ao redor da coluna vertebral (rotação vertebral)
Retração	Giro contrário dos ombros trazendo as escápulas para perto uma da outra	Abdução/ adução horizontal	Movimento do braço ou perna em direção à linha mediana (adução) ou para longe da linha mediana (abdução) enquanto a mantém em uma posição flexionada
Elevação	Elevação da articulação	Abaixamento	Descida da articulação

RISCOS DE LESÃO DO ESPORTE

Antes de discutir a prevenção de lesões e como usar uma análise das necessidades para elaborar um programa que diminua o risco de lesões, pode ser importante voltar um pouco e revisar alguns conceitos básicos sobre lesão e risco para atletas.[3,5,7,18,19,27] Apesar de poder ser definida de várias formas, uma *lesão* é geralmente qualquer trauma ao corpo. Na atividade atlética, a maioria das lesões afeta o sistema musculoesquelético (ossos, ligamentos, músculos e tendões), ao passo que lesões adicionais podem incluir os sistemas neurológico e cardiopulmonar (concussões, asma e ataques cardíacos). Frequentemente, um programa de exercícios pode ser elaborado pela análise das demandas biomecânicas e metabólicas do esporte e pelo uso dessa informação para reduzir o risco de lesões que podem ocorrer. Apesar de o risco de lesão poder ser diminuído pela análise das necessidades, programas adequados e periodização do treinamento, deve-se lembrar que algumas vezes a lesão é inevitável.

Lesões musculoesqueléticas podem decorrer da sobrecarga mecânica ou por esforço repetitivo de uma articulação, membro ou grupo muscular. As lesões por sobrecarga mecânica podem ser classificadas como de *contato* (dois atletas que se chocam ou um objeto que atinge um atleta) ou *não contato* (o atleta é lesionado sem contato direto com outro atleta ou objeto). Todos os tipos de lesões podem ser abordados por meio da elaboração de um programa de exercícios adequado, mas elas serão abordadas de modos diferentes com base nos exercícios utilizados para reduzir o risco daquele tipo específico de lesão.

Independentemente do tipo de lesão, a maioria delas parece coincidir com dois fatores. Primeiro, a ocorrência de lesões aumenta quando um atleta está fatigado. Segundo, a taxa de lesões aumenta quando o atleta apresenta fadiga dos tecidos (em que a articulação, o osso, o ligamento, o tendão ou o músculo não consegue responder às forças impostas sobre eles). Esse fenômeno pode ser entendido como uma cascata de eventos induzidos pela fadiga, que começa com a fadiga do tecido central ou local e resulta em lesão.[1,2]

Em termos de demandas biomecânicas, a prevenção de lesões deve se basear em como os acidentes geralmente ocorrem no esporte. As duas principais formas de lesões no esporte são: lesões de contato e de não contato. A diferença entre as duas não é o tipo de lesão que o atleta pode sofrer, e sim o mecanismo da lesão. Todas as lesões de contato resultam de um membro ou articulação exposto a uma carga excessiva causada por uma força externa (p. ex., um ataque no futebol americano que atinge um joelho). Com essa carga excessiva, o tecido ao redor do membro ou articulação não consegue suportar o que se exige dele e é lesionado (as lesões mais impressionantes são fraturas nos ossos ou ruptura de ligamento). A maioria das lesões de não contato ocorre durante uma variação na velocidade do movimento (seja aumentando ou diminuindo a velocidade). Elas são mais vistas em movimentos de mudança de direção que ocorrem em diferentes momentos dentro de uma competição (p. ex., um corredor no futebol americano que precisa mudar de direção firma sua perna enquanto se move a toda velocidade). Fora da aceleração, lesões de não contato também podem ocorrer pelo uso excessivo de certos músculos, grupos musculares, tendões ou estruturas de ligamentos do corpo, de acordo com as exigências do esporte.

Análise das necessidades para prevenção de lesões

Independentemente do esporte, uma sequência de eventos costuma resultar em lesões (Fig. 1.4). Por exemplo, para lutadores, reduzir a fadiga ou aprender a tolerar melhor os processos da fadiga durante os treinamentos e competições é a forma mais fácil de prevenir lesões.[29,36,37] Ao compreender os meios pelos quais os atletas constatam o risco, os profissionais de força e condicionamento conseguem integrar programas de exercícios capazes de compensar uma das etapas que levam às lesões (p. ex., circuitos com pouco tempo de repouso para lutadores ajudam-nos a desenvolver capacidades de armazenamento para compensar a redução do pH relacionada à fadiga).

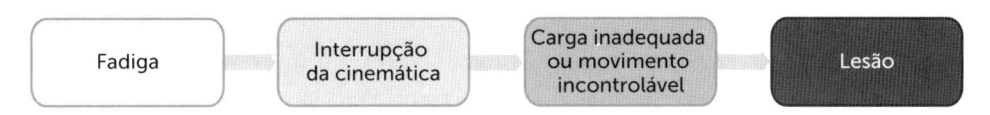

FIGURA 1.4 Lesões do esporte são geralmente o resultado de vários fatores interligados. A fadiga pode levar a uma técnica mal executada ou a um posicionamento errado do corpo, que, combinados com uma sobrecarga resultante de contato ou de mau posicionamento, causa a lesão.

Ao determinar como a prevenção de lesões se encaixa dentro da análise das necessidades de um esporte, os profissionais de força e condicionamento devem fazer as seguintes perguntas. Primeiro, quão provável é a ocorrência de uma lesão no esporte? Segundo, em que locais é mais comum a ocorrência de lesões e como elas costumam ocorrer? Terceiro, quais atletas estão mais propensos a esses riscos de lesão? Quarto, como é possível desenvolver um programa de exercícios que diminuirá esses riscos? É aqui que os profissionais de força e condicionamento podem trabalhar com os treinadores e médicos da equipe para conhecer as lesões ou a situação médica de cada atleta e montar um programa de treinamento para a prevenção de lesões.

O papel da prevenção na atividade atlética é elaborar programas que tratem da necessidade de reduzir o risco de lesão durante a competição. E isso é realmente uma abordagem de equipe. Ela precisa combinar as habilidades e o conhecimento do médico da equipe, da equipe médica esportiva (i. e., treinador e fisioterapeutas), do profissional de força e condicionamento e da equipe técnica. Dentro dessa abordagem de equipe, a análise das necessidades gerais deve concentrar-se no conceito geral do que é uma lesão e de como ela ocorre em um atleta em particular, ao mesmo tempo tratando das seguintes questões, conforme elas se relacionem com essa pessoa específica:

- Como o atleta é predisposto à lesão dentro do esporte?
- O atleta sofre um risco maior com base nessa predisposição à lesão?
- Durante o evento atlético, quando é provável que ocorra uma lesão?
- O atleta está se recuperando de uma lesão grave ou crônica que pode afetar seu desempenho?

Observações biomecânicas mostram onde o atleta tem o maior risco de lesão, com base nas exigências do esporte. Elas também vão demonstrar como combater o risco de lesão por meio do treinamento de força. Os profissionais de força e condicionamento devem ter em mente que, apesar de esportes diferentes poderem ter perfis de lesões similares, cada esporte possui demandas diferentes que alteram os estímulos exigidos pelos atletas durante o treinamento para diminuir o risco de lesão. A Tabela 1.3 mostra algumas lesões comuns de acordo com o esporte e a posição do atleta.

TABELA 1.3 Lesões comuns de acordo com o esporte e a posição do atleta

Esporte	Posição	Tipo de lesão[1]
Beisebol e *softbol*	Arremessador	Tendinite do manguito rotador Distensão/entorse medial do cotovelo Distensão dos rotadores do tronco Entorse do joelho (LCA/LCM)
	Defensor interno/ defensor externo	Entorse do joelho (LCA/LCM) Entorse por inversão do tornozelo Distensão dos rotadores do tronco Distensão/entorse medial do cotovelo
	Receptor	Entorse do joelho, dor patelofemoral Lesão do menisco Tendinite do manguito rotador Distensão muscular (especialmente na parte inferior do corpo)
Basquete	Todas	Entorse do joelho (LCA/LCM) Tendinite patelar Entorse por inversão do tornozelo Distensão muscular (especialmente na parte inferior do corpo)
Futebol americano e rúgbi	Lançador (futebol americano)	Tendinite do manguito rotador Distensão/entorse medial do cotovelo Entorse do joelho (LCA/LCM) Luxação/separação do ombro Lesão por inversão do tornozelo
	Todas as outras posições*	Entorse do joelho (LCP) Compressão das vértebras Luxação/separação do ombro Distensão/entorse da mão e do punho
Futebol	Todas	Entorse por inversão do tornozelo Entorse do joelho (LCA/LCM) Lesão patelofemoral
Ginástica artística	Não disponível	Distensão muscular Entorse do joelho Tendinite do ombro Inversão do tornozelo Compressão das vértebras Distensão do quadril Separação do ombro Distensão/entorse do cotovelo

(continua)

TABELA 1.3 Lesões comuns de acordo com o esporte e a posição do atleta (*continuação*)

Hóquei (na grama ou no gelo) e lacrosse	Goleiro	Distensão da virilha
		Entorse do joelho (LCA/LCM, LCP/LCL)
		Distensão dos rotadores do tronco
		Distensão dos flexores do quadril
		Entorse da mão e do punho
	Todas as outras posições*	Compressão das vértebras
		Distensão/entorse do pé e do tornozelo
		Luxação/separação do ombro
Corrida (*cross-country* e distância)	Não disponível	Fascite plantar
		Tendinite do trato iliotibial
		Tendinite patelar
		Bursite do joelho
Natação	Não disponível	Tendinite do ombro
Tênis	Não disponível	Entorse do tornozelo
		Distensão muscular
		Entorse do joelho
		Bursite do quadril
		Tendinite do cotovelo
		Inflamação dos ligamentos do cotovelo
Corrida (*sprint* ou média distância)	Não disponível	Entorse do tornozelo
		Distensão muscular
		Entorse do joelho
		Bursite do quadril
Polo aquático	Todas	Tendinite do ombro
		Distensão muscular
Luta livre	Não disponível	Distensão muscular
		Entorse do ombro
		Luxação do ombro
		Compressão das vértebras
		Entorse da mão e do punho
		Entorse do joelho

* Indica que as lesões listadas acometem todas as posições do esporte, aplicando-se também àquelas especificadas.
[1] São exemplos de tipos de lesão que podem ocorrer dentro do esporte. Elas não são uma indicação de diagnósticos específicos que podem ocorrer. Esta lista é apenas uma amostra. Ela não inclui todas as lesões que podem ocorrer no esporte. O *tipo de lesão* demonstra as categorias principais de lesões que podem ser vistas nos atletas dentro de uma posição em determinado esporte. Esta lista é oferecida como uma indicação da direção do treinamento em relação à prevenção de lesões.
LCA = ligamento cruzado anterior; LCM = ligamento colateral medial; LCP = ligamento cruzado posterior; LCL = ligamento colateral lateral.

Essa parte da análise deve incluir um exame cuidadoso da lesão do atleta individualmente e de seu histórico de treinamento. O atleta atende ou não às expectativas do esporte em relação a lesões anteriores? Alguns atletas são mais ou menos propensos a lesões que outros. Além disso, projeções de lesão baseadas em evidência que utilizam testes ou parâmetros de perfil (p. ex., gordura corporal, desempenho de exercícios, força central) são uma nova tendência no treinamento atlético que deve ser discutida com o treinador atlético e incluída na análise de necessidades.

O profissional de força e condicionamento e o atleta também devem usar o campo voltado à prevenção de lesão na análise das necessidades para desenvolver métodos de teste em relação a aspectos do desempenho esportivo que não são normalmente abordados em outras etapas. Essa etapa adicional deve examinar a amplitude de movimento passivo, estático ou dinâmico que o atleta é capaz de atingir em várias posições. Para fazer essa análise, o atleta realiza vários movimentos de exercícios enquanto o profissional de força e condicionamento observa as deficiências na habilidade do atleta em atingir a amplitude de movimento desejada. Além disso, o profissional de força e condicionamento deve analisar os movimentos do atleta durante o treinamento na sala de musculação. Isso proporcionará um entendimento dos padrões de movimento do atleta, tanto estatística quanto dinamicamente. O profissional de força e condicionamento então será capaz de prescrever os exercícios que melhor tratarão das deficiências na ação muscular desejada, postura ou ADM.[2]

Quando o risco de lesão dentro de um esporte é combinado com sua análise biomecânica, essa informação permite que os profissionais de força e condicionamento estabeleçam riscos definíveis de lesão com base na posição do atleta dentro do esporte.[2] Por exemplo, lançadores no beisebol têm normalmente um risco maior de lesões no cotovelo e ombro (sobretudo pelo uso excessivo) do que os jogadores da primeira base. Há muito a se discutir sobre a relação entre gênero e risco de lesão.[4,5,28] No entanto, existem tendências nas taxas de lesão dentro de um esporte em relação à diferença de gênero. Utilizando o tipo de lesão que costuma ocorrer com base no gênero, esporte e posição jogada, protocolos de exercícios podem ser implementados para minimizar o risco em programas de treinamento adequadamente periodizados.

Com o surgimento do pré-teste e da preparação de treinamento para os atletas, muitos profissionais de força e condicionamento têm sido levados a sair de sua área de especialidade. Eles podem precisar trabalhar com membros de uma equipe médica esportiva (p. ex., médico da equipe, treinadores e fisioterapeutas), a fim de integrar medidas que lhes permitam administrar melhor a chance de lesão para cada atleta por meio da aplicação de práticas médicas baseadas em evidências para identificar o risco. Como observado anteriormente, essa é uma ciência em desenvolvimento dentro da medicina esportiva. Os profissionais de força e condicionamento devem usar essa informação para melhorar a adaptação de cada atleta ao risco, incorporando exercícios ao programa a fim de conseguir adaptações melhores (p. ex., aumento da força no *core*, aumento da força na parte superior das costas, melhora na composição corporal, e assim por diante).[10] Isso proporcionará um *efeito de pré-habilitação* frequentemente mencionado na comunidade médica esportiva.[30]

Por meio dessas informações, qualquer profissional de força e condicionamento pode utilizar a análise das necessidades para estabelecer um programa de prevenção de lesão que levará à melhora da força e resistência dos sistemas musculoesquelético e cardiorrespiratório dos atletas. Essa abordagem também previne a fadiga e lesões no corpo.

Recuperação de atletas com lesões

A recuperação de atletas lesionados pode exigir a manipulação dos estímulos do treinamento em várias direções dentro um único programa.[21,23] Por exemplo, o programa pode tornar os atletas maiores, mais rápidos e mais fortes, apesar da inabilidade deles em realizar um agachamento completo em consequência de uma lesão prévia no joelho ou tornozelo. Para a recuperação de lesões, devem ser feitos ajustes no programa de treinamento que permitam a cicatrização do trauma no tecido. Como comentado anteriormente, os treinadores precisam da equipe médica esportiva (médico da equipe, técnicos, fisioterapeutas e profissional de força e condicionamento) para reconhecer e aplicar adequadamente o estímulo de treinamento que o atleta precisará tanto para se recuperar da lesão quanto para melhorar seu desempenho.[21,23,35]

Os profissionais de força e condicionamento devem examinar tanto o histórico de treinamento quanto o perfil da lesão de cada atleta. Esse exame deve envolver a contribuição de todos os membros da equipe médica esportiva que estejam envolvidos na etapa do programa voltado para a prevenção de lesões. Além disso, conhecendo o histórico de treinamento e o perfil da lesão, o profissional de força e condicionamento pode ajustar os exercícios, como já mencionado no exemplo do agachamento, de modo que o atleta ainda possa participar do treinamento sem causar mais estresse ao corpo.[25]

INTEGRAÇÃO DA ANÁLISE DAS NECESSIDADES

Antes de elaborar um programa de treinamento, os profissionais de força e condicionamento devem considerar as necessidades do atleta com base nas exigências do esporte, posição ocupada na equipe, diferenças genéticas e morfológicas e quaisquer lesões anteriores ou condições médicas.[13,15-17] Um aspecto-chave a ser lembrado na elaboração de um programa de treinamento é o histórico de treinamento do atleta. O primeiro aspecto dessa avaliação é catalogar o treinamento anterior e o ponto no calendário de treinamento em que o atleta começa o treinamento. Ao completar essa avaliação, o profissional de força e condicionamento deve conversar com o atleta para determinar o que ele fez em seu treinamento anterior de força, seu histórico atlético, seu histórico de lesões e quaisquer outras perguntas que possam parecer pertinentes para a formação de um perfil completo. Testes também são importantes para avaliar a situação de condicionamento no esporte, desenvolver modelos de previsão de lesões, motivar o atleta a melhorar ou manter determinado parâmetro de condicionamento, examinar a eficácia de um programa de condicionamento, e motivar o atleta a assumir a responsabilidade por seu desenvolvimento físico a fim de evitar lesões e melhorar seu potencial e desempenho físico. A maturidade do atleta e o volume de treinamento e competições anteriores afetarão essa abordagem completa.

> Para mais informações sobre a construção de um plano de treinamento integrado e periodizado, ver o Capítulo 12.

O profissional de força e condicionamento precisa encarar a realidade do tempo reservado para o treinamento, das instalações disponíveis e dos objetivos de treinamento de cada atleta.[9] Esses objetivos devem sempre se basear em fatos e dados científicos, não apenas na filosofia. O melhor indicador de quão bem os objetivos do programa foram atendidos é avaliar quanto o programa de treinamento se aproximou das exigências do esporte. As variáveis de treinamento devem ser manipuladas para que o treinamento seja específico para as ações musculares, grupo de músculos, grupo de movimento, velocidade e sistema energético exigido para o esporte. Parece intuitivo dizer que um programa de treinamento deve se concentrar nas áreas que o atleta quer melhorar. Esse conceito é geralmente aceito, mas, ainda assim, algumas vezes ignorado. A análise das necessidades ajudará a determinar as áreas que precisam ser enfatizadas.

Com um entendimento completo das demandas fisiológicas do esporte, o profissional de força e condicionamento pode desenvolver um programa que vai melhorar a capacidade fisiológica dos atletas para o esporte, não os levando, no entanto, a um padrão de uso excessivo que possa deixá-los propensos a lesões. Mais uma vez, o conhecimento sobre a programação pessoal dos atletas e das competições e o uso do treinamento periodizado são vitais nesse processo. Isso é particularmente importante quando organizações esportivas (p. ex., a National Collegiate Athletic Association dos Estados Unidos) limitam o tempo de prática. Desse modo, os treinadores podem ser forçados a competir com o profissional de força e condicionamento por um tempo de treinamento valioso.

Muito frequentemente, os treinadores não disponibilizam um tempo adequado para repouso e recuperação, sobrecarregando assim os atletas com sobretreinamento (*overtraining*) (p. ex., treinadores de futebol fazem muitos treinamentos coletivos e perdem tempo demais com exercícios de condicionamento de corrida, sacrificando o tempo do treinamento de força). Esse comportamento pode predispor os atletas a lesões por uso excessivo ou de não contato ao reduzir o tempo para o corpo se reparar e recuperar do estresse do exercício e da atividade. Ao analisar os intervalos entre esforço e repouso, o profissional de força e condicionamento pode determinar quais tipos de exercícios podem ajudar a desenvolver o esforço atlético dentro de um modelo de competição e os métodos de recuperação durante e entre as competições. Identificar possíveis problemas de recuperação é parte do processo, e a partir desse ponto, deve-se pensar em soluções para garantir que o atleta possa atender às exigências da prática, competição e recuperação.

Agora que as informações fundamentais a respeito das demandas metabólicas, biomecânicas e de prevenção de lesões do esporte foram revistas, esses dados devem ser usados nos programas de exercício e condicionamento de cada atleta. Profissionais de força e condicionamento têm uma variedade de informações para reunir e considerar. É sua obrigação compreender os fundamentos, colocá-los em prática e reavaliar e alterar o programa para atender às demandas dos vários esportes.

Overreaching e sobretreinamento (*overtraining*) funcional e não funcional

Os profissionais de força e condicionamento devem compor a escolha dos exercícios e ajustar os estímulos do treinamento para fazer as adaptações desejadas para um esporte em particular.[9,23] Quando as variáveis de treinamento e a escolha dos exercícios são ajustadas, cria-se um estímulo que varia com base no objetivo do treinamento (i. e., hipertrofia, potência, força, resistência muscular local ou capacidade de resistência cardiorrespiratória do sistema musculoesquelético). Isso força o atleta a se adaptar em resposta ao programa de treinamento por meio de mudanças neurológicas, estruturais e hormonais. Essas mudanças só são alcançadas forçando o atleta a ir além de seus níveis de conforto (a chamada *sobrecarga*).

Ao aplicar a sobrecarga no programa de treinamento, os profissionais de força e condicionamento garantem que o atleta sobrecarregará funcionalmente o treinamento dentro do programa e progredirá como esperado.[11,12,14] E como resultado, portanto, terá um efeito escada. O atleta vivencia uma fadiga intensa e uma redução temporária no desempenho, mas retorna rapidamente ao normal ou tem até mesmo uma leve melhora na função.[9] Com *overreaching* de longo prazo, as capacidades funcionais do corpo podem ser suprimidas por vários dias. No entanto, elas reagem (i. e., aumentam para além dos valores pré-treinamento) dramaticamente quando o estímulo do *overreaching* é removido.[31] Nesse caso, o profissional de força e treinamento está no controle dessa adaptação positiva, ou das diferenças funcionais e estruturais que ocorrem com o treinamento.[37]

A manipulação das variáveis de treinamento é um ato de equilíbrio delicado. É necessário um bom monitoramento dos registros de exercícios e dos testes. Se as variáveis de treinamento não forem ajustadas corretamente de acordo com as adaptações desejadas e os objetivos específicos do treinamento, o atleta sofrerá os sintomas do *overreaching* não funcional. Nesse cenário, o corpo do atleta apresentará as mesmas respostas neurológica, estrutural e hormonal ao exercício com o *overreaching* funcional, mas ele não conseguirá se adaptar positivamente sem repouso. O desempenho começará a cair, e algumas adaptações ao treinamento podem ser perdidas. Isso significa que todo o programa de condicionamento está prejudicado e que o atleta não está se adaptando corretamente ou conseguindo manter sua capacidade funcional ou composição corporal.[22] Se esse processo continuar, o atleta pode desenvolver uma síndrome do sobretreinamento (*overtraining*), e pode precisar de meses para recuperar seu desempenho[11] (Fig. 1.5).

Compatibilidade de programas de treinamento concomitantes

Assim que concluída a elaboração de um programa, os profissionais de força e condicionamento devem considerar como vão integrar os vários objetivos de treinamento dentro do programa de condicionamento completo, especialmente quando tanto um treinamento de força quanto um forte elemento de treinamento de resistência cardiorrespiratória estiverem envolvidos.

Foi mostrado que quando os atletas realizam simultaneamente treinamento cardiorrespiratório e de força de alta intensidade, aumentos nas adaptações ao ta-

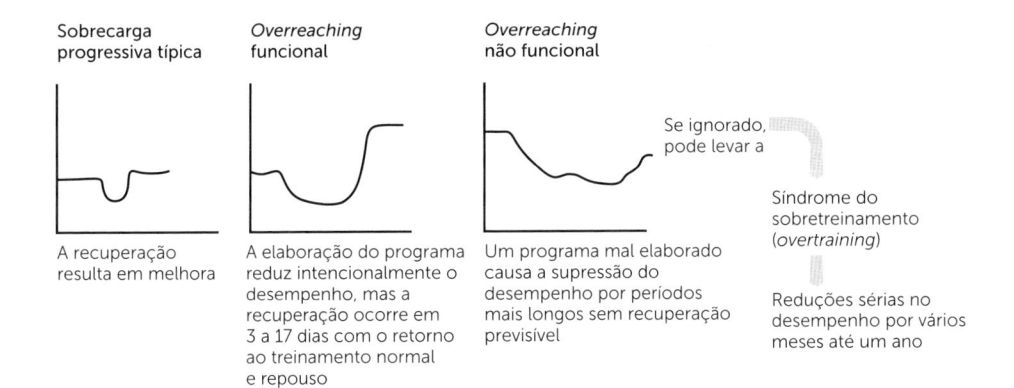

FIGURA 1.5 *Overreaching* funcional resulta em uma queda temporária no desempenho, seguida por uma adaptação e ganhos no desempenho. Se esse padrão não ocorrer, porém, pode ser um sinal de *overreaching* não funcional. Com o tempo, isso pode resultar na síndrome do sobretreinamento (*overtraining*) e em uma queda prolongada no desempenho.

manho e potência muscular são comprometidos.[8,25] Além disso, alguns treinadores esportivos usam muito condicionamento aeróbio ou acreditam ser necessário desenvolver uma base aeróbia. De fato, programas com intervalo de *sprint* de curta distância podem ser usados para atingir os mesmos objetivos.[9] Futebol, basquete, hóquei, hóquei na grama, lacrosse e rúgbi têm exigências significativas de resistência e velocidade. No entanto, os profissionais não devem diminuir os elementos de velocidade e potência exigidos em muitos esportes que utilizam treinamentos de condicionamento aeróbio em demasia. Em contraste, os atletas de esportes de resistência aeróbia se beneficiam com um treinamento de força pesado em razão da necessidade de fortalecer os tecidos e prevenir lesões. Quando feito de maneira apropriada, demonstrou-se que afeta positivamente o desempenho de resistência aeróbia.[8,25]

Outro fator que pode influenciar a compatibilidade da seleção de exercícios é a necessidade de incorporar treinamento de agilidade e velocidade[5] e atividades específicas do esporte no programa de treinamento. Sendo assim, o julgamento sobre a compatibilidade do treinamento deve se concentrar em duas questões. Primeiro, os profissionais de força e condicionamento devem revisar sua análise sobre as demandas biomecânicas e fisiológicas do esporte e da posição do atleta para avaliar as demandas de potência, força e resistência cardiorrespiratória que devem ser atendidas. Segundo, eles devem determinar e monitorar por meio de testes qual será o nível de detrimento, se houver, que o desempenho sofrerá se o treinamento de força e de resistência cardiorrespiratória forem combinados dentro do programa. Períodos de repouso e periodização adequados são importantes para a recuperação e redução do sobretreinamento (*overtraining*).

RESUMO

- Profissionais de força e condicionamento devem avaliar com cuidado o atleta individualmente e o esporte a fim de compreender as necessidades dentro de um programa de treinamento de força e as demandas de um programa de condicionamento completo.
- Os aspectos essenciais da uma análise das necessidades para qualquer atleta incluem as demandas metabólicas, biomecânicas e os riscos potenciais de lesão do esporte.
- Integrar o programa de treinamento de força com outras atividades de condicionamento é um aspecto importante do condicionamento completo. Os objetivos do treinamento devem ser priorizados, o treinamento deve ser periodizado, e deve-se considerar o *overreaching* e o sobretreinamento (*overtraining*) não funcional.
- Os profissionais devem se dedicar à melhora do desenvolvimento físico dos atletas de acordo com sua idade, desenvolvimento psicológico, tolerância física ao treinamento e progressão adequada do programa. Para tanto, a análise das necessidades é uma parte essencial da elaboração de qualquer programa de condicionamento, especialmente do programa de treinamento de força.[9]

Teste do atleta e avaliação de programas

Jay R. Hoffman, PhD, CSCS*D, FNSCA

O desenvolvimento de programas de força e condicionamento é baseado em evidência científica reunida por meio de avaliação quantitativa. Em parte, a ciência do treinamento envolve interpretar adequadamente os resultados de avaliações de programas e filtrar essa informação para o usuário final (seja o atleta ou o treinador esportivo). Existe uma variedade de justificativas para a avaliação de programas. Ela pode ajudar os profissionais de força e condicionamento a desenvolver perfis de desempenho atlético para esportes específicos, avaliar a eficácia de paradigmas específicos do treinamento e o potencial dos atletas para o sucesso em determinado esporte ou posição e estabelecer objetivos de treinamento para atletas de equipe e individuais. Este capítulo foca o desenvolvimento de um programa de avaliação, incluindo a seleção e administração de testes, a interpretação adequada das avaliações e a compreensão de testes populares de laboratório e de campo utilizados para avaliar os atletas.

O desenvolvimento de um programa de treinamento baseado em evidências está relacionado à análise das necessidades de um esporte (ver Cap. 1). No entanto, para compreender os requisitos físicos básicos de um esporte, um perfil atlético deve ser desenvolvido. A elaboração desse perfil exige uma bateria de testes detalhados que proporcionam uma análise completa de todos os componentes que compõem o desempenho atlético (i. e., força, potência aeróbia, velocidade, agilidade, resistência e capacidade aeróbia máxima e composição corporal). Os resultados dessa avaliação podem determinar a relevância e importância de cada componente do condicionamento para um esporte particular. Ela também pode permitir que a ênfase apropriada seja dada a essa variável específica no programa de treinamento do atleta. Um perfil atlético específico para o esporte estabelece padrões que podem ser usados para prever um sucesso futuro nesse esporte e auxiliar na escolha do jogador. Como discutido anteriormente, tanto os atletas quanto os profissionais de força e condicionamento podem usar o perfil específico de um esporte como ferramenta motivacional e estabelecer objetivos de treinamento ao comparar os resultados com dados normativos de populações atléticas similares. Os testes de desempenho também podem ser usados como fonte de referência para a prescrição de exercícios individuais, para avaliar a eficácia de programas de treinamento específicos e para ajudar em questões referentes à recuperação de lesões e retorno à ativa.

FATORES QUE AFETAM O TESTE DE DESEMPENHO

A avaliação do atleta precisa ser interpretada em relação a vários fatores. Ao comparar atletas um com o outro, ou comparar os resultados de desempenho de um único atleta, o profissional de força e condicionamento deve entender que os resultados dos testes são influenciados por diversos fatores, que incluem o tamanho corporal, o tipo de fibra muscular, a fase de treinamento do atleta e a especificidade, relevância, validade e confiabilidade do teste.

Tamanho corporal

Em geral, a força está positivamente relacionada ao tamanho corporal. Ou seja, atletas maiores são mais fortes que atletas menores. Para esportes que não têm uma classificação por peso, a força absoluta é uma forma adequada de comparar atletas. No entanto, algumas vezes, pode ser mais apropriado determinar a força em relação à massa corporal, especialmente ao comparar atletas de diferentes massas no desempenho de força e potência.

A questão do tamanho corporal também é vista em outras medições de desempenho. A importância disso pode ser facilmente compreendida quando se examina o desempenho de salto vertical e força. Dois atletas, um pesando 90 kg e outro,

110 kg, são avaliados em relação à potência dos membros inferiores com um teste de salto vertical. Ambos os atletas pularam 68,6 cm. Qual atleta, no entanto, é mais potente? Com base apenas na altura do salto, poderia se presumir que ambos os atletas possuem a mesma potência dos membros inferiores. Contudo, se a potência relativa à massa corporal da pessoa for examinada, o atleta mais pesado foi muito mais potente. O atleta mais pesado pulou a mesma distância, mas com uma carga mais pesada. Se você lembrar que potência é igual a força × velocidade, o peso maior (força) resultou no desenvolvimento de uma potência maior. A forma como os dados são examinados pode fornecer dois resultados bastante diferentes.

Composição do tipo de fibra

As propriedades de contração dos músculos desempenham um papel importante na capacidade de gerar potência, manter o desempenho e adiar a fadiga. Os atletas com uma porcentagem maior de fibras musculares de contração rápida possuem a habilidade inerente de produzir mais força e maior velocidade de contração.[23] Em contraste, atletas cujos músculos são compostos principalmente de fibras musculares de contração lenta possuem uma taxa de fadiga mais lenta, mas não têm um desempenho tão bom nas avaliações de força e potência. Esses atletas têm mais sucesso em esportes de resistência aeróbia. Os atletas possuem pouquíssima capacidade para alterar significativamente sua composição do tipo de fibra por meio de treinamento. Portanto, ao avaliar velocidade ou agilidade atlética, é necessário reconhecer que as limitações fisiológicas do atleta vão influenciar o alcance de sua melhora. Ainda que seja possível tornar um atleta lento mais rápido, é bastante improvável que um profissional de força e condicionamento possa tornar um atleta lento rápido.

Fase do treinamento

A experiência de treinamento do atleta determina em grande parte a magnitude das melhoras potenciais no desempenho. Quanto maior a experiência de treinamento, menor o potencial para alcançar ganhos no desempenho (Fig. 2.1). Para atletas com experiência de treinamento limitada, a capacidade de melhora será bem maior. No entanto, conforme a duração do treinamento aumenta, a taxa de melhora no desempenho diminui. E com a continuação do treinamento, mudanças no desempenho passam a ser difíceis de conseguir. Parecerá que os atletas atingiram um patamar de estagnação. Esse patamar pode ser considerado um limite genético, sugerindo que as melhoras no desempenho nesse nível são limitadas pela composição fisiológica dos atletas. Os profissionais de força e condicionamento também devem estar cientes de que atletas com alto nível de habilidade, independentemente da sua fase de treinamento, também podem estar limitados em relação à obtenção de melhoras significativas no desempenho, mesmo ao participar de programas de treinamento pela primeira vez.[25,27] Logo, os profissionais de força e condicionamento devem compreender em que ponto da curva de treinamento seus atletas estão e estabelecer objetivos de treinamento com base em expectativas realistas.

Reconhecer o nível de experiência do atleta também é essencial para interpretar os resultados de desempenho. Por exemplo, em uma pesquisa de um ano com atletas de elite do levantamento de peso, foram observados pequenos aumentos na força. No entanto, esses aumentos não alcançaram relevância estatística.[18] Ainda que eles não pudessem ver mudança estatística, em termos práticos, os atletas e os profissionais de força e condicionamento puderam classificar o programa de treinamento como um sucesso. Em um grupo de atletas de elite, melhoras no treinamento são tão difíceis de alcançar que mesmo melhoras pequenas podem significar a diferença entre ganhar e perder. Ao interpretar os resultados de testes, especialmente da população de atletas de elite, a relevância prática pode se sobrepor à relevância estatística.[24]

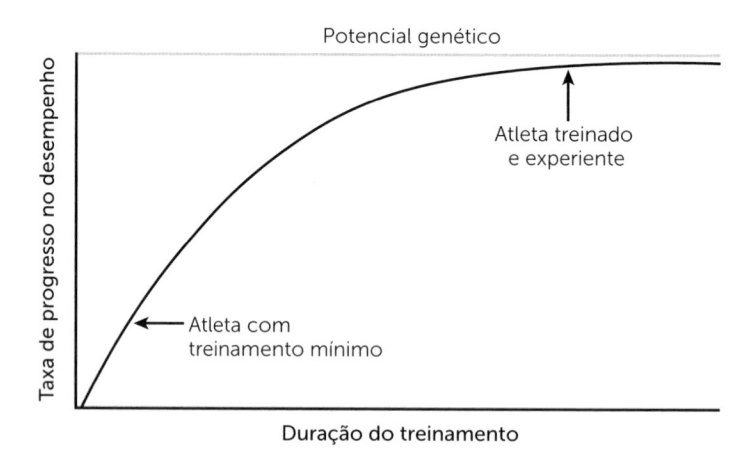

FIGURA 2.1 Curva de treinamento teórica. Observe que conforme os atletas se tornam cada vez mais treinados, a velocidade e o grau de progresso em resposta ao treinamento se torna menor. Entretanto, para atletas de elite, esses pequenos ganhos podem ainda ser relevantes.

Adaptado com permissão de Hoffman J.R. *Physiological aspects of sport training and performance*. Champaign, IL, Human Kinetics, 2002, 74.

SELEÇÃO DO TESTE

A seleção de uma bateria de testes é geralmente baseada na relevância de cada componente específico do condicionamento dentro de um esporte em particular. Uma bateria de testes típica pode incluir testes de força para os membros superiores e inferiores, testes de potência e avaliações de velocidade e agilidade, resistência cardiorrespiratória, composição corporal e flexibilidade.

Ao preparar avaliações atléticas, a bateria de testes apropriada é determinada inicialmente pela análise das necessidades do esporte. Uma vez determinados os tipos de avaliação (p. ex., força, potência, resistência aeróbia, velocidade etc.), o próximo passo é garantir que os testes selecionados sejam confiáveis, válidos, específicos e relevantes para o esporte que está sendo avaliado. Se qualquer um desses critérios não for atendido, a bateria de testes pode ser falha e gerar muito pouca informação.

Especificidade e relevância do teste

Para um teste de desempenho ter valor significativo, é imperativo que cada teste usado seja específico para o programa de treinamento do atleta. Por exemplo, quando um teste e treinamento de força são realizados usando um modelo similar de exercício (i. e., agachamentos), os resultados do teste podem refletir com precisão a magnitude da melhora na força. No entanto, se o treinamento e o teste forem realizados em modos de treinamento diferentes (p. ex., aparelhos *vs.* halteres) ou exercícios diferentes (p. ex., agachamento *vs. leg press*), a magnitude real da melhora na força não será percebida.

Um estudo de um treinamento de dez semanas examinou dois grupos de pessoas.[40] O primeiro grupo treinou em um equipamento de força variável (executando *leg presses*), enquanto o outro grupo treinou usando halteres (fazendo agachamentos). O grupo que treinou com o *leg press* aumentou sua força no *leg press* em 27%. No entanto, quando testados no exercício de agachamento, a magnitude da melhora na força foi de apenas 7,5%. Por sua vez, o grupo que treinou com o exercício de agachamento conseguiu um ganho na força de 28,9%, ao passo que sua melhora na força do *leg press* foi de apenas 7,5%. A partir desse estudo, parece que o teste de força em um modo de exercício diferente (mas que usa os mesmos grupos musculares) daquele usado no treinamento pode refletir apenas 25% da magnitude dos ganhos de força.

Ao testar atletas, também é necessário selecionar avaliações que tenham relevância para o esporte em questão. Devem ser selecionados os testes que ofereçam ao profissional de força e condicionamento informações a respeito da habilidade do atleta em ter êxito em um esporte específico. Por exemplo, o teste de potência anaeróbia Wingate é considerado o teste padrão em medições de potência feitas em laboratório. No entanto, visto que ele é realizado em uma bicicleta ergométrica, sua relevância para os esportes que não envolvem o ciclismo é questionável. Como resultado, tem havido esforços para desenvolver testes de potência anaeróbios que sejam mais específicos e tenham maior relevância para esportes que consistam, primariamente, em movimentos de corrida ou salto.[43] Um exemplo de teste de potência anaeróbio específico para um esporte é o teste de salto vertical. O atleta pode realizá-lo sobre uma plataforma de força ou preso a um acelerômetro para esportes como basquete e vôlei.

Validade e confiabilidade do teste

Uma das características mais importantes de um teste é sua validade e confiabilidade. A *validade* se refere ao grau em que cada teste mede o que ele se propõe ou alega medir. Por exemplo, o exercício de agachamento de 1RM (repetição máxima) é considerado uma medida válida de força nos membros inferiores, principalmente porque utiliza a maior massa muscular dos membros inferiores. A *confiabilidade* refere-se à habilidade de cada teste de produzir resultados consistentes e que possam ser repetidos. Testes selecionados que tenham sua confiabilidade provada podem refletir mesmo as mudanças mais sutis no desempenho durante a avaliação de um programa de condicionamento. Se um teste não é confiável, as diferenças no teste podem refletir apenas a variação do teste, não a eficácia do programa de treinamento.

CONSIDERAÇÕES PRÁTICAS PARA A ADMINISTRAÇÃO DO TESTE

Para conseguir avaliações precisas, os testes precisam ser administrados de modo seguro e organizado. O tempo das avaliações deve ser planejado cuidadosamente, e os testes devem ser administrados em uma sequência adequada. Além disso, todos os atletas que estão sendo testados devem ter uma compreensão clara da finalidade de cada teste.

Considerações de segurança

Todos os atletas, independentemente do nível de competição, devem receber autorização dos profissionais da área médica antes de participar de qualquer avaliação de saúde ou desempenho. O objetivo da autorização médica é determinar se os atletas possuem qualquer contraindicação quanto à participação em um programa de exercícios ou em uma avaliação de condicionamento. É responsabilidade de cada profissional de força e condicionamento garantir que a autorização médica seja obtida. É fortemente recomendado que uma autorização médica seja incluída no manual de procedimentos operacional padrão. O manual de procedimentos deve ser feito com a ajuda do médico da equipe ou da equipe médica esportiva das instalações.

Momento da avaliação

Para maximizar a informação fornecida pelos programas de avaliação, é imperativo que os períodos de avaliação sejam conduzidos durante todo o ano de treinamento. O objetivo de cada período de avaliação pode ser diferente, focado na definição dos objetivos de treinamento, na avaliação da eficácia do programa de treinamento ou na avaliação do preparo dos atletas para competir.

Para avaliar a eficácia de um programa de treinamento, as avaliações devem ser realizadas no início e na conclusão do programa. Para avaliar o preparo físico dos atletas para participarem de uma temporada de competição, os testes devem ocorrer no início do treinamento. Atletas novatos que estejam sendo avaliados antes do início de um programa de condicionamento devem ter tempo suficiente para aprender a realizar cada teste. Isso permitirá que eles realizem cada um dos testes com segurança, o que resultará em avaliações mais precisas e em uma prescrição de exercícios mais eficaz.

A Figura 2.2 mostra exemplos de períodos de teste específicos durante todo o ano de treinamento. Esse cronograma de testes é para os jogadores de futebol americano universitário, cuja temporada de competições dura de setembro a novembro. A primeira sessão de testes deve ser realizada antes do início das atividades fora de temporada (inverno no hemisfério norte), de modo que oriente a prescrição de exercícios, estabeleça objetivos de treinamento e sirva como ferramenta de motivação para os atletas. A segunda etapa de testes deve ocorrer ao final das atividades de inverno e antes do início das atividades de verão, cerca de três meses antes do início da temporada de competições. Essa sessão de testes ajuda os profissionais de força e condicionamento a avaliar seu programa de condicionamento de inverno, verificar o progresso dos atletas e continuar a motivá-los. A sessão final de testes, bem no início dos treinamentos, serve como uma avaliação final da eficácia do programa de treinamento do verão.

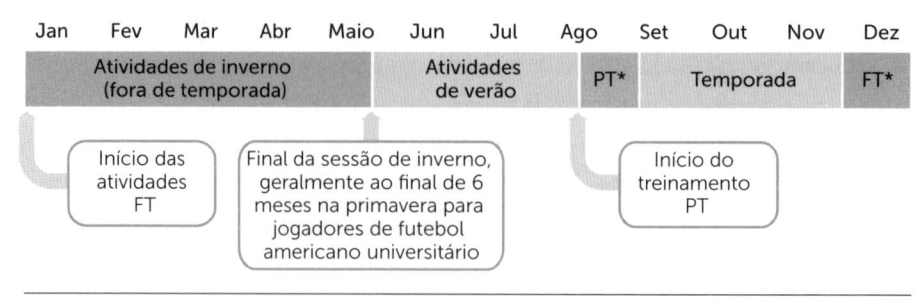

* PT: pré-temporada; FT: fora de temporada.

FIGURA 2.2 Período de avaliações do atleta em uma equipe de futebol americano universitário, nos Estados Unidos.

Adaptado com permissão de Hoffman J.R. *Norms for fitness, performance, and health.* Champaign, IL, Human Kinetics, 2006, 9.

Sequência dos testes

Uma das preocupações mais importantes na administração dos testes é a ordem na qual a bateria de testes será realizada. Em geral, os testes menos cansativos devem ser realizados primeiro. Os testes que demandam movimentos com alto grau de habilidade, tais como medições de agilidade, devem ser realizados antes dos testes que causam fadiga. Qualquer teste de desempenho que leve à fadiga do atleta atrapalhará os resultados de quaisquer testes subsequentes. Por exemplo, exercícios de resistência aeróbia antes do treinamento de força parecem causar uma redução significativa na expressão da força.[33] No entanto, nenhum efeito prejudicial foi notado do desempenho de resistência aeróbia quando o teste de força foi realizado primeiro. Logo, seria prudente que os atletas realizassem os testes mais cansativos (p. ex., corrida de ida e volta de 270 m, exercícios em linha, corrida 2,5 km) ao final de uma bateria de testes.

Muitos fatores influenciam a sequência dos testes, incluindo a quantidade de atletas que estão sendo testados, a duração do período de teste (p. ex., duas horas, um dia) e o número de profissionais de força e condicionamento disponíveis para auxiliar nos testes. Em um cenário ideal, todos os atletas realizam os testes na mesma sequência. Se os testes são realizados durante um período de tempo extenso (p. ex., durante dois dias), os testes mais cansativos devem ser realizados por último. No entanto, em razão das restrições de tempo, a sequência de testes ideal pode não ser sempre realista.

Testar uma equipe ou outro grupo grande de atletas pode exigir o uso de várias estações de teste diferentes ao mesmo tempo. Os atletas frequentemente fazem um rodízio entre as várias estações dentro de um tempo determinado. Alguns atletas podem realizar uma corrida de 36 m, seguida por medições de força. Outros atletas realizam seus testes de força antes dos testes de agilidade e *sprint*.

Um cenário de testes capaz de produzir resultados precisos inclui a realização de corridas de resistência de ida e volta (os testes mais cansativos) ao final da bateria de testes e um período de repouso apropriado, que requer pelo menos 5 minutos entre as estações para que o sistema energético de fosfagênio seja restaurado.[20] Os profissionais de força e condicionamento também devem considerar como a potência muscular pode ser afetada pela sequência de testes. Realizar o teste de agachamento máximo primeiro pode aumentar significativamente a altura do salto vertical.[28]

Interpretação dos resultados dos testes

Uma vez terminados os testes, a informação obtida deve ser passada para o atleta, e quando apropriado, para o treinador. Os resultados individuais podem ser comparados aos resultados anteriores para avaliar o progresso no programa de condicionamento da equipe. Os resultados de desempenho também podem ser comparados com os resultados de outros atletas que praticam o mesmo esporte e jogam na mesma posição, para avaliar o potencial do atleta. Os resultados também podem ser usados para prescrever exercícios, estabelecer objetivos de treinamento e motivar os atletas.

TESTES PARA AVALIAÇÃO DE NECESSIDADES E AVALIAÇÃO DE PROGRAMAS

O restante deste capítulo discute os testes que são comuns para cada variável de desempenho. Ele não pretende ser uma lista completa de testes possíveis. No entanto, os testes discutidos são amplamente aceitos e usados.

Força

Ao avaliar a força, os profissionais de força e condicionamento devem decidir que tipo de exercício usar e se devem testar a força máxima

> Para mais informações sobre o uso de testes no planejamento anual de treinamento, ver o Capítulo 12.

ou prevê-la a partir de uma avaliação submáxima. Em relação à seleção do teste, eles devem se lembrar da importância da especificidade. O teste deve ser parte do programa de treinamento de força do atleta. Como mencionado anteriormente, isso permite um entendimento claro da eficácia do programa de condicionamento e fornece uma medida real da habilidade do atleta. Se os testes iniciais ocorrerem antes do início de um programa de condicionamento (p. ex., atletas principiantes testados no primeiro dia de treinamento), os exercícios usados para avaliar a força podem ser novos para os atletas. Esses testes são apropriados desde que os exercícios façam parte do programa de treinamento de força que virá a seguir, os mesmos testes sejam usados para reavaliar os atletas na conclusão do programa de treinamento e não sejam tecnicamente difíceis demais (p. ex., levantamentos de peso de 1RM). Outro benefício de usar um exercício que faça parte do programa de condicionamento do atleta é garantir a técnica adequada, reduzindo, portanto, a possibilidade de lesão durante o teste e proporcionando a escolha adequada da força buscada durante o teste de força.

Os testes de força podem ser realizados com exercícios de força constante e dinâmica (i. e., halter), testes isocinéticos ou por dinamômetro isométrico. A forma do exercício usada para avaliar a força depende dos objetivos do programa de testes. Se os testes de força forem parte de uma avaliação para prever o desempenho potencial no esporte, eles devem incorporar padrões de movimento similares e envolver a mesma massa muscular normalmente exigida durante a prática do esporte de fato. Os testes de força devem envolver exercícios que empreguem múltiplas articulações e grande massa muscular.

Geralmente, os testes de força são usados para dar uma medida da força de certa área do corpo (p. ex., membros superiores ou inferiores). Logo, devem ser selecionados testes que sejam comuns ao programa de treinamento do atleta e que empreguem a maior quantidade de massa muscular para uma área do corpo em particular. Em geral, o supino reto é usado para avaliar a força nos membros superiores, e o agachamento, para medir a força dos membros inferiores. Ambos os testes empregam uma grande porção de massa muscular.

Testes isocinéticos

Em alguns casos, um exercício que empregue uma porção menor de massa muscular ou uma ação articular isolada pode fornecer informações adicionais. Por exemplo, comparar grupos musculares dos membros bilateralmente (i. e., os flexores do joelho direito com os flexores do joelho esquerdo) ou grupos musculares agonistas e antagonistas (i. e., flexores do joelho com extensores do joelho) pode indicar uma fraqueza potencial que pode predispor o atleta a lesões. Os testes isocinéticos isolam esses grupos musculares para que essas comparações importantes possam ser feitas. Os equipamentos de teste isocinético (Fig. 2.3) medem movimentos articulares a uma velocidade constante. A força exercida pela parte do corpo em movimento é contraposta por uma força igual, mas constantemente alterada conforme a parte do corpo se move em toda sua extensão. A força exercida pelo corpo para produzir a rotação sobre seu eixo é chamada de *torque*, e é expressa em newton-metro (N · m).

Visto que os equipamentos isocinéticos permitem apenas a avaliação do movimento unilateral de uma única articulação, seu papel na avaliação de força é limitado principalmente à determinação do potencial do atleta à lesão muscular como resultado de uma deficiência bilateral ou de um desequilíbrio entre o músculo e a articulação.[24] Essa forma de teste também demanda tempo. Logo, ela costuma ser usada por treinadores esportivos que trabalham individualmente com atletas em reabilitação.

Pesquisas que avaliam o quociente das forças antagonista e agonista e a sua capacidade de prever lesões são duvidosas.[23] Os problemas principais são: a grande variação observada entre os atletas de diferentes esportes, o efeito do treinamento de resistência na melhora da força em grupos musculares específicos e as diferenças vistas nos quocientes de antagonismo-agonismo entre articulações diferentes. O exame das diferenças bilaterais na força parece ser um pouco mais promissor em relação à projeção do risco de lesão. Uma deficiência bilateral de força de 15% ou

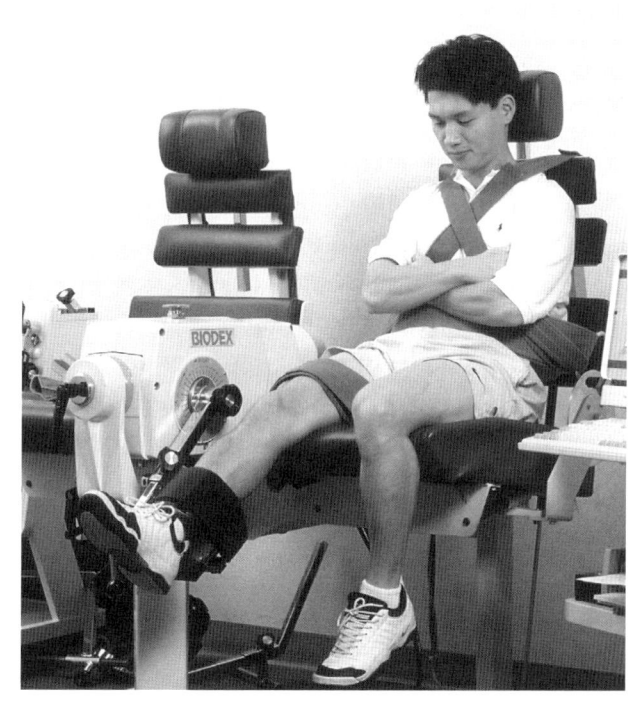

FIGURA 2.3 Um equipamento de teste isocinético.

maior pode indicar um risco significativo de lesão.[32] Para atletas com desequilíbrio de força maior do que 15%, a incidência de lesão muscular reportada é 2,6 vezes maior.[32] No entanto, ainda há muito debate sobre a eficácia do uso de índices de deficiência bilateral.

Para alguns atletas de esportes que exigem predominantemente uma ação unilateral do braço (p. ex., tênis, arremessadores de beisebol), deficiências bilaterais são observadas com frequência nos grupos musculares do ombro, cotovelo e punho.[9,13] Diferenças de força de quase 20% nos membros superiores são vistas em tenistas e arremessadores de beisebol. Essas grandes diferenças na força bilateral podem ser produzidas pela não exigência de suporte de carga da musculatura dos membros superiores. Ainda não se sabe totalmente se essa diferença significativa na força bilateral afeta de maneira negativa o desempenho ou aumenta o risco de lesão nesses atletas.

Teste de força dinâmica constante

O uso de exercícios de força dinâmica constante, realizados com halteres, é a forma mais popular de teste de força. Isso está relacionado a vários fatores, incluindo a probabilidade de os exercícios usados no teste também fazerem parte do programa de treinamento do atleta, o fato de os exercícios selecionados serem capazes de simular melhor o movimento real do esporte e a ampla massa muscular que esses exercícios geralmente recrutam. O problema comum no teste de força máxima é se ela deve ser medida diretamente pelo teste de uma repetição máxima (1RM) ou projetada a partir do número de repetições realizadas com uma carga submáxima. De modo geral, a decisão é baseada na praticidade. Ao testar um grupo grande de atletas (como é geralmente o caso quando o teste é aplicado a um time), o tempo é uma preocupação válida e importante.

Outra questão que tem sido levantada com o teste de força máxima é o risco potencial de lesão. É importante observar que nenhuma pesquisa sustenta essa alegação. Desde que o atleta esteja usando as cargas apropriadas, um profissional qualificado de força e condicionamento esteja presente, os auxiliares sejam usados adequadamente e o equipamento e a área de teste sejam seguros, o uso do teste de 1RM não aumenta o risco de lesão. O supino reto, o agachamento e o arranque são medidas muito utilizadas para avaliar a força dos membros superiores, dos membros inferiores e a força explosiva, respectivamente. Esses testes têm demonstrado uma forte confiabilidade teste-reteste ($r > 0,90$).[24] Um protocolo para avaliar um teste de 1RM é apresentado na página a seguir.

A validade dos testes submáximos para determinar a força máxima já foi demonstrada anteriormente (coeficientes de correlação > 0,90).[33,36,37] Deve-se observar que o número de repetições realizadas em porcentagens selecionadas de 1RM varia bastante entre os exercícios, e que a variação dentro de um exercício também é bastante significativa.[22] A Tabela 2.1 mostra exemplos de fórmulas publicadas que podem ser usadas para determinar uma 1RM.

PROTOCOLO PARA O TESTE DE FORÇA MÁXIMA (1RM)

O atleta deve fazer o seguinte:

1. Fazer uma série de aquecimento de 10 repetições com uma força que seja aproximadamente 50% do 1RM esperado.
2. Fazer outra série de aquecimento de 5 repetições com uma força que seja aproximadamente 75% do 1RM esperado.
3. Descansar por 3 a 5 minutos.
4. Realizar uma repetição com uma força de aproximadamente 90 a 95% do 1RM esperado.
5. Descansar por 3 a 5 minutos.
6. Tentar o levantamento de 1RM.
7. Descansar por 3 a 5 minutos.
8. Se a tentativa for bem-sucedida, aumentar a força e tentar um novo 1RM.
9. Continuar esse protocolo até a falha do atleta.

TABELA 2.1 Equações para determinar o teste de força de 1RM

Equação	Referência
Carga da repetição / (1,0278 – 0,0278 × repetições)	8
(0,033 × repetições × carga da repetição) + peso da repetição	14
(100 × carga da repetição) / (101,3 – 2,67123 × repetições)	33

Outra preocupação é o número de repetições realizadas para determinar a força máxima. Quando um teste submáximo de supino reto é usado para avaliar a força máxima dos membros superiores, a validação do modelo de predição é mantida desde que o número de repetições realizadas seja 10 ou menos. Se forem realizadas mais de 10 repetições, as equações perdem sua validade e tendem a subestimar os níveis de força de fato.[37] Sendo assim, se um profissional de força e condicionamento decidir usar um teste submáximo para determinar a força máxima, recomenda-se que a carga seja relativa ao nível de força do atleta.

Por exemplo, algumas equipes de futebol americano usam cargas específicas de acordo com a posição do jogador. Assim, os jogadores de linha realizam tantas repetições de supino reto quanto possível com 150 kg, os *linebackers* realizam o máximo possível de repetições com 136 kg, e assim por diante. Esse método de aproveitamento de tempo oferece aos atletas uma oportunidade melhor de produzir um teste válido.

Potência e condicionamento anaeróbios

A potência anaeróbia pode ser avaliada tanto em laboratório quanto em campo. Para a maioria dos profissionais de força e condicionamento, a possibilidade de se trabalhar em um laboratório de desempenho humano é limitada. No entanto, caso surja a oportunidade, um laboratório de desempenho humano permite uma avaliação atlética de maior sensibilidade e sofisticação. Esta seção discute testes de laboratório e de campo que podem ser usados para avaliar potência e condicionamento anaeróbio. A potência anaeróbia fornece informações sobre o potencial de um atleta, enquanto o condicionamento anaeróbio descreve a habilidade do atleta em realizar exercícios de alta intensidade por um tempo prolongado (p. ex., um jogo). Sendo assim, ver o quão alto um jogador de basquete consegue pular oferece informações que ajudam a determinar seu potencial. No entanto, isso não proporciona nenhuma informação sobre se a condição física do atleta é boa o suficiente para jogar basquete.

Testes de laboratório

Vários testes de laboratório podem ser usados para avaliar a potência anaeróbia. Esses testes diferem no modo do exercício, sensibilidade da avaliação e dimensão da informação gerada. A potência anaeróbia pode ser avaliada por corridas em esteiras mecânicas,[14,43] repetição de saltos sobre uma plataforma de força ou de contato[7] e por testes de ciclismo de esforço máximo.[3,31,44] Esses testes avaliam a potência de pico (maior potência obtida durante o teste) e/ou potência média (média de potência gerada durante todo o teste). Além disso, a taxa de fadiga (a capacidade do atleta de manter a potência durante todo o teste) pode ser reportada.

O teste padrão entre os testes de potência anaeróbia realizados em laboratório é o teste de potência anaeróbia de Wingate (WAnT).[5] Esse teste de ciclismo de máximo esforço de 30 segundos é realizado com uma força proporcional ao peso do corpo do indivíduo. O WAnT foi desenvolvido pela primeira vez no Instituto Wingate em Israel. De todos os testes de potência anaeróbia realizados em laboratório, o WAnT é o que possui a maior base de pesquisa até hoje. A confiabilidade teste-reteste mostra consistentemente exceder $r > 0,90$.[5]

O WAnT oferece avaliações da potência de pico e média de um atleta, bem como um índice de fadiga. No entanto, com a evolução da sofisticação dos programas de computadores, muitos laboratórios de desempenho humano começaram a variar a duração do teste. Alguns têm usado séries repetidas de menor duração (10--20 s), ou realizado um teste mais longo, de 60 segundos.[26,29] Ainda que não seja claro se o índice de fadiga é um bom indicador do condicionamento anaeróbio, o índice parece estar fortemente relacionado à porcentagem de fibras musculares de contração rápida.[6] De modo geral, um índice de fadiga maior é visto em atletas com maior porcentagem de fibras musculares de contração rápida. Atletas treinados para resistência aeróbia geralmente têm um índice de fadiga mais baixo. A Figura 2.4 mostra um exemplo de diagrama de desempenho gerado a partir de um teste WAnT de 30 segundos.

O principal problema do WAnT, e a razão pela qual ele não tem aceitação ampla entre os profissionais de força e condicionamento, refere-se às questões da especificidade do músculo e padrões de atividade. Poucos esportes são praticados usando movimentos similares aos utilizados em uma bicicleta ergométrica. A avaliação de potência anaeróbia de um jogador de basquete, por exemplo, pode ser mais específica se feita por meio de um teste de potência de salto vertical. Esse teste exige que o atleta realize saltos com contramovimento repetidos sobre uma

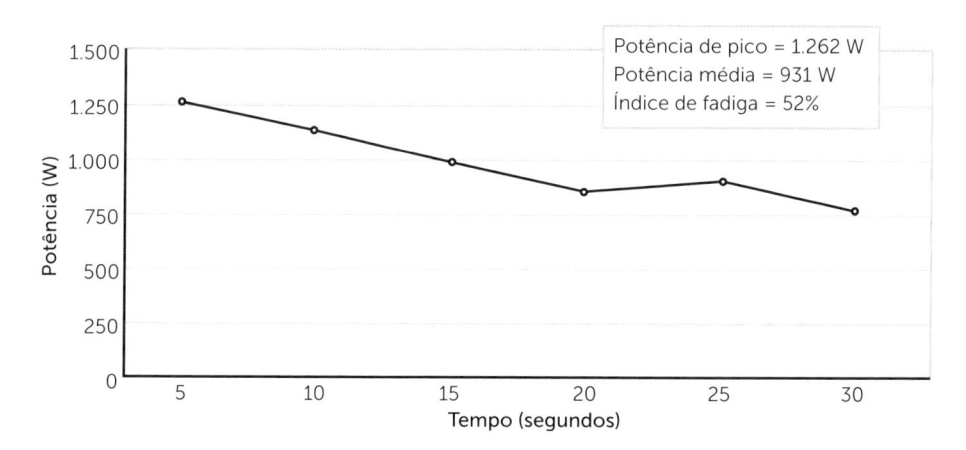

FIGURA 2.4 Exemplo de geração de potência durante 30 segundos no teste de potência anaeróbia de Wingate (WAnT).

Reproduzido com permissão de Hoffman J.R. *Norms for fitness, performance, and health*. Champaign, IL, Human Kinetics, 2006, 54.

plataforma de força ou contato. O tempo de voo de cada salto é registrado (do momento em que o indivíduo interrompe o contato com a plataforma até voltar a tocá-la). O tempo em voo é usado para calcular a mudança no centro de gravidade do corpo.[7] Usando o peso do corpo e a altura calculada do salto, calcula-se o trabalho mecânico. A potência anaeróbia pode ser determinada usando-se tanto o trabalho mecânico quanto o tempo de contato entre os saltos. Um teste de potência anaeróbia de salto vertical tem uma especificidade maior em relação ao esporte, especialmente para o basquete e o vôlei.[24]

Testes de campo

Ao testar grupos grandes de atletas, várias preocupações quanto à administração dos testes (disponibilidade de equipamento e o fato de apenas um indivíduo poder ser testado de cada vez) podem impedir o uso de qualquer um dos testes mencionados anteriormente. Como resultado, a maioria dos profissionais de força e condicionamento utiliza um teste de campo para apresentar avaliações similares àquelas obtidas com as medições feitas em laboratório. O salto vertical é um teste de campo popular de potência anaeróbia. Alguns testes de campo podem ser usados para avaliar o condicionamento anaeróbio. Dois dos mais populares são discutidos a seguir.

Salto vertical   O salto vertical é talvez o teste de campo mais popular para avaliar a potência anaeróbia. É relativamente fácil de executar e fornece uma medida específica de potência para atletas de esportes que envolvem salto. O principal problema deste teste é que mede apenas a altura do salto. Para obter uma avaliação mais precisa da potência, uma fórmula pode ser usada para estimar a geração de potência a partir do teste de salto vertical.[19] Tenha em mente que as medidas de potência são registradas em watts (W). As equações para calcular a potência de pico e a potência média são as seguintes:

Potência de pico (W) = 61,9 × altura do salto (cm) + 36 × massa corporal (kg) + 1.822
Potência média (W) = 21,2 × altura do salto (cm) + 23 × massa corporal (kg) − 1.393

Corrida de ida e volta de 273 m   A corrida de ida e volta é um teste de campo frequentemente usado para avaliar a capacidade anaeróbia. Após um aquecimento adequado, o atleta se posiciona na linha de partida. Ao sinal, o atleta corre até um ponto a 23 m de distância e então retorna ao ponto de partida. Um total de seis séries de ida e volta é realizado (12 × 23 m = 273 m). Quando o atleta cruza a linha na volta final, o tempo é registrado no momento mais próximo de 0,1 segundo, e começa, então, um intervalo de repouso de 5 minutos. Após esse intervalo, o atleta repete toda a corrida. A média dos dois tempos é registrada.

Exercício em linha   O exercício em linha é um teste de campo usado para medir o condicionamento anaeróbio em atletas. O exercício em linha pode ser realizado em uma quadra de basquete de tamanho oficial ou em qualquer instalação aberta ou fechada com dimensões similares (Fig. 2.5). O atleta começa de um ponto de partida e corre da linha de fundo até quatro cones separados colocados próximos à linha de falta (5,8 m), linha central (14,3 m), linha de falta oposta (22,9 m) e linha de fundo oposta (28,7 m). Quando o atleta chega em cada cone, ele corre de volta ao ponto de partida e segue o mais rapidamente possível para o próximo cone.

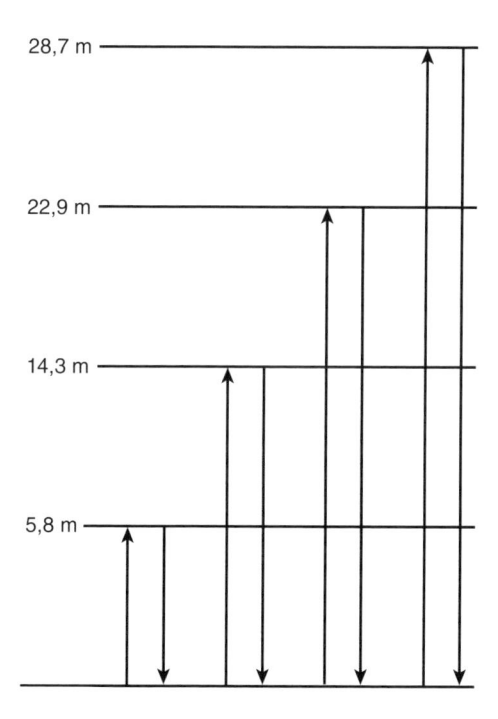

FIGURA 2.5 Padrão de *sprints* para um exercício em linha realizado em uma quadra de basquete de tamanho oficial.

Reproduzido com permissão de Hoffman J.R. *Norms for fitness, performance, and health*. Champaign, IL, Human Kinetics, 2006, 200.

Ao realizar esse teste em uma instalação aberta, como um campo de futebol americano, podem ser usadas as linhas de jardas. Por exemplo, ao testar jogadores de futebol americano, a linha de gol seria o ponto de partida e os cones seriam colocados nas linhas de 10, 20, 30 e 40 jardas (9, 18, 27 e 36 m). A partir daí, o procedimento seria o mesmo seguido na quadra fechada. Com grupos grandes, os atletas devem tocar as linhas em vez dos cones. No intuito de avaliar com precisão cada atleta, um profissional de força e condicionamento deve estar presente com um cronômetro para acompanhar cada atleta durante a corrida. Geralmente, usa-se um total de três séries, com um período de repouso de 2 minutos entre cada série. Todos os tempos de corrida são registrados, e o tempo mais rápido é marcado. Um índice de fadiga é calculado dividindo-se o tempo mais rápido pelo mais lento.

Capacidade e resistência aeróbias

O sucesso de atletas em esportes de resistência aeróbia, como *cross-country*, esqui, corrida, natação e ciclismo, frequentemente depende de uma grande capacidade aeróbia. Apesar de muitos fatores determinarem o desempenho aeróbio (i. e., densidade capilar, número de mitocôndrias, tipo de fibra muscular), o $\dot{V}O_{2máx}$ do atleta oferece informações importantes a respeito da capacidade do sistema energético aeróbio. A capacidade aeróbia máxima pode ser determinada tanto pela medição direta do consumo de oxigênio ($\dot{V}O_2$) durante o exercício até a exaustão quanto pela predição por meio de testes de exercício submáximo.

Medição direta em laboratório

O método de laboratório mais comum para a avaliação da capacidade aeróbia é medir diretamente o consumo de oxigênio enquanto o atleta realiza um teste gradual exercitando-se em uma esteira até a exaustão. A capacidade aeróbia máxima também pode ser determinada enquanto o atleta se exercita em uma bicicleta ergométrica, durante o nado estacionário ou enquanto ele nada em uma piscina automática. A escolha do exercício deve ser determinada pelo esporte do atleta.

A capacidade aeróbia medida em uma esteira produzirá os melhores resultados. Em um estudo com triatletas, o $\dot{V}O_{2máx}$ medido a partir do nado estacionário e da bicicleta ergométrica foi 13 a 18% e 3 a 6% menor, respectivamente, do que os valores obtidos com a corrida na esteira.[38]

As Figuras 2.6A e 2.6B descrevem os protocolos do teste em esteira popular para avaliar a capacidade aeróbia máxima da população geral. Muitos protocolos foram desenvolvidos, e alguns para populações específicas. Por exemplo, alguns protocolos de exercícios foram desenvolvidos principalmente para a reabilitação cardíaca, enquanto outros foram especialmente desenvolvidos para atletas. As diferenças principais entre os dois são seus pontos de partida (a elevação e a velocidade da esteira) e os aumentos em cada estágio do exercício (aumentos na elevação e na velocidade). Para uma população de atletas, o protocolo de exercício pode exigir que o indivíduo comece o exercício em uma velocidade autosselecionada entre 134 e 188 m/min. O atleta deve

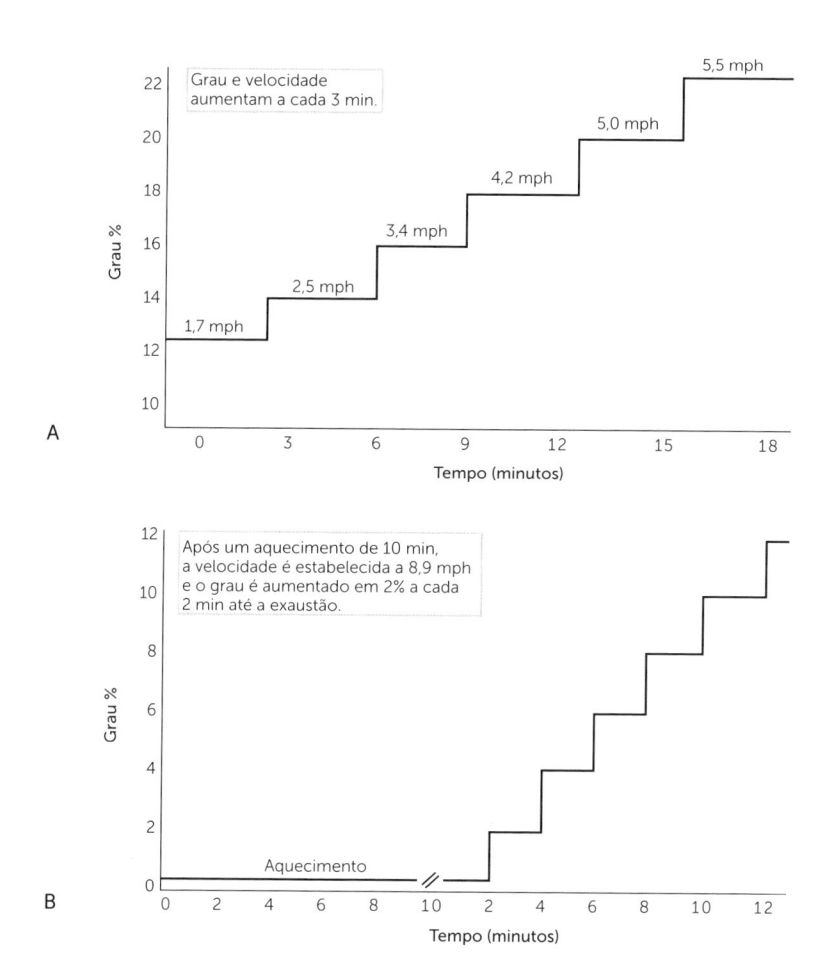

FIGURA 2.6 Dois protocolos de esteira para avaliar a capacidade aeróbia máxima: (A) Protocolo de esteira de Bruce para avaliação do consumo máximo de oxigênio, (B) Protocolo de esteira de Costill e Fox para avaliação do oxigênio máximo.

Figura 2.6A reproduzida com permissão de Hoffman J.R. *Norms for fitness, performance, and health.* Champaign, IL, Human Kinetics, 2006, 68.

Figura 2.6B adaptada com permissão de Costill D. e Fox E.L. "Energetics of marathon running", *Medicine and Science in Sport Exercise.* 1969, 1: 81-86.

manter a velocidade autosselecionada pela duração do teste, enquanto a inclinação da esteira aumenta em 2% a cada 2 minutos, até que o atleta chegue à exaustão.

Antes do início de um teste de exercício máximo, o indivíduo deve fazer aquecimento por pelo menos 5 minutos ou até que se sinta preparado para começar. Geralmente, o aquecimento é realizado com uma inclinação de 0% na esteira, a uma velocidade que o indivíduo considera confortável. Após o aquecimento, o aparelho de respiração é ligado ao indivíduo, e o protocolo do teste começa. O teste termina quando o indivíduo indica que chegou à exaustão, ou quando o indivíduo atende 3 destes 4 critérios para confirmar que o $\dot{V}O_{2máx}$ foi alcançado:

1. Aumento no consumo de oxigênio não maior do que 150 mL/min, apesar do aumento na intensidade do exercício (critério do patamar).
2. Alcance da frequência cardíaca máxima (FCM) de acordo com a idade.
3. Taxa de troca respiratória ($\dot{V}CO_2/\dot{V}O_2$) maior que 1,10.
4. Concentração de lactato plasmático de no mínimo 8 mmol/L dentro de 4 minutos após o exercício.

Medidas indiretas em laboratório

Considerando os custos associados ao equipamento, espaço e pessoal necessários para a medição direta do consumo de oxigênio, esse método de teste é geralmente restrito a ambientes de clínica ou de pesquisa. Quando não é possível fazer a medição direta do $\dot{V}O_{2máx}$, vários testes submáximos podem ser usados para calcular a capacidade aeróbia. A validade desses testes tem sido bem estabelecida. Eles são baseados em várias premissas, incluindo: uma frequência cardíaca estável é obtida para cada estágio do exercício; existe uma relação linear entre a frequência cardíaca e a intensidade do exercício; a frequência cardíaca máxima para determinada idade é consistente; e a eficiência do exercício (i. e., o $\dot{V}O_2$ para a intensidade do exercício) é a mesma para todos. Se qualquer uma dessas premissas não for atendida, a validade do teste pode ser reduzida. Esses testes costumam ser conduzidos em um ambiente controlado e são administrados individualmente.

Os testes aeróbios submáximos podem ser realizados em uma bicicleta ergométrica ou em uma esteira. Geralmente, um teste submáximo usa um ponto de referência de 85% da frequência cardíaca máxima estabelecida para a idade. Um protocolo de esteira para um teste aeróbio submáximo é mostrado na Figura 2.7. Se uma esteira for utilizada, a velocidade e o grau do estágio final podem ser usados para calcular o $\dot{V}O_{2máx}$. A fórmula a seguir pode ser apropriada:[11]

$$\dot{V}O_{2máx}\,(mL \cdot kg^{-1} \cdot min^{-1}) = 15,1 + (21,8 \times \text{velocidade em mph})$$
$$- (0,327 \times \text{frequência cardíaca}) - (0,263 \times \text{velocidade em mph} \times \text{idade})$$
$$+ (0,00504 \times \text{frequência cardíaca} \times \text{idade}) + (5,98 \times \text{gênero})$$

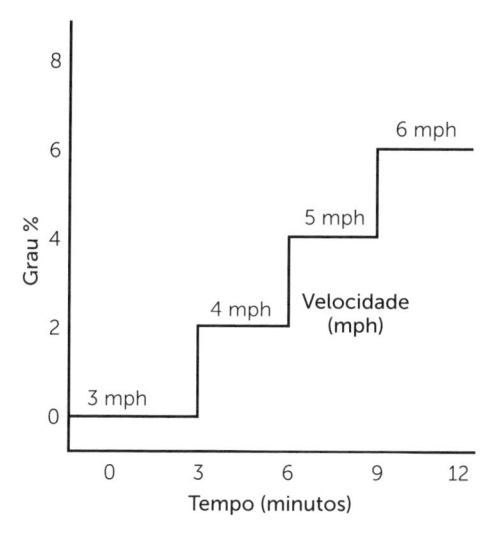

FIGURA 2.7 Progressão de um teste aeróbio submáximo em uma esteira. Cada estágio deve ser mantido por 3 minutos para que uma frequência cardíaca estável seja alcançada. Reproduzido com permissão de Hoffman J.R. *Norms for fitness, performance, and health*. Champaign, IL, Human Kinetics, 2006, 70. Com base nos dados de Ebeling et al., 1991.[12]

Para o gênero, inclua *0* para mulheres e *1* para homens. Tem sido reportado que essa fórmula prevê o $\dot{V}O_{2máx}$ dentro de 4,85 mL · kg⁻¹ · min⁻¹ do $\dot{V}O_{2máx}$ de fato.

O benefício do uso de uma esteira está principalmente relacionado ao fato de que a maioria das pessoas é mais familiarizada com caminhadas ou corridas do que com bicicletas ergométricas. No entanto, bicicletas ergométricas ainda podem ser um modo mais popular de teste porque elas podem facilitar a realização de outras medições (i. e., leituras de ECG e pressão arterial) durante o teste. O teste, por natureza, também não exige suporte de carga. Além disso, bicicletas ergométricas são relativamente baratas, comparadas com esteiras. Elas também são mais seguras (p. ex., as chances de o indivíduo tropeçar ou cair enquanto pedala são menores do que enquanto corre em uma esteira). Todas essas razões podem contribuir para um uso maior do teste submáximo em bicicleta ergométrica.

Para o teste submáximo em bicicleta ergométrica da ACM, a carga inicial é ajustada em 150 kg · m · min⁻¹ (0,5 kp). Cada estágio dura 3 minutos. A carga de trabalho em cada estágio subsequente varia de acordo com a frequência cardíaca no último minuto do estágio anterior (Fig. 2.8A). A frequência cardíaca medida durante o último minuto de cada estágio é então apresentada em um gráfico em relação à taxa de trabalho. A linha gerada pelos pontos do gráfico é extrapolada até a frequência cardíaca máxima estabelecida para a idade do atleta. Uma linha perpendicular desce até o eixo x para determinar a taxa de trabalho que seria alcançada se o atleta tivesse se exercitado até o máximo (Fig. 2.8B). O $\dot{V}O_{2máx}$ pode, então, ser calculado com a seguinte fórmula:

$$\dot{V}O_{2máx} \text{ (mL/min)} = \text{carga de trabalho (kg} \cdot m \cdot min^{-1}) \times (2 \text{ mL} \cdot kg^{-1} \cdot m^{-1})$$
$$+ (3,5 \text{ mL} \cdot kg^{-1} \cdot min^{-1}) \times \text{massa corporal (kg)}$$

Testes de campo

Quando grupos grandes de atletas são testados, pode ser mais plausível administrar um teste de campo para estimar a capacidade aeróbia. Esses testes incluem medir o tempo levado para correr certa distância ou a distância que pode ser corrida em 12 minutos. Os testes mais populares são a corrida de 12 minutos e o teste de 2,5 km.[1] O objetivo do teste de corrida é que o atleta corra o mais longe que puder dentro de um período de 12 minutos. Para calcular o $\dot{V}O_{2máx}$ dos atletas em uma corrida de 12 minutos, a fórmula a seguir pode ser usada:

$$\dot{V}O_{2máx} \text{ (mL} \cdot kg^{-1} \cdot min^{-1}) = (0,0268 \times \text{distância percorrida em metros}) - 11,3$$

A distância de uma única volta na maioria das pistas ovais é 400 m. Se um atleta correr, por exemplo, seis voltas, ele correrá 2.400 m. Usando a fórmula, o $\dot{V}O_{2máx}$ estimado para o atleta seria 53 mL $\cdot$ kg^{-1} $\cdot$ min^{-1} [(0,0268 × 2.400) − 11,3]. O principal problema desse teste é que pode ser bastante difícil estimar a distância percorrida, especialmente se o atleta não completar uma determinada fração de uma volta. Em relação à administração do teste, pode ser mais fácil fazer os atletas percorrerem uma determinada distância. Isso permite que uma única pessoa registre os tempos de cada corredor no momento em que ele completar as seis voltas. A capacidade aeróbia pode ser calculada para a corrida de 2,5 km pela fórmula a seguir:

$$\dot{V}O_{2máx} \text{ (mL} \cdot kg^{-1} \cdot min^{-1}) = 3,5 + (483 \div \text{tempo em minutos para correr 2,5 km})$$

Se um atleta correr 2,5 km em 11 minutos, o $\dot{V}O_{2máx}$ seria calculado em 47,4 mL $\cdot$ kg^{-1} $\cdot$ min^{-1} [3,5 + (483/11)].

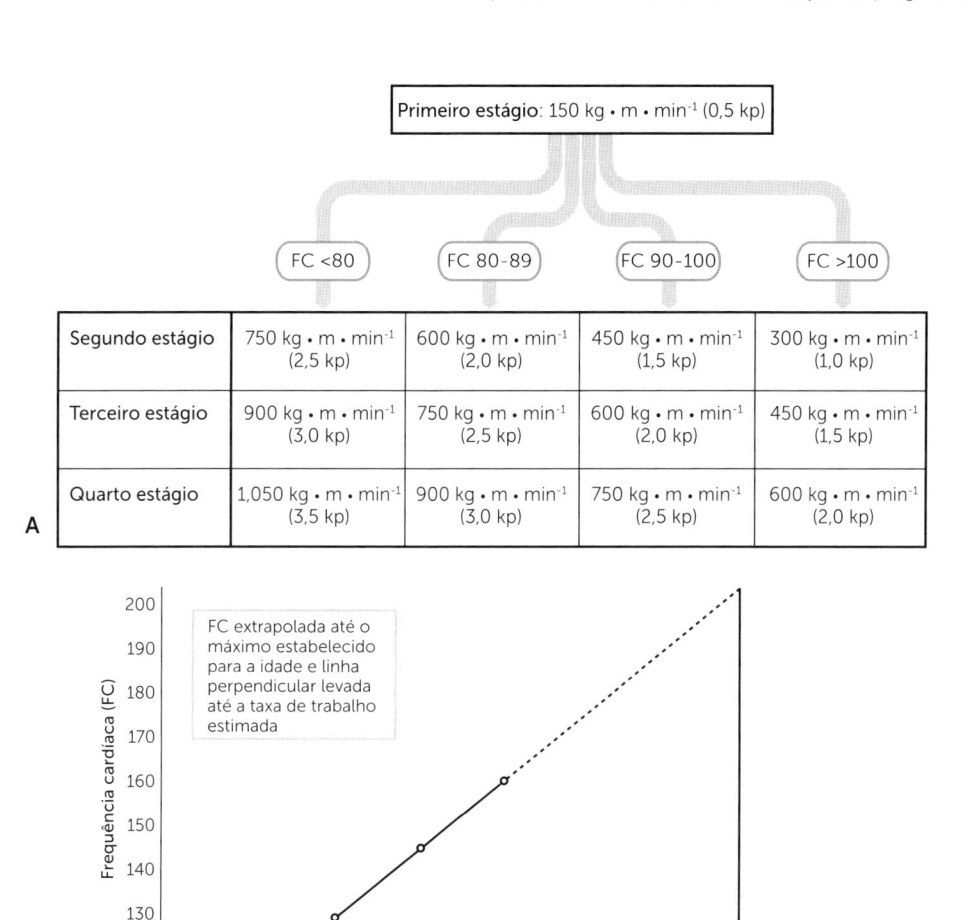

A

B

FIGURA 2.8 (A) Cargas de trabalho, com base na frequência cardíaca, para os estágios 2 a 4 do teste submáximo em bicicleta ergométrica da ACM. (B) A linha no gráfico definida a partir das frequências cardíacas medidas no último minuto de cada estágio pode ser estendida para a frequência cardíaca máxima estabelecida a partir da idade para se chegar à taxa de trabalho máxima.

Reproduzido com permissão de Hoffman J.R. *Norms for fitness, performance, and health.* Champaign, IL, Human Kinetics, 2006, 200-201.

Velocidade

Velocidade é a habilidade de realizar um movimento no menor tempo possível. É relativamente fácil medir, exigindo apenas o uso de um cronômetro e de uma pista ou campo. Para programas de treinamento com orçamentos maiores, cronômetros eletrônicos estão se tornando mais populares. O maior problema com o uso de um cronômetro manual é a possibilidade de medição errada. Mesmo em condições ideais com um profissional experiente, os tempos de cronômetros manuais podem estar 0,2 segundo adiantados em relação aos tempos medidos eletronicamente, por causa do atraso no tempo de reação do profissional que faz a medição ao pressionar o botão de início e parada do cronômetro manual conforme o atleta inicia e termina a corrida.[24]

A corrida de 36 m é a distância mais usada na maioria das avaliações de velocidade. Isso provavelmente se deve à familiaridade que a maioria dos profissionais de força e condicionamento tem com os tempos de corrida associados a essa distância. A corrida de 36 m alcançou enorme popularidade entre os técnicos de futebol americano. É um item básico na maioria dos programas de teste desse esporte. Considerando as longas listas de jogadores e o número de profissionais de força e condicionamento que possuem experiência em futebol americano, a corrida de 36 m tornou-se um item básico para a maioria dos programas de teste atlético nos Estados Unidos. No entanto, a justificativa para a distância de 36 m não é totalmente clara. Ela pode ter sido originada a partir de uma distância arbitrária que acabou se tornando bem aceita com o tempo.

Outros esportes têm usado distâncias maiores ou menores, dependendo das necessidades específicas. Alguns profissionais de força e condicionamento para o basquete usam uma corrida de 27 m (a extensão aproximada de uma quadra de basquete) para avaliar a velocidade. O beisebol, por sua vez, costuma usar a corrida de 55 m (a distância entre as três bases, da base principal até a segunda base, ou da primeira até a terceira base).

Agilidade

A *agilidade* refere-se à habilidade de mudar de direção rapidamente. É uma variável comum medida durante a maioria dos testes de desempenho atlético. Como a velocidade, é relativamente fácil de medir. São necessários apenas um cronômetro e cones. Uma variedade de testes de agilidade diferentes pode ser selecionada. Entretanto, o teste de agilidade mais relevante será aquele que incorporar movimentos que sejam similares aos realizados pelo atleta durante as competições. O teste usado também deve ser parte do programa de treinamento do atleta.

Por exemplo, os padrões de movimento no basquete envolvem corridas, deslocamento lateral e corrida de costas. O teste T é uma medida de agilidade que utiliza esses padrões específicos de movimento. Ele é bastante apropriado para a avaliação da agilidade em jogadores de basquete. Testes de agilidade populares incluem o teste T, o teste de passada lateral de Edgren, o teste pró-agilidade (5-10-5) e o teste Illinois.

Teste T

Para o teste T, posicione quatro cones conforme mostrado na Figura 2.9. Os cones A e B ficam a 9 m de distância um do outro. Os cones C e D são colocados a 4,5 m de cada lado do cone B. Após um aquecimento, o atleta se posiciona ao lado do cone A. Quando é dada a partida, o atleta faz o seguinte:

1. Corre até o cone B e toca a base do cone com a mão.
2. Desloca-se lateralmente para a esquerda até o cone C ou para a direita até o cone D e toca a base com a mão que estiver mais próxima.
3. Desloca-se lateralmente até o outro cone mais afastado (C ou D) e toca a base do cone com a mão mais próxima. (O atleta não toca o cone B ao passar por ele em direção ao outro cone.)

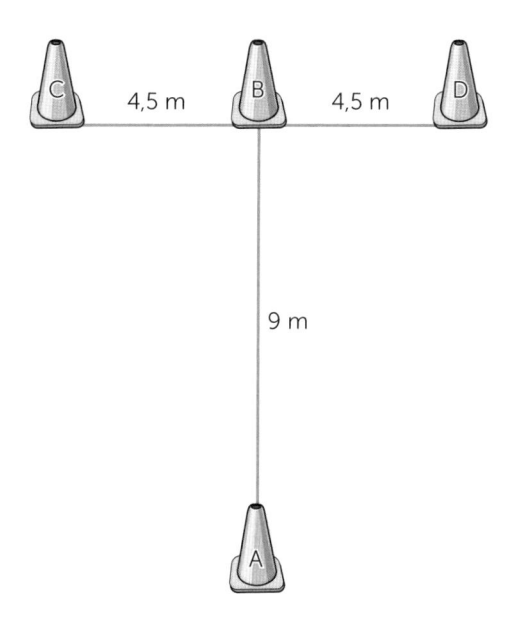

FIGURA 2.9 Configuração do teste T.

Reproduzido com permissão de Hoffman J.R. *Norms for fitness, performance, and health*. Champaign, IL, Human Kinetics, 2006, 202. Adaptado com permissão de Semencik D. "Tests and measurements: The T-test", *NSCA Journal*. 1990, 2(1): 36-37.

4. Desloca-se lateralmente de volta até o cone B e toca a base do cone.
5. Corre de costas até o cone A. (O cronômetro é parado quando o atleta cruza o cone.)

O atleta deve estar voltado para a frente o tempo todo e não deve cruzar os pés. Cruzar os pés ou não tocar um cone desqualifica o teste.

Teste de passada lateral de Edgren

Para o teste de passada lateral de Edgren, uma quadra com 4 m de largura é dividida em quatro seções de 1 m, usando-se cinco linhas (Fig. 2.10). Após um aquecimento, o atleta se posiciona com a linha central entre seus pés. Quando é dada a partida, o atleta faz o seguinte:

1. Desloca-se lateralmente para a direita até que o pé direito toque ou atravesse a linha direita externa.
2. Desloca-se lateralmente para a esquerda até que o pé esquerdo toque ou atravesse a linha esquerda externa.
3. Continua a deslocar-se lateralmente, indo e voltando até as linhas externas o mais rápido possível durante 10 segundos.

O número total de linhas atravessadas, incluindo as linhas mais externas, durante os 10 segundos é registrado. Um ponto é descontado do valor total sempre que o atleta cruzar os pés.

Teste pró-agilidade

O teste pró-agilidade também é conhecido como *corrida de ida e volta de 18 metros*. O teste é geralmente realizado em um campo de futebol americano, mas pode ser aplicado em qualquer campo marcado ou em qualquer lugar onde seja possível desenhar três linhas com 4,5 m de distância uma da outra. Em um campo de futebol americano, o atleta se posiciona com a linha de 14 m entre seus pés, então corre para a linha de 18 m. Depois, muda a direção e corre para linha de 9 m, e então muda a direção novamente e volta para a linha de 14 m (Fig. 2.11). O cronômetro é acionado quando o atleta inicia o movimento e para quando ele cruza a linha dos 14 m.

Teste Illinois

São necessários oito marcadores para preparar esse teste. Quatro dos marcadores são usados para formar um retângulo de 10 m de comprimento por 5 m

FIGURA 2.10 Configuração do teste de passada lateral de Edgren.
Reproduzido com permissão de Hoffman J.R. *Norms for fitness, performance, and health.* Champaign, IL, Human Kinetics, 2006, 202. Adaptado com permissão da NSCA. Harman E., Garhammer J. e Pandorf C. "Administration, scoring, and interpretation of selected tests", editado por Baechle T.R. e Earle R.W. em *Essentials of strength training and conditioning.* Champaign, IL, Human Kinetics, 2. ed., 2000, 300.

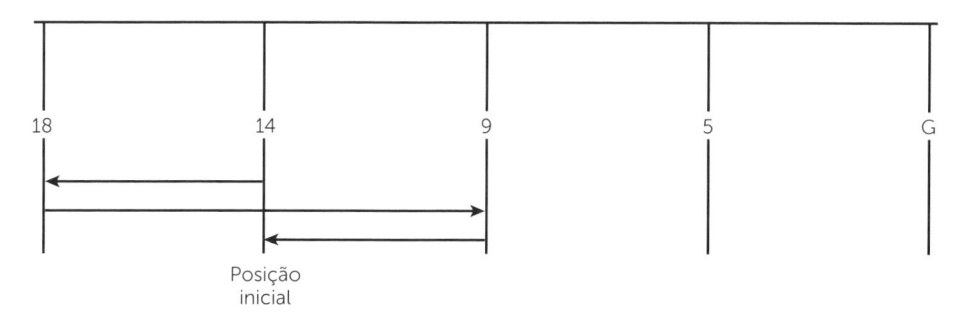

FIGURA 2.11 Configuração do teste pró-agilidade.
Reproduzido com permissão de Hoffman J.R. *Norms for fitness, performance, and health.* Champaign, IL, Human Kinetics, 2006, 204.

de largura. Os outros quatro marcadores são posicionados em linha reta no centro do retângulo em intervalos de 3,3 m. Esse teste exige que o atleta comece deitado de bruços ao lado do marcador A. Quando é dada a partida, o atleta corre 10 m para a frente até o marcador B, faz uma curva em U e corre de volta na direção oposta. Ao se aproximar da posição inicial, o atleta desvia diagonalmente para a esquerda e entra no percurso de agilidade formado pelos quatro marcadores no centro do retângulo. O atleta corre em zigue-zague, cruzando os obstáculos. Quando alcança o final do percurso, o atleta faz a volta e retorna em direção à linha de partida fazendo os mesmos movimentos. Após cruzar o último marcador, o atleta faz uma curva em U para a esquerda e corre em direção ao marcador C, faz uma última curva em U e corre em linha reta em direção ao marcador D (Fig. 2.12).

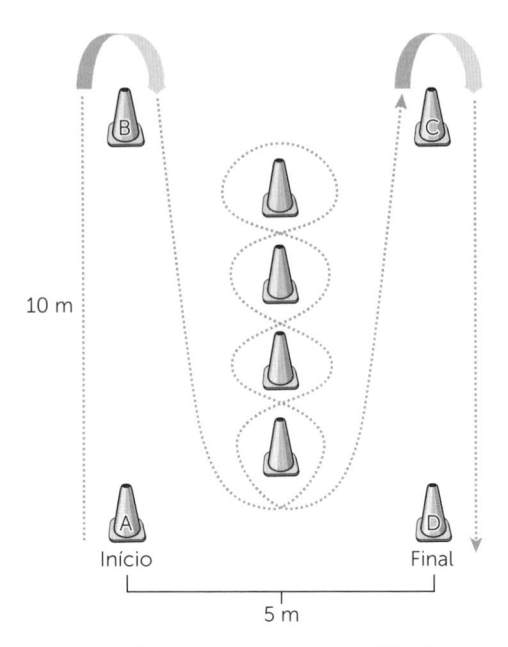

10 m

Início   Final

5 m

FIGURA 2.12 Configuração e padrão de corrida do teste Illinois.

Composição do corpo

A composição do corpo geralmente se refere à porcentagem do peso corporal formada por gordura. A faixa da porcentagem de gordura corporal varia de acordo com o tipo de atleta. Isso está relacionado principalmente às demandas específicas de cada esporte. Atletas de resistência aeróbia ou ginastas estão geralmente na faixa próxima ao subpeso, mas alguns jogadores de futebol americano (principalmente os jogadores de linha) podem estar no limite da obesidade. Vários métodos podem ser usados para avaliar a composição corporal. Esses métodos variam em termos de complexidade, custo e precisão. As seções seguintes descrevem brevemente tais métodos.

Absorciometria por raios X de dupla energia

A absorciometria por raios X de dupla energia (DEXA) tornou-se o novo padrão de avaliação da composição corporal. É um procedimento não invasivo que permite medir em partes do corpo ou do corpo todo o tecido magro e adiposo, a densidade óssea e o teor de minerais nos ossos. A confiabilidade e a validade da DEXA na avaliação da composição corporal foi estabelecida com níveis baixos, moderados e altos de gordura corporal e em populações atléticas e não atléticas.[16,45]

Uma das maiores vantagens das medições DEXA é que ela usa um modelo de três elementos (massa gorda, massa magra e densidade óssea) para determinar a composição do corpo. Tal método é superior ao modelo mais comum de dois elementos (massa gorda e massa magra) e parece resultar em uma medição mais precisa da composição do corpo, eliminando fontes adicionais de erros vistas durante o cálculo da densidade corporal (p. ex., volume residual). A principal desvantagem das medições DEXA é o custo para comprar e operar o equipamento. Além disso, como a DEXA utiliza um dispositivo de raios X, é necessário que o aparelho seja operado por um técnico de raios X licenciado.

Peso hidrostático

Por anos, o peso hidrostático foi considerado o método padrão para a análise da composição corporal. O peso hidrostático mede a composição do corpo com base na quantidade de água deslocada quando um atleta é submerso. Conforme o corpo é imerso na água, ele é suportado por uma força contrária igual ao peso da água deslocada. A perda de peso na água, corrigida pela densidade da água, permite que a densidade do corpo seja calculada. Uma vez calculada essa densidade, a porcentagem de gordura corporal pode ser projetada por meio de várias equações que dependem da idade, crescimento e maturidade, gênero e etnia.

Além disso, é necessário calcular o volume residual dos pulmões para avaliar a densidade corporal com precisão. Pode ser medido diretamente ou calculado por várias fórmulas. Apesar de esse método de análise da composição corporal ser altamente reprodutível, ainda existem vários fatores que podem reduzir a precisão da medição. Por exemplo, a medida precisa do volume residual é importante para reduzir erros, e ela pode não considerar a possibilidade de ar nos intestinos. O cálculo da densidade corporal também faz uso de várias suposições que podem aumentar a possibilidade de erro em populações atípicas. Geralmente, presume-se que a análise da composição corporal usando o método hidrostático fornece uma estimativa da gordura corporal dentro de 2,5% do valor verdadeiro.[17]

Pletismografia

A pletismografia é um método viável de avaliação da composição do corpo, especialmente para atletas que não se sentem confortáveis em ficar totalmente submersos no tanque hidrostático. O uso da pletismografia de deslocamento aéreo (câmara fechada que mede o volume corporal por mudanças na pressão) foi considerado altamente confiável em várias populações.[2,10] A pletismografia de deslocamento aéreo mostrou ser uma medida válida de composição corporal.[4,38,41] No entanto, ela pode superestimar a porcentagem de gordura corporal em comparação ao método DEXA.[37,40] Ainda que o uso do deslocamento aéreo forneça uma avaliação precisa da porcentagem de gordura corporal, o resultado pode ser mais alto do que o visto a partir das medidas DEXA. Sendo assim, pode ser difícil realizar comparações entre esses dois métodos.

Medição das pregas cutâneas

A medição das pregas cutâneas é o método mais popular usado para avaliar a composição do corpo. Essas medições levam bem menos tempo para serem realizadas do que os outros métodos discutidos. O princípio por trás da medição das pregas cutâneas é que a quantidade de gordura subcutânea é proporcional à quantidade de gordura corporal. Medindo a espessura das pregas cutâneas em vários pontos do corpo, a porcentagem de gordura corporal pode ser calculada por meio de uma equação de regressão. Os pontos de medição comumente usados incluem os seguintes:

- abdome: prega horizontal, 2 cm à direita do umbigo;
- bíceps: prega vertical na parte anterior do braço acima do músculo bíceps;
- peito: prega diagonal, metade da distância entre a linha axilar anterior e o mamilo (homens), ou 1/3 da distância entre a linha axilar anterior e o mamilo (mulheres);
- axilar média: prega horizontal na linha axilar média na altura do processo xifoide do esterno;
- subescapular: prega diagonal em um ângulo de 45°, 1 a 2 cm abaixo do ângulo inferior da escápula;
- suprailíaca: prega diagonal alinhada com o ângulo natural da crista ilíaca medida na linha axilar anterior;
- coxa: prega vertical na linha mediana anterior da coxa no ponto médio entre a borda proximal da patela e a crista inguinal;
- tríceps: prega vertical na linha mediana posterior do braço no ponto médio entre o processo acrômio da escápula e a parte inferior do processo olecraniano do cotovelo.

Contudo, pelo fato de a relação entre a gordura subcutânea e a gordura corporal total variar de acordo com a idade, o gênero e a etnia,[35] a equação de regressão apropriada deve ser selecionada. Além disso, equações de regressão também variam em relação ao número necessário de pontos de prega cutânea. Mesmo quando a equação de regressão apropriada é usada, uma margem de 3 a 4% de erro pode estar associada à porcentagem de gordura corporal obtida a partir da medição das pregas.[35] Logo, a equação de regressão correta deve ser selecionada com cuidado. A Tabela 2.2 apresenta vários exemplos de equações de regressão comumente usadas, e a Tabela 2.3 apresenta equações de conversão da densidade do corpo em porcentagem de gordura corporal específicas para certas populações.

TABELA 2.2 Equações de regressão comumente usadas para o cálculo da porcentagem de gordura corporal a partir das medições de pregas cutâneas e descrição dos locais das pregas

Locais	Sexo e idade	Fórmula
Durnin e Womersley, 1974[10]		
Bíceps, tríceps, subescapular e suprailíaca	Homens (idade em anos)	
	17-19	$D = 1{,}1620 - 0{,}0630 \times (\log \Sigma \text{ pregas})$
	20-29	$D = 1{,}1631 - 0{,}0632 \times (\log \Sigma \text{ pregas})$
	30-39	$D = 1{,}1422 - 0{,}0544 \times (\log \Sigma \text{ pregas})$
	Mulheres (idade em anos)	
	17-19	$D = 1{,}1549 - 0{,}0678 \times (\log \Sigma \text{ pregas})$
	20-29	$D = 1{,}1599 - 0{,}0717 \times (\log \Sigma \text{ pregas})$
	30-39	$D = 1{,}1423 - 0{,}0632 \times (\log \Sigma \text{ pregas})$
Jackson e Pollock, 1985[28]		
7 pontos		
Tórax: axilar média, tríceps, subescapular, abdome, suprailíaca e coxa	Homens	$D = 1{,}112 - 0{,}00043499\,(\Sigma\,7\text{ pregas}) + 0{,}00000055\,(\Sigma\,7\text{ pregas})^2 - 0{,}00028826\,(\text{idade})$
	Mulheres	$D = 1{,}097 - 0{,}00046971\,(\Sigma\,7\text{ pregas}) + 0{,}00000056\,(\Sigma\,7\text{ pregas})^2 - 0{,}00012828\,(\text{idade})$
3 pontos		
Tórax, abdome e coxa	Homens	$D = 1{,}10938 - 0{,}0008267\,(\Sigma\,3\text{ pregas}) + 0{,}0000016\,(\Sigma\,3\text{ pregas})^2 - 0{,}0002574\,(\text{idade})$
Tríceps, suprailíaca, coxa	Mulheres	$D = 1{,}1099421 - 0{,}0009929\,(\Sigma\,3\text{ pregas}) + 0{,}0000023\,(\Sigma\text{ pregas})^2 - 0{,}0001392\,(\text{idade})$

D = densidade corporal.

TABELA 2.3 Fórmulas de conversão da densidade corporal em porcentagem de gordura corporal específicas para determinadas populações

População	Idade	Sexo	Fórmula da % de gordura corporal (%GC)
Brancos	17-19	Homens	%GC = 4,99 ÷ (D − 4,55)
		Mulheres	%GC = 5,05 ÷ (D − 4,62)
	20-80	Homens	%GC = 4,95 ÷ (D − 4,50)
		Mulheres	%GC = 5,01 ÷ (D − 4,57)
Afrodescendentes	18-32	Homens	%GC = 4,37 ÷ (D − 3,93)
	24-79	Mulheres	%GC = 4,85 ÷ (D − 4,39)

Dados de Heyward e Stolarczyk, 1996.[19]

Bioimpedância elétrica

A bioimpedância elétrica é outro método popular usado para estimar a composição do corpo. É similar às medições das pregas cutâneas em relação à precisão e pode ser mais fácil de usar porque elimina possíveis erros entre aqueles que aplicam o teste. O princípio básico por trás da bioimpedância elétrica é a relação entre a quantidade total de água e a massa magra do corpo. Visto que o tecido magro contém uma grande concentração de água, e a água é um excelente condutor de eletricidade, a força a uma corrente elétrica passando pelo corpo é um indicador potencial da porcentagem de gordura corporal. Atletas magros teriam força mínima, indicando a presença de uma porcentagem maior de tecido magro. Uma força maior à corrente elétrica sugeriria uma quantidade maior de gordura corporal.

Dado que o teor de água no corpo é essencial a essas medidas, qualquer mudança no fluido corporal pode ter um efeito significativo no cálculo da gordura corporal. Se a bioimpedância elétrica for utilizada, é altamente recomendado que os indivíduos evitem beber ou comer 4 horas antes da medição, esvaziem a bexiga e/ou evacuem completamente antes da medição, e evitem ingerir álcool, cafeína ou qualquer agente diurético antes da avaliação.[23] O não cumprimento dessas instruções aumentará a margem de erro da medição. Realizar a medição com o indivíduo desidratado pode fazer com que a porcentagem de gordura corporal seja superestimada (menos água no corpo gera menor condutividade).

RESUMO

- Um programa de avaliação pode ser usado para examinar a eficácia dos programas de treinamento, avaliar o potencial do atleta, desenvolver programas de treinamento e estabelecer objetivos de treinamento.

- Para maximizar a eficácia do programa de avaliação, os testes devem ser confiáveis e válidos e devem fornecer informações relevantes tanto ao profissional de força e condicionamento quanto ao atleta.
- Uma bateria de testes deve ser desenvolvida com base na avaliação das necessidades, de modo que reflita a demanda metabólica, biomecânica e outras demandas do esporte.
- As preocupações com a administração do teste incluem a ordem e o tempo dos testes. Essas variáveis devem ser ajustadas para que os atletas tenham o melhor desempenho possível nos testes e para proporcionar informações sobre pontos importantes no ciclo competitivo.
- É recomendável que os leitores consultem o seguinte livro para uma discussão completa e aprofundada sobre os valores normativos de todas as avaliações discutidas neste capítulo: Hoffman J.R. *Norms for fitness, performance, and health.* Champaign, IL, Human Kinetics, 2006.

3

Aquecimento dinâmico

Avery D. Faigenbaum, EdD, CSCS*D, FNSCA, FACSM

O aquecimento é importante para todos os atletas antes dos treinamentos e das competições. Um aquecimento bem feito pode preparar os atletas física e mentalmente para as demandas do treinamento e de eventos esportivos, aumentando o fluxo de sangue para os músculos ativos, elevando a temperatura corporal central, aumentando as reações metabólicas e melhorando a amplitude articular do movimento.[26] Esses efeitos podem impulsionar o desempenho atlético por meio da melhora na circulação do oxigênio, do aumento da velocidade das transmissões de impulsos nervosos, da melhora da taxa de desenvolvimento de força e da maximização da força e da potência.[2,5,45] Além disso, um aquecimento bem elaborado pode dar o tom das atividades que virão a seguir e estabelecer o ritmo desejado para a prática ou competição. Na verdade, procedimentos de aquecimento compatíveis com as necessidades, objetivos e habilidades de cada atleta devem fazer parte da prática e da competição de todo esporte.

Ainda que procedimentos de aquecimento bem elaborados possam aprimorar o desempenho atlético, reduzir o risco de lesões e diminuir o potencial de sensibilidade muscular após o exercício,[1,21,26] é importante perceber que o aquecimento e o alongamento são atividades diferentes. Aquecimento consiste em atividades preparatórias e movimentos funcionais especificamente elaborados para preparar o corpo para o exercício ou esporte. Por sua vez, o objetivo principal do alongamento é aumentar a flexibilidade. Essa distinção é importante porque ideias antigas sobre procedimentos de aquecimento tradicionais foram recentemente questionadas. Alguns cientistas e praticantes propõem agora que pode ser vantajoso excluir o alongamento estático das rotinas de aquecimento antes do treinamento esportivo e das competições.[32,49,52,59]

O interesse tem crescido em procedimentos de aquecimento que envolvem atividades dinâmicas e movimentos específicos do esporte que maximizam a amplitude ativa do movimento em velocidades diferentes e específicas dentro desse movimento, ao mesmo tempo que prepara o corpo para as exigências do treinamento e da competição.[10,13,15,29,55] Este capítulo revisa os componentes de um aquecimento tradicional e examina os benefícios potenciais de um aquecimento dinâmico. Apesar de discutir os diferentes tipos de aquecimento, este capítulo foca na influência dos protocolos de aquecimento dinâmico no desempenho atlético. Ele também discute os mecanismos fisiológicos propostos que podem aprimorar a preparação dos atletas para a prática esportiva e para competições, e define as considerações de elaboração de programas para o desenvolvimento de protocolos de aquecimento que enfatizam as exigências de movimento do esporte ou atividade.

Um aquecimento tradicional geralmente consiste em dois elementos. O primeiro é um aquecimento geral de 5 a 10 minutos de exercício cardiorrespiratório de intensidade baixa ou moderada, como corrida ou bicicleta ergométrica, seguido por vários minutos de alongamento estático. O segundo elemento é um aquecimento específico que envolve movimentos menos intensos similares aos movimentos do esporte ou atividade a ser realizada. A finalidade desse tipo de aquecimento é permitir que o corpo se ajuste gradualmente às mudanças da demanda fisiológica durante o exercício sem fadiga desnecessária. Um aquecimento geral de exercícios básicos para os principais grupos musculares aumenta a frequência cardíaca, o fluxo sanguíneo, a temperatura muscular e a temperatura corporal central, como evidenciado pelo suor. Exercícios de alongamento estático, nos quais uma posição do corpo é mantida por certo período (em geral, 10 a 30 segundos), costumam ser recomendados por alguns treinadores esportivos para melhorar a amplitude de movimento nas articulações, melhorar o desempenho e reduzir o risco de lesões antes da atividade.[30,36,46] No entanto, a crença convencional em relação à prática de uma rotina de alongamento estático pré-evento tem sido questionada ultimamente.[48,50,53]

ALONGAMENTO ESTÁTICO E DESEMPENHO

Apesar de o alongamento estático aumentar a flexibilidade, um componente bem conhecido do condicionamento relacionado à saúde,[1] há pouca evidência científica de que o alongamento estático antes da atividade previna lesões relacionadas à atividade ou melhore o desempenho atlético.[32,47,50,53] Mesmo atletas que competem em esportes que exigem altos níveis de flexibilidade, tais como ginástica olímpica ou mergulho, devem considerar tanto os possíveis benefícios quanto as preocupações relacionadas ao decidirem se devem incluir ou não exercícios de alongamento estático na rotina de aquecimento.

Um número crescente de evidências de pesquisas indica que o alongamento estático dos músculos principais antes da atividade pode na verdade ter um efeito negativo sobre a produção e a duração da força, o desempenho da potência, o tempo de reação e a velocidade da corrida.[4,10,11,19,34,40,41] Em um estudo que examinou os efeitos do alongamento estático no desempenho de atletas universitários de atletismo em corridas de 40 m, os pesquisadores relataram uma redução de 3% no desempenho após o alongamento estático pré-evento.[57] Também foi mostrado que o alongamento balístico pré-evento (i. e., movimentos de rebote) e técnicas de alongamento da facilitação neuromuscular proprioceptiva (FNP), que envolvem tanto movimentos passivos quanto ações musculares ativas, também pode inibir a força e reduzir a potência explosiva.[6,39] Ainda que alguns dados sugiram que o alongamento estático pré-evento não tem efeito de curto prazo sobre medições de desempenho,[23,33] a maioria das evidências disponíveis indica que ele pode ter efeitos prejudiciais no desempenho subsequente.

Acredita-se que esse efeito induzido pelo alongamento esteja relacionado a uma diminuição na ativação neural, redução da rigidez musculotendínea ou a uma combinação de fatores neurais e musculares.[3,20,24] Visto que o alongamento estático pode resultar em lesão muscular (como evidenciado pelos níveis elevados de creatina quinase no sangue), também é possível que danos no tecido expliquem, pelo menos em parte, a redução no desempenho gerada pelo alongamento.[51] Ainda que os efeitos indesejados de um ciclo intenso de alongamento estático no desempenho estejam cada vez mais aparentes, mais pesquisas são necessárias para determinar os mecanismos exatos que sustentam a redução no desempenho, bem como os protocolos de alongamento e as condições de desempenho em particular que produzem o efeito contrário.

É importante notar que as reduções vistas no desempenho após o alongamento estático podem, em alguns casos, durar até 1 hora.[20] Já que mesmo 1% de alteração no desempenho pode influenciar significativamente o resultado de um evento atlético tanto em esportes individuais como de equipe, mudanças pequenas, mas relevantes no desempenho, após um ciclo intenso de alongamento estático, devem ser levadas em consideração pelos treinadores esportivos e pelos profissionais de força e condicionamento. De fato, várias organizações médicas e de condicionamento, incluindo o American College of Sports Medicine (ACSM),[1] a National Strength and Conditioning Association (NSCA)[28] e o President's Council on Physical Fitness and Sports,[32] afirmam que o alongamento estático pré-evento pode afetar adversamente o desempenho atlético, sobretudo em esportes que envolvem força e potência.

Isso não significa dizer que o alongamento estático deve ser eliminado do programa de um atleta, mas ele deve ser incorporado de modo coerente no treinamento diário, já que o alongamento crônico pode aumentar a amplitude de movimento de uma articulação e melhorar potencialmente o desempenho de força e potência.[35,52] Em consequência, a maioria dos atletas deve realizar o alongamento estático durante o desaquecimento ou como parte de uma sessão de treinamento separada. Em alguns casos, porém, os atletas que praticam esportes que exigem altos níveis de flexibilidade podem se beneficiar do alongamento estático pré-evento. Por exemplo, ginastas que precisam melhorar a flexibilidade podem realizar exercícios de alongamento pré-evento depois de um aquecimento geral, desde que eles realizem uma série de movimentos dinâmicos antes dos treinamentos ou das competições.

Como o alongamento estático tradicionalmente faz parte de muitas rotinas de aquecimento, os profissionais de força e condicionamento precisam de fato levar em consideração as ideias anteriores de cada atleta sobre o alongamento estático pré-evento ao prescrever protocolos de treinamento de flexibilidade para equipes esportivas. Em alguns casos, atletas que realizam rotineiramente o alongamento estático (e que creem em seu valor) podem precisar ser educados sobre as consequências indesejáveis de um ciclo intenso de alongamento estático no desempenho atlético. Eles devem ser apresentados aos poucos a protocolos pré-evento que incluem atividades dinâmicas.

AQUECIMENTO DINÂMICO E DESEMPENHO

Visto que a prática corrente do alongamento estático pré-evento foi baseada mais na intuição e tradição do que em evidências científicas, os protocolos de aquecimento dinâmico que simulam movimentos que ocorrem nas atividades diárias e no esporte tornaram-se mais populares conforme passamos a ter maior compreensão sobre os métodos de treinamento que melhoram o desempenho. Esse tipo de treinamento normalmente inclui movimentos de intensidade baixa, moderada ou alta que aumentam a temperatura do corpo, melhoram a excitabilidade da unidade motora, desenvolvem a consciência cinestésica e maximizam a amplitude de movimento.[10,24,28,55] Em vez de se concentrar em músculos individuais, os exercícios dinâmicos enfatizam as exigências de movimento de um exercício ou esporte. O termo *preparação do movimento* também é usado para descrever esse tipo de treinamento porque ele realmente prepara os atletas para o movimento.[55]

Mais uma vez, é importante observar que os exercícios dinâmicos não envolvem o movimento de rebote característico do alongamento balístico, mas sim uma extensão controlada de grupos musculares específicos. Durantes esse tipo de movimento contínuo, os músculos são alongados até um ponto além da amplitude de movimento, e então contraídos para realizar a ação desejada. Desse modo, os músculos não relaxam durante o movimento dinâmico, permanecendo ativos durante toda a extensão do movimento. Por exemplo, durante a caminhada com agachamento afundo (Fig. 3.1), o atleta exagera na extensão de cada passo conforme o movimento de agachamento é realizado pelo número de repetições prescrito, mantendo o joelho da frente acima e um pouco para trás dos dedos do pé e o joelho de trás logo acima do chão.

Idealmente, deve haver uma progressão contínua dos movimentos dinâmicos menos intensos para atividades mais intensas que lembram movimentos de esportes durante uma rotina de aquecimento dinâmico. Movimentos de maior intensidade são necessários para otimizar o desempenho e, portanto, devem ser considerados um elemento importante do protocolo pré-evento.[54] Por exemplo, atletas de atletismo, como do salto em distância, podem iniciar seu aquecimento com deslocamento lateral e passar para marcha com salto. Corredores podem começar com marcha e então realizar uma série de exercícios de corrida para uma preparação melhor para o desempenho de nível máximo exigido durante a prática do esporte e competições. Antes de um treinamento de levantamento de peso, podem ser usados saltos pliométricos e exercícios de explosão com bola para preparar os atletas para a sessão de treinamento que virá a seguir.[37,56] Independentemente do tipo de movimento, os profissionais de força e condicionamento devem enfatizar a técnica apropriada e destacar os mecanismos que são importantes para reforçar as habilidades-chave necessárias para a realização correta do movimento. Esse tipo de aquecimento pré-evento pode contribuir para um desempenho muscular melhor

FIGURA 3.1 A caminhada com agachamento afundo é um exemplo de exercício de aquecimento dinâmico.

e preciso. Se os protocolos de aquecimento forem bem concebidos e compatíveis com as necessidades e habilidades dos atletas, alguns observadores sugerem que o desempenho explosivo subsequente pode melhorar de 2 a 10%.[54]

Potencialização pós-ativação

Na preparação para eventos esportivos de explosão, como salto em distância, salto com vara e salto em altura, uma técnica conhecida como potencialização pós-ativação (PAP) pode ser usada como parte do aquecimento dinâmico do atleta.[44] A potencialização pós-ativação pode criar um ambiente ideal para o desempenho atlético, aumentando a fosforilação das cadeias leves de miosina reguladora, melhorando a função neuromuscular ou possivelmente alterando o ângulo de penação.[54] Ainda que os mecanismos exatos da PAP não sejam compreendidos por completo, existem evidências de que a resposta musculoesquelética às demandas criadas é influenciada por seu histórico de contração.[43] Um período curto de estimulação repetitiva pode resultar em uma resposta de contração melhor (potencialização), enquanto o estímulo contínuo pode prejudicar a resposta de contração (fadiga).[43]

Sabendo que a potencialização e a fadiga podem coexistir no músculo esquelético durante a estimulação repetitiva e por algum tempo após o estímulo,[43] os profissionais de força e condicionamento devem considerar a interação entre esses dois fenômenos ao elaborar e implementar procedimentos de aquecimento para atletas. Resumidamente, a diferença essencial entre a potencialização e a fadiga vai determinar o resultado do protocolo pré-evento.

Diversos estudos com jovens e adultos examinaram os efeitos de curto prazo de vários procedimentos de aquecimento (alongamento estático em comparação com o alongamento dinâmico) em relação a seus efeitos na força muscular e no desempenho de potência.[7,14,18,38,42,58,60,61] A maior parte da literatura existente na área sugere que um protocolo de aquecimento dinâmico bem elaborado pode aumentar o desempenho muscular intenso em populações atléticas graças, pelo menos em parte, aos efeitos da PAP relacionada à atividade. Contudo, muitos fatores precisam ser considerados ao se aplicarem os princípios da PAP no desempenho atlético. Especificamente, a experiência de treinamento, a relação força-potência individual, a intensidade e o volume da atividade pré-evento e o período de recuperação podem influenciar a eficácia de qualquer estímulo para a melhora do desempenho. Além disso, diferenças individuais devem ser consideradas ao se avaliar a aplicação da PAP em atividades que exijam contrações musculares dinâmicas.

Uma questão importante em relação à aplicação prática da PAP é o tempo entre a interrupção da atividade PAP e o início do treinamento ou competição. Ainda que possivelmente exista um tempo ideal em que o músculo já está recuperado, mas ainda potencializado, é provável que essa janela de oportunidade dependa de uma interação complexa de fatores, incluindo o tipo de fibra do atleta, a experiência de treinamento e a concepção da atividade pré-carga. Evidências preliminares sugerem que o tempo ideal para maximizar o efeito PAP no desempenho de potência (como durante o salto em altura) seja entre 4 e 12 minutos após o estímulo pré-carga.[8,17,22,31] É importante observar que a fadiga tende a ser mais dominante na primeira fase da recuperação, mas diminui mais rapidamente que a PAP, logo, a potencialização pode ser alcançada durante as atividades esportivas subsequentes.[54] Alguns poucos dados sugerem que os efeitos da ativação muscular pré-evento podem durar por várias horas, possivelmente se estendendo até a segunda metade de uma partida esportiva.[12]

Preparação mental

Ainda que um aquecimento bem elaborado aumente a temperatura corporal e melhore a flexibilidade, a incorporação de atividades de movimento dinâmico também pode estabelecer um ritmo desejado para eventos futuros e definir a diretriz das atividades de força e condicionamento. Se o protocolo de condicionamento for lento e monótono (p. ex., corridas de baixo esforço ao redor de um campo e alongamento estático), o desempenho durante a prática ou jogo subsequente pode ser menos do que se espera. Contudo, se o protocolo pré-evento for dinâmico, envolvente e variado, o desempenho durante a prática ou jogo que se segue pode ser melhorado. Resumidamente, um aquecimento que inclui exercícios de flexibilidade dinâmicos pode ajudar a melhorar o foco de atenção dos atletas para que eles ouçam, aprendam e identifiquem dicas sobre ações relevantes.

DESENVOLVIMENTO DE UM PROTOCOLO DE AQUECIMENTO DINÂMICO

Diferentemente de um protocolo de aquecimento tradicional, um aquecimento dinâmico pode resultar em melhoras perceptíveis em habilidades fundamentais do movimento. Ele também prepara o corpo para os movimentos vigorosos e aleatórios que podem ocorrer durante a prática esportiva. Como tal, essa fase do treinamento pode oferecer uma oportunidade para atletas mais jovens ganharem confiança em suas habilidades para realizar os movimentos. Além disso, atividades de aquecimento que sejam ativas, envolventes e de algum modo desafiadoras são bem mais agradáveis que as atividades de alongar e manter.

Um aquecimento dinâmico bem elaborado deve ativar o sistema neuromuscular para preparar os atletas para as demandas do treinamento esportivo e da competição. A ideia geral é (1) aquecer, (2) ativar e (3) motivar. O *aquecimento* destaca a importância do aumento da temperatura corporal, a *ativação* refere-se à excitação ou potencialização do sistema muscular, e a *motivação* chama atenção para a necessidade de preparar psicologicamente os atletas para as demandas da prática esportiva e das competições. Em vez de ficar correndo em volta de uma quadra, um aquecimento que inclua pular corda, exercícios calistênicos, exercícios com *medicine ball*, trabalho rápido dos pés para treinar agilidade ou ações específicas do esporte, como driblar uma bola de futebol ao redor de cones, pode contribuir para o desenvolvimento das habilidades de movimento e dar uma contribuição valiosa ao processo de condicionamento geral. Um estudo mostrou que a incorporação por quatro semanas de um aquecimento dinâmico na rotina do treinamento diário pré-temporada de lutadores universitários influenciou positivamente as medidas de força, potência, agilidade, resistência muscular e flexibilidade, quando comparadas a uma condição de controle ativa.[25]

Um princípio fundamental do aquecimento dinâmico é a realização de exercícios para grupos musculares maiores que sejam similares aos padrões de movimento que serão realizados durante o treinamento ou competição. As rotinas de aquecimento dinâmico não exigem equipamentos ou muito espaço. Os atletas normalmente realizam cada movimento funcional no mesmo lugar com um número predeterminado de repetições (p. ex., 8 a 12) ou percorrem certa distância (p. ex., 10 a 20 m). Em geral, os atletas completam 8 a 12 exercícios que evoluem de movimentos relativamente simples para exercícios mais desafiadores, envolvendo padrões de movimento mais complexos e que exigem uma amplitude de movimento maior. Para tal, um aquecimento bem elaborado poderá aumentar o condicionamento físico de atletas e contribuir para o programa geral de condicionamento de modo eficiente. Contudo, é importante ter em mente que o objetivo é aquecer, ativar e motivar sem causar fadiga. O desempenho pode piorar se o aquecimento for muito intenso ou se os músculos não tiverem a oportunidade de se recuperar da fadiga gerada durante o protocolo de aquecimento dinâmico pré-evento.

> Para uma amostra de protocolo de aquecimento dinâmico, ver o Capítulo 12.

Se apropriado, os exercícios dinâmicos podem ser combinados para fornecer variedade à rotina de aquecimento de modo eficiente. Por exemplo, a marcha pode ser acrescentada à caminhada com agachamento afundo para alongar mais músculos em um período mais curto. Em qualquer caso, os atletas devem realizar cada movimento enquanto recebem instruções sobre a técnica correta do exercício (p. ex., manter o tronco ereto, ficar na ponta dos pés, manter o joelho na direção do tórax) de modo que reforcem os mecanismos de movimento apropriados. Dado que literalmente centenas de exercícios podem ser incorporados a um aquecimento dinâmico, as amostras de exercícios descritas neste capítulo podem ser consideradas um guia geral ou ponto de partida para ajudar profissionais de força e condicionamento a desenvolver uma rotina de 10 a 15 minutos que seja compatível com o nível de habilidade e condicionamento de seus atletas.

Idealmente, devem ser elaborados protocolos diferentes de aquecimento dinâmico específicos às demandas particulares de exercícios de força e condicionamento, treinamentos práticos ou jogos. Atletas que possuem pouca ou nenhuma experiência na realização de exercícios dinâmicos devem ser expostos a esse tipo de treinamento durante a pré-temporada (ou antes) para limitar qualquer possível sensibilidade muscular resultante da realização de movimentos dinâmicos novos que maximizam a amplitude ativa do movimento. Os protocolos de aquecimento apresentam outras ideias para a incorporação de exercícios de flexibilidade dinâmica.[9,16,27,55]

EXERCÍCIOS DE AQUECIMENTO DINÂMICO

ALONGAMENTO DOS BRAÇOS

O atleta deve fazer o seguinte:

1. Ficar em pé ereto e erguer os dois braços para a frente na altura do ombro.
2. Cruzar os braços em frente ao corpo e segurar o ombro oposto.
3. Manter a posição por um momento e então abrir os braços o máximo possível, alongando os músculos peitorais.
4. Repetir o movimento.

CAMINHADA USANDO ROLAMENTO DO PÉ

O atleta deve fazer o seguinte:

1. Ficar em pé com os pés afastados mais ou menos na distância dos ombros.
2. Dar um passo para a frente, colocando o calcanhar do pé direito no chão (A).
3. Imediatamente, rolar o pé para a frente e erguer-se colocando o peso na ponta do pé direito (B).
4. Repetir com a perna esquerda, movendo-se para a frente a cada passo (C).

CAMINHADA COM O JOELHO ERGUIDO

O atleta deve fazer o seguinte:

1. Dar um passo para a frente com a perna esquerda.
2. Erguer a coxa direita na direção do tórax enquanto mantém uma postura reta.
3. Segurar a frente do joelho direito com ambas as mãos.
4. Puxar a coxa direita em direção ao tórax.
5. Abaixar a perna direita e repetir do lado contrário, movendo-se para a frente a cada passo.

LENHADOR

O atleta deve fazer o seguinte:

1. Ficar em pé com os pés afastados na distância dos ombros, braços sobre a cabeça e mãos unidas (A).
2. Abaixar o corpo até uma posição de agachamento completo, mantendo os braços retos e movendo as mãos para baixo entre os joelhos (B).
3. Voltar à posição inicial, estendendo os braços acima da cabeça o mais alto possível.

GIRO DO TRONCO

O atleta deve fazer o seguinte:

1. Ficar em pé com os pés afastados mais ou menos na distância dos ombros, joelhos levemente relaxados, braços levemente dobrados em frente ao corpo e mãos unidas.
2. Curvar-se para a frente na altura da cintura (cerca de 45°) (A).
3. Girar toda a parte superior do corpo para a direita e então para a esquerda, mantendo o quadril e a parte inferior do corpo voltados para a frente (B).

PASSADA COM GIRO DO QUADRIL

O atleta deve fazer o seguinte:

1. Ficar em pé com as mãos apoiadas atrás da cabeça (A).
2. Marchar no lugar (B, D).
3. Girar o quadril para a direita em 90° e então para a esquerda em 90°, mantendo a parte superior do corpo voltada para a frente e reta (C, E).

CAMINHADA COM GIRO DA PERNA

O atleta deve fazer o seguinte:

1. Ficar em pé com as mãos no quadril.
2. Andar para a frente, erguendo o joelho esquerdo para fora e para o lado (abdução) até a altura da cintura (A).
3. Aduzir a perna até a linha mediana do corpo (B) antes de abaixá-la até o chão.
4. Repetir do lado contrário (C), movendo-se para a frente a cada passo.

PERNA EM BERÇO

O atleta deve fazer o seguinte:

1. Dar um passo para a frente com o pé esquerdo.
2. Erguer o joelho direito o mais alto possível, virando o joelho para fora (A).
3. Colocar a mão direita sobre o joelho direito e a mão esquerda sobre o tornozelo direito (evite segurar o pé).
4. Puxar a perna em direção ao tórax (B).
5. Manter o corpo reto durante o movimento.
6. Soltar a perna direita e repetir com a perna contrária enquanto caminha para a frente.

CAMINHADA COM ALONGAMENTO DO QUADRÍCEPS

O atleta deve fazer o seguinte:

1. Dar um passo para a frente com o pé esquerdo.
2. Ergue o pé direito atrás do corpo, mantendo o corpo reto.
3. Segurar o tornozelo direito com a mão direita e puxar em direção aos glúteos.
4. Abaixar a perna direita e repetir com a perna contrária enquanto caminha para a frente.

CAMINHADA COM AS MÃOS

O atleta deve fazer o seguinte:

1. Ficar em pé com os pés afastados mais ou menos na distância dos ombros e os joelhos levemente flexionados.
2. Curvar-se para a frente na altura da cintura e colocar ambas as mãos no chão, mantendo os glúteos erguidos e os joelhos apenas levemente flexionados.
3. Caminhar para a frente movendo as mãos alternadamente até que o corpo esteja em posição de flexão ou deitado.
4. Caminhar com os pés em direção às mãos com passos curtos, mantendo os braços retos e os joelhos levemente flexionados.
5. Repetir o movimento.

CHUTE COM A PERNA ESTENDIDA

O atleta deve fazer o seguinte:

1. Ficar em pé com ambos os braços estendidos acima da cabeça e os pés afastados mais ou menos na distância dos ombros.
2. Dar um passo para a frente com a perna esquerda.
3. Jogar a perna direita para cima, mantendo o tronco reto e a perna estendida.
4. Mover ambas as mãos em direção aos dedos do pé direito.
5. Abaixar a perna direita e voltar os braços para a posição inicial.
6. Repetir do lado contrário, movendo-se para a frente a cada passo.

ALONGAMENTO EM T

O atleta deve fazer o seguinte:

1. Ficar em pé ereto e equilibrar-se sobre o pé direito.
2. Curvar-se para a frente na altura da cintura, ao mesmo tempo que estende a perna esquerda para trás e move os braços para os lados.
3. Manter o corpo paralelo ao chão e a coluna neutra (a linha entre os ombros e o pé esquerdo deve estar reta).
4. Voltar à posição inicial com um pequeno passo para trás.
5. Repetir do lado contrário.

CAMINHADA COM AGACHAMENTO AFUNDO E EXTENSÃO DOS BRAÇOS

O atleta deve fazer o seguinte:

1. Ficar em pé ereto com os pés afastados mais ou menos na distância dos ombros e as mãos à frente do corpo.
2. Dar um passo longo para a frente com a perna esquerda, mantendo o joelho esquerdo diretamente sobre o pé esquerdo.
3. Abaixar o joelho direito até que ele esteja de 3 a 5 cm acima do chão.
4. Ao mesmo tempo, estender ambos os braços em direções diferentes (i. e., para a frente, acima da cabeça, para a esquerda ou para a direita) enquanto mantém a posição do corpo.
5. Afastar-se do chão estendendo o joelho esquerdo e levantando o quadril.
6. Voltar os braços para a posição inicial.
7. Colocar o pé direito ao lado do pé esquerdo.
8. Dar um passo para a frente com a perna direita e mover os braços em uma posição diferente.

CAMINHADA COM AGACHAMENTO AFUNDO E MOVIMENTO DO COTOVELO

O atleta deve fazer o seguinte:

1. Ficar em pé ereto com os pés afastados na distância dos ombros e os braços ao lado do corpo.
2. Dar um passo longo para a frente com a perna esquerda, mantendo o joelho esquerdo diretamente sobre o pé esquerdo.
3. Abaixar o joelho direito até que ele esteja de 3 a 5 cm acima do chão (A).
4. Curvar-se para a frente e levar o cotovelo esquerdo na direção do peito do pé esquerdo (B).
5. Curvar-se para trás e voltar o tronco para a posição reta.
6. Afastar-se do chão estendendo o joelho esquerdo e levantando o quadril.
7. Trazer o pé direito para a frente e posicioná-lo ao lado do pé esquerdo.
8. Dar um passo para a frente e repetir o movimento do lado contrário.

AGACHAMENTO AFUNDO PARA TRÁS

O atleta deve fazer o seguinte:

1. Ficar em pé ereto com os pés afastados na distância dos ombros e as mãos unidas atrás da cabeça.
2. Mantendo o tronco perpendicular ao chão, dar um passo longo para trás com a perna esquerda.
3. Abaixar o corpo até que o joelho esquerdo esteja de 3 a 5 cm acima do chão.
4. Afastar-se do chão estendendo o joelho direito e levantando o quadril.
5. Trazer a perna esquerda de volta à posição inicial.
6. Repetir o movimento com o pé direito.

AGACHAMENTO AFUNDO LATERAL

O atleta deve fazer o seguinte:

1. Ficar em pé ereto com os pés afastados na distância dos ombros e os braços estendidos na frente do corpo.
2. Dar um passo longo com a perna esquerda para o lado.
3. Abaixar o quadril em direção ao chão.
4. Manter a perna direita estendida e ambos os pés voltados para a frente.
5. Voltar à posição em pé.
6. Repetir pelo número de vezes desejado, fazendo o movimento em ambas as direções.

PASSADA LATERAL SOBRE BARREIRA

O atleta deve fazer o seguinte:

1. Ficar em pé ereto com os pés afastados na distância dos ombros.
2. Dar um passo para o lado como se passasse por cima de uma barreira alta com o pé esquerdo (A).
3. Repetir esse movimento com o pé direito.
4. Erguer cada joelho o mais alto possível (B).
5. Fazer o número de repetições desejado.

CORRIDA LATERAL COM PASSOS CRUZADOS ("CARIOCA")

O atleta deve fazer o seguinte:

1. Ficar em pé ereto com os pés afastados na distância dos ombros.
2. Mover-se lateralmente para a esquerda cruzando o pé direito na frente do esquerdo.
3. Dar um passo para o lado com o pé esquerdo.
4. Cruzar o pé direito atrás do esquerdo e repetir.
5. Realizar o movimento rapidamente com o máximo de rotação do quadril possível.
6. Realizar o movimento em ambas as direções.

CHUTES PARA TRÁS

O atleta deve fazer o seguinte:

1. Mover-se para a frente com passos curtos e movimento vigoroso dos braços, mantendo o tronco ereto.
2. Ao mesmo tempo, chutar rapidamente com o calcanhar direito em direção aos glúteos, e em seguida com o calcanhar esquerdo.

CHUTES PARA A FRENTE

O atleta deve fazer o seguinte:

1. Pular para a frente, levantando bem o joelho.
2. Ao mesmo tempo, tocar a parte interna do pé da perna erguida com a mão oposta (A).
3. Alternar os toques em cada pé pela distância desejada (B).

RESUMO

- A participação ativa em um aquecimento dinâmico bem elaborado pode preparar os atletas tanto física quanto mentalmente para as demandas da prática esportiva.

- Apesar de a sabedoria convencional favorecer o alongamento estático pré-evento, cada vez mais evidências indicam que movimentos dinâmicos inteligentemente incorporados a um protocolo de aquecimento podem melhorar o desempenho durante a prática do esporte, aumentando a temperatura corporal e melhorando a amplitude do movimento e a função neuromuscular.

- Ainda que sejam necessárias pesquisas adicionais para otimizar os procedimentos de aquecimento para atletas e melhorar a compreensão da influência dos protocolos de aquecimento dinâmico sobre o risco de lesões relacionado ao esporte, os dados disponíveis indicam que atividades de aquecimento dinâmico bem elaboradas podem influenciar favoravelmente o desempenho atlético.

- Um aquecimento deve ser planejado e pensado com o mesmo cuidado dispensado a uma sessão de exercícios ou evento principal.

4

Treinamento de força

Nicholas A. Ratamess, PhD, CSCS*D, FNSCA

O treinamento de força é uma modalidade de exercício bem conhecida por seu papel na melhora do desempenho ao aumentar a força muscular, a potência e a velocidade, a hipertrofia, a resistência muscular, o desempenho motor, o equilíbrio e a coordenação. Os atletas de, essencialmente, todos os esportes têm se beneficiado muito do treinamento de força. Contudo, o principal elemento que dita a resposta aguda ao exercício e a adaptação crônica é a elaboração do programa de treinamento de força. Um programa de treinamento de força é um composto de diversas variáveis que interagem umas com as outras para oferecer um estímulo à adaptação. A manipulação intrincada dessas variáveis pelo profissional de força e condicionamento ou pelo atleta é o que torna o programa de treinamento bem--sucedido. Por causa das infinitas formas de se elaborar um programa, muitos programas de treinamento de força podem ter êxito seguindo as diretrizes discutidas neste capítulo. Os programas de treinamento de atletas de elite demonstram isso.

As diretrizes foram estabelecidas pela National Strength and Conditioning Association (NSCA) e American College of Sports Medicine (ACSM) para uma prescrição adequada de cada variável de um programa de treinamento intenso. Se o estímulo do treinamento consistentemente ultrapassar o limite de adaptação do atleta em relação a um componente específico do condicionamento, o desempenho pode melhorar, levando a adaptações fisiológicas positivas. Portanto, apenas programas progressivos de treinamento de força resultam em melhoras no desempenho em longo prazo. Este capítulo discute os detalhes da elaboração de programas de modo que proporcionem aos profissionais de força e condicionamento uma estrutura na qual se basear para construir um modelo de programa.

ADAPTAÇÕES AO TREINAMENTO DE FORÇA

Uma compreensão geral das respostas fisiológicas agudas do corpo humano ao treinamento e adaptações subsequentes é essencial para a elaboração ideal de programas de treinamento de força. Ainda que esteja além da proposta deste capítulo oferecer uma descrição detalhada das adaptações do treinamento, a Tabela 4.1 apresenta resumidamente várias adaptações cruciais que levam à melhora no desempenho.

TABELA 4.1 Adaptações fisiológicas ao treinamento de força

Variável	Adaptação
Neural	
Potencialização reflexa	Aumenta
Recrutamento da fibra muscular e taxa de disparo	Aumenta
Tempo de recrutamento e eficiência	Aumenta
Liberação do neurotransmissor	Aumenta
Inibição da tensão	Diminui
Interface nervo-músculo	Amplia-se
Músculo esquelético	
Tamanho	Aumenta
Teor de proteína	Aumenta
Número de fibras	Pode não se alterar ou aumenta levemente
Transição do tipo de fibra (rápida para lenta)	Aumenta
Expressão do fator de crescimento	Aumenta
Níveis de substrato energético em repouso	Aumenta
Atividade enzimática do metabolismo anaeróbio	Pode aumentar, diminuir ou não se alterar
Mudanças arquiteturais (ângulo e extensão da fibra)	Aumenta
Capacidade de armazenamento	Aumenta
Número de capilares	Aumenta (mas a densidade diminui com o crescimento da fibra)
Número de mitocôndrias	Aumenta (mas a densidade diminui com o crescimento da fibra)

(continua)

TABELA 4.1 Adaptações fisiológicas ao treinamento de força (*continuação*)

Tecido conjuntivo	
Força e tamanho do ligamento	Aumenta
Força e tamanho do tendão	Aumenta
Densidade mineral óssea	Aumenta
Teor de colágeno	Aumenta
Força e tamanho da cartilagem	Pode aumentar ou manter a matriz
Endócrina	
Hormônios de repouso: testosterona, hormônio do crescimento (GH), fator de crescimento similar à insulina tipo I (IGF-1), cortisol	Sem mudança (a menos que ocorra uma mudança significativa no programa de treinamento de força)
Resposta aguda da testosterona e do GH	Pode ser aumentada ou não se alterar
Receptores androgênicos	Temporariamente regulados para cima
Cardiorrespiratória	
Frequência cardíaca e pressão sanguínea em repouso	Pode não se alterar ou diminuir
Volume sistólico em repouso	Pode aumentar com o aumento do tamanho do corpo
Resposta aguda da frequência cardíaca	Pode ser menor por carga de trabalho absoluta
Resposta aguda da pressão sanguínea	Pode ser menor por carga de trabalho absoluta
Volume sistólico e débito cardíaco agudo	Aumenta
Volume ou massa septal e ventricular	Aumenta
Tamanho da câmara ventricular	Sem mudança ou pode aumentar discretamente

O treinamento de força traz várias adaptações benéficas ao tecido conjuntivo, nervoso e muscular e sistemas cardiorrespiratório e endócrino que possibilitam aumentos no tamanho do músculo, força, potência e resistência.[12,29] As adaptações do sistema nervoso permitem aos atletas recrutar mais fibras musculares e usar preferencialmente as fibras musculares mais benéficas para as atividades de força e potência. Além disso, alguns mecanismos de defesa neural (que estimulam a inibição ou ativação da fadiga, como o reflexo dos órgãos tendinosos de Golgi) podem ser dessensibilizados, permitindo assim que os atletas treinem com níveis de tolerância progressivamente maiores. As adaptações musculares acarretam aumentos no tamanho dos músculos, das concentrações de substrato e da atividade enzimática, transições das fibras (p. ex., do tipo IIx para IIa), mudanças arquiteturais e melhora da capacidade oxidativa (maior densidade capilar e mitocondrial é uma característica de programas de treinamento de força com componentes aeróbios fortes). A hipertrofia do tecido conjuntivo e mudanças ultraestruturais são necessárias para suportar o aumento da força e a hipertrofia muscular.

O sistema endócrino é de grande importância durante um ciclo intenso de exercícios de força, visto que alguns hormônios (i. e., catecolaminas, testosterona) aumentam o desempenho, mas são particularmente cruciais na mediação do processo de remodelamento dos tecidos após o exercício. As mudanças cardiorrespiratórias ocorrem principalmente pelo aumento da capacidade do coração de tolerar o estresse. Ainda que os exercícios aeróbios produzam mudanças mais completas na função cardiorrespiratória, o treinamento de força é um estímulo potente para o aumento da musculatura e das características contráteis do coração. Em conjunto, essas adaptações podem aumentar o desempenho no esporte. Elas também dependem muito do programa de treinamento de força usado (i. e., da magnitude da sobrecarga progressiva, variações e especificidade).

PERSONALIZAÇÃO DOS PROGRAMAS DE TREINAMENTO DE FORÇA

Os programas de treinamento de força mais eficazes atendem às necessidades ou objetivos individuais que resultam da análise das necessidades (ver Cap. 1). Programas de treinamento de força individualizados são mais eficazes porque sua elaboração é voltada a um objetivo e o princípio da especificidade do treinamento é cumprido. Quando todas as informações relevantes são reunidas e o atleta é considerado saudável o bastante para realizar um treinamento de força, inicia-se o processo de elaboração do programa. Algumas preocupações e questões comuns que precisam ser abordadas são as seguintes:[9,21]

- *Existem lesões ou questões de saúde que podem limitar os exercícios realizados ou a intensidade do exercício?* Uma condição preexistente pode limitar os exercícios que um atleta pode fazer naquele momento. Isso pode limitar a intensidade do treinamento até que o atleta esteja suficientemente recuperado.
- *Qual é o tipo de equipamento (p. ex., halteres, aparelhos, faixas, extensores, medicine ball, bola de estabilidade, balanças etc.) disponível?* O tipo de equipamento disponível é de grande importância para a escolha do exercício. Ainda que programas excelentes possam ser desenvolvidos com o mínimo de equipamentos, saber o que há disponível permite aos profissionais de força e condicionamento selecionar os exercícios apropriados.
- *Qual é a frequência pretendida? Existem restrições de tempo que podem afetar a duração do exercício?* O número total de sessões de treinamento por semana precisa ser determinado, já que isso afetará todas as outras variáveis do treinamento (p.

ex., os exercícios selecionados para cada treinamento, o volume e a intensidade). Algumas sessões de treinamento podem ser programadas para períodos específicos. Por exemplo, se a sessão de treinamento é programada para durar 1 hora, o programa precisa ser desenvolvido dentro desse intervalo. Isso afetará o tipo e a quantidade de exercícios selecionados, o total de séries realizadas e os intervalos de repouso usados entre as séries e os exercícios.

- *Quais grupos musculares precisam ser treinados?* Todos os principais grupos musculares precisam ser treinados, mas alguns precisam ser priorizados com base nas deficiências ou pontos fortes do atleta ou nas demandas do esporte. É muito importante manter o equilíbrio muscular entre grupos opostos de músculos ao elaborar programas de condicionamento. Desse modo, devem-se selecionar exercícios que trabalhem todos os grupos musculares. O treinamento apropriado é essencial para músculos com relações agonista-antagonista (i. e., relação isquiotibiais-quadríceps) e com o papel principal de estabilizador para exercícios de massa muscular ampla. Músculos menores também são geralmente fracos em comparação com grupos musculares maiores. Por exemplo, deve-se dar atenção ao manguito rotador e aos estabilizadores da escápula, bem como aos músculos profundos da coluna, centrais e do tronco. Uma avaliação periódica do desempenho atlético é necessária a fim de determinar pontos fortes e deficiências e monitorar o progresso.

- *Quais são os sistemas energéticos almejados (p. ex., aeróbio ou anaeróbio)?* Existem três sistemas metabólicos principais no corpo humano: os sistemas ATP-CP, glicolítico e oxidativo (aeróbio). Programas de treinamento de força, em sua maioria, objetivam os sistemas ATP-CP e glicolítico. Poucas repetições de exercícios de intensidade alta com longos períodos de repouso enfatizam o sistema ATP-CP. Ao contrário, um número moderado a alto de repetições, de exercícios com intensidade moderada a alta, com intervalos de repouso curtos a moderados, tipicamente objetivam o sistema glicolítico (i. e., melhorar o equilíbrio acidobásico e a resistência do músculo). Pode-se dar atenção específica a qualquer um desses sistemas energéticos, caso eles correspondam às demandas metabólicas do esporte. Ainda que o sistema oxidativo (aeróbio) seja bastante ativo durante exercícios de força, ele tende a ser treinado mais especificamente por meio do treinamento aeróbio. Contudo, certos programas, tais como o *circuito* ou programas de alta repetição com intervalos de repouso pequenos, podem efetivamente almejar o sistema aeróbio por meio do treinamento de força.

- *Que tipos de ações musculares (p. ex., concêntrica [CON], excêntrica [EXC], isométrica [ISOM]) são necessárias?* Alguns atletas podem se beneficiar de um tipo específico de ação muscular trabalhada periodicamente para obter uma resposta adaptativa específica. Por exemplo, um lutador com frequência passa por situações em uma luta em que a força máxima ISOM é necessária. Logo, incluir mais ações musculares ISOM no programa pode ser uma ferramenta benéfica para o condicionamento.

- *Se o treinamento for voltado para um esporte ou atividade, que partes do corpo são mais propensas a sofrer lesão?* Áreas suscetíveis podem receber uma atenção especial. Por exemplo, atletas mulheres têm quatro a oito vezes mais chances de sofrer uma ruptura do ligamento cruzado anterior (LCA) do que os homens. Desse modo, deve-se dar uma atenção especial ao fortalecimento da cadeia cinética desde a região do *core* até os pés em atletas mulheres. Incluir exercícios que fortaleçam a musculatura do joelho, do tornozelo e do quadril em todos os três planos de movimento (e reduzir o estresse valgo) pode ser benéfico para reduzir lesões no joelho. O treinamento de força para a musculatura do *core* também pode ajudar.

Os objetivos devem ser determinados de modo que guiem a elaboração do programa. Objetivos comuns do treinamento de força incluem a reabilitação após lesões e melhoras no tamanho muscular, força, potência, velocidade, resistência muscular local, equilíbrio, coordenação, flexibilidade, porcentagem de gordura corporal e saúde geral (p. ex., pressão arterial baixa, tecido conjuntivo mais forte, estresse reduzido). A maioria dos programas melhora vários desses elementos, em vez de se concentrar em apenas um deles. Por exemplo, ginastas precisam de um nível alto de força e potência, mas podem vivenciar uma redução no desempenho como resultado da hipertrofia exagerada. Visto que esses atletas necessitam de um *índice de força-massa* alto, os programas de treinamento devem ser voltados para a maximização dos componentes neuromusculares sem enfatizar o crescimento muscular excessivo. Os jogadores de linha no futebol americano, porém, podem se beneficiar de massa corporal magra extra, além do aumento na força e na potência. Esses atletas podem ser treinados para almejar também a hipertrofia muscular especificamente. Portanto, o programa de treinamento deve refletir essas necessidades e incorporar meios suficientes de sobrecarga e variação para alcançar esses objetivos.

Embora os objetivos do programa geralmente incluam melhoras, algumas vezes os atletas necessitam de treinamentos de manutenção. Nesse caso, o treinamento de força é usado para manter o nível atual de condicionamento, em vez de buscar seu progresso. Esses programas são usados normalmente por atletas durante a temporada de competições. O treinamento de manutenção pode resultar no *destrei-*

> Para exemplos de programas de treinamento de força baseados nas necessidades e objetivos dos atletas em momentos diferentes do ano de treinamento, ver o Capítulo 12.

namento (interrupção do treinamento ou redução significativa na frequência, volume ou intensidade do treinamento, resultando em um declínio no desempenho), caso o limite de treinamento não seja alcançado com o tempo. Por conseguinte, programas de manutenção cíclicos devem ser elaborados para progressão.

VARIÁVEIS DO PROGRAMA DE TREINAMENTO DE FORÇA

O programa de treinamento de força é composto por diversas variáveis. Essas variáveis incluem (1) a escolha do exercício, (2) a ordem e a estrutura dos exercícios, (3) a intensidade, (4) o volume de treinamento (número total de séries e repetições), (5) os intervalos de repouso, (6) a velocidade das repetições e (7) a frequência do treinamento. Alterar uma ou muitas dessas variáveis afeta os estímulos do treinamento. Portanto, a prescrição adequada de exercícios de força envolve a manipulação de cada variável de acordo com a especificidade dos objetivos buscados.

Escolha do exercício

Os exercícios escolhidos durante o treinamento de força desempenham um papel importante na melhora do desempenho e nas adaptações fisiológicas subsequentes. De uma perspectiva biomecânica, os exercícios podem ser definidos pelo tipo de contração muscular, tipo de movimento articular e se eles envolvem uma cadeia cinética aberta ou fechada. Ao selecionar os exercícios, os profissionais de força e condicionamento também precisam considerar preocupações práticas, tais como o tipo de equipamento que será usado e se os exercícios serão realizados unilateral ou bilateralmente.

Tipo de contração

Todos os exercícios consistem em ações musculares concêntricas (CON), excêntricas (EXC) e isométricas (ISOM). Cada repetição dinâmica consiste em uma ação muscular EXC (fase descendente ou alongamento do músculo), uma CON (fase ascendente ou encurtamento do músculo) e uma ISOM (estática ou ausência de alteração na extensão do músculo). Fisiologicamente, ações EXC proporcionam uma força maior por unidade de área de seção transversal do músculo, envolvem menor ativação da fibra muscular por nível de tensão, exigem um gasto menor de energia por nível de tensão e resultam no aumento de lesão muscular. Elas também levam a um crescimento muscular maior do que as ações musculares CON e ISOM.[21,31] Além disso, melhoras na força dinâmica são maiores quando as ações EXC são enfatizadas. Por essa razão, o treinamento focado em ações EXC tem sido usado por alguns halterofilistas profissionais.

A maioria das séries de exercícios de força pode ser vista de um modo em que a ação CON, principalmente a *região de ligação* (o ponto fraco da amplitude do movimento do exercício que fica evidente durante séries pesadas ou quando há fadiga significativa), é o fator limitante da série. Isto é, a região de ligação é o ponto do "ou vai ou racha" do exercício. Pelo fato de a região de ligação ser o fator limitante em repetições de amplitude total do movimento (como é bastante comum durante treinamentos de força), a escolha do peso depende, em última instância, do peso que pode ser erguido pela ação CON da região de ligação. Por exemplo, durante o agachamento, o ponto mais difícil do exercício para o halterofilista é logo acima da posição paralela. Uma vez ultrapassada a região de ligação, fica mais fácil mover o peso concentricamente durante todo o resto da amplitude do movimento. Em consequência, outras áreas da amplitude do movimento, incluindo a fase EXC, podem não receber o estímulo de treinamento ideal.

Repetições negativas e negativas forçadas com um parceiro são algumas formas pelas quais a ação muscular EXC pode ser enfatizada (ver a seção sobre Intensidades Supramáximas, adiante). Elas proporcionam grande sobrecarga neuromuscular e um estímulo novo para aumentar a força e o tamanho do músculo. No entanto, o treinamento EXC pesado deve ser usado com cuidado (p. ex., ciclos de treinamento curto de quatro a seis semanas por apenas algumas séries por exercício), de forma que reduza a lesão muscular excessiva e o risco de sobretreinamento (*overtraining*) e lesão. Outra forma de treinamento EXC pesado envolve a realização de um exercício bilateral com peso leve ou moderado, baixando-o com apenas um membro. Por exemplo, o atleta pode realizar uma extensão de joelho bilateral, mas depois baixar o peso com apenas uma perna, alternando a perna negativa em cada repetição ou série. Essas variações do treinamento EXC proporcionam uma sobrecarga significativa no músculo esquelético.

Ações musculares ISOM ocorrem de muitas formas durante os exercícios de força: (1) a partir dos músculos estabilizadores que proporcionam forças reativas para manter a postura durante um exercício, (2) entre as ações EXC e CON para os músculos agonistas em um exercício, (3) enquanto os pesos são segurados e (4) como a ação primária do exercício em uma área específica da amplitude do movimento. Por exemplo, o exercício de prancha frontal é de natureza predominantemente ISOM (Fig. 4.1). Uma contração forte da musculatura do *core* é necessária para compensar os efeitos da gravidade. Na execução de um agachamento de arranque (Fig. 4.2), a parte superior do corpo e o tronco se estabilizam isometricamente para manter a barra acima da cabeça durante as fases descendente e ascendente. Ações ISOM dos músculos dos dedos, polegar e punho são essenciais para segurar os pesos (em especial durante exercícios de barra). O treinamento de força de agarramento baseia-se em grande parte em ações musculares ISOM. Incluir essas ações durante uma série pode ser o objetivo principal do exercício. Por exemplo, durante um exercício em barra fixa, manter-se erguido por um tempo específico envolve a contração ISOM da musculatura das costas e braços. Essa ação pode ser usada como um exercício específico para aumentar a força e a resistência muscular específica para a amplitude do movimento.

Alguns programas de treinamento de força avançados podem incluir uma forma de treinamento ISOM conhecida como *isometria funcional*. A isometria funcional envolve o levantamento de halteres em uma gaiola uns poucos centímetros até encontrar as travas da gaiola. O halterofilista continua, então, a ação ISOM máxima de empurrar ou puxar, mantendo-a por aproximadamente 2 a 6 segundos. A isometria funcional pode ser realizada em qualquer região da amplitude do movimento, mas é mais eficaz quando realizada próxima à região de ligação do exercício. Essa é uma técnica de treinamento eficaz (almejando o ponto fraco do exercício) que vem sendo usada por vários anos. Alguns exercícios comumente

FIGURA 4.1 No exercício de prancha frontal, a ação muscular principal é isométrica.

FIGURA 4.2 Agachamento de arranque. Ainda que o movimento de agachamento não seja isométrico, os músculos do tronco e parte superior do corpo devem se contrair isometricamente para estabilizar e manter a posição da barra.

orientados à isometria funcional são o supino reto, levantamento terra, agachamento e *clean pull* (arranque em dois tempos).

Envolvimento das articulações

Dois tipos gerais de exercícios de força podem ser selecionados: exercícios para uma única articulação e exercícios para várias articulações. Os *exercícios para uma articulação* enfatizam uma articulação ou grupo muscular principal, ao passo que os *exercícios para múltiplas articulações* enfatizam mais de uma articulação ou grupo muscular principal. Tanto os exercícios para uma articulação como para múltiplas articulações são eficazes para aumentar a força muscular. Ambos podem ser considerados específicos para o esporte, dependendo do atleta. Exercícios para uma articulação (p. ex., extensão de joelho, rosca bíceps) são usados para trabalhar grupos musculares específicos. Eles podem representar um risco menor de lesão em decorrência do nível reduzido de habilidade e técnica envolvido. Exercícios de múltiplas articulações (p. ex., supino reto, desenvolvimento de ombros e agachamento) são tecnicamente mais complexos em termos de ativação neural. Eles são considerados os mais eficazes para o aumento da força muscular porque possibilitam que o atleta erga um peso maior.[21]

Exercícios de múltiplas articulações podem ser classificados como exercícios básicos de força ou levantamentos com o corpo todo. Exercícios *básicos de força* envolvem pelo menos dois ou três grupos musculares principais, ao passo que *levantamentos com o corpo todo* (p. ex., levantamento de peso olímpico e suas variações) envolvem a maioria dos grupos musculares principais. São os exercícios de execução mais complexa e são considerados os mais eficazes para aumentar a potência muscular, pois exigem força explosiva e movimentos corporais rápidos. Exercícios que trabalham grupos musculares grandes ou múltiplos produzem uma resposta hormonal (testosterona e hormônio do crescimento) e metabólica intensa e significativa. De fato, tem sido demonstrado que exercitar os grupos musculares maiores antes dos grupos musculares menores aumenta significativamente os ganhos de força ISOM dos grupos musculares menores, em um grau maior do que apenas a realização de exercícios de massa muscular menor.[11] Acredita-se que os exercícios que trabalham os grupos musculares maiores produzem um ambiente hormonal anabólico melhor para os exercícios dos grupos musculares menores.[11] Sendo assim, é importante considerar o envolvimento da massa muscular ao escolher os exercícios.

Tipo de equipamento

Alterações na postura corporal, pegada, distância entre as mãos, posição dos pés e posição do corpo alteram a ativação muscular em certo grau, alterando, assim, o exercício. Muitas variações ou progressões dos exercícios para uma articulação ou para múltiplas articulações podem ser feitas. Um aspecto é o uso tanto de pesos livres quanto de aparelhos. A inclusão de ambos vem sendo recomendada em programas de treinamento de força. Os *pesos* são os halteres, barras e outros equipamentos associados (i. e., anilhas, presilhas, bancos). Os *aparelhos* incluem uma variedade de dispositivos especificamente elaborados para proporcionar força dentro de determinada amplitude e padrão de movimento preestabelecido.

Tanto os pesos livres como os aparelhos são bastante eficazes no aumento da força muscular e do desempenho, e ambos possuem vantagens e desvantagens dependendo das necessidades do atleta. Os aparelhos oferecem mais estabilidade e controle do movimento. Os pesos livres exigem que o levantador controle todos os aspectos do exercício. Os músculos estabilizadores são mais trabalhados durante a realização de exercícios com pesos livres. Isso levou ao conceito de que os exercícios em aparelhos são mais seguros e mais fáceis de aprender inicialmente, enquanto os pesos livres trabalham o desenvolvimento muscular total em um grau maior. Em termos de especificidade do treinamento, o uso de pesos livres produz melhoras mais significativas nos testes com pesos livres, e o treinamento com aparelhos, um melhor desempenho em testes com aparelhos.[6] Quando um dispositivo de teste neutro é utilizado, a melhora na força com o uso de pesos livres ou aparelhos parece produzir resultados similares.[38] O treinamento com pesos livres parece mais aplicável quando o objetivo é melhorar o desempenho atlético.

Contudo, alguns aparelhos possibilitam a realização de exercícios cuja execução seria muito difícil utilizando pesos livres como, por exemplo, rosca de perna, puxada na polia alta, tríceps na polia. Esses aparelhos podem ser considerados essenciais e podem oferecer benefício ao atleta individual.[12] No entanto, a decisão de incluir exercícios com pesos livres ou aparelhos pode depender de outros fatores, como o custo e a disponibilidade de equipamentos.

Além dos pesos livres e dos aparelhos, a realização de exercícios em ambientes instáveis (p. ex., com bolas suíças, plataformas de equilíbrio e bolas Bosu®) tornou-se uma modalidade popular de treinamento. Esses exercícios podem aumentar a atividade dos músculos do tronco e de outros músculos estabilizadores (em comparação com ambientes estáveis). No entanto, já que pesos mais leves devem ser erguidos, o estímulo para o aumento máximo da força e para a produção de força é limitado. Além disso, pesquisas recentes indicaram que movimentos estruturais, como o agachamento e o *power clean**, são mais eficazes do que o exercício sobre superfícies instáveis com respeito à ativação de grupos musculares centrais como os do tronco.[23] Exercícios realizados sobre superfícies instáveis ainda podem ser úteis, por exemplo, em reabilitações. O Capítulo 10 aborda o assunto com mais detalhes. Exercícios para competições de força (*Strongman*) também se tornaram um método popular de treinamento para populações diversas. Exercícios como levantamento de pedras ou barril, "passeio do fazendeiro", levantamento de tora, levantamento de pneus e tração de carretas (para citar alguns) trabalham todos os grupos musculares principais e produzem um alto nível de desafio metabólico e neuromuscular, criando um estímulo benéfico para o condicionamento e força corporal total. Finalmente, os exercícios podem ser executados com equipamentos alternativos, como sacos de areia, barris de chope, pesos com alças, faixas de borracha e correntes (que fornecem força variável para exercitar a amplitude total

---

* N.T.: Exercício em que o peso é erguido do chão até a altura do ombro e apoiado.

do movimento) e barras grossas. Uma variedade de exercícios pode ser realizada em diversas condições, proporcionando muitas opções para o profissional de força e condicionamento e para o atleta.

Exercícios unilaterais e bilaterais

Outra forma de variar a execução do exercício é alternar exercícios unilaterais (com um membro) e bilaterais (com os dois membros) para os mesmos músculos primários. O nível de ativação muscular é diferente quando um exercício é realizado bilateral ou unilateralmente. O treinamento unilateral pode aumentar a força bilateral (além da força unilateral), e o treinamento bilateral pode aumentar a força unilateral,[24] bem como reduzir o *déficit bilateral.* Esse termo descreve o fato de a força máxima produzida por ambos os membros ser menor que a soma da força dos membros contraídos unilateralmente. O déficit bilateral pode ser mínimo em indivíduos bem treinados. Logo, tanto exercícios unilaterais quanto bilaterais são recomendados.[31]

Cadeia cinética

Da perspectiva do desempenho, exercícios de cadeia cinética fechada promovem uma transferência maior dos efeitos do treinamento para movimentos esportivos específicos e atividades do dia a dia. Um *exercício de cadeia cinética fechada* é aquele em que os segmentos distais são fixos (agachamento, levantamento terra; Fig. 4.3), ao passo que um *exercício de cadeia cinética aberta* (rosca de perna; Fig. 4.4) permite que o segmento distal se mova livremente contra uma resistência.[25] Já foi mostrada uma forte correlação entre exercícios de cadeia fechada e o desempenho em saltos verticais e em distância sem corrida.[4] Além disso, Augustsson et al. descobriram que o treinamento com um exercício de cadeia cinética fechada (agachamento) produziu um aumento de 10% no desempenho do salto vertical, enquanto os exercícios de cadeia aberta não produziram melhoras.[1] Assim, exercícios de cadeia cinética fechada devem ser a base de programas de treinamento de força atlética.

Ordem e estrutura do exercício

O número de grupos musculares treinados por exercício precisa ser considerado ao se elaborar o programa de treinamento de força. Existem três estruturas básicas para se escolher: (1) exercícios para o corpo todo, (2) exercícios para a parte superior e inferior do corpo e (3) rotinas para grupos separados de músculos. Os

FIGURA 4.3 O agachamento é um exemplo de exercício de cadeia cinética fechada, no qual a porção distal do corpo (as pernas) fica fixa, nesse caso, em contato com o chão.

FIGURA 4.4 A rosca de perna é um exemplo de exercício de cadeia cinética aberta, na qual a porção distal do corpo (as pernas) se move livremente contra a resistência.

treinamentos para o corpo todo envolvem exercícios que trabalham todos os grupos musculares principais (i. e., 1 ou 2 exercícios para cada grupo muscular principal). Eles são muito comuns entre atletas e pesistas olímpicos. No levantamento de peso olímpico, os levantamentos principais e suas variações são exercícios para o corpo todo. Geralmente, os primeiros exercícios na sequência de treinamento são os levantamentos olímpicos (mais suas variações). O restante do treinamento pode ser dedicado a exercícios básicos de força. Os *treinamentos para a parte superior e inferior do corpo* envolvem a execução de exercícios apenas para a parte superior do corpo durante um treinamento e apenas para a parte inferior no treinamento seguinte. Esses tipos de treinamentos são comuns entre atletas, pesistas e fisiculturistas. As *rotinas para grupos separados de músculos* envolvem a realização de exercícios para grupos musculares específicos durante um treinamento (p. ex., um treinamento de costas e bíceps em que todos os exercícios para as costas são executados, e então todos os exercícios de bíceps). Esses exercícios são característicos de programas de fisiculturismo.

Todos esses tipos de programas podem ser eficazes para melhorar o desempenho atlético. Objetivos individuais, tempo e frequência, bem como preferências pessoais, determinam quais estruturas serão selecionadas pelo profissional de força e condicionamento ou pelo atleta. As diferenças principais entre essas estruturas são a magnitude da especialização presente durante cada treinamento (relacionada à quantidade de exercícios realizada por grupo muscular) e o tempo de recuperação necessário entre os treinamentos. Necessidades individuais determinam qual estrutura será usada (além dos exercícios realizados) antes do sequenciamento do exercício.

A ordem dos exercícios em um treinamento afeta significativamente o desempenho no levantamento intenso e nas mudanças subsequentes na força durante o treinamento de força. Os objetivos primários do treinamento devem ditar a ordem dos exercícios. Exercícios realizados no início do treinamento são completados com menos fadiga, gerando taxas maiores de desenvolvimento de força, maior número de repetições e o levantamento de pesos maiores. Estudos mostram que o desempenho de exercícios para várias articulações (supino reto, agachamento, *leg press*, desenvolvimento de ombros) declina significativamente quando os exercícios são realizados mais para o fim do treinamento (após vários exercícios que trabalham grupos musculares similares).[35,36] Considerando que esses exercícios de múltiplas articulações são eficazes em aumentar a força e a potência, esses exercícios estruturais centrais (i. e., aqueles extremamente importantes para atingir os objetivos do programa) costumam ser priorizados no início do treinamento.

Por exemplo, levantamentos olímpicos exigem a geração de força explosiva, e o surgimento da fadiga reduz os efeitos desejados. Esses exercícios precisam ser realizados no início do treinamento, em especial porque são tecnicamente difíceis. Estratégias de sequenciamento em treinamentos de força e potência têm sido recomendadas.[21,25,31] É importante notar que elas também se aplicam ao treinamento de resistência muscular e hipertrofia. Essas recomendações e diretrizes estão listadas no quadro ao lado.

Para o treinamento de resistência muscular e hipertrofia pode haver algumas exceções a essas diretrizes. Ainda que o treinamento para maximizar o tamanho dos músculos deva incluir o treinamento de força, o crescimento muscular é baseado em fatores relacionados à (força) mecânica e ao fluxo sanguíneo. Em contraste, o treinamento de força maximiza os fatores mecânicos. Quando o objetivo do treinamento é a hipertrofia, o treinamento em um estado de fadiga tem um efeito potente sobre os fatores metabólicos que induzem o crescimento muscular. Nesse caso, a ordem do exercício pode variar para trabalhar os fatores metabólicos envolvidos na hipertrofia muscular.

DIRETRIZES GERAIS PARA A ORDEM DOS EXERCÍCIOS

Quando se trabalha todos os grupos musculares principais em um treinamento:

- Exercícios para os grupos musculares maiores (i. e., agachamento) devem ser executados antes dos exercícios para os grupos musculares menores (i. e., desenvolvimento de ombros).

- Exercícios para múltiplas articulações devem ser executados antes dos exercícios para uma articulação.

- Para o treinamento de potência: exercícios para o corpo todo (do mais para o menos complexo) devem ser executados antes de exercícios básicos de força. Por exemplo, os exercícios mais complexos são o arranque (porque a barra deve ser movida pela maior distância) e os levantamentos relacionados, seguidos pelos arremessos e *presses* (*leg press*, ou desenvolvimento, ou crucifixo). Esses devem preceder exercícios como o supino reto e o agachamento.

- Alternar entre exercícios para a parte superior e inferior do corpo ou exercícios opostos (relação agonista-antagonista) pode permitir que alguns músculos descansem enquanto os grupos musculares opostos são treinados. Essa estratégia de sequenciamento é benéfica para manter uma intensidade de treinamento alta e alcançar determinados números de repetições.

- Alguns exercícios voltados para grupos musculares diferentes podem ser intercalados entre as séries de outros exercícios para aumentar a eficiência do treinamento. Por exemplo, um exercício de tronco pode ser executado entre séries de supino reto. Pelo fato de serem trabalhados grupos musculares diferentes, não seria induzida fadiga adicional antes da realização do supino. Isso é especialmente eficaz quando se utilizam longos intervalos de repouso.

Quando se trabalha os músculos da parte superior do corpo e da parte inferior em dias diferentes, o atleta deve fazer o seguinte:

- Realizar exercícios para múltiplas articulações e para os grupos musculares maiores antes dos exercícios para uma articulação e para os grupos musculares menores.
- Alternar exercícios opostos (relação agonista-antagonista).

Quando se trabalha grupos musculares individuais, o atleta deve fazer o seguinte:

- Realizar exercícios para múltiplas articulações antes dos exercícios para uma articulação.
- Realizar exercícios de maior intensidade antes de exercícios de menor intensidade. (A sequência pode continuar dos exercícios mais pesados para os de menor intensidade.)

Por exemplo, alguns fisiculturistas utilizam uma técnica conhecida como *pré--exaustão*. Nela, um exercício para uma articulação é realizado primeiro (para fadigar um grupo muscular específico), seguido por um exercício para múltiplas articulações. Um exemplo é executar o exercício de crucifixo reto com halteres primeiro para fadigar os músculos peitorais e o deltoide, e então fazer o supino reto. Quando o supino reto é analisado, o músculo tríceps braquial é com frequência o local da falha. Isso teoricamente sugere que os peitorais podem não ter sido estimulados do modo ideal. Com a pré-exaustão, o grupo peitoral é pré-fadigado. Como resultado, quando o levantador executa o supino reto após o crucifixo reto com halteres, é provável que os músculos peitorais (i. e., os músculos alvos) sejam fadigados primeiro. Como um grande número de repetições é realizado no treinamento para hipertrofia, menos peso é utilizado. Essa técnica melhora a hipertrofia e a resistência muscular em um grau maior do que a força máxima.

No caso do treinamento de resistência muscular, a fadiga precisa estar presente para que ocorram as adaptações. Sendo assim, a ordem pode variar infinitamente. Por exemplo, durante uma fase de condicionamento pré-temporada, um treinador de basquete pode optar por colocar o exercício de agachamento mais ao fim do treinamento. Isso forçará o atleta a realizar o exercício em um estado de fadiga, o que pode replicar um cenário encontrado durante o esporte (p. ex., possibilitando a realização de um movimento de agachamento similar aos saltos realizados na segunda metade de um jogo).

A escolha dos exercícios também pode variar quando são utilizados exercícios de aquecimento. Por exemplo, alguns atletas optam por executar um exercício para uma única articulação (extensão de perna) antes do exercício de agachamento como aquecimento. A diferença aqui é que a extensão de perna é feita com pesos leves e não fadiga o levantador. Desse modo, o aquecimento pode ser usado de modo eficaz como preparação para o treinamento de alta intensidade.

Intensidade

Intensidade é o termo frequentemente usado para descrever a quantidade de peso erguida durante o treinamento de força. Ela depende bastante de outras variáveis, como a ordem do exercício, volume, frequência, velocidade das repetições e duração dos intervalos de repouso. A prescrição da intensidade depende da situação de treinamento do atleta e de seus objetivos. Intensidades baixas de 45 a 50% do valor de 1RM ou menos podem aumentar a força muscular em atletas não treinados. No entanto, intensidades maiores (de pelo menos 80 a 85% do valor de 1RM) são necessárias para aumentar a força máxima conforme o atleta progride para níveis avançados de treinamento. O levantamento de pesos pesados produz um padrão de recrutamento da fibra muscular diferente do que ocorre com uma carga leve ou moderada. Força, potência, resistência muscular e hipertrofia só podem ser maximizadas quando a quantidade máxima de fibras musculares é recrutada.

Continuum de repetições máximas

Existe uma relação inversa entre a quantidade de peso erguida e a quantidade de repetições realizadas. A Figura 4.5 mostra a relação entre a intensidade e a quantidade de repetições. Nessa sequência contínua, alta intensidade e poucas repetições são as mais eficazes para o desenvolvimento de força. Conforme aumentam as repetições e diminui a intensidade, ocorre uma mudança e a resistência muscular se torna o componente do condicionamento mais trabalhado. Cargas que correspondem de 1 a 6RM (repetição máxima), ou > 85% do valor de 1RM, são as mais eficazes para aumentar a força máxima.[21,25] Ainda que ocorra um aumento de força significativo com cargas correspondentes a 6 a 12RM (67 a 85% do valor de 1RM), esse intervalo pode não ser específico para aumentar a força máxima em atletas avançados, em comparação com intensidades mais altas. Esse intervalo é característico de programas voltados para o crescimento muscular de todo tipo de atleta em formação e para o treinamento de força de atletas novatos ou de nível intermediário. Foi sugerido que esse intervalo pode proporcionar a melhor combinação de intensidade e volume.[21,31] Ou seja, um intervalo de repetição entre 6 e 12RM pode maximizar a interação entre os fatores de crescimento mecânicos e metabólicos. Intensidades menores do que essa (12RM ou menos) têm um efeito apenas pequeno sobre a força máxima, mas são bastante eficazes para aumentar a resistência muscular.

Ainda que cada zona de treinamento nesse *continuum* tenha suas vantagens, os atletas não devem dedicar 100% de seu tempo de treinamento para uma zona geral, a fim de evitar platôs de treinamento ou o sobretreinamento (*overtraining*).[21] Recomenda-se que pesistas principiantes ou de nível intermediário façam o treinamento de força com cargas que correspondam de 67 a 85% do valor de 1RM por 6 a 12 repetições. Atletas avançados devem alternar esse intervalo com cargas de treinamento de 80 a 100% do valor de 1RM para maximizar a força muscular.[31] Também é importante observar que a prescrição da intensidade depende do exercício. Alguns exercícios, por exemplo, exercícios estruturais para múltiplas

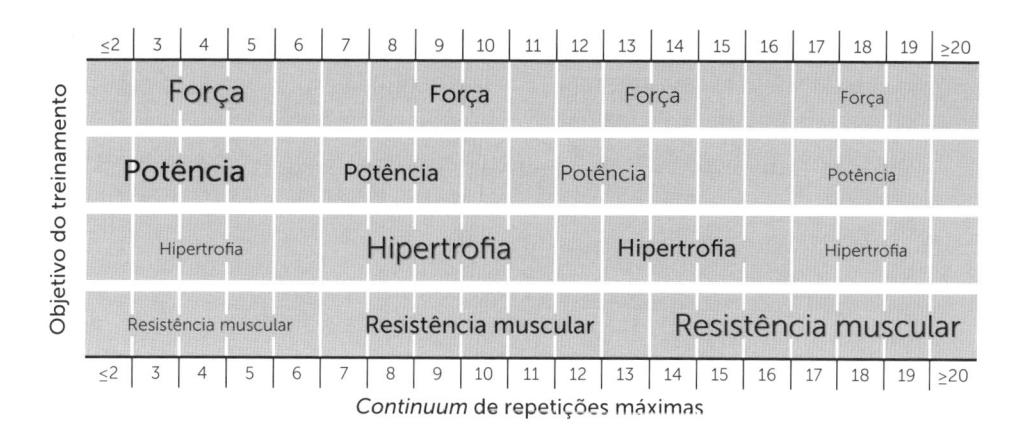

FIGURA 4.5 *Continuum* teórico de repetições máximas (RM).
Reproduzido com permissão da NSCA. Baechle T., Earle R. e Wathen D. "Resistance Training", editado por Baechle T. e Earle R. em *Essentials of strength training and conditioning.* Champaign, IL, Human Kinetics, 3.ed., 2008, 401.

articulações como *power cleans**, beneficiam-se enormemente de ciclos periódicos de força de alta intensidade dentro de um plano de treinamento. No entanto, outros exercícios podem ter objetivos diferentes associados a eles. A intensidade pode não ser tão alta para todos os exercícios em um treinamento. Por exemplo, um atleta pode realizar agachamentos com uma carga pesada (4 a 6RM), seguidos por rosca de perna com uma intensidade menor (8 a 10RM). O propósito do treinamento de força exige o levantamento de pesos pesados. No entanto, isso não significa que todos os exercícios devam ser feitos com intensidade alta. Na verdade, os exercícios executados em intensidades mais altas são tipicamente os exercícios estruturais centrais.

Treinamento de potência

O treinamento de potência exige duas estratégias de carga. Lembre-se de que a potência é o produto da força e da velocidade. Portanto, tanto o componente de força quanto o de velocidade devem ser enfatizados para maximizar a potência. Cargas de moderada a pesada são necessárias para recrutar as fibras musculares de contração rápida necessárias para o aumento da força máxima. No entanto, como mostrado pela relação força-velocidade, quando esforço e cargas máximos são usados, a força concêntrica aumenta conforme a velocidade diminui. Desse

---

* N.T.: Exercício em que o peso é erguido do chão até a altura do ombro e apoiado.

modo, cargas maiores resultam em uma redução tal na velocidade que a realização do treinamento de força pesado aumenta a produção da força, mas não otimiza o componente de velocidade (ou tempo).[33] Uma segunda estratégia de treinamento essencial no treinamento de potência é incorporar intensidades baixas a moderadas executadas com velocidade de levantamento explosiva (i. e., baseada na relação impulso-momento). A intensidade pode variar dependendo do exercício em questão e da situação de treinamento do atleta.

A maioria dos estudos mostra que a potência de pico é obtida em um intervalo entre 15 e 60% do valor de 1RM de exercícios balísticos, como o agachamento com salto e o supino com arremesso.[2,3,31,39] Pesquisas recentes indicam que talvez até uma força menor (p. ex., o peso do corpo) pode maximizar a produção de potência durante saltos.[7,8] Um estudo mostrou que um treinamento de agachamento com salto com 30% do valor de 1RM é mais eficaz para aumentar a potência de pico do que o treinamento do agachamento com salto com 80% do valor de 1RM.[23] Com exercícios de força balística, a carga é acelerada ao máximo tanto pelo salto quanto pela liberação do peso. No entanto, a repetição de exercícios de força tradicionais resultou em uma fase de desaceleração substancial, o que limita o desenvolvimento da potência durante toda a amplitude do movimento. As intensidades nas quais a potência de pico é obtida durante repetições tradicionais são geralmente maiores que as intensidades de exercícios balísticos em consequência da variação na desaceleração (p. ex., 40 a 60% do valor de 1RM para o supino reto, 50 a 70% para o agachamento).[34] A potência de pico para os levantamentos de peso olímpicos ocorre tipicamente no intervalo de 70 a 80% do valor de 1RM.[16]

Ainda que qualquer intensidade possa aumentar a potência muscular, é necessário especificidade para garantir que o treinamento inclua um intervalo de intensidades, com ênfase naquelas que se aproximam das demandas do esporte ou atividade. Por exemplo, um jogador de futebol americano (homem de linha) se beneficia enormemente de treinamentos de potência de intensidade moderada a alta, pois eles são os que melhor simulam as ações encontradas no campo. No entanto, atletas do salto em altura no atletismo podem se beneficiar de intensidades mais baixas dentro desse espectro, já que eles estão essencialmente competindo contra sua própria massa corporal. Desse modo, cargas de treinamento mais leves podem se aproximar mais das demandas do esporte. Assim, o treinamento para potência máxima exige um espectro de intensidades em exercícios de força executados em alta velocidade, estabelecidas de acordo com as demandas do esporte e/ou posição do atleta.

Recomenda-se que o treinamento de potência inclua várias estratégias de carga de forma periodizada. Uma carga pesada (85 a 100% do valor de 1RM) é necessária para aumentar a força, e uma carga leve a moderada (30 a 60% do valor de 1RM para exercícios para a parte superior do corpo, 0 a 60% do valor de 1RM para a parte inferior) executada em velocidade explosiva é necessária para aumentar a produção de força rápida. Recomenda-se um programa de potência de séries múltiplas (3 a 6 séries) integrado de maneira periodizada dentro de um programa de treinamento de força que consista em uma a seis repetições.

Aumento da intensidade

Existem três métodos básicos para aumentar a carga durante o treinamento de força progressiva: (1) aumentar as porcentagens relativas de 1RM, (2) treinar dentro da zona de uma repetição máxima (RM) e (3) aumentar os valores absolutos. O aumento das porcentagens relativas é comum em programas periodizados, especialmente nos levantamentos olímpicos e suas variações, agachamentos, levantamento terra e supino reto. Os atletas podem treinar com 70% do seu valor predeterminado de 1RM durante uma série e com 80% durante a série seguinte. As porcentagens podem ser usadas para variar a intensidade a cada série ou para quantificar um ciclo de treinamento (p. ex., um ciclo de hipertrofia pode ser característico de intensidades entre 67 e 75% do valor de 1RM, em comparação com um ciclo de força, que pode ser característico de intensidades maiores que 85% do valor de 1RM). Durante um ciclo de treinamento longo, uma porcentagem relativa pode exceder 100% do valor de 1RM originalmente calculado, se o profissional de força e condicionamento levar em consideração os ganhos de força potencial do atleta durante o treinamento. As porcentagens relativas são particularmente úteis durante as semanas de descarga. Elas podem variar como resultado do teste de força, já que a porcentagem será baseada no novo valor de força de 1RM.

O treinamento dentro da zona de RM exige um aumento das repetições com uma carga de trabalho corrente até que se alcance a quantidade pretendida. Em uma zona de 8 a 12RM, o atleta escolhe uma carga de 8RM e realiza 8 repetições. Durante os treinamentos seguintes, o atleta realiza repetições adicionais com a mesma carga até completar 12 repetições em treinamentos consecutivos. A carga de treinamento é então aumentada, e o atleta realiza 8 repetições na sequência.

O aumento da intensidade em valores absolutos é mais comum, especialmente entre os exercícios de assistência e os exercícios estruturais centrais. Por exemplo, o atleta completa seis repetições com 100 kg no supino reto. Conforme a força aumenta, o atleta continua a realizar seis repetições, no entanto, ele usa uma carga maior (p. ex., 105 kg). Quando o atleta se sentir (ou parecer) mais forte, um valor absoluto de peso pode ser acrescentado ao exercício. O aumento absoluto depende do exercício, visto que um exercício para massas musculares maiores (i. e., *leg press*) pode tolerar um aumento de 4 a 7 kg, enquanto um exercício para massas musculares menores (i. e., rosca de bíceps) pode tolerar apenas um aumento de 1 a 2 kg. Todos esses métodos foram estudados e mostraram ser bastante eficazes no treinamento de força. Por fim, o método ou combinação de métodos que serão usados depende da preferência do atleta e do profissional de força e condicionamento.

Intensidades supramáximas

Em alguns casos, intensidades supramáximas (> 100% do valor de 1RM concêntrica do atleta) podem ser usadas. Elas proporcionam um alto grau de sobrecarga. São usadas de modo limitado, na maioria das vezes ao final de ciclos de treinamento em que é necessário atingir a força de pico. Lembre que 1RM concêntrica pode ser uma alternativa para a definição da quantidade máxima de peso levantado pela região de ligação. Em consequência, outras ações e segmentos musculares da amplitude do movimento permitem aos atletas erguer mais do que seu respectivo valor de 1RM em determinado exercício. Técnicas como *repetições forçadas* e *repetições negativas, treinamento de amplitude de movimento parcial* (na área mais forte da amplitude do movimento) e *sobrecargas* podem ser usadas para estimular o sistema nervoso e talvez aumentar a força máxima.[25] Repetições negativas envolvem carregar a barra com > 100% do valor de 1RM (em geral, 20 a 40%). A fase EXC só deve ser executada na presença de auxiliares capazes ou de uma gaiola com as travas ajustadas de maneira adequada. Esse também é o caso das repetições forçadas, em que um auxiliar ajuda na fase CON, mas, principalmente, o atleta controla a fase EXC.

Levantamentos com amplitude parcial de movimento podem ser usados para enfatizar as curvas de força naturais que ocorrem durante os exercícios escolhidos. Por exemplo, exercícios de abdução para múltiplas articulações geralmente seguem uma curva ascendente (em que a força é aumentada conforme o exercício progride no decorrer da amplitude do movimento), ao passo que exercícios de adução seguem uma curva descendente (a produção de força diminui conforme o exercício progride no decorrer da amplitude do movimento). Desviar do ponto fraco e sobrecarregar a área mais forte da amplitude do movimento são meios de estimular o sistema nervoso para ganhos de força.

A sobrecarga envolve segurar o peso supramáximo sem, de fato, realizar o exercício. A teoria desse método de treinamento é enganar o sistema nervoso ao suportar > 100% do valor de 1RM. Acredita-se que isso pode aumentar a força de 1RM ao fazê-la parecer mais leve. Halterofilistas são conhecidos por usar sobrecargas. Por exemplo, uma manobra chamada *walk-out* é usada por eles para ajudar a suportar um agachamento com um peso maior que 1RM. O levantador suporta um peso supramáximo da fase de saída da plataforma até a posição inicial sem, de fato, executar o agachamento. Visto que todas essas técnicas têm intensidade muito alta, elas devem ser usadas com cuidado, e tendem a ser reservadas principalmente para pesistas avançados.

Volume

O volume de treinamento é a soma do número total de séries e repetições realizadas durante um treinamento. O volume de treinamento pode ser manipulado mudando-se a quantidade de exercícios realizados por sessão, o número de repetições executadas por série ou o número de séries por exercício. Tipicamente, existe uma relação inversa entre o número de séries por exercício e o número de exercícios realizados em um treinamento. Também há uma relação inversa entre o volume e a intensidade. Ou seja, o volume deve ser reduzido se forem prescritos aumentos significativos na intensidade. O treinamento de força é associado a um volume de treinamento de baixo a moderado, visto que um número baixo a moderado de repetições é realizado por série para exercícios estruturais centrais. O treinamento de resistência muscular e hipertrofia é associado a um volume e intensidade de moderado a alto. Esses programas, que são altos no trabalho total, tendem a estimular uma resposta metabólica e endócrina potente.

Os volumes de treinamento dos atletas variam consideravelmente e dependem de outros fatores além da intensidade (p. ex., situação do treinamento, número de grupos musculares treinados por treinamento, práticas nutricionais, cronograma de competições e prática). As recomendações atuais de volume para o treinamento de força incluem uma a três séries por exercício para pesistas iniciantes e duas a seis séries para pesistas de nível intermediário e avançado. Séries múltiplas devem ser usadas com uma variação sistemática de volume e intensidade para a progressão do treinamento para intermediário e avançado. Aumentos relevantes no volume não são recomendados, já que podem levar ao sobretreinamento (*overtraining*). Além disso, nem todos os exercícios precisam ser executados com o mesmo número de séries. O volume de cada exercício está relacionado às prioridades do programa.[31]

O número de séries realizadas por exercício, o grupo muscular trabalhado e a estrutura geral do treinamento também são questões essenciais ao elaborar um programa de treinamento de força. Poucos estudos compararam diretamente programas de treinamento de força com séries totais variadas. A maioria dos estudos sobre volume compara programas de treinamento de séries múltiplas e de série única. Uma série de um exercício realizada com 8 a 12 repetições com uma velocidade de levantamento intencionalmente lenta foi comparada para programas de séries múltiplas periodizados e não periodizados. Esses estudos mostraram resultados similares para atletas novatos independentemente do tipo do programa,[37] mas alguns estudos mostraram que as séries múltiplas são superiores.[5] Programas periodizados de séries múltiplas mostraram ser superiores durante a progressão para os estágios intermediário e avançado do treinamento.[20,22,32] Um estudo mostrou redução da força em mulheres treinadas que mudaram para um programa de série única.[18] Em relação ao total de séries por treinamento, um estudo que examinou a literatura disponível atualmente sugeriu que oito séries por grupo muscular produziram os efeitos mais significativos.[28] A maioria dos estudos usou duas a seis séries por exercício e identificou aumentos de força substanciais em atletas treinados e não treinados.[21] Tipicamente, duas a seis séries por exercício é o mais comum durante o treinamento de força, mas tanto um número maior quanto menor também foram usados com sucesso.

Estruturas das séries para programas de séries múltiplas

Quando séries múltiplas são utilizadas, a decisão seguinte refere-se ao modo como elas serão estruturadas. A intensidade ou o volume durante cada exercício pode aumentar, diminuir ou permanecer igual. Três estruturas básicas (assim como sistemas integrados) são normalmente utilizadas. A primeira é o sistema de *repetição/carga constante*. A intensidade e o volume permanecem os mesmos durante todas as séries. Isso é muito eficaz para aumentar a força, potência, hipertrofia e resistência muscular, e pode ser facilmente incorporado em um programa de treinamento periodizado.

Um segundo sistema consiste em trabalhar com pesos leves seguidos de pesados. O peso é aumentado em cada série, enquanto as repetições permanecem as mesmas ou diminuem. Um exemplo popular é a *pirâmide ascendente*. Pirâmides ascendentes podem ser usadas para alcançar qualquer componente do condicionamento pela manipulação da intensidade e do volume. Isso pode ser vantajoso uma vez que existe uma progressão antes do levantamento do peso mais pesado (i. e., o levantador pode estar mais preparado para o primeiro exercício em sequência graças a um aquecimento mais específico). No entanto, o uso excessivo da pirâmide ascendente aumenta o risco de sobretreinamento (*overtraining*).

O terceiro sistema é o trabalho com pesos pesados seguidos de leves. Um exemplo popular desse sistema é a *pirâmide descendente*, em que o peso é reduzido a cada série, enquanto as repetições permanecem as mesmas ou aumentam. A vantagem é que a série mais pesada é realizada primeiro, quando a fadiga pode ser mínima. Porém, os críticos desse sistema costumam demonstrar preocupação com o fato de os atletas serem inadequadamente aquecidos para a realização da série mais pesada. Existem vantagens e desvantagens em cada método, mas tendo em vista que são todos eficazes, o uso deles pode depender da preferência pessoal do atleta, do treinador ou do profissional de força e condicionamento.

Intervalos de repouso

A duração do intervalo de repouso depende da intensidade do treinamento, dos objetivos, do nível de condicionamento e do uso do sistema energético pretendido. A quantidade de repouso entre as séries e exercícios afeta significativamente as respostas metabólica, hormonal e cardiorrespiratória a um ciclo intenso durante exercícios de força, bem como o desempenho das séries subsequentes e as adaptações do treinamento.[21,30] A produção de potência e força aguda ficam comprometidas com intervalos de repouso curtos,[30] apesar de esses intervalos curtos serem benéficos para o treinamento de resistência muscular e hipertrofia. A Figura 4.6 mostra o desempenho no levantamento intenso com vários intervalos de repouso. É mostrada uma continuidade, na qual as maiores reduções no desempenho são vistas com intervalos de repouso de 30 segundos. O desempenho foi mais bem mantido com intervalos de repouso de 5 minutos.[30] Logo, intervalos de repouso curtos comprometem o desempenho, ao passo que intervalos longos ajudam a manter a intensidade e o volume.

Estudos sobre o treinamento de força de longo prazo mostraram aumentos maiores na força com períodos de repouso longos (i. e., 2 a 3 min) em comparação com períodos curtos (i. e., 30 a 40 s) entre as séries.[25,31] É importante observar que a duração do intervalo de repouso varia de acordo com os objetivos do programa de treinamento e com as demandas dos exercícios individuais dentro do programa (nem todo exercício deve usar o mesmo intervalo de repouso). Para o treinamento de força iniciante, intermediário e avançado, recomenda-se que períodos de repouso de pelo menos 2 a 5 minutos sejam usados.[31] Essas recomendações também se aplicam ao treinamento para hipertrofia, apesar de intervalos

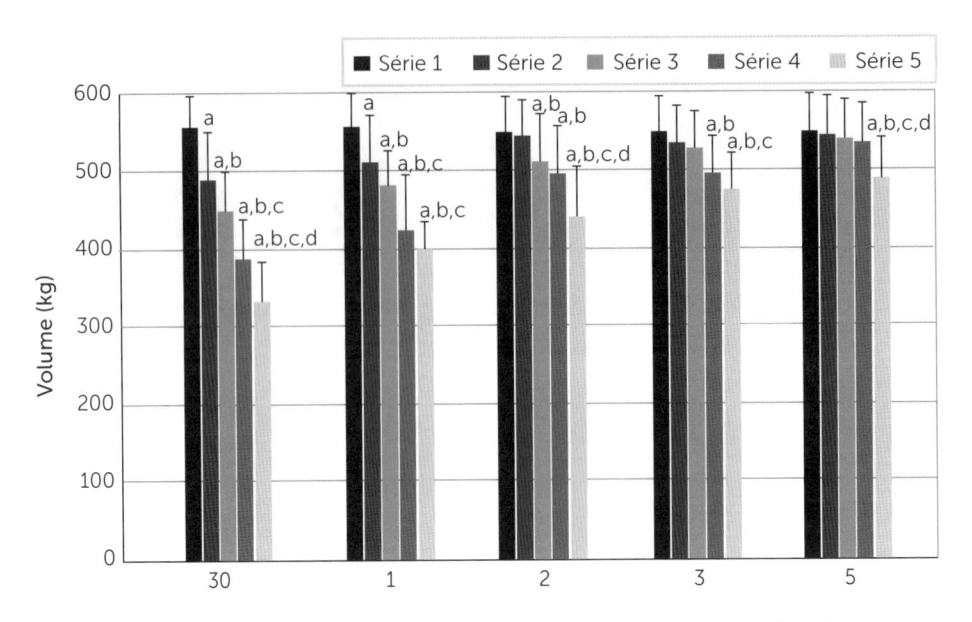

FIGURA 4.6 Desempenho no levantamento durante séries de 10 repetições de supino reto com intervalos de repouso de 30 segundos, 1, 2, 3 e 5 minutos. (a) Significativamente menor (P < 0,05) que a série 1, (b) menor que a série 2, (c) menor que a série 3, (d) menor que a série 4.

Reproduzido com permissão de Springer Science+Business Media. Ratamess N.A. et al. "The effect of rest interval length on metabolic responses to the bench press exercise". *European Journal of Applied Physiology*, Copyright 2007, 100: 1-17.

de repouso mais curtos poderem também ser efetivamente usados em vários momentos do treinamento. O desempenho de força e potência depende significativamente do sistema ATP-CP. De modo geral, leva no mínimo 3 minutos para que a maior parte da reposição ocorra. O desempenho do levantamento de alta intensidade exige a disponibilidade do substrato energético máximo para que a série seja executada com um mínimo de fadiga ou sem fadiga. A força muscular pode aumentar quando são usados intervalos curtos de repouso, mas em um ritmo mais lento.

A escolha do intervalo de repouso tem grande efeito no treinamento de resistência muscular. O treinamento para aumentar a resistência muscular implica que o atleta (1) realize repetições intensas para aumentar a resistência muscular submáxima ou (2) minimize a recuperação entre as séries para aumentar a resistência (ou força) de alta intensidade. Logo, recomenda-se que sejam usados intervalos curtos de repouso para o treinamento de resistência muscular (p. ex., ≤ 30 s).

Velocidade da repetição

A velocidade do levantamento afeta as respostas neurais, hipertróficas e metabólicas ao treinamento, e depende fortemente da carga e da fadiga. Para levantamentos não máximos, a velocidade que o atleta pretende utilizar durante o movimento é essencial. Já que força = massa × aceleração, reduções significativas na produção de força ocorrem quando a repetição é realizada lentamente.[33] No entanto, existem dois tipos de contrações de baixa velocidade: a não intencional e a intencional. As baixas velocidades *não intencionais* são utilizadas durante repetições de alta intensidade nas quais tanto o nível de carga quanto de fadiga são responsáveis pela velocidade. Ou seja, o atleta exerce a força máxima (com a intenção de mover o peso rapidamente), mas, em decorrência do peso da carga ou do início da fadiga, a velocidade resultante é baixa. Isso ocorre durante séries pesadas e representa um estímulo potente para aumentos na força. Além disso, a velocidade de repetição pode diminuir durante as últimas repetições de uma série no início da fadiga.[26]

As repetições de baixa velocidade *intencional* são usadas com pesos submáximos, em que o atleta tem o controle direto da velocidade. A produção de força é muito menor para uma velocidade intencionalmente baixa do que para uma velocidade tradicional (moderada) ou explosiva, com um nível (menor) correspondente de ativação da fibra muscular.[19] Levantar um peso intencionalmente mais devagar força o atleta a reduzir bastante o peso. Um estudo descobriu que o peso precisava ser reduzido em cerca de 30% e que isso não proporcionava um estímulo ideal para aumentar a força de 1RM.[17] Assim, velocidades intencionalmente baixas podem ser úteis para o treinamento de resistência muscular, mas parecem contraprodutivas no treinamento de força e potência.

Velocidades moderada a alta (1-2 s CON ou menos; 1-2 s EXC) são as mais eficazes para um melhor desempenho muscular (p. ex., número de repetições executadas, produção de potência e trabalho, e volume).[27] No treinamento de força, a intenção de mover o peso o mais rapidamente possível (para otimizar a resposta neural) parece ser o atributo crítico do treinamento. Ou seja, a velocidade vista durante o levantamento pode ser considerada o resultado, mas a intenção máxima de mover a barra rapidamente é o estímulo-chave. Essa técnica, que é chamada de *aceleração compensatória*, exige que o atleta acelere a carga ao máximo durante toda a amplitude do movimento na fase CON para maximizar a velocidade da barra. A maior vantagem é que essa técnica pode ser usada com cargas pesadas. Ela é bastante eficaz para exercícios de múltiplas articulações e é mais benéfica para o treinamento de força do que as velocidades mais baixas.[15] Além disso, velocidades de levantamento rápidas ou explosivas são recomendadas para maximizar os aumentos na potência.[31]

O treinamento para resistência muscular ou hipertrofia exige um espectro de velocidades com estratégias de carga diferentes. O componente crítico no treinamento de resistência muscular é prolongar a duração da série. Duas estratégias recomendadas para prolongar a duração da série são (1) um número moderado de repetições usando uma velocidade intencionalmente mais baixa e (2) um número alto de repetições usando uma velocidade de moderada a rápida. O treinamento de velocidade intencionalmente baixa com cargas leves (5 s CON: 5 s ou menos EXC) aplica uma tensão contínua sobre os músculos por um longo período. Essa velocidade exige mais em termos metabólicos do que a velocidade moderada ou rápida. No entanto, é difícil executar várias repetições usando velocidades intencionalmente baixas. As velocidades de moderada a rápida são as preferidas quando se deseja um grande número de repetições. Ambas as estratégias – de treinamento de repetições moderadas com velocidade baixa e de muitas repetições com velocidade moderada a rápida – aumentam as demandas glicolíticas e oxidativas do estímulo, servindo, assim, como um meio bastante eficaz para aumentar a resistência muscular.

Frequência

A quantidade de sessões de treinamento realizadas durante um período de tempo específico pode afetar as adaptações do treinamento. A *frequência* indica o número de vezes que certos exercícios são feitos ou grupos musculares são treinados por semana. Ela depende de vários fatores, como volume, intensidade, escolha do exercício, nível de condicionamento ou situação do treinamento, habilidade de recuperação, consumo nutricional e objetivos do treinamento. Vários estudos sobre treinamento de força utilizaram frequência de dois a três dias alternados por semana para atletas não treinados. Esta mostrou ser uma frequência inicial eficaz e é a recomendada para pesistas iniciantes.[31] Um aumento na experiência do treinamento não exige uma mudança na frequência para treinar cada grupo muscular, mas ele pode ser mais dependente de alterações em outras variáveis relevantes, como escolha do exercício, volume e intensidade. Aumentar a frequência de treinamento pode possibilitar uma especialização maior (p. ex., maior volume e melhor escolha de exercício por grupo muscular). Em outros estudos, quatro ou cinco dias por semana foram melhores que três; três dias por semana foram melhores que um e dois dias; e dois dias por semana foram melhores que um para aumentar a força máxima.[10,14] Um estudo mostrou que jogadores de futebol americano que treinavam quatro ou cinco dias por semana alcançaram resultados melhores que aqueles que treinavam três ou seis dias por semana.[13]

A frequência no treinamento avançado varia consideravelmente. Halterofilistas e fisiculturistas avançados utilizam treinamento de alta frequência (p. ex., 4 a 6 sessões por semana). A frequência para halterofilistas e fisiculturistas de elite pode ser ainda maior. Rotinas duplas separadas (duas sessões de treinamento por dia com ênfase em grupos musculares diferentes) são comuns durante o treinamento, o que pode resultar em 8 a 12 sessões de treinamento por semana. Frequências altas são comuns para levantadores olímpicos, cuja justificativa é o fato de sessões curtas e frequentes, seguidas por períodos de recuperação, suplementação e alimentação, permitirem um estímulo de treinamento melhor. Levantadores de elite costumam treinar quatro a seis dias por semana. É importante observar que durante o treinamento nem todos os grupos musculares são treinados usando especificamente uma frequência alta. Em vez disso, cada grupo muscular principal pode ser treinado duas ou três vezes na semana, apesar do grande número de treinamentos.

> Para diretrizes mais práticas sobre a integração de todas as variáveis do programa durante o ano de treinamento, ver o Capítulo 12.

RESUMO

- A manipulação das variáveis do treinamento de força intenso é essencial para a elaboração do programa. O corpo humano geralmente se adapta à sua carga de trabalho dentro de uma ou duas semanas. Assim, os programas devem ser continuamente alterados para manter os estímulos de treinamento potentes e evitar o platô de treinamento. Qualquer programa de treinamento de força pode ser eficaz desde que sejam incorporadas cargas progressivas, especificidade e variações.

- As formas para tornar o treinamento mais difícil (de acordo com objetivos específicos) incluem (1) aumentar os pesos ou cargas levantadas, (2) aumentar as repetições com a carga atual, (3) aumentar a velocidade do levantamento com cargas submáximas ou próximas da máxima para aumentar a resposta neuromuscular, (4) fazer intervalos de repouso maiores para possibilitar cargas maiores ou menores para trabalhar a resistência muscular, (5) aumentar o volume de treinamento dentro de limites razoáveis (i. e., 2,5 a 5%) e (6) introduzir outras técnicas de treinamento avançadas para carga supramáxima.[12,25]

- Sem uma carga progressiva (aumento gradual no esforço exigido do corpo), não ocorrerá adaptação. Portanto, os levantadores devem buscar treinamentos cada vez mais fortes para continuar progredindo com o passar do tempo.
- A *especificidade* refere-se à elaboração de programas voltados a objetivos específicos. As adaptações do treinamento são específicas ao estímulo. Isso inclui a particularidade das ações musculares treinadas, a amplitude do movimento, a utilização do sistema energético, a velocidade e padrões de recrutamento neuromuscular.[25] Programas de treinamento individualizados devem objetivar componentes específicos do condicionamento para maximizar a melhora do desempenho.
- A variação, ou periodização do treinamento (ver Cap. 11), deve ser implementada para manter a novidade do estímulo, forçando, assim, o corpo a se adaptar. Na maioria das vezes, a intensidade e o volume são periodizados. No entanto, todas as variáveis de um programa intenso podem ser manipuladas até certo ponto. Por exemplo, variar a seleção de exercícios é um modo eficaz de melhorar a qualidade dos treinamentos de força. A variação sistemática do estímulo do treinamento é obrigatória para um progresso de longo prazo e para reduzir a ocorrência de platôs de treinamento.

Treinamento de potência

Robert U. Newton, PhD, CSCS*D, FNSCA
Prue Cormie, PhD
William J. Kraemer, PhD, CSCS, FNSCA

Este capítulo foca na função neuromuscular mais importante em vários esportes, a habilidade de gerar potência muscular máxima. Serão definidas *potência máxima* e sua importância para o desempenho humano. Em seguida, serão abordados o desenvolvimento da potência máxima e a elaboração de programas, incluindo técnicas avançadas de força e condicionamento para o desenvolvimento da produção de potência.

A *potência* pode ser definida como a força aplicada multiplicada pela velocidade do movimento.[65] Já que o trabalho é o produto da força pela distância percorrida, e a velocidade é a distância percorrida dividida pelo tempo gasto, a potência também pode ser expressa como o trabalho realizado por unidade de tempo.[40] O nível de potência em um atleta pode variar de 50 W, produzida durante uma corrida ou exercício na bicicleta leves, até 7.000 W, produzida durante a segunda fase da puxada no levantamento de peso.[40] O principal foco deste capítulo é o nível máximo de potência, que pode ser alcançado com uma ou duas contrações musculares. Isso é chamado de *potência instantânea máxima*;[43] porém, para os propósitos deste capítulo, será utilizado o termo *potência máxima*.

A capacidade de explosão em situações como deixar os blocos de partida no momento da largada, de pular sobre uma barra de 2,45 m de altura, enganar um adversário ao mudar rapidamente de direção, segurar 2,5 vezes o peso de seu corpo, ou lançar uma bola de golfe a mais de 300 m de distância é um feito excepcional de potência máxima. O nível de potência máxima é extremamente importante para o desempenho quando o objetivo é alcançar o máximo de velocidade no momento da partida, largada ou impacto.[69,80,89,105] Isso engloba movimentos genéricos, tais como correr, pular, mudar de direção, lançar, chutar e atacar. Logo, ela se aplica à maioria dos esportes.

FATORES QUE CONTRIBUEM PARA O NÍVEL DE POTÊNCIA

O pulo de um atleta no momento do rebote no basquete mostra a importância da potência máxima no esporte e também permite que sejam examinados os fatores mecânicos que contribuem para a potência. A altura em que um atleta salta para um rebote é determinada puramente pela velocidade com a qual ele sai do chão. No final do movimento, o corpo para momentaneamente (Fig. 5.1). Conforme o atleta alonga o tronco, quadril, joelhos e tornozelos e deixa o chão, o corpo é acelerado para cima até uma velocidade máxima de partida. Essa velocidade é determinada pela força que os músculos podem gerar contra o chão multiplicada pelo tempo durante o qual as forças são aplicadas, o chamado *impulso*, menos o impulso resultante do peso do corpo.[104]

Uma vez que o atleta tenha saído do chão, ele não pode mais aplicar força. Quanto mais rápido o corpo é acelerado verticalmente, menor o tempo entre o final do movimento e a partida (i. e., 235 ms na Fig. 5.1). É aqui que se pode avaliar a importância da potência muscular máxima. Conforme o atleta tenta maximizar seu nível de potência, o tempo no qual a força pode ser aplicada para acelerar o corpo diminui. Logo, três propriedades mecânicas do sistema neuromuscular determinam o desempenho:

- a habilidade de desenvolver grande quantidade de força em um período curto de tempo, chamada de *taxa máxima de desenvolvimento de força* ($TDF_{máx}$);
- a habilidade do músculo de produzir grande força ao final da fase excêntrica e durante o início da fase concêntrica;
- a habilidade do músculo de continuar gerando grande força conforme sua velocidade de encurtamento aumenta.

Vários fatores contribuem para maximizar essas três propriedades. Discutir cada fator ajuda a compreender os efeitos de estratégias diferentes de treinamento

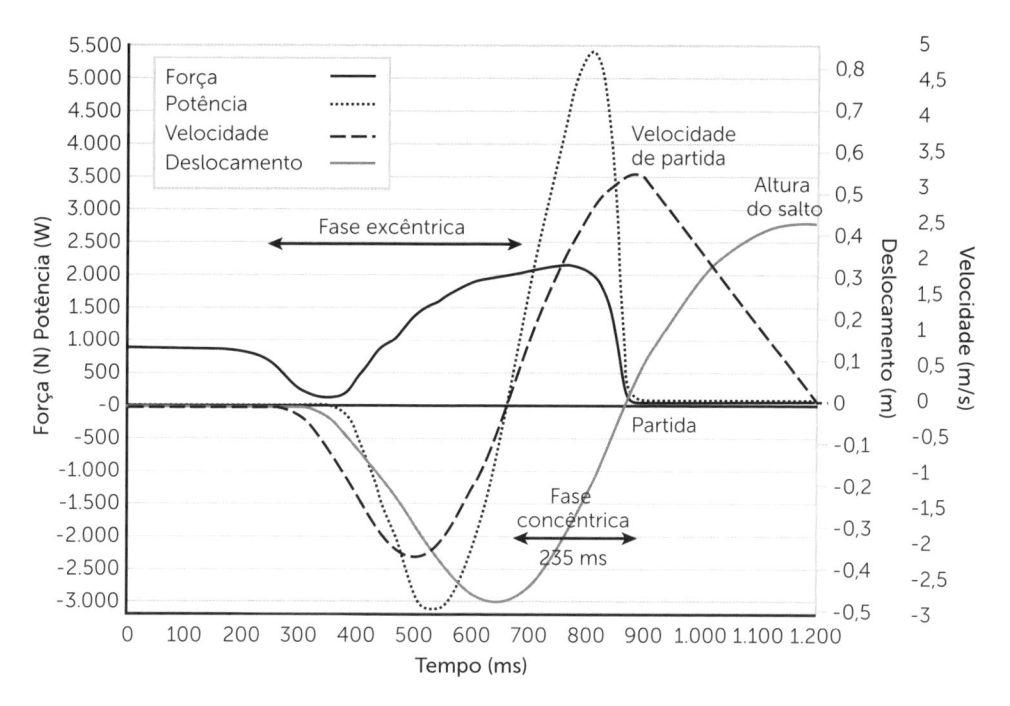

FIGURA 5.1 Força vertical de reação com o chão, deslocamento, velocidade e nível de potência de um indivíduo durante um salto com contramovimento. Observe que a ação muscular concêntrica dura apenas 235 ms. A velocidade de partida resultante é determinada pela soma das forças que podem ser produzidas durante esse curto período.

e como elas podem influenciar a eficiência do treinamento. O desempenho de potência máxima responde ao treinamento por meio de um contramovimento no qual os músculos são primeiro alongados e depois encurtados (ciclo de alongamento-encurtamento). Ele responde melhor ao treinamento de potência específico do que ao treinamento de força pesado, já que o treinamento de potência envolve força e velocidade, além de uma fase de desaceleração mais curta durante a qual a ativação muscular diminui. Cada componente que contribui para a produção máxima de potência parece ter sua própria janela de adaptação, o que sugere que o programa de treinamento para um atleta deve utilizar métodos variados e deve objetivar os componentes com o maior potencial de adaptação – ou seja, os componentes nos quais o atleta é fraco.

Ciclo de alongamento-encurtamento

A maioria das atividades de potência envolve um contramovimento durante o qual os músculos envolvidos são primeiro alongados e depois encurtados para acelerar o corpo ou o membro. Essa ação do músculo é chamada de *ciclo de alonga-mento-encurtamento* (CAE).[66] Ela envolve muitos fatores mecânicos e neurais complexos e de interação, como a ativação do reflexo de estiramento e as interações musculotendíneas. Um bom número de pesquisas tem sido voltado para o estudo do CAE,[10,11,37,42] pois se observou que o desempenho é melhor em movimentos CAE do que quando a atividade é realizada com uma ação puramente concêntrica.[11] Por exemplo, diferenças de 18 a 20% na altura do salto foram observadas entre saltos estáticos ou agachados (SE) e saltos com contramovimento (SCM).[12] Um SE é um salto puramente concêntrico iniciado a partir de uma posição agachada. O SCM é iniciado em pé. O atleta faz um contramovimento rápido, descendo o quadril rapidamente e então pulando.

Apesar de vários mecanismos terem sido propostos,[10] parece que a diferença entre a altura do SCM e do SE se deve principalmente ao fato de que o contramovimento permite que o atleta atinja um nível de força maior no início do movimento de subida. Isso resulta na execução de forças maiores contra o chão, seguido por um aumento no impulso ($F \times t$) e na aceleração do corpo todo para cima. Os outros mecanismos propostos, como a recuperação de energia elástica armazenada, interações musculotendíneas e a ativação do reflexo de estiramento, parecem desempenhar um papel secundário na melhora do desempenho pelo CAE.[10]

O desempenho de potência máxima mostrou responder mais rapidamente ao treinamento que envolve a realização de movimentos de CAE do que ao atleta acostumado com uma carga de alongamento de amplitude maior que a usual. Essas atividades, chamadas de *pliometria*, são encontradas em vários estudos para aumentar efetivamente a habilidade de salto e o nível de potência.[1,21,91,102] O treinamento pliométrico resulta em um aumento no estímulo neural geral do músculo e, desse modo, em um aumento no nível da força. No entanto, mudanças qualitativas na atividade muscular também são aparentes.[91] Em indivíduos não acostumados a cargas CAE intensas, alguns estudos mostraram uma redução na atividade eletromiográfica (EMG), começando 50 a 100 ms antes do contato com o chão e durando por 100 a 200 ms.[91] Isso se atribui a um mecanismo reflexo protetor do órgão tendinoso de Golgi, que age durante cargas de alongamento intensas e repentinas que normalmente reduzem a tensão na unidade musculotendínea durante o pico de força do CAE. Após um período de treinamento pliométrico, esses efeitos inibidores (e a redução observada na EMG) são reduzidos (a chamada *desinibição*) e os resultados do desempenho CAE são aumentados.[91]

O treinamento pliométrico aplica forças consideráveis sobre o sistema musculoesquelético. Ainda que seja recomendado que os atletas tenham uma base de treinamento de força preliminar antes de começar um programa de treinamento pliométrico (p. ex., um atleta deve ser capaz de agachar 1,5 vez seu peso corporal),[20] exercícios pliométricos de baixa intensidade (p. ex., saltos agachados, saltos com contramovimento, saltos laterais, ou saltos em plataforma) podem ser realizados com segurança sem qualquer requisito mínimo de força. Tenha em mente que a pliometria é frequentemente parte das brincadeiras de pular das crianças. Acredita-se que o potencial de lesões é muito maior para saltos em profundidade, que não devem ser tentados por iniciantes.[89]

Força muscular

A força muscular – a quantidade de força ou torque que um músculo pode exercer em uma velocidade específica ou determinada[65] – varia em ações musculares diferentes, como contrações isométricas, excêntricas e concêntricas.[68] Frequentemente, os profissionais de força e condicionamento e atletas associam o termo *força* à força que pode ser exercida durante ações musculares de baixa velocidade, ou mesmo isométricas. Ela é frequentemente determinada com o teste de uma repetição máxima (1RM), no qual a força é avaliada como o peso máximo que o atleta pode erguer uma vez completamente. O desenvolvimento e a avaliação da força de 1RM têm sido bastante pesquisados, e os leitores interessados podem consultar a literatura relevante.[2,6,45] Ao levantar um máximo de peso, o fator limitante é a força muscular em velocidades de contração lenta. A força muscular exigida nos levantamentos de 1RM, no entanto, é necessária em um número limitado de atividades atléticas (p. ex., levantamento de peso). A maioria dos esportes exige alto nível de força em velocidades muito maiores de movimento e o alcance rápido da força a partir de um estado relaxado.

Descobertas de pesquisas[22,46,101,102] e provas casuísticas dos profissionais de força e condicionamento indicam que se a força de um atleta aumenta em velocidades de movimento baixas, o nível de potência e o desempenho atlético também melhoram. Isso ocorre porque a força máxima, mesmo em velocidades baixas, é um fator que contribui para a potência máxima. Em outras palavras, existe uma relação fundamental entre força e potência que determina que um atleta não pode ter um nível alto de potência sem primeiro ser relativamente forte. Pesquisas que envolveram programas de treinamento de força intenso com indivíduos não treinados ou moderadamente treinados demonstraram que tal treinamento resulta em uma melhora não apenas na força máxima, mas também em um aumento no nível de potência máxima.[22,47,62,78,93,94,101,102] Ainda que a força seja uma qualidade básica que influencia a produção de potência máxima, a importância dessa influência diminui de certo modo quando o atleta mantém um nível muito alto de força.[69] Apesar disso, o nível de força dos atletas no momento sempre ditará o limite de seu potencial para gerar a potência muscular máxima, já que a habilidade de gerar força rapidamente é de pouca ajuda se a força máxima for baixa.

Quando se tenta maximizar o nível de potência máxima, a fase concêntrica segue a fase excêntrica. Como tal, ela começa a partir da velocidade zero. Logo, a força produzida durante a última parte da fase excêntrica, a mudança do alongamento para o encurtamento (que inclui a fase em que o músculo é contraído isometricamente) e a contração concêntrica subsequente é determinada pela força máxima dos músculos agonistas durante as contrações lentas excêntricas, isométricas e concêntricas. Se a força máxima for aumentada, então forças maiores podem ser exercidas durante esse tempo, resultando em um impulso maior, que leva a uma aceleração maior.[22] Contudo, conforme os músculos começam a atingir velocidades altas de encurtamento, a capacidade de força em uma velocidade baixa de movimento tem um impacto menor sobre a habilidade do músculo de produzir grande força.[32,61,62] Esse fato se torna cada vez mais importante conforme o atleta busca treinar especificamente para o desenvolvimento da potência máxima.

META DE DESENVOLVIMENTO DE POTÊNCIA

O uso do treinamento de força pesado, de baixa velocidade, para o desenvolvimento da potência máxima justifica-se pelo fato de a potência ser igual ao produto da força pela velocidade da ação muscular. Tem-se ponderado frequentemente que aumentar a força em 1RM é suficiente para influenciar o nível da potência. Ainda que tal afirmação tenha o suporte de pesquisas que envolveram indivíduos não treinados durante intervenções de treinamento curtas,[22] ela não se aplica a atletas treinados que têm um fundamento sólido de força estabelecido.[101] Se a melhora do desempenho de potência for maximizada em tais atletas, então tanto os componentes de força quanto de velocidade devem ser treinados. Dado que a distância do movimento é geralmente estabelecida pela amplitude do movimento articular do atleta, a velocidade é determinada pelo tempo que se leva para completar o movimento. Logo, se o treinamento incluir métodos que diminuem o tempo no qual o movimento é produzido, haverá um aumento do nível de potência. Intimamente ligado a esse conceito está a $TDF_{máx}$, ou taxa máxima de desenvolvimento de força.

Treinamento de força e potência

Em termos de treinamento, vários estudos mostraram melhora no desempenho em atividades de potência (p. ex., salto vertical) ao seguir um programa de treinamento de força.[1,4,21,102] Por exemplo, um estudo demonstrou uma melhora de 7% no salto vertical após 24 semanas de treinamento de força intenso.[46] Apesar dessas melhoras observadas, o treinamento de potência específico parece muito mais eficaz,[47] especialmente para atletas treinados. Em um estudo, os indivíduos realizaram movimentos nos quais eles tentavam maximizar o nível de potência com cargas relativamente mais leves e apresentaram aumento de 21% nos saltos verticais. Esses resultados indicam que podem existir adaptações de treinamento específicas para o treinamento pesado de força em comparação com o treinamento voltado para potência. O treinamento pesado de força com o uso de força elevada e baixas velocidades de ação muscular concêntrica leva principalmente a melhoras na força máxima (i. e., na porção de baixa velocidade, maior força da curva de força-velocidade; Fig. 5.2). Essas melhoras são reduzidas em velocidades maiores. O treinamento de potência utiliza cargas mais leves e velocidades maiores da ação

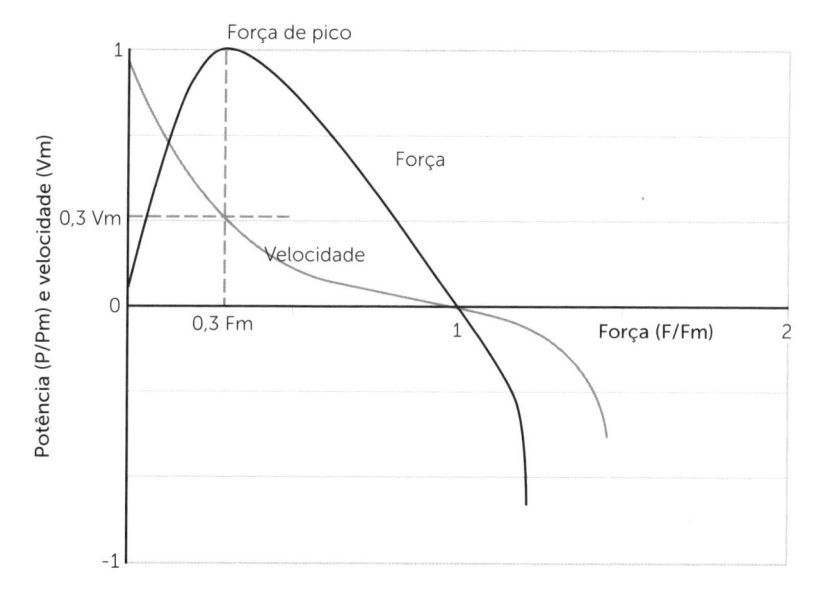

FIGURA 5.2 Relação entre força, velocidade e potência para o músculo esquelético. *Vm, Pm* e *Fm* são, respectivamente, velocidade de movimento máxima, nível de potência máxima e nível de força isométrica máxima.

Adaptado com permissão de Faulkner J.A., Claflin D.R. e McCully K.K. "Power output of fast and slow fibers from human skeletal muscles", editado por Jones N.L., McCartney N. e McComas A.J. em *Human muscle power*. Champaign, IL, Human Kinetics, 1986, 81-94.

Para instruções sobre a integração do treinamento de força e potência em momentos diferentes do ano de treinamento, ver o Capítulo 12.

muscular, o que resulta em aumentos no nível da força em velocidades maiores. A taxa de desenvolvimento de força (TDF) também é melhorada.[47]

Ainda que sejam observadas adaptações no treinamento específico de velocidade, as mudanças no desempenho com o treinamento não são sempre consistentes com esse princípio. O conflito ocorre por causa da natureza complexa das ações musculares de potência e da integração das exigências de produção de força rápida e lenta dentro do contexto de um movimento completo. Outra influência que confunde a observação de adaptações claras no treinamento específico é o fato de que em pessoas não treinadas uma grande variedade de intervenções do treinamento produzirão aumentos na força e na potência. Dependendo da situação de treinamento do indivíduo, a resposta pode não seguir sempre o princípio do treinamento específico de velocidade.[67]

Para indivíduos com baixos níveis de força, as melhoras dentro do espectro de força-velocidade podem ser geradas independentemente do estilo ou da carga de treinamento utilizada.[22,67] Por exemplo, as mudanças na relação força-velocidade após dez semanas de treinamento foram similares em indivíduos relativamente não treinados expostos tanto a um treinamento de força pesado como a um treinamento de potência balístico (Fig. 5.3).[22] As mudanças observadas nos atletas com treinamento de força pesado foram provocadas por melhoras na ativação neural máxima e na espessura do músculo. Em contraste, as mudanças observadas com o treinamento de potência balístico foram geradas por melhoras na taxa de aumento da ativação muscular. Apesar da natureza diferente das adaptações para cada estímulo de treinamento, ambos resultaram em melhoras significativas na relação força-velocidade, particularmente na potência máxima para pessoas não treinadas.[22]

Parece que as adaptações de treinamento de fatores específicos (i. e., grande força e alta potência) ocorrem apenas quando um nível básico no treinamento de força e potência é alcançado. Essa noção baseia-se no fato de que se o atleta já possui um nível adequado de força, então a melhora do desempenho da potência máxima em resposta ao treinamento de força tradicional será pequena. Intervenções a partir de um treinamento mais específico serão necessárias para ampliar ainda mais o nível de potência máxima.[45] Logo, a melhora do nível de potência máxima em atletas treinados pode exigir estratégias de treinamento mais complexas do que se pensava anteriormente.[102]

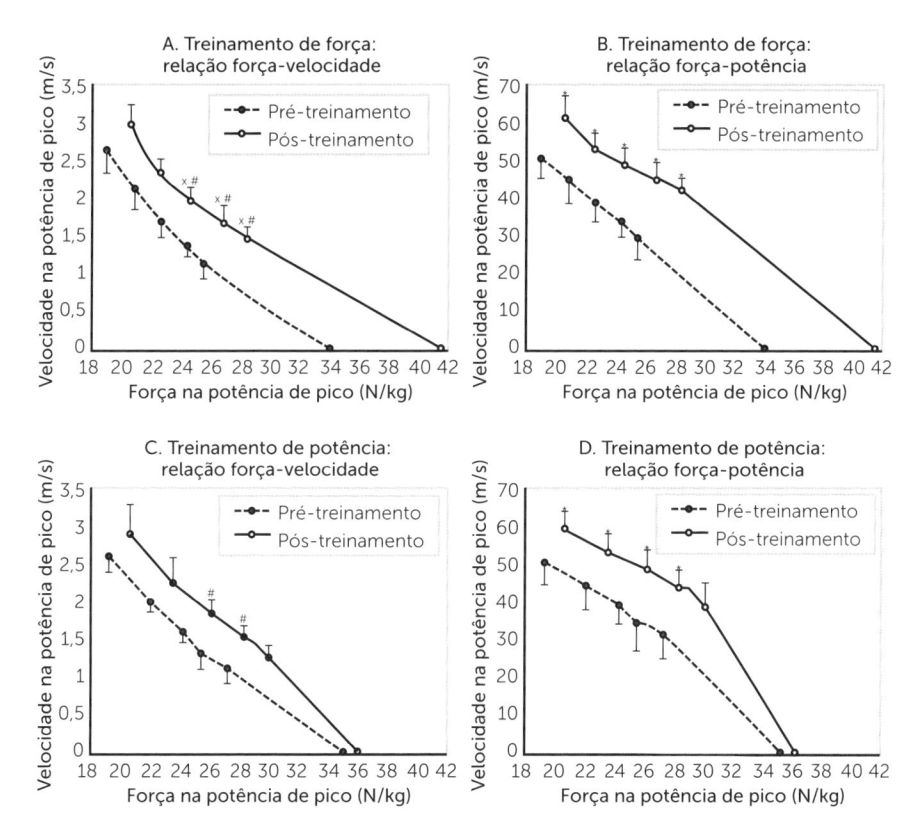

FIGURA 5.3 Mudanças nas relações de força-velocidade e força-potência para o salto agachado (i. e., um SCM com uma barra na altura dos ombros) em resposta a 10 semanas de treinamento de força pesado (A e B) e de treinamento de potência balístico (C e D). Melhora significativa na força (x), velocidade (#) ou potência (*).

Adaptado com permissão de Cormie P. *A series of investigations into the effect of strength level on muscular power in athletic movements.* Perth, WA, Edith Cowan University, School of Exercise, Biomedical, and Health Science, 2009, 263.

Essa contenção é baseada em pesquisas[101] que compararam mudanças no valor de 1RM no agachamento, no salto vertical e na velocidade da corrida lançada de 20 m durante oito semanas de treinamento com pesos ou de treinamento plio-métrico. Os indivíduos foram classificados como *fracos* ou *fortes*, com base em seus pré-treinamentos de 1RM no agachamento. Os resultados demonstraram rela-ções negativas significativas entre as melhoras induzidas pelo treinamento com peso no desempenho na corrida, salto e pré-treinamentos de 1RM. Os autores sugeriram que isso foi consequência do princípio da diminuição no retorno, em que as melhoras iniciais na função muscular são obtidas facilmente, mas a melho-ra subsequente é cada vez mais difícil de alcançar. Inesperadamente, os ganhos no desempenho com o treinamento pliométrico não estavam relacionados aos níveis de força iniciais.

Treinamento de força e taxa de desenvolvimento de força

Como o tempo é limitado em ações musculares de potência, o músculo deve exercer o máximo de força possível em um curto período. Essa qualidade é chamada de *taxa máxima de desenvolvimento de força* (Fig. 5.4). Isso pode explicar em parte porque o treinamento de força pesado é ineficaz para aumentar o desempenho de potência em atletas bem treinados. O agachamento com cargas pesadas (70 a 120% do valor de 1RM) mostrou melhorar a força isométrica máxima (i. e., velocidade do movimento igual a zero). No entanto, ele não melhora a TDF.[22,48] e pode até mesmo reduzir a capacidade do músculo de desenvolver força rapidamente.[45] Ao contrário, uma atividade durante a qual os atletas tentam desenvolver a força rapidamente (p. ex., salto agachado máximo com cargas leves) melhora sua capacidade de aumentar o nível da força rapidamente.[22] Em específico, o treinamento de força e potência máximo aumenta a inclinação da parte inicial da curva força-tempo,[47] como pode ser observado na Figura 5.4.

Ainda que o treinamento de força pesado nesse estudo tenha aumentado a força máxima e, dessa forma, o ponto mais alto da curva força-tempo, ele não melhorou o desempenho de potência consideravelmente, sobretudo em atletas que já tinham desenvolvido um treinamento de força (i. e., aqueles com mais de seis meses de treinamento acumulado).[45] A razão pode ser o fato de o tempo de movimento durante as atividades de potência ser tipicamente menor que 300 ms.[105] A maior parte dos aumentos de força não pode ser conseguida em tão pouco tempo. Em outras palavras, o atleta não tem tempo para utilizar os ganhos de força alcançados por meio do treinamento de força pesado durante as atividades de potência.

Como superar a fase de desaceleração no treinamento de força tradicional

Os resultados de vários estudos[7,102,106] apontam outro problema com o treinamento de força tradicional e desenvolvimento de potência. Observou-se que quando um atleta ergue um peso máximo em um supino reto, a barra desacelera em uma proporção considerável (24%) do movimento concêntrico,[36] conforme o peso se aproxima do final do movimento. A fase de desaceleração aumenta 52% quando o atleta realiza o levantamento no supino reto com uma resistência mais leve (p. ex., 81% do valor de 1RM).[36] Em um esforço para treinar em uma velo-

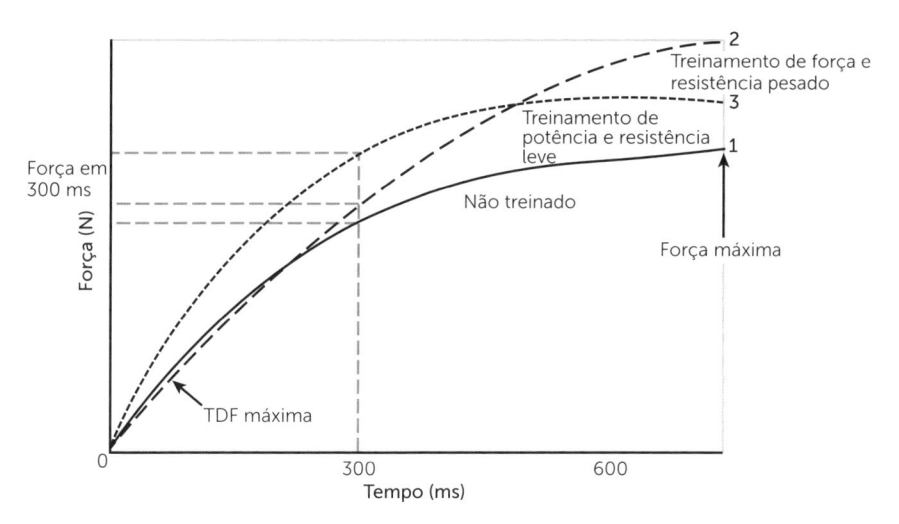

FIGURA 5.4 Curva de força-tempo isométrica indicando a força máxima, a taxa máxima de desenvolvimento de força (TDF) e a força a 300 ms para (1) indivíduos não treinados, (2) indivíduos com treinamento de força e resistência pesado e (3) indivíduos com treinamento de potência e resistência leve.

Adaptado com permissão de Häkkinen K., Komi P.V. e Alen M. *Effect of explosive type strength training on isometric force- and relaxation-time, electromyographic and muscle fibre characteristics of leg extensor muscles.* Acta Physiologica Scandinavica, 1985, 125(4): 587-600.

cidade maior que seja mais específica à atividade esportiva, os atletas podem tentar mover a barra rapidamente durante o levantamento. No entanto, isso também aumenta a duração da fase de desaceleração, já que o atleta ainda precisa mover a barra lentamente até a parada completa ao final do movimento.

O problema da fase de desaceleração pode ser superado se o atleta, na verdade, atirar ou saltar com o peso.[82] Esse tipo de movimento é mais precisamente chamado de *treinamento de força balístico*. O termo *balístico* implica aceleração de alta velocidade, com projeção de fato para um espaço livre. O significado comum da palavra em inglês, como definida no *Macquarie Dictionary*, é "de ou pertencente ao movimento de projéteis que prosseguem apenas pela força gravitacional e pela resistência do meio pelo qual eles atravessam".[29] Visto que projetar a carga no ar para que ela se torne um projétil é um aspecto essencial desse tipo de treinamento, que o diferencia de outras formas, o termo *treinamento de força balístico* parece bastante apropriado.

Estudos anteriores compararam a cinemática, a cinética e a ativação neural de um movimento de supino reto tradicional, realizado com a intenção de maximizar o nível de potência, com o supino com lançamento balístico, no qual o halter é projetado das mãos (Fig. 5.5).[82] Desempenhos significativamente melhores foram produzidos durante o movimento de lançamento em comparação com o levantamento para velocidade média, velocidade de pico, força média, potência média e potência de pico. A atividade muscular média durante a fase concêntrica para o peitoral maior, deltoide anterior, tríceps braquial e bíceps braquial foi maior (19, 34, 44 e 27%, respectivamente) para a condição de lançamento. Análises adicionais sobre os perfis de força e velocidade revelaram uma fase de desaceleração durante o supino, durando 40% do movimento concêntrico, que foi associada a uma diminuição na ativação muscular. Concluiu-se que a execução rápida dos movimentos do supino tradicional com cargas leves não cria as condições de carga ideais para o sistema neuromuscular em relação à produção de potência máxima. Isso foi particularmente evidente nos estágios finais do movimento no qual as condições da carga de peso balístico – com a resistência acelerada durante o movimento – resultaram em uma velocidade maior do movimento, nível da força e atividade EMG.

O treinamento pliométrico, o salto agachado com peso e os movimentos do levantamento de peso evitam esse problema de desaceleração ao permitir que o atleta acelere durante todo o movimento até o ponto de projeção da carga (i. e., a saída no salto, a liberação da bola no lançamento, o impacto em atividades de ataque).

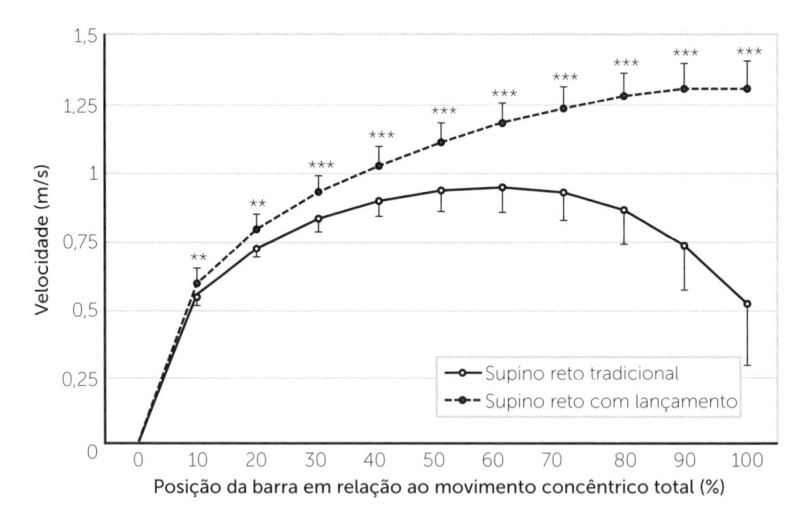

FIGURA 5.5 Velocidade média (±DP) da barra em relação ao movimento concêntrico total da barra para o supino reto tradicional, executado o mais rapidamente possível, e um supino reto com lançamento (**$p < 0{,}01$; *** $p < 0{,}001$).

Reproduzido com permissão de Newton R.U. et al. *Kinematics, kinetics, and muscle activation during explosive upper body movements.* Journal of Applied Biomechanics, 1996, 12: 31-43.

MÉTODOS DE TREINAMENTO PARA O DESENVOLVIMENTO DE POTÊNCIA

Os métodos para o desenvolvimento de potência nos atletas incluem o treinamento pesado de força (de acordo com as exigências de potência do esporte), o treinamento balístico (que deve constituir uma parte considerável do volume de treinamento), a pliometria e o levantamento de peso. O treinamento para força se traduz em ganhos no desempenho de potência, mas provavelmente não de imediato. O polimento e a recuperação são aspectos importantes de um programa de treinamento que deve variar de acordo com as exigências de desempenho do esporte.

Treinamento de força pesado

Para ser potente, o atleta deve também ser bem forte nos movimentos que exijam uma expressão de potência alta. Essa relação se torna mais direta conforme os requisitos de força de um esporte específico ganham ênfase. Como regra geral, o atleta deve ser capaz de gerar três vezes a tensão muscular exigida durante a prática do esporte de fato. Isso corresponde à observação de que o sistema neuromuscular pode gerar o maior nível de potência quando está trabalhando contra uma carga de aproximadamente 30% de sua força máxima.

Por exemplo, em um esporte em que o salto vertical é crucial (p. ex., vôlei ou basquete), os atletas devem ser fortes o bastante para fazer o agachamento com uma carga equivalente a duas vezes sua massa corporal no halteres. Ou seja, quando os atletas saltam sem a carga externa (i. e., apenas com a massa corporal), eles estão trabalhando com uma carga de cerca de 30% de sua força máxima. Em esportes como salto triplo, salto em distância e corrida, nas quais a ação de disparada parte de uma única perna, a força do extensor da perna deve ser ainda maior. Tenha em mente que um levantamento ou agachamento com uma única perna de três vezes o peso do corpo não é realista, já que exigiria um nível extraordinário de força. Contudo, essa análise teórica indica a necessidade de um grande desenvolvimento de força nos atletas que demandam uma potência máxima muito alta. Para informações detalhadas sobre a avaliação e o desenvolvimento de força, o leitor interessado pode consultar trabalhos como o de Zatsiorsky e Kraemer[107] e o Capítulo 4 deste livro.

Apesar do fato de o treinamento pesado de força resultar em velocidades de movimento mais baixas que aquelas tipicamente encontradas nos movimentos do esporte (p. ex., saltar ou arremessar),[25,82] os exercícios do treinamento de força tradicional foram usados com sucesso para aumentar o nível de potência máxima em movimentos dinâmicos específicos do esporte.[1,7,22,71,93,94,101,102,106] Ainda que a realização desses exercícios exija uma geração de potência relativamente alta, as melhoras na potência máxima após o treinamento foram principalmente o resultado das adaptações fisiológicas responsáveis por aumentar a força máxima (i. e., aumento da área transversal e impulso neural máximo).[16,22,51,71]

Em consequência, em indivíduos relativamente pouco treinados com níveis de força baixo ou moderado, a potência máxima aumenta de forma significativa após o treinamento com exercícios de força tradicionais, mas aumenta mais lentamente conforme o nível de força se aproxima do potencial genético do atleta.[45,50,80,101] Como resultado, os aumentos no nível de potência máxima após um treinamento pesado de força são expressivos nas fases iniciais do treinamento ou em atletas que demonstram um nível relativamente baixo de força (i. e., atletas de resistência aeróbia).[49,101] Ainda que o uso do treinamento pesado de força seja vital para o desenvolvimento de força e potência, melhoras adicionais na potência máxima induzidas pelo treinamento exigem o envolvimento de outros padrões de movimento mais específicos.

Treinamento de força balístico

Movimentos balísticos (p. ex., salto agachado, supino com lançamento) eliminam qualquer fase de desaceleração ao exigir que os atletas acelerem durante toda a amplitude do movimento até o ponto da projeção (i. e., saída ou liberação).[82] Partindo da aceleração contínua por toda a amplitude do movimento, a velocidade, força, potência e ativação muscular concêntricas são maiores durante um movimento balístico do que durante um exercício tradicional similar no treinamento de força.[25,82] Como resultado, muitos pesquisadores e profissionais de força e condicionamento recomendam preferencialmente a inclusão de movimentos balísticos, em vez dos exercícios de força tradicionais nos programas de treinamento com o propósito de aumentar a potência máxima. Essas recomendações são baseadas no fato de que os movimentos balísticos são mais específicos em relação ao esporte e, portanto, podem levar a adaptações que permitem uma transferência maior ao desempenho.

Baseadas nessas recomendações, há pesquisas que demonstram melhoras significativas no nível de potência máxima durante movimentos específicos do esporte após um treinamento com exercícios balísticos.[3,22,23,70,73,76,81,102,103] Além disso, o nível de potência também é melhorado por meio de uma variedade de condições de carga (i. e., capacidades de geração de potência melhores em situações de carga baixa e de carga alta).[23,76,81] Um período de treinamento de oito semanas com jogadores de vôlei bem treinados (agachamento 1RM / massa corporal = 1,69) mostrou que o treinamento com movimentos balísticos (salto agachado) resultou em uma mudança significativamente maior no desempenho do salto vertical, que é específico para o esporte, do que o treinamento com exercícios tradicionais (agachamento e *leg press*).[81] Portanto, o treinamento com movimentos balísticos permite a atletas em condições diferentes (i. e., iniciante, avançado ou de elite) melhorar a produção de potência em uma variedade de movimentos específicos do esporte.

Os mecanismos exatos que levam à adaptação no treinamento de potência balístico, envolvendo movimentos balísticos, não estão claramente definidos. A teoria é que esses movimentos gerem adaptações no impulso neural, nos padrões de ativação e na coordenação intermuscular específicas aos movimentos tipicamente encontrados nos esportes. Essas adaptações hipoteticamente contribuem para melhoras observadas na TDF e resultam na capacidade de gerar mais força em períodos curtos.[22,23,47,70,76,81] Logo, o uso de movimentos balísticos em programas de treinamento é bastante eficaz para aumentar o nível de potência máxima em movimentos específicos do esporte, bem como as capacidades de produção de potência, sob várias condições (p. ex., com cargas variadas).

Movimentos balísticos são realizados tipicamente com várias condições de carga (i. e., de 0 a 80% do valor de 1RM), de acordo com o exercício específico utilizado e com as exigências do esporte praticado pelo atleta. Pode ser vantajoso realizar uma série pesada (80% do valor de 1RM) imediatamente antes de uma série mais leve (0% do valor de 1RM), por conta do efeito de potencialização pós-ativação. Outro método é realizar treinamentos leves e pesados em dias alternados, em vez de misturar as cargas dentro de uma mesma sessão. Esse esquema é particularmente útil para os atletas durante a temporada de competições, quando são necessários treinamentos mais leves após uma competição.

Em geral, o salto agachado (i. e., SCM executado com uma barra com carga equivalente a uma porcentagem da massa corporal ou 1RM, mantida na altura dos ombros) é o principal exercício do treinamento de força balístico usado para melhorar a potência muscular nos membros inferiores. Para a parte superior do corpo, os supinos com lançamento são particularmente eficazes para boxeadores ou jogadores de futebol americano que necessitam de muita força para golpear ou se esquivar de um adversário. Eles são executados como um supino reto normal, mas a barra é lançada e trazida de volta. Para o arremesso de peso, os atletas podem usar um banco inclinado e ajustar o ângulo para que o lançamento fique no mesmo plano do arremesso. Os movimentos com barra também podem ser realizados balisticamente, com o atleta deitado no banco puxando a barra rapidamente para cima. Um aparador de borracha ou espuma é necessário para suavizar o impacto com o banco. Existem equipamentos especificamente desenhados para o treinamento de força balístico. Em razão de preocupações sobre especificidade, barras sem peso são usadas mais frequentemente com uma gaiola especial com travas na base, no caso de uma pegada ou salto falhar. O equipamento também pode incorporar sistemas de freios para limitar a força do impacto e instrumentos para registrar a força, potência e velocidade dos movimentos.

Pliometria

A pliometria é um tipo de treinamento que envolve exercícios nos quais os atletas executam movimentos rápidos de CAE.[99] Vários exercícios são classificados como pliométricos, incluindo uma série de variações unilaterais e bilaterais de exercícios de pegar e largar, flexões, pular corda e saltos em geral.[99] Normalmente, os exercícios pliométricos são realizados com pouca ou nenhuma força externa (i. e., apenas com a massa do corpo ou com uma *medicine ball* leve). A sobrecarga é aplicada aumentando a frequência do alongamento (i. e., diminuindo a duração do CAE) ou a carga do alongamento (i. e., aumentando a altura da queda no salto em profundidade).[28] Os exercícios pliométricos podem, portanto, ser ajustados para o treinamento de movimentos de CAE tanto curtos (100 a 250 ms de duração; p. ex., o contato com o chão na corrida, no salto em distância ou no salto em altura) como longos (com duração maior que 250 ms; p. ex., SCM ou lançamento).[89]

Como resultado da possibilidade de almejar tanto CAE curtos quanto longos, bem como da natureza balística desses movimentos, os exercícios pliométricos são muito específicos a uma variedade de movimentos tipicamente encontrados no esporte. Logo, não surpreende que o uso da pliometria para aumentar a capacidade de produção de potência tenha mostrado também aumentar de modo significativo o nível de potência máxima durante movimentos específicos do esporte.[1,19,57,73,97,102] Essas melhoras estão, no entanto, geralmente restritas aos movimentos de CAE de carga baixa e velocidade alta.[97,102]

A literatura atual sobre o uso do treinamento pliométrico não esclarece muito sobre os mecanismos que levam às melhoras na potência máxima. Da mesma forma que os movimentos balísticos, teoriza-se que a pliometria gere adaptações específicas no impulso neural, padrões de ativação e controle intermuscular que melhoram a capacidade da TDF.[19,91] As adaptações aos mecanismos que levam à melhora no desempenho durante os movimentos de CAE também contribuem hipoteticamente para a melhora na produção de potência máxima após o treinamento pliométrico.[19,91] Desse modo, o alto grau de especificidade do treinamento pliométrico para vários movimentos do esporte torna os programas de treinamento que incorporam exercícios pliométricos bastante eficazes na melhora da potência máxima em movimentos específicos do esporte.

Movimentos de levantamento de peso

Os movimentos do levantamento de peso olímpico (i. e., arranque, arremesso) e suas variações (i. e., *power clean, hang clean, power snatch, hang snatch, high pull, hang pull* e *push press**) são geralmente incorporados em programas de treinamento de potência de atletas de competição em todos os tipos de esportes.[34,35,92] Da mesma forma que os movimentos balísticos, os *exercícios de levantamento de peso* (Fig. 5.6) exigem que os atletas acelerem durante toda a fase propulsiva (i. e., na segunda fase da puxada), causando a projeção dos halteres e geralmente do corpo no ar.[41,88] A natureza inerente de força e velocidade intensas dos movimentos de levantamento de peso cria o potencial para que esses exercícios gerem grande potência em várias condições de carga diferentes.

Por exemplo, o nível de potência costuma ser maior com cargas equivalentes a 70 a 80% do valor de 1RM nos movimentos do levantamento de peso.[25,44,64] Além disso, normalmente se acredita que os padrões de movimento exigidos nos exercícios de levantamento de peso são muito similares aos movimentos atléticos em geral, como salto e corrida.[58] Observações empíricas são confirmadas por evidência de similaridades nas características cinéticas da fase propulsiva tanto nos movimentos de levantamento de peso quanto de salto.[17,41] Relações importantes também foram observadas entre o desempenho nos movimentos de levantamento

---

* N.T.: *Power clean* – exercício em que o peso é erguido do chão até a altura do ombro e apoiado. *Hang clean* – exercício em que o peso é erguido a partir da altura do joelho/quadril até o ombro e apoiado. *Power snatch* – exercício em que o peso é erguido do chão até acima da cabeça. *Hang snatch* – exercício em que o peso é erguido a partir da altura do joelho/quadril até acima da cabeça. *High pull* – exercício em que o peso é erguido do chão até a altura do ombro e abaixado em seguida, sem pausa. *Hang pull* – exercício em que o peso é erguido da altura do quadril até a altura do tórax, sem pausa. *Push press* – exercício em que o peso é erguido da altura do ombro até acima da cabeça.

FIGURA 5.6 Movimentos do levantamento de peso olímpico, como o arranque, exigem que o atleta acelere o halter durante toda a fase propulsiva, proporcionando um bom estímulo para o desenvolvimento de força.

de peso e no nível de potência durante o salto ($r = 0,58$ a $0,93$), bem como durante a corrida ($r = 0,57$).[18,59]

Apesar do amplo uso dos exercícios de levantamento de peso olímpico e de suas variações para aumentar a potência e de evidências que demonstram a sua especificidade para movimentos atléticos genéricos, existe pouca pesquisa sobre a eficácia do treinamento de potência com esses movimentos. Em homens sem treinamento anterior, Tricoli et al.[97] observaram melhoras significativas na altura do salto estático e com contramovimento, bem como no desempenho na corrida de 10 m, após oito semanas de treinamento de potência balístico com movimentos do levantamento de peso. Além disso, a melhora na altura do SCM foi maior do que a melhora após oito semanas de treinamento pliométrico.[97] Acredita-se que o treinamento de potência com movimentos de levantamento de peso aumente de forma significativa tanto o nível de potência máxima quanto, mais especificamente, o nível de potência contra cargas pesadas. Assim, o uso desses movimentos no treinamento é ideal para os atletas que necessitam gerar altas velocidades com cargas pesadas (i. e., lutadores, atacantes do rúgbi e do futebol americano).

Os mecanismos responsáveis pelas melhoras após o treinamento de potência usando os movimentos do levantamento de peso ainda não foram investigados. A complexidade das habilidades envolvidas em tais movimentos, junto com o uso de cargas pesadas, demonstram hipoteticamente adaptações neuromusculares únicas que permitem uma melhora na TDF e uma transferência superior para o desempenho. Logo, a natureza

> Para dicas práticas sobre a integração de exercícios pliométricos e de levantamento de peso no plano de treinamento atlético, ver o Capítulo 12.

dos movimentos de levantamento de peso, combinada com a especificidade de seus padrões para vários movimentos atléticos, cria o potencial para os movimentos de levantamento de peso olímpico serem exercícios de treinamento de potência bastante eficazes.

Tradução dos ganhos de força no desempenho de potência

Já foi discutido o conceito de que o aumento da força muscular não se traduz necessariamente em um aumento imediato do nível de potência (com a exceção de atletas não treinados). Deve ser dado tempo aos atletas para que eles pratiquem com a força muscular adaptada.[9] Isso ocorre de certo modo automaticamente como parte da periodização do treinamento. Essa tradução também pode ocorrer por meio de um treinamento complexo. Nesse caso, os atletas realizam um treinamento de força e, então, imediatamente após completar a série, tentam uma série de exercícios bem específicos do esporte. Por exemplo, uma série de agachamento pesado com a barra nas costas pode ser seguida por uma série de saltos verticais, ou uma série de agachamento afundo pode ser seguida por uma corrida de 40 m. O ponto mais importante a ser lembrado é que o treinamento de força pode não se traduzir imediatamente em um aumento no desempenho de potência. Sendo assim, os atletas devem ser instruídos a realizar exercícios de treinamento de potência que sejam bem próximos dos movimentos do esporte para auxiliá-los nessa transição.

Polimento e recuperação para otimizar o desempenho de potência

Como discutido, uma grande variedade de fatores neurais e musculares deve ser combinada de modo ideal para gerar o nível de potência máxima. Certas formas de treinamento afetam esses componentes de modo negativo. Por exemplo, o treinamento pesado de força altera a arquitetura da penação do músculo na direção oposta à desejada para a produção de força. Logo, na preparação para eventos voltados para velocidade e potência, o treinamento pesado de força deve ser reduzido até quatro semanas antes da competição. Isso não é o mesmo que dizer que o treinamento deve ser interrompido, já que isso resultaria em uma redução na força e, portanto, em uma perda na potência. O volume do treinamento pesado de força deve ser marcadamente reduzido para talvez uma a três séries por semana antes da competição.

Essa estratégia pode variar bastante dependendo das exigências de desempenho do esporte. Se forem exigidas grande força e potência, como no futebol americano ou no rúgbi, então o treinamento pesado de força deve continuar direto até a pré-temporada e mesmo nos períodos durante a temporada. Na verdade, é desejável que os melhores resultados pessoais de força sejam estabelecidos para o final da temporada de competições no futebol americano, no rúgbi e em outros esportes de combate e colisão. Essa é a fase em que ocorrem as competições mais difíceis e mais importantes.

SELEÇÃO DE CARGA E VELOCIDADE PARA O DESENVOLVIMENTO DE POTÊNCIA

O nível de potência varia dramaticamente conforme a carga que o atleta precisa acelerar durante mudanças em um movimento.[25,62,63,78,85] Por exemplo, o nível de potência de pico durante um salto agachado pode variar de 6.332 ± 1.085 W com 0% de 1RM até 3.986 ± 564 W com 85% de 1RM (i. e., uma variação de 37%).[25] Consequentemente, os parâmetros de carga usados nos programas de treinamento de potência balístico influenciam o tipo e a magnitude das melhoras observadas no desempenho, bem como a natureza das adaptações fisiológicas que suportam essas melhoras.

Kaneko et al.[62] mostraram que cargas de treinamento diferentes geravam adaptações específicas na relação força-velocidade e, em seguida, na potência. Quatro grupos completaram 12 semanas de treinamento dos flexores do cotovelo (treinamento de força balístico) com cargas diferentes: 0, 30, 60 e 100% da força isométrica máxima ($F_{máx}$). Ainda que todos os grupos tenham mostrado melhoras significativas na potência máxima, as alterações mais pronunciadas na relação força-velocidade foram vistas em relação à carga utilizada durante o treinamento. Por exemplo, o grupo de 0% $F_{máx}$ melhorou predominantemente a potência em condições de força baixa e velocidade alta, enquanto o grupo de 100% $F_{máx}$ melhorou predominantemente a potência sob condições de força alta e velocidade baixa.[62] A partir dessa pesquisa fundamental, várias condições de carga foram endossadas dentro da literatura como geradoras de melhoras no nível de potência máxima, incluindo cargas pesadas, leves e ideais, além de uma combinação de cargas.

Cargas pesadas

Apesar de resultar em uma velocidade baixa de movimento, tem sido sugerido que o treinamento com cargas pesadas (i. e., ≥ 80% do valor de 1RM) melhora o nível de potência máxima com base em duas teorias principais. Primeiro, em decorrência dos mecanismos da ação muscular (i. e., a relação força-velocidade) e da associação positiva que existe entre força e potência, os aumentos na força máxima após o treinamento com cargas pesadas resultam em uma melhora concomitante na produção de potência máxima.[22,47,62,74,78,86,92,100,102] A segunda teoria, que é a base da prescrição de cargas pesadas, refere-se ao princípio do tamanho para o recrutamento da unidade motora.[51,87,90] De acordo com o princípio do tamanho, unidades motoras de alto limiar que introduzem fibras musculares tipo II só são recrutadas durante exercícios que exigem um nível de força próximo do máximo.[52,55,56] Assim, acredita-se que as fibras musculares do tipo II, que são consideradas predominantemente responsáveis pelo desempenho atlético de potência, são mais recrutadas (e, portanto, treinadas) quando o treinamento envolve cargas pesadas.[53,76,89,102] As cargas pesadas são tipicamente utilizadas em conjunto com exercícios do treinamento de força tradicional ou com movimentos balísticos ou de levantamento de peso em uma tentativa de melhorar a potência máxima.

Cargas pesadas são normalmente mais prescritas para exercícios de treinamento de força tradicional com o objetivo de melhorar a força máxima. Como resultado do aumento subsequente na $F_{máx}$ após o treinamento, o atleta mais forte é capaz de gerar um nível de potência máxima maior e melhor durante o espectro da carga (i. e., baseado na relação de força-velocidade inerente do músculo).[47,62,74,78,86,93,100,102] Essas observações são verdadeiras para atletas relativamente fracos ou inexperientes. Os resultados são gerados por aumentos na área transversal miofibrilar, especialmente das fibras musculares do tipo II, e no impulso neural máximo.[22,46,51,74,100]

As mudanças na potência máxima após esse tipo de treinamento em atletas fortes e experientes são de uma magnitude bem menor.[5,45,50,101] Desse modo, o uso dos exercícios de força tradicionais com cargas pesadas desempenha um papel importante na melhora inicial da potência máxima. No entanto, esse papel não costuma se estender além do tempo no qual um nível razoável de força é alcançado e mantido.[69]

As cargas pesadas também são normalmente usadas em programas de treinamento de potência que incorporam movimentos balísticos e de levantamento de peso. Apesar de poucas pesquisas investigarem as adaptações após esse tipo de treinamento, a teoria é que eles sejam diferentes do treinamento com cargas pesadas usando exercícios de força tradicionais. O treinamento balístico e de levantamento de peso com cargas pesadas ainda permitiria o recrutamento de unidades motoras de alto limiar.[30,31] Contudo, a hipótese é que as melhoras na potência sejam devidas a melhoras nas capacidades da TDF, bem como a padrões melhores de ativação neural e coordenação intermuscular.[47,76] Acredita-se que essas adaptações influenciem positivamente o nível de potência máxima, mas elas teriam sua maior influência nas cargas utilizadas durante o treinamento (i. e., adaptações específicas para a carga ou velocidade de movimento).[62,76,78] Dessa forma, o treinamento balístico ou de levantamento de peso com cargas pesadas pode influenciar beneficamente o nível de potência tanto em atletas principiantes quanto experientes.

Infelizmente, poucas pesquisas examinaram a eficácia do treinamento de potência balístico por meio de exercícios balísticos e de levantamento de peso com cargas pesadas. Tricoli et al.[97] relataram que o treinamento de levantamento de peso com cargas máximas e com quatro a seis repetições resultou em melhoras significativas na altura máxima do salto vertical e na corrida de 10 m. No entanto, esse estudo envolveu indivíduos pouco treinados que também mostraram uma melhora significativa no valor de 1RM após o treinamento.[97] McBride et al.[76] observaram melhoras na potência de pico durante saltos agachados com 55 a 80%

do valor de 1RM, mas não durante o salto com 30% do valor de 1RM após oito semanas de treinamento balístico usando o salto agachado com 80% do valor de 1RM. Essas melhoras foram associadas à melhora na atividade muscular do vasto lateral durante os saltos agachados com 50 a 80% do valor de 1RM, sugerindo adaptações específicas para velocidade e carga.[76] Ainda que mais pesquisas sejam necessárias para esclarecer o efeito do treinamento balístico e de levantamento de peso com cargas pesadas sobre a produção de potência e os mecanismos responsáveis pelas melhoras no desempenho, acredita-se que esse treinamento seja o ideal para atletas que precisam de grandes níveis de potência contra cargas pesadas (i. e., lutadores, atacantes no rúgbi e no futebol americano).

Cargas leves

O uso de condições de cargas leves (i. e., 0 a 60% do valor de 1RM) em conjunto com exercícios pliométricos e balísticos é normalmente recomendado e utilizado em programas de treinamento de potência balístico.[14,19,47,57,62,73,75,76,78,102,103] Tais parâmetros de treinamento permitem aos atletas treinarem em velocidades similares àquelas encontradas nos movimento reais em campo. Cargas leves são recomendadas em razão das necessidades de TDF alta e dos altos níveis de potência associados a tais resistências.[47,62,76]

Várias pesquisas demonstraram que o treinamento com carga leve aumenta o nível de potência máxima durante movimentos específicos do esporte e melhora o desempenho atlético (i. e., vários saltos, *sprints* e tarefas de agilidade).[14,19,23,47,57,62,70,73,75,76,78,83,102,103] Além disso, comparações entre cargas leves e pesadas em modalidades de treinamento equivalentes (i. e., mesmo padrão de movimento) revelaram que a potência máxima é melhorada em um grau maior após o treinamento com cargas leves.[62,76] Portanto, está bem estabelecido que o treinamento de potência balístico com cargas leves é bastante eficaz na melhora da potência máxima em movimentos específicos do esporte.

As pesquisas que investigam os mecanismos responsáveis por essas melhoras são limitadas. A alta velocidade de movimento, TDF e requisitos de potência do treinamento de potência balístico com cargas leves geram, teoricamente, adaptações nos padrões de ativação neural e na coordenação intermuscular que levam às melhoras.[22,23,47,70,76,81] Desse modo, o treinamento com cargas leves é recomendado para atletas que necessitem gerar grande potência durante movimentos rápidos contra cargas externas baixas (i. e., *sprints*, saltos, lançamentos e ataques).[63] É importante observar, porém, que essas descobertas só são relevantes quando as cargas leves são utilizadas com exercícios pliométricos e balísticos. O uso de cargas leves com o treinamento de força tradicional ou com movimentos de levantamento de peso não é recomendado pelos pesquisadores ou normalmente usado pelos profissionais de força e condicionamento, já que tal treinamento não forneceria um estímulo adequado para a adaptação das necessidades de força ou velocidade de tais exercícios. Não é possível sobrecarregar o músculo de modo suficiente usando resistências leves ao mesmo tempo em que se interrompe o movimento do peso ao final da amplitude do movimento.[54,80,82]

Carga ideal

Na literatura da área, a carga que gera a produção máxima de potência em um movimento específico é geralmente referida como *carga ideal*.[25,33,63,64,102] A potência é maximizada com aproximadamente 30% da $F_{máx}$ em fibras musculares únicas e movimentos para uma articulação.[13,27,32,38,62,95,96,98] No entanto, a carga que maximiza a potência em movimentos específicos do esporte, para múltiplas articulações, varia de acordo com o tipo de movimento envolvido. Por exemplo, a carga ideal tipicamente varia de 0% do valor de 1RM, no salto agachado,[24,25] para 30 a 45% no supino com lançamento,[85] chegando até 70 a 80% do valor de 1RM nos movimentos de levantamento de peso.[25,44,64]

Visto que as melhoras no nível de potência são mais pronunciadas com as cargas usadas no treinamento,[62,76] o treinamento com a carga ideal oferece um estímulo ideal para gerar um aumento no nível de potência máxima para um movimento específico. Embora os mecanismos exatos que fundamentam as adaptações superiores ocorridas após o treinamento com uma carga específica ainda não tenham sido identificados, acredita-se que a carga ideal proporciona um estímulo único em decorrência de adaptações específicas nos padrões de ativação neural.[47,62,76] Essa teoria é apoiada por várias investigações que demonstram que o treinamento com a carga ideal resulta em melhoras superiores na produção de potência máxima em comparação com outras condições de carga.[62,76,78,102]

Ainda que evidências científicas demonstrem que o treinamento com carga ideal é bastante eficaz para melhorar o nível de potência máxima em um movimento específico com pouco tempo de treinamento (8-12 semanas), isso não necessariamente significa que o treinamento com carga ideal é o melhor ou o único modo de aumentar a potência máxima em um programa de treinamento de longo prazo. Além disso, a maioria das pesquisas nessa área foi conduzida usando-se grupos homogêneos de indivíduos com treinamento baixo ou moderado, logo, não se sabe se resultados similares seriam observados em atletas de elite ou bem treinados. Mesmo assim, programas de treinamento de potência balístico nos quais os movimentos são realizados com a carga ideal são excelentes para melhorar o nível de potência máxima em um movimento específico.

Combinação de cargas

O treinamento de potência balístico com cargas leves melhora a região de alta velocidade na relação de força-velocidade (i. e., potência em altas velocidades com cargas baixas). O uso de cargas pesadas aumenta a parte da curva referente à alta força (i. e., potência em baixas velocidades com cargas pesadas).[32,46,47,60,62,76,78] A teoria por trás do uso de uma combinação de cargas em um programa de treinamento de potência balístico é atingir todas as regiões da relação força-velocidade na tentativa de aumentar as adaptações no nível de potência por toda a extensão da curva. Desse modo, argumenta-se que o treinamento com uma combinação de cargas pode permitir melhoras em todos os aspectos da relação força-velocidade, o que resultaria em aumentos superiores no nível de potência máxima e em uma transferência maior para o desempenho do que com o treinamento com carga leve ou pesada.[95,96]

As pesquisas estabeleceram que melhoras significativas no nível de potência máxima e em vários parâmetros do desempenho atlético ocorrem após o treinamento com uma combinação de cargas.[1,23,53,70,73,81,84,95,96] Além disso, o resultado de algumas dessas investigações sugere que as melhoras na potência máxima e no desempenho atlético são mais pronunciadas em programas de treinamento que combinam cargas leves e pesadas, em comparação com o resultado em programas que envolvem o treinamento com um único tipo de carga ou com outras combinações de cargas.[1,23,53,95,96] No entanto, a maioria desses estudos não controlou o trabalho total realizado pelos vários grupos.[1,53,95,96] Logo, é difícil determinar se os parâmetros de carga ou as diferenças no total de trabalho realizado é que contribuíram para os resultados observados.

Quando o trabalho total realizado durante o treinamento era equivalente, Cormie et al.[23] relataram não haver diferenças na melhora observada no nível de potência máxima ou na altura máxima do salto entre um programa apenas com carga leve e um programa com cargas leve e pesada combinadas. Contudo, o grupo de treinamento combinado também mostrou melhoras na potência e altura do salto em uma série de saltos agachados com carga e melhoras tanto na $F_{máx}$ quanto no valor de 1RM dinâmica. Nenhuma dessas melhoras foi observada no grupo treinado apenas com carga leve.[23] Esses resultados sugerem que uma combinação de cargas leves e pesadas geram melhoras superiores em todos os aspectos do perfil de força/potência em comparação com o treinamento que usa apenas carga leve.

No entanto, todas as pesquisas relevantes a este tópico foram conduzidas com indivíduos relativamente inexperientes e fracos. Elas envolveram, em sua maioria, uma combinação de exercícios de força e potência balísticos (i. e., agachamento pesado e salto), em vez de uma combinação de exercícios de potência balísticos com cargas leves e pesadas (i. e., saltos agachados com 0 a 80% do valor de 1RM). Como consequência, não se sabe se esses resultados se aplicam a atletas bem treinados que já possuem um nível alto de força. Além disso, não está claro se uma combinação de cargas próximas da carga ideal (i. e., 0 a 60% do valor de 1RM) pode ser mais benéfica no aumento da potência máxima em indivíduos que já são bem treinados. Mais pesquisas também são necessárias para determinar se as adaptações são influenciadas pelo fato de a combinação de cargas ser usada dentro de uma única série (i. e., treinamento complexo), em uma única sessão ou em sessões de treinamento separadas.

Especificidade da velocidade

A teoria da especificidade da velocidade no treinamento de força sugere que as adaptações após o treinamento são maximizadas na, ou próximo da, velocidade do movimento usado durante o treinamento.[15,26,61,62,72,77,79] No entanto, existe uma linha de pensamento conflitante que acredita que as adaptações do treinamento são influenciadas em maior grau pela intenção do movimento explosivo, e não pela velocidade do movimento em si.[5] Essas teorias conflitantes levaram a certa confusão a respeito da escolha apropriada de cargas e exercícios a serem utilizados durante o treinamento de potência balístico. Por essa razão, o desenvolvimento de um programa de treinamento de potência efetivo deve incluir uma preocupação com a velocidade real e pretendida do movimento envolvido nos exercícios de treinamento.

A controvérsia a respeito do estímulo crítico do treinamento para as adaptações específicas de velocidade – a velocidade real do movimento *vs.* a velocidade pretendida – recebeu muita atenção dos pesquisadores e dos profissionais de força e condicionamento.[5,39] Evidências de pesquisas indicam que a intenção do movimento explosivo influencia as adaptações ao treinamento. Ela é extremamente importante durante o treinamento de potência balístico, independentemente do tipo de contração, carga ou velocidade de movimento dos exercícios utilizados.[5,39] No entanto, a maior parte da literatura aponta que as melhoras específicas da velocidade na potência máxima são mais provavelmente geradas pela velocidade real do movimento utilizado durante o treinamento.[8,15,26,46,47,61,62,72,76-79] Logo, a intenção do movimento explosivo e a velocidade real do movimento são estímulos essenciais para gerar as adaptações neuromusculares que levam a melhoras no desempenho após o treinamento. Para maximizar a transferência do treinamento para o desempenho, é imperativo que os atletas treinem com cargas que permitam velocidades de movimento similares àquelas tipicamente encontradas em seu esporte. Além disso, os atletas devem tentar executar esses exercícios com o objetivo de gerar força máxima do modo mais rápido possível.

RESUMO

- Os movimentos sofisticados que tornam o esporte tão emocionante, como uma enterrada no basquete ou uma disparada em velocidade no futebol americano, exigem um altíssimo nível de potência e a otimização de uma ampla variedade de componentes neurais, musculares, mecânicos e de habilidade.
- Os mecanismos que contribuem para a produção de potência máxima são muitos e relativamente complexos. Eles incluem a taxa de desenvolvimento de força e a ação do ciclo de alongamento-encurtamento, além de uma força muscular básica.
- O uso de vários métodos de treinamento (carga alta, velocidade baixa com carga baixa, velocidade alta) é o mais indicado. Por meio deles, são determinados e avaliados os diversos fatores que contribuem para o desempenho almejado, para depois serem implementadas as fases de treinamento específicas, com testes de acompanhamento frequentes.
- Ainda que a força máxima seja muito importante, o desenvolvimento desse componente apenas diminui em eficiência conforme o tempo de treinamento do atleta aumenta. Métodos de treinamento mais sofisticados incorporam o treinamento balístico com cargas leves e pesadas, a pliometria e o levantamento de peso. Mesmo técnicas sem carga ou com velocidade excessiva são benéficas.
- Os dois conceitos-chave deste capítulo são a especificidade (em termos de combinar a atividade-fim em relação à velocidade, amplitude e tipo de movimento) e a variação de cargas (em termos de resistência, volume e intensidade) para continuar a gerar ganhos no desempenho de potência.

Condicionamento anaeróbio

Jay R. Hoffman, PhD, CSCS*D, FNSCA

As adaptações fisiológicas resultantes do exercício são específicas de acordo com o tipo de programa de treinamento utilizado. Sendo assim, é imperativo que os atletas e os profissionais de força e condicionamento adotem o princípio básico da especificidade do treinamento. Para que os atletas atinjam as adaptações fisiológicas desejadas, eles precisam treinar o sistema energético predominantemente recrutado em seu esporte. Programas de exercício para atletas anaeróbios devem focar no desenvolvimento do sistema energético anaeróbio. Essas adaptações são necessárias para que os atletas maximizem sua habilidade de executar atividades de alta intensidade com recuperação rápida entre cada ciclo de exercício (p. ex., a habilidade de correr em velocidade repetidas vezes).

Ao elaborar um programa de treinamento efetivo, o profissional de força e condicionamento deve entender as demandas fisiológicas que o atleta vivencia durante a competição. Exemplos de esportes que se baseiam principalmente no sistema energético anaeróbio incluem esportes em equipe como futebol americano, basquete e hóquei no gelo, e esportes individuais como atletismo, natação e ciclismo (especificamente, eventos de velocidade). Outros esportes, como futebol, hóquei na grama, lacrosse e handebol, baseiam-se tanto no sistema energético aeróbio como anaeróbio. Contudo, os padrões de substituição nesses esportes dependem mais do sistema energético aeróbio para manter a atividade prolongada. Este capítulo revisa as adaptações fisiológicas a partir do condicionamento anaeróbio, discute o desenvolvimento do programa e fornece exemplos específicos de programas de condicionamento anaeróbio.

ADAPTAÇÕES FISIOLÓGICAS DE PROGRAMAS DE CONDICIONAMENTO ANAERÓBIO

Adaptações fisiológicas são específicas ao tipo de programa de treinamento utilizado. As adaptações comumente geradas a partir de programas anaeróbios são as seguintes:

- aumento da transformação de fibras do tipo II em um subtipo mais glicolítico;
- elevações significativas nas enzimas glicolíticas (fosfofrutoquinase, fosforilase, lactato desidrogenase);
- aumento das concentrações máximas de lactato no sangue;
- concentrações de lactato no sangue reduzidas durante o exercício submáximo;
- melhora da capacidade de armazenamento.

Essas adaptações, que são a base de preparação dos atletas para as competições, concentram-se principalmente na transformação do subtipo da fibra muscular e nas alterações metabólicas, incluindo mudanças enzimáticas e uma melhor capacidade de armazenamento.[5] É importante diferenciar programas de treinamento que melhoram o desenvolvimento de potência anaeróbia de programas de treinamento que aumentam o condicionamento anaeróbio. Geralmente, este último aumenta a capacidade anaeróbia, que é a habilidade do atleta de manter um exercício de alta intensidade por um tempo prolongado (p. ex., em uma competição). Outros capítulos deste livro abordam com detalhes os métodos que aumentam a potência anaeróbia.

Transformação do subtipo de fibra muscular

As fibras musculares são geralmente classificadas como de contração rápida (tipo II) ou de contração lenta (tipo I). A diferença entre as duas classificações refere-se às características de força, velocidade de contração e taxa de fadiga. As fibras de contração rápida têm grande capacidade de força e alta velocidade de contração, mas alcançam a fadiga rapidamente. Em contraste, as fibras de contração lenta possuem uma taxa de contração mais lenta e menor capacidade de força, mas são mais resistentes à fadiga. Logo, atletas que queiram se sobressair em esportes de alta potência, como o basquete, futebol americano ou patinação de velocidade, se beneficiariam com uma porcentagem maior de fibras de contração rápida.

A proporção de fibras musculares do tipo I (contração lenta) em relação ao tipo II parece ser determinada geneticamente. Sua expressão parece ser definida no início da vida. Ainda que alguns estudos tenham sugerido que programas de condicionamento possam alterar essa proporção,[7,9,10,18] a grande maioria das investigações foi incapaz de observar qualquer alteração na composição do tipo de fibra como resultado de programas de condicionamento. Em geral, acredita-se que o treinamento pode apenas gerar transformações dentro de um tipo de fibra. Ou seja, dentro de cada tipo de fibra (de contração lenta ou de contração rápida) existem vários subtipos que respondem ao estresse do exercício. Esses subtipos formam um todo que representa características maiores ou menores daquele tipo de fibra em particular. Os subtipos de fibra se tornam mais glicolíticos (anaeróbios) ou oxidativos (aeróbios), dependendo do estímulo de treinamento que ocorre. É curioso observar que a melhor compreensão dos subtipos das fibras nos últimos anos resultou na percepção pelos cientistas esportistas de que o subtipo IIx é o mais representativo de um "sedentário". Esse subtipo de fibra pode ser transformado com bastante rapidez em um subtipo mais ativo da fibra tipo II por meio de um programa de exercícios.[5,12]

Exercícios de alta intensidade parecem ser um estímulo potente para a transformação do subtipo de fibra do tipo IIx para o tipo IIa.[12,19-21] Foi relatado que a maior parte das fibras tipo IIx foi convertida para fibras tipo IIa após 20 semanas de treinamento.[21] Transformações do subtipo de fibra de IIx para IIa também foram vistas em atletas com um programa de treinamento combinado de força de alta intensidade e de resistência aeróbia.[12] Curiosamente, os indivíduos que realizaram apenas exercícios de resistência aeróbia também mostraram uma tendência em aumentar a proporção de fibras tipo IIa, mas apresentaram uma elevação significativa de suas fibras tipo IIc (as mais oxidativas entre os subtipos tipo II, e as mais favoráveis para melhorar exercícios prolongados).

As transformações do subtipo das fibras parecem ocorrer de modo bem rápido (dentro de duas semanas) durante a participação em programas de condicionamento físico. No entanto, essas adaptações podem ser passageiras. Durante períodos de inatividade ou destreino, os subtipos das fibras de contração rápida se transformarão do tipo IIa de volta para o tipo IIx,[21] mas a retomada do programa de treinamento transformará os subtipos das fibras de volta ao estado treinado em um tempo relativamente curto. Esses estudos destacam a natureza dinâmica das transformações das fibras esqueléticas.

Adaptações metabólicas

Três sistemas energéticos fornecem o combustível para os exercícios. O sistema energético de fosfagênio é usado principalmente como combustível de exercícios de alta intensidade (esforço máximo) e curtíssima duração (< 30 s); o sistema energético glicolítico é o combustível de exercícios de alta intensidade sustentada (uma intensidade na qual a demanda por oxigênio é maior do que a capacidade de fornecê-lo) por 2 a 3 minutos; e o sistema energético oxidativo é o combustível de atividades prolongadas de baixa intensidade (quando a demanda por oxigênio é compatível com a capacidade de fornecê-lo). Os três sistemas energéticos são sempre ativados, mas o modo do exercício determina qual desses sistemas é dominante. Os primeiros dois sistemas energéticos não precisam de oxigênio; logo, são chamados de *sistema energético anaeróbio*. O terceiro exige oxigênio e é chamado de *sistema energético aeróbio*.

Atletas de esportes anaeróbios, como hóquei, basquete ou futebol americano, devem usar exercícios com uma intensidade de movimento que ative o sistema energético apropriado. Para ativar o sistema anaeróbio, a atividade de alta intensidade deve ser focada no sistema energético específico usado durante as competições. Por exemplo, o futebol americano consiste em atividades repetidas de alta intensidade com duração média de 5 segundos por jogada, com cerca de 25 a 30 segundos de repouso entre cada jogada.[5] O programa de condicionamento anaeróbio deve consistir em exercícios e períodos de recuperação que tenham duração similar às atividades que ocorrem durante o jogo. Além disso, os profissionais de força e condicionamento provavelmente estenderão a duração dos *sprints* ou exercícios em épocas específicas do ano para promover outras adaptações fisiológicas (p. ex., melhora da capacidade de armazenamento), que serão discutidas mais adiante neste capítulo e no Capítulo 12. Programas de condicionamento com foco em sistemas energéticos específicos causam adaptações que resultam em um uso mais eficiente da energia daquele sistema em particular. Com frequência, isso é avaliado cientificamente pelo exame das mudanças enzimáticas dentro do músculo.

Sistema energético de fosfagênio

Para melhorar o funcionamento do sistema energético de fosfagênio, as adaptações teriam que aumentar as concentrações de fosfagênio dentro do músculo, elevando as concentrações do trifosfato de adenosina (ATP) ou do fosfato de creatina (CP). Outra forma seria aumentar a recuperação desse sistema energético entre os ciclos de exercício. Contudo, as descobertas das pesquisas não são consistentes em relação à capacidade dos atletas de gerarem adaptações fisiológicas nesse sistema energético em particular para torná-lo mais eficiente durante as competições ou treinamento. Essa é provavelmente a principal razão pela qual a suplementação esportiva (em específico, suplementos de creatina) foi tão eficiente nos últimos 15 a 20 anos – esses suplementos podem afetar o sistema de fosfagênio, ainda que seja difícil manipulá-lo com treinamento.

As pesquisas mostram que exercícios de curta duração (aproximadamente 5 a 6 s) e alta intensidade causam pouca ou nenhuma alteração nas concentrações de fosfagênio (ATP ou CP) em repouso, ou nas enzimas do sistema energético de fosfagênio (i. e., creatina quinase).[1,15,23] Mesmo durante exercícios de alta intensidade de maior duração (> 10 s), as mudanças enzimáticas no sistema energético de fosfagênio não são consistentes. Durante 30 segundos de extensões de joelho seguidas, aumentos significativos tanto na creatina quinase quanto na mioquinase (enzimas do sistema energético de fosfagênio) foram observadas após sete semanas de treinamento,[1] enquanto outros estudos foram incapazes de identificar qualquer alteração significativa na concentração dessas enzimas após seis semanas de treinamento (15 e 30 s em velocidade máxima em uma bicicleta ergométrica).[8] No entanto, outro estudo[16] mostrou que duas semanas de treinamento de *sprint* (15 s de corrida em bicicleta com esforço máximo) executado todos os dias resultaram em um aumento significativo (44%) na creatina quinase, demonstrando claramente uma adaptação rápida ao treinamento de alta intensidade. Pode ser que ocorram adaptações de treinamento no sistema energético de fosfagênio, e que essas mudanças ocorram dentro de duas semanas de treinamento. As diferenças entre os estudos estão provavelmente relacionadas à situação do treinamento, experiência, duração do *sprint* e duração do programa de treinamento.

Sistema glicolítico

Conforme aumenta a duração dos exercícios de alta intensidade, a energia necessária para alimentar esse exercício deriva principalmente do sistema energético glicolítico. Estudos sobre treinamento com ciclos de exercícios entre 15 e 30 segundos ou mais mostraram elevações significativas nas enzimas glicolíticas, tais como a fosfofrutoquinase, fosforilase e lactato desidrogenase.[6,8,14,16] Elevações nessas enzimas podem aumentar a eficiência do sistema energético glicolítico. Parra et al.[16]

mostraram que essas mudanças podem ocorrer dentro de duas semanas de treinamento em atletas sem treinamento anterior. Curiosamente, evidências sugerem que a natureza intermitente da atividade de alta intensidade com intervalos de recuperação suficientes proporciona um estímulo maior às adaptações das enzimas glicolíticas do que exercícios contínuos.[4] Além disso, exercícios intermitentes, como o treinamento de alta intensidade com intervalos (10 séries de *sprints* de 10 s com uma razão de trabalho-repouso de 1:4 por 15 semanas para atletas de competição), não apenas aumentam a potência anaeróbia em maior grau do que o exercício contínuo, como também podem aumentar o $VO_{2máx}$ na mesma proporção que 20 a 25 minutos que exercícios contínuos fariam.[22]

Enzimas oxidativas

O estímulo do exercício, que causa elevação nas concentrações das enzimas glicolíticas, também parece aumentar significativamente a atividade enzimática mitocondrial (enzimas oxidativas).[2,23] Essas mudanças aumentam a eficiência das mitocôndrias que podem ser responsáveis por desacelerar o uso do glicogênio muscular e reduzir a produção de lactato em uma determinada intensidade de exercício. Isso pode ter implicações importantes para o atleta anaeróbio, ao ajudar a preservar o glicogênio muscular e a limitar, potencialmente, a fadiga. Um aumento na concentração dessas enzimas é mais comum quando a duração do exercício de alta intensidade excede 3 minutos.[3] Além disso, a magnitude do aumento nessas enzimas não alcança as concentrações normalmente vistas após um treinamento de resistência aeróbia prolongado. No entanto, as implicações de um aumento nas enzimas oxidativas a partir de programas de treinamento anaeróbios sugerem que atletas anaeróbios também podem ser capazes de gerar certa melhora em sua capacidade aeróbia.[13,22,24] Isso pode ter implicações importantes na recuperação dos exercícios.

Capacidade de armazenamento

Exercícios de alta intensidade resultam em uma queda no pH muscular, o que contribui para o surgimento da fadiga muscular. A sensação de queimação frequentemente sentida pelos atletas em *sprints* prolongados é um reflexo do acúmulo de ácido dentro das fibras musculares e do sangue que os força a diminuir ou parar o exercício. Os programas de treinamento que trabalham o sistema energético anaeróbio mudam a capacidade do músculo de tolerar altas concentrações de acidose metabólica. Uma das adaptações básicas no condicionamento anaeróbio é a melhor capacidade de armazenamento, que permite ao músculo suportar altas concentrações do ácido acumulado. As compensações produzidas dentro do músculo, como o bicarbonato e os fosfatos musculares, ajudam a manter o equilíbrio acidobásico dentro do músculo em exercício. Durante o treinamento (oito semanas), a capacidade de armazenamento dentro do músculo pode aumentar de 12 a 50%.[17] Isso depende do nível de condicionamento do atleta e do formato do programa de treinamento. Independentemente disso, essa adaptação tem um papel importante no atraso da fadiga durante exercícios de alta intensidade e no aumento da tolerância de atletas treinados para o acúmulo de grandes concentrações de ácido, em decorrência de uma melhora na capacidade de armazenamento dentro do músculo esquelético.

DESENVOLVIMENTO DE PROGRAMAS DE CONDICIONAMENTO ANAERÓBIO

Um programa de condicionamento adequado deve ser baseado em uma análise das necessidades dos atletas e das demandas específicas de seu esporte (ver Cap. 1). Os principais padrões de movimento, a duração desses movimentos, a quantidade de movimentos e a razão trabalho-repouso são variáveis críticas que devem ser identificadas para se prescrever os exercícios apropriados. Os esportes podem ser bastante diferentes, e mesmo dentro de um mesmo esporte pode existir diversidade de movimentos entre posições diferentes. As diferenças nas exigências de cada posição (p. ex., um goleiro e um atacante no hóquei no gelo, um jogador de linha e um *receiver* no futebol americano) resultam em demandas fisiológicas variadas que exigem programas de treinamento diferentes. Com um entendimento completo das atividades exigidas pelo esporte, é possível utilizar uma maior especificidade de tipos de exercícios e da razão trabalho-repouso para maximizar a eficácia do programa de treinamento.

Tempo e duração do programa

A pergunta mais frequente em relação aos programas de condicionamento anaeróbio é quando começar. Não é simples responder essa pergunta, principalmente por não haver apenas uma resposta correta. Uma boa parte dessa questão está relacionada aos conceitos de periodização e implementação de programa, que são discutidos em detalhes nos Capítulos 11 e 12, respectivamente. Contudo, ao prescrever exercícios, nada deve ser baseado no acaso. A implementação de um programa de condicionamento anaeróbio deve ser baseada em evidências científicas e nas melhores práticas. Ao considerar o tempo necessário para que as adaptações fisiológicas ocorram por meio do treinamento, os profissionais de força e condicionamento podem calcular o tempo aproximado necessário para iniciar a preparação dos atletas para que eles alcancem o pico do condicionamento anaeróbio. Também é imperativo que os profissionais de força e condicionamento saibam o que seus jogadores fazem fora da temporada. Eles devem levar em consideração essa informação ao determinar o início do treinamento, a intensidade e o volume de treinamento apropriados e a manipulação dos índices de trabalho-repouso.

> Para mais informações sobre a integração do condicionamento anaeróbio no plano de treinamento anual de um atleta, ver o Capítulo 12.

Esportes de equipe

Combinar o trabalho e os intervalos de repouso do esporte é uma preocupação importante para maximizar a eficácia de um programa de condicionamento anaeróbio. Por exemplo, o futebol americano pode ser separado em uma série de jogadas. Estes são os números de séries e jogadas observadas em uma temporada da liga universitária NCAA (National Collegiate Athletic Association) da terceira divisão de futebol americano nos EUA:[5]

- Total de jogadas: 1.193
- Total de séries: 259
- Média de séries por jogo: 14,4
- Média de jogadas por série: 4,6
- Porcentagem de séries com 6 jogadas ou mais: 31,2%
- Porcentagem de séries com 10 jogadas ou mais: 8,1%

Durante cada jogo, cada time tem uma média de 14,4 séries ofensivas e 4,6 jogadas por série. Cada jogada dura em média 5,49 segundos (variando de 1,87 a 12,88 s) no futebol americano universitário.[11] Entre as jogadas, cada time tem um máximo de 25 segundos para começar a jogada seguinte. No entanto, essa contagem da jogada não começa até que o juiz retorne a bola ao jogo. Desse modo, o intervalo de repouso entre as jogadas geralmente passa de 25 segundos. Em alguns relatos, o tempo médio entre as jogadas em um jogo de futebol americano universitário é de 32,7 segundos.[11] O tempo médio por jogada e o tempo de repouso entre as jogadas permitem um desenvolvimento mais preciso da razão trabalho-repouso necessária para a prescrição de exercícios anaeróbios. De acordo com esses dados referentes ao tempo de cada jogada e ao intervalo de repouso entre as jogadas, parece que uma proporção de trabalho-repouso de 1:5 pode ser usada em programas de condicionamento para períodos fora de temporada no futebol americano. Os jogadores podem realizar *sprints* de curta duração que simulam os padrões de movimento de um jogo de futebol americano de verdade.

Esse programa de condicionamento para futebol americano começa entre 6 e 10 semanas antes do treinamento em campo. O programa de futebol americano é mais longo que um programa para basquete, já que os jogadores de basquete frequentemente participam de jogos informais durante a temporada de verão. O futebol americano, por sua vez, não é um esporte que pode ser jogado fora de temporada. Os tipos de exercícios e a progressão do volume e intensidade são similares àqueles mostrados na Tabela 12.13. No entanto, adaptações específicas podem ser feitas para os jogadores de futebol americano. Por exemplo, parece que os jogadores de futebol americano universitário fazem entre quatro e cinco jogadas por série e que as jogadas duram aproximadamente 5 segundos. Considerando que existem cerca de três ou quatro séries por quarto, é possível desenvolver um programa de condicionamento que simule um jogo de futebol americano, com

> Para mais informações sobre condicionamento anaeróbio para esportes de equipe e uma amostra de programa de treinamento anaeróbio para basquete, ver o Capítulo 12.

índices de trabalho-repouso realistas. Além disso, *sprints* com distância variada podem ser incorporados para simular as várias corridas frequentemente vistas em um jogo.

Esportes individuais

O desenvolvimento de um programa de condicionamento para esportes de equipe, como basquete, futebol americano ou hóquei, é bem diferente da prescrição de exercícios para atletas que participam de eventos individuais, como *sprints*. Diferentemente dos atletas de esportes de equipe, que utilizam vários tipos de movimentos em intensidades variáveis, os corredores frequentemente precisam correr uma única vez no seu máximo durante uma competição. Ainda que eles possam competir em várias corridas, as exigências serão similares em cada uma delas. O programa de treinamento para corredores é focado principalmente no desenvolvimento da potência, melhorando a técnica e a velocidade da corrida e aumentando a duração da velocidade. Esse último objetivo é o foco do programa de condicionamento anaeróbio de corredores.

A importância disso é vista nas marcas intermediárias de um corredor dos 100 m. O objetivo do corredor é alcançar a velocidade de pico o mais rápido possível e manter essa velocidade durante toda a extensão da corrida. Isso é conhecido como a *duração da velocidade*. A Tabela 6.1 mostra as marcas intermediárias de Usain Bolt, o detentor do recorde olímpico dos 100 m rasos. Esses resultados mostram claramente sua habilidade em manter a velocidade até os 10 m finais da corrida. No entanto, aqueles que se lembram dessa grande corrida lembrarão que ele pareceu diminuir próximo do final, já que estava tão à frente na pista. Essas marcas intermediárias demonstram claramente seu nível de condicionamento de pico na preparação para esses jogos.

TABELA 6.1 Marcas intermediárias para a corrida de 100 m rasos de Usain Bolt nos Jogos Olímpicos de Pequim em 2008

Distância (m)	Tempo (s)	Intervalo de tempo (s)	Velocidade (km/h)
10	1,85	1,85	19,4
20	2,87	1,02	35,3
30	3,78	0,91	39,6
40	4,65	0,87	41,4
50	5,50	0,85	42,4
60	6,32	0,82	43,9
70	7,14	0,82	43,9
80	7,96	0,82	43,9
90	8,79	0,83	43,4
100	9,69	0,90	40

O programa de treinamento para um corredor é diferente do programa para um jogador de basquete ou futebol americano. O programa de condicionamento anaeróbio para atletas de esportes de equipe preocupa-se principalmente em prepará-los para ciclos repetitivos de atividade em alta intensidade com intervalos de repouso limitados. Em contraste, o programa de treinamento de um corredor está mais preocupado com a qualidade de cada corrida do que com uma frequência de fadiga melhor.

> Para uma amostra de programa de condicionamento anaeróbio para corredores, ver o Capítulo 12.

EXERCÍCIOS DE CONDICIONAMENTO ANAERÓBIO

Vários exercícios podem ser usados como parte de um programa de condicionamento que prepara atletas anaeróbios para a competição. De modo geral, esses tipos de exercícios são descritos como exercícios que aumentam a duração da velocidade. Eles são tradicionalmente usados para aumentar ou manter a velocidade durante eventos de corrida de longa duração. Esses exercícios também são descritos como *condicionamento metabólico*, que é um termo mais amplo para o condicionamento anaeróbio ou resistência anaeróbia. Além disso, esses exercícios são apropriados para atletas de diversos esportes com componentes anaeróbios significativos, como o futebol americano, basquete, futebol, lacrosse e hóquei. Ainda que jogadores de hóquei no gelo e patinadores de velocidade se beneficiem da realização de tais exercícios no gelo, a adaptação fisiológica que ocorre com o treinamento em terreno seco para esses atletas seria levada para o esporte deles. Nadadores que competem em provas de velocidade devem se concentrar no condicionamento anaeróbio na água.

Sprints alternados

Essa é uma forma excelente de condicionamento para o desenvolvimento da capacidade anaeróbia. Esse exercício pode ser realizado em uma pista de 400 m ou em qualquer percurso medido. Geralmente, os atletas correm em velocidade na porção reta da pista e correm em menor velocidade, ou andam, durante as curvas da pista (Fig. 6.1). Isso resulta em um *sprint* de 100 m rasos, seguida por uma caminhada de 100 m. Essa combinação é repetida durante todo o exercício. O tempo de exercício e o período de repouso (corrida lenta ou caminhada) dependem tanto do condicionamento quanto do nível de desempenho do atleta. No início do programa de treinamento, o número de intervalos pode ser uma ou duas voltas e ir aumentando progressivamente conforme o nível de condicionamento do atleta aumenta. (O Cap. 12 discute a integração do programa com mais detalhes.) A distância para os intervalos também pode ser variada. Por exemplo, intervalos mais curtos (p. ex., 40 m) ou mais longos (p. ex., 200 m) também podem ser usados.

Treinamento de Fartlek

Esse tipo de condicionamento pode ser realizado tanto em uma pista de corrida quanto em um percurso de *cross-country*. O atleta alterna corridas curtas em disparada com corridas lentas. A extensão da corrida pode ser alternada entre distâncias longas e curtas, fazendo-se os ajustes apropriados nos intervalos de repouso entre cada corrida. Geralmente, a mesma razão trabalho-repouso relativa pode ser mantida para as corridas longas e curtas. A maior diferença entre as corridas de Fartlek e as corridas com velocidade alternada é que, na corrida de Fartlek, os

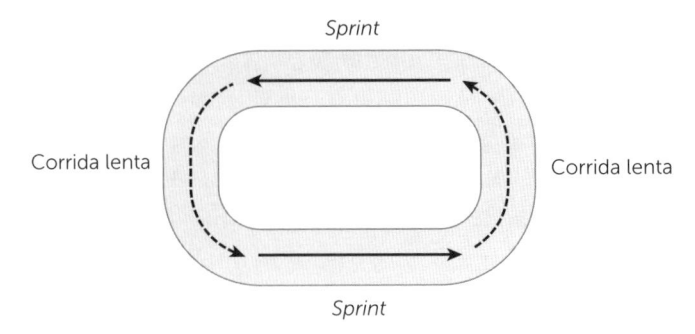

FIGURA 6.1 Padrão de corrida para *sprints* alternados.

sprints têm distâncias variadas. Durante o treinamento com velocidade alternada, a extensão do *sprint* é consistente com o exercício.

Repetição de *sprints*

Neste exercício, o atleta corre em velocidade por uma determinada distância, que pode ser curta (20 a 40 m) ou longa (100 a 400 m). Após um repouso passivo, o atleta repete a corrida. O número de repetições e a proporção trabalho-repouso dependem do nível de condicionamento do atleta.

Repetição de *sprints* com aumento de velocidade

Este exercício é similar ao anterior, exceto pelo fato de o atleta começar com uma corrida lenta, acelerar por 20 m e então correr em velocidade pela distância exigida. Novamente, o número de repetições e a proporção trabalho-repouso dependem do nível de condicionamento do atleta.

Revezamento repetitivo

Este exercício usa um grupo de atletas que formam uma equipe de revezamento (Fig. 6.2). O atleta A dispara em velocidade e toca o atleta B, que acelera para o atleta C. O atleta C corre para o atleta D. Esse processo continua pela distância da pista. Os atletas permanecerão na posição da pessoa que eles substituíram. É possível tornar esse exercício competitivo ao fazer as equipes de revezamento competirem com outros grupos de atletas. O número de repetições depende do nível de condicionamento dos atletas. A proporção trabalho-repouso é controlada pelo número de membros na equipe de revezamento. Por exemplo, presumindo que cada membro da equipe de revezamento tenha uma velocidade similar, um grupo de cinco membros resultaria em uma razão de trabalho-repouso de 1:4.

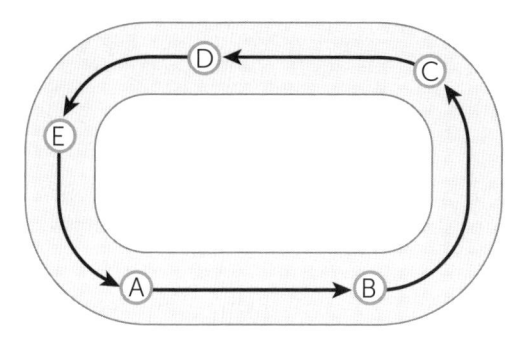

FIGURA 6.2 Configuração e padrão de corrida para o revezamento repetitivo.

Sprints em fila com troca de posições

Este exercício é realizado com no mínimo quatro atletas correndo em baixa velocidade em fila ao redor da pista (Fig. 6.3). Ao sinal do profissional de força e condicionamento, o último atleta dispara para a frente da fila. Quando o atleta chega na frente da fila, o profissional de força e condicionamento sinaliza novamente. Então, o atleta na última posição dispara para a frente. Isso continua pela duração da corrida. Para aumentar a intensidade da corrida, o profissional de força e condicionamento pode reduzir o tempo entre os sinais ou acrescentar mais corredores ao grupo.

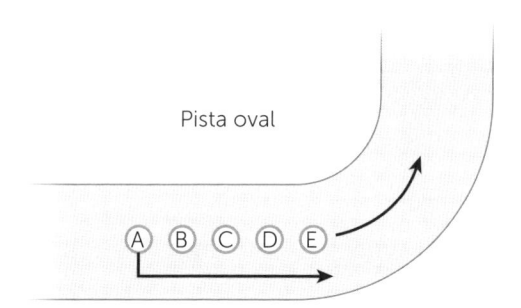

FIGURA 6.3 Configuração para *sprints* em fila com troca de posições.

RESUMO

- As adaptações dos programas de condicionamento anaeróbio incluem transformações dos subtipos de fibras musculares, adaptações metabólicas às enzimas e capacidade de armazenamento.

- Ainda que o número de fibras musculares do tipo I e tipo II não se altere durante o treinamento, as fibras dentro de cada categoria podem mudar para um subtipo diferente que é mais aeróbio ou anaeróbio, dependendo do estímulo do treinamento.
- A maioria das adaptações metabólicas causadas pelo treinamento afeta o sistema energético glicolítico, que fornece energia para atividades intensas durante menos de 3 minutos.
- Em esporte de equipe, como futebol americano, basquete, hóquei no gelo ou futebol, os atletas realizam ciclos repetitivos de atividade de alta intensidade com períodos de repouso limitados entre cada ciclo. Logo, o condicionamento deve se concentrar em preparar os atletas para essas demandas específicas do esporte.
- De forma diferente, o foco dos corredores deve estar principalmente na duração da velocidade para que eles sofram o mínimo de fadiga nos estágios finais da corrida.
- Uma das diferenças principais entre os programas de treinamento desses atletas é que os corredores estão interessados na qualidade de cada corrida individualmente, enquanto jogadores de basquete e futebol americano estão mais focados na capacidade de manter o nível de atividade de alta intensidade comum aos seus esportes.
- Exercícios de condicionamento anaeróbio utilizam intervalos variados de esforço intenso e repouso. Os intervalos devem ser determinados pelo nível de condicionamento do atleta e pela razão trabalho-repouso observada no esporte.

Treinamento de resistência aeróbia

Joel T. Cramer, PhD, CSCS*D, NSCA-CPT*D, FNSCA, FISSN, FACSM
Abbie E. Smith, PhD, CSCS*D, CISSN

Competições e exercícios de resistência aeróbia são populares e estão disponíveis para quase todos. A crença popular é que aqueles que treinam forte e bastante têm bom desempenho. Contudo, esse não é sempre o caso. Ainda que o treinamento seja obviamente importante, o desempenho não é ditado apenas pelo volume e a intensidade do treinamento. Alcançar o desempenho almejado em esportes de resistência aeróbia exige a compreensão de vários fatores, incluindo a fisiologia básica por trás desse tipo de desempenho, a economia de exercício, princípios do treinamento de resistência aeróbia, psicologia do desempenho e estilo de vida geral. Este capítulo, além de focar na elaboração de programas de treinamento de resistência aeróbia, também vai abordar e discutir esses fatores periféricos que se encontram ligados às variáveis básicas da elaboração de programas.

Compreender a fisiologia básica do exercício de resistência aeróbia e as adaptações do treinamento esperadas pode trazer alguma luz sobre a importância da elaboração de um programa. Estes são alguns dos marcadores e processos fisiológicos que respondem ao treinamento de resistência aeróbia:

- *Metabolismo aeróbio* – refere-se à produção de energia a partir da quebra de carboidratos e gorduras na presença de oxigênio. O metabolismo aeróbio pode produzir uma grande quantidade de energia, mas o faz em uma velocidade muito menor que o metabolismo anaeróbio.[14]
- *Metabolismo anaeróbio* – refere-se à produção de energia a partir da quebra de carboidratos na ausência de oxigênio. Ainda que o metabolismo anaeróbio produza energia em uma velocidade maior que o metabolismo aeróbio, ele é menos eficiente, produzindo menos energia em relação à quantidade de carboidrato usada e resultando em um acúmulo de íons de hidrogênio e lactato.[14]
- *Resistência cardiovascular* – refere-se à resposta do coração e do sistema vascular ao treinamento de resistência aeróbia. Conforme melhora o condicionamento, aumenta o débito cardíaco, gerando um aumento no volume sistólico.[25] Além disso, durante o exercício, ocorre a vasodilatação dos músculos ativos.[25] Esses dois fatores resultam em um fluxo de sangue maior para os músculos que estão sendo exercitados. Um aumento na densidade capilar em resposta ao treinamento de resistência aeróbia gera um fluxo adicional de sangue e oxigênio para os músculos.
- *Consumo máximo de oxigênio ($\dot{V}O_{2máx}$)* – está relacionado ao condicionamento cardiorrespiratório. Refere-se à maior quantidade de oxigênio que pode ser usada no nível celular dos músculos em atividade.[1] A capacidade de consumo de oxigênio depende principalmente da capacidade do coração e do sistema circulatório em levar o oxigênio e da capacidade dos músculos em atividade em utilizar esse oxigênio. Logo, uma melhora na resistência cardiovascular deve levar a um melhor condicionamento cardiorrespiratório e $\dot{V}O_{2máx}$.
- *Limiar de lactato* – é um limiar de fadiga que representa um aumento repentino do lactato acima da concentração-limite. O limiar de lactato é frequentemente usado como um marcador do limite anaeróbio, visto que representa uma dependência crescente dos mecanismos anaeróbios.[1]

O principal sistema energético que contribui para a transferência de energia durante exercícios de resistência aeróbia é o sistema energético aeróbio. No entanto, treinar com uma intensidade maior que o limiar de lactato, dependendo mais do metabolismo anaeróbio, pode aumentar esse limiar.[16] Isso leva ao aumento da capacidade do metabolismo aeróbio. Em outras palavras, os atletas podem trabalhar com uma intensidade maior e ainda contar mais com o sistema energético aeróbio.

FATORES DO DESEMPENHO DE RESISTÊNCIA AERÓBIA

Vários fatores contribuem para o desempenho de resistência aeróbia, incluindo a economia de exercício, a prescrição de exercícios a partir de princípios de treinamento com base científica, a preparação psicológica que motiva o atleta e um estilo de vida que leva ao sucesso do treinamento e à recuperação adequada. Todos esses fatores interagem para desenvolver o componente de resistência aeróbia do treinamento. As seções seguintes abordam com mais detalhes esses fatores de treinamento de resistência aeróbia.

Economia de exercício

A *economia de exercício* refere-se à demanda metabólica do exercício submáximo.[26] Conforme os atletas se tornam mais econômicos em tarefas como correr, andar de bicicleta ou nadar, o desempenho de resistência aeróbia também melhora. Existem muitas formas de melhorar a economia de exercício, mas a especificidade da modalidade do exercício deve ser o foco principal. Por exemplo, se o objetivo é melhorar os tempos em uma corrida, o treinamento para esse evento deve consistir em sua maior parte (se não completamente) de corridas. O objetivo é se tornar o mais eficiente (i. e., queimar a mínima quantidade possível de calorias em uma dada distância) possível em termos fisiológicos. Isso permitirá que mais calorias (energia) estejam disponíveis durante a corrida, atrasando o processo de fadiga.

Além de treinar o corpo para ter o desempenho mais eficiente possível em um evento específico, outros fatores podem afetar a economia da corrida, como o comprimento do passo,[6] o peso corporal[8] e a resistência do ar.[23] Um comprimento de passo natural e confortável parece ser o mais eficiente para a maioria dos corredores. No entanto, se passos longos forem um problema, os corredores podem querer trabalhar ajustando seu passo para torná-lo mais econômico. O peso corporal deve ser mantido em níveis baixos, mas saudáveis, de acordo com o tipo e a composição do corpo dos atletas. Por exemplo, uma massa muscular excessiva pode não permitir o máximo de eficiência no exercício aeróbio. Por fim, ainda que seja um pouco mais difícil controlar a resistência do ar, os atletas podem melhorar sua economia vestindo roupas justas e aproveitando o vácuo de outros competidores, particularmente durante uma corrida ou tomada de tempo.

Princípios do treinamento de resistência aeróbia

O desempenho ideal em eventos de resistência aeróbia é baseado na capacidade de se trabalhar na intensidade máxima por certa distância. Logo, pode-se esperar que o melhor treinamento consista em exercícios de alta intensidade pelo máximo de tempo possível. No entanto, um treinamento de resistência aeróbia bem elaborado é mais complexo. Uma variedade de técnicas de treinamento, quando combinadas para formar um plano de treinamento estruturado, pode levar ao desempenho ideal. Um plano de treinamento de resistência aeróbia deve incluir treinamentos com intensidades e durações variadas, cada um com benefícios específicos para o desempenho de resistência geral. Como mencionado anteriormente, a especificidade da modalidade é muito importante. Por exemplo, se o objetivo atlético é uma competição de corrida, então o atleta deve realizar, em sua maioria, treinamentos de corrida. Se uma competição de ciclismo é o objetivo, então andar de bicicleta deve ser a principal forma de exercício. Além disso, atividades suplementares, como o treinamento de força[28] e a nutrição esportiva,[20] podem ser importantes para alcançar os objetivos de desempenho.

Psicologia do desempenho

A psicologia exerce importante papel no desempenho de resistência aeróbia. Os atletas podem estar em excelente forma fisiológica, mas se não estiverem preparados mentalmente, é muito provável que seu desempenho seja prejudicado. A ansiedade costuma aparecer antes de uma competição. Ainda que alguns pensem que a ansiedade é prejudicial, ela pode na verdade beneficiar o desempenho.[32] Utilizar técnicas para reduzir a ansiedade antes de uma competição pode, de fato, ser mais prejudicial do que benéfico para o desempenho. No entanto, a ansiedade excessiva pode ter um efeito negativo no desempenho, e, por essa razão, os atletas devem fazer uma preparação mental para a ansiedade que muito provavelmente surgirá durante a competição, de modo que seu estado emocional não influencie de forma negativa seu desempenho.

O estado mental também é um fator durante a competição. As duas estratégias utilizadas durante uma competição de resistência aeróbia são a *associação* e a *dissociação*.[27] A associação consiste em estar bem ciente das sensações fisiológicas do exercício, como a dor muscular, fadiga muscular, hidratação, temperatura corporal e respiração. Essa técnica parece otimizar a eficiência e o ritmo. A dissociação é o oposto, consiste no uso de técnicas para distrair o atleta da dor física da competição.[27] A dissociação está ligada a um aumento do risco de lesões e a uma probabilidade maior de *chegar ao limite*, ou ter um desempenho abaixo das expectativas.[36] Portanto, parece ser mais benéfico estar ciente das sensações fisiológicas de uma competição de resistência, independentemente do quão desagradáveis elas possam ser.

Estilo de vida

O desempenho ideal em uma competição de resistência aeróbia exige dedicação no treinamento e no estilo de vida em geral para proporcionar a melhor recuperação possível do treinamento. A recuperação é uma parte muito importante do treinamento de resistência aeróbia. De fato, as pesquisas mostram que os atletas com maiores níveis de condicionamento aeróbio podem se recuperar mais rápido do que pessoas com menor capacidade aeróbia.[17] Esses resultados sugerem que construir níveis básicos de condicionamento aeróbio é essencial, não apenas para o desempenho, mas também para a recuperação. Sono adequado e ingestão suficiente de nutrientes de alta qualidade são componentes-chave da recuperação. Já que o objetivo é conseguir o máximo benefício possível de cada treinamento, os atletas devem se recuperar de modo ideal a cada dia para estarem prontos para o treinamento seguinte.

VARIÁVEIS DO TREINAMENTO DE RESISTÊNCIA AERÓBIA

A especificidade do treinamento tornou-se uma ferramenta refinada em todos os eventos esportivos. A dinâmica da prescrição de um treinamento de resistência aeróbia deve incorporar detalhes específicos em relação à intensidade, duração, volume e modo de treinamento do atleta. Além disso, a combinação desses elementos dentro de um período de treinamento crônico resultou em adaptações fisiológicas associadas ao treinamento de resistência aeróbia.[30]

Intensidade (carga)

A intensidade do treinamento pode ser uma medida tanto qualitativa quanto quantitativa de quanto esforço é utilizado durante uma sessão de treinamento. A mensuração da intensidade varia de acordo com o esporte e o modo de treinamento. Por exemplo, um corredor pode definir a intensidade pela velocidade (i. e., quilômetros por hora), enquanto um ciclista pode classificar a intensidade usando uma carga (i. e., watts). Apesar da variação nas classificações, os mesmos princípios podem ser usados para prescrever intensidades para todos os atletas. O limite mínimo de intensidade de treinamento para melhorar o condicionamento também é o mesmo para todas as atividades, entre 40 e 50% do $\dot{V}O_{2máx}$ ou entre 55 e 65% da frequência cardíaca máxima (FCM).[30] Além disso, adaptações fisiológicas são específicas à intensidade do treinamento. O treinamento de alta intensidade é implementado especificamente para melhorar o condicionamento cardiorrespiratório e o consumo de oxigênio.[31]

De modo geral, a mensuração quantitativa da intensidade pode ser obtida usando-se os valores de frequência cardíaca e o ritmo do treinamento. Utilizar a frequência cardíaca como método para medir a intensidade do exercício é uma das estratégias de treinamento mais comuns para a prescrição aeróbia. Em termos fisiológicos, a frequência cardíaca está diretamente relacionada ao condicionamento cardiorrespiratório.[4] Assim, ela pode ser usada para recomendar níveis de intensidade como uma porcentagem do nível de condicionamento máximo de um atleta. A forma mais precisa para avaliar o condicionamento cardiorrespiratório é em um ambiente de laboratório. No entanto, calcular a FCM de um atleta com fórmulas de predição pela idade, como a fornecida aqui, pode ser útil em um contexto atlético.

$$\text{FCM prevista} = 220 - \text{idade}$$

O ritmo do exercício também pode ser usado para medir a intensidade do exercício. Essa técnica usa os resultados de competições anteriores (p. ex., média em minutos/km) para estabelecer as intensidades de treinamento. Por exemplo, ao treinar em distâncias mais longas que as da competição (p. ex., longa distância em ritmo lento – LDRL), a intensidade deve ser menor do que o ritmo pretendido para a competição. Da mesma forma, ao realizar atividades curtas, o ritmo deve ser mais rápido do que o da competição. Isso é verdade para todas as atividades de resistência aeróbia, como ciclismo, corrida e natação.

Por exemplo, se o objetivo de um corredor é participar de uma corrida de 5 km com um tempo de 22 minutos, então ele deve correr a um ritmo de 4,4 min/km. Se o objetivo é fazer a corrida em 20 minutos, então ele deve correr a um ritmo de 4 min/km. Para estabelecer os objetivos apropriados, um cronômetro (e um monitor de frequência cardíaca, se possível) deve ser usado durante o treinamento para avaliar o desempenho do atleta. Se o atleta for consistentemente capaz de correr a um ritmo de 4,4 min/km durante o treinamento, então um tempo de corrida de 22 minutos para 5 km deverá ser facilmente atingido. Da mesma forma, se a frequência cardíaca estiver entre 55 e 65% (ou mesmo até 75%) da FCM calculada pela idade durante o treinamento nesse ritmo, o atleta deve ser capaz de correr os 5 km em 22 minutos.

A percepção subjetiva do esforço (PSE) é uma ferramenta adicional válida para monitorar a intensidade do exercício. A escala de 15 pontos de Borg mostrou estar relacionada com as respostas de lactato no sangue, frequência cardíaca e $\dot{V}O_{2máx}$ do exercício.[3,30] A PSE foi identificada como um correlato da frequência cardíaca, no entanto, uma vez que essa relação tenha sido identificada para um atleta, a PSE pode ser usada no lugar da frequência cardíaca, criando outro método não laboratorial para registrar a intensidade do exercício.

Duração e volume

A *duração* e o *volume* do exercício costumam ser usados de modo impreciso e intercambiável. Ainda que os dois termos estejam relacionados, a *duração* do exercício refere-se ao tempo gasto em uma sessão de treinamento e é influenciada pela intensidade. Por sua vez, o *volume* de treinamento incorpora tanto a intensidade quanto a duração de uma sessão de treinamento. Por exemplo, o volume é frequentemente calculado no treinamento de força como o número de séries realizadas multiplicado pelo número de repetições, multiplicado pelo peso levantado.[1] O mesmo método costuma ser aplicado para o volume de treinamento de resistência aeróbia multiplicando a duração do exercício pela (1) distância percorrida e (2) pela intensidade do exercício (seja o ritmo médio ou a frequência cardíaca durante uma sessão de treinamento).

Seja qual for o número usado para representar o volume do treinamento de resistência aeróbia, o registro desse volume pode ser uma variável importante a ser monitorada. A percepção geral em atletas de resistência aeróbia é que as adaptações fisiológicas e melhoras no desempenho dependem de uma intensidade e duração maiores do treinamento. Contudo, pesquisas recentes sugerem que quando o exercício é realizado acima de um limite mínimo de intensidade, o volume total se torna o principal componente no desenvolvimento do condicionamento.[30] Essencialmente, quando os pesquisadores compararam programas de treinamento de longa duração e baixa intensidade com o treinamento de curta duração e alta intensidade entre atletas de resistência aeróbia de competição, as melhoras no condicionamento foram parecidas. Como no caso de qualquer objetivo de treinamento, a intensidade e o aumento do volume devem ser baseados no atleta individualmente e no esporte específico. Atletas de resistência aeróbia estão mais expostos ao risco de esgotamento, *overreaching* e sobretreinamento (*overtraining*). A manipulação e a variação do volume de treinamento podem ajudar a evitar lesões por uso excessivo e sobretreinamento (*overtraining*).

ESTRATÉGIAS DE TREINAMENTO DE RESISTÊNCIA AERÓBIA

A estrutura de qualquer programa de treinamento é o caminho para o sucesso atlético, prevenção de lesões e confiança individual. Como em qualquer esporte, vários métodos de treinamento podem ser implementados para promover as maiores adaptações fisiológicas. No entanto, ao elaborar programas de treinamento, é essencial que sejam específicos ao esporte, à temporada de competição e às necessidades individuais do atleta. Programas de treinamento de resistência aeróbia em particular exigem reflexão e criatividade, em virtude do grande número de atividades que se incluem no contexto da resistência aeróbia. O uso criativo dos princípios de elaboração de um programa de resistência aeróbia deve se concentrar em reduzir o risco de sobretreinamento (*overtraining*) e aumentar o desempenho de resistência aeróbia.

Novas pesquisas em laboratório e no campo utilizaram uma estratégia complexa de força, velocidade e estamina para demonstrar a importância de componentes fisiológicos múltiplos no treinamento, desconsiderando a falsa ideia de que a estratégia da longa distância em ritmo lento é a única forma de treinar. Essa evidência sugere que combinar o treinamento tradicional de longa duração com o treinamento de intensidade moderada e de curta duração e alta intensidade pode produzir os mesmos (se não melhores) resultados nas adaptações de desempenho. Ainda que essas três estratégias principais de treinamento sejam importantes para um programa de treinamento equilibrado, a especificidade e a variedade são a chave para uma experiência agradável e um resultado de sucesso.

Treinamento de longa duração e intensidade moderada

O tipo mais comum de treinamento identificado nos esportes de resistência aeróbia, frequentemente referido como o treinamento de *longa distância em ritmo lento* (*LDRL*), é caracterizado por intensidades moderadas (i. e., 60 a 70% do $\dot{V}O_{2máx}$ ou FCM) mantidas por longos períodos. Em geral, a distância do treinamento é maior do que a distância da corrida em pelo menos 30 minutos.[9] O treinamento de intensidade moderada (i. e., o treinamento LDRL), em geral, representa a maior parte do volume de treinamento do atleta de resistência aeróbia. Ele é chamado algumas vezes de *treinamento básico* e permite que os atletas tenham um volume de treinamento relativamente grande sem impor um alto nível de estresse sobre o sistema musculoesquelético. Além disso, o treinamento básico ajuda a aumentar as adaptações cardiorrespiratória e cardiovascular básicas que se espera que ocorram com os exercícios de resistência aeróbia.[7,18] Tais adaptações são necessárias para permitir o aumento progressivo da intensidade, duração e volume durante o treinamento, conforme a fase de competições se aproxima. Construir um nível básico de capacidade aeróbia também melhora a habilidade de recuperação entre as sessões de treinamento.[17] Reportou-se que atividades prolongadas acarretam a depleção de glicogênio muscular e aumentam com rapidez a taxa de metabolismo da gordura, enquanto elevam cronicamente o volume sistólico e a densidade mitocondrial e levam a uma capacidade oxidativa mais eficiente.[7,18] Além disso, alguns atletas de resistência aeróbia sugerem que atividades contínuas de longa duração, igual ou maior que as distâncias de competição, podem trazer benefícios psicológicos.

Treinamento de média duração e alta intensidade

Este tipo de treinamento é geralmente realizado em intensidades maiores do que o ritmo da corrida, que pode corresponder a uma intensidade no limiar do lactato ou um pouco acima dele. O limiar de lactato (LL) de um atleta é associado a uma intensidade de exercício na qual o lactato começa a se acumular e as fontes de energia aeróbia disponíveis não conseguem acompanhar o alto nível da demanda energética. Isso acaba levando à fadiga.[29] O treinamento nessa intensidade pode ser realizado em um ritmo constante e estável, geralmente chamado de *treinamento ritmado*. O treinamento ritmado é feito com intensidades próximas do LL. Ele dura de 20 a 30 minutos, gerando adaptações fisiológicas tanto aeróbias quanto anaeróbias.[9]

Nessa mesma intensidade, pode ser utilizada uma abordagem de treinamento intervalado que consiste em uma série de episódios curtos de atividade separados por ciclos breves de recuperação. O treinamento aeróbio/anaeróbio intervalado, comumente chamado de *treinamento de Fartlek*,[1] é usado sobretudo para estabelecer o ritmo da corrida e aumentar o LL e a capacidade do corpo de manter altas intensidades por longos períodos. Especificamente, o treinamento de Fartlek envolve períodos de treinamento moderado (aproximadamente 70% do $\dot{V}O_{2máx}$) combinados com ciclos curtos e rápidos (ou de subida) de alta intensidade (aproximadamente 85 a 90% do $\dot{V}O_{2máx}$ ou FCM). O treinamento de Fartlek pode ser aplicado a todos os esportes pela combinação do treinamento LDRL e treinamento ritmado de duração moderada. Por exemplo, um ciclista pode escolher correr em velocidade a distância de uma quadra e desacelerar na quadra seguinte, e continuar assim de forma cíclica.

Treinamento de curta duração e alta intensidade

O treinamento intervalado tornou-se muito popular como uma estratégia de treinamento eficiente em relação ao tempo para atletas de resistência aeróbia; ele envolve intensidades dentro ou acima do $\dot{V}O_{2máx}$, durante normalmente entre

30 segundos e 5 minutos.[10] Para um atleta de resistência aeróbia, os tempos de repouso entre os intervalos costumam ser iguais ou menores do que o tempo da atividade em si, o que mantém a razão trabalho-repouso em 1:1 ou 2:1. Várias combinações trabalho-repouso podem ser usadas durante momentos diferentes da temporada do atleta. O principal benefício do treinamento intervalado é decorrente do volume maior de treinamento em intensidades que de outro modo não poderiam ser mantidas por períodos prolongados.

Muitas pesquisas têm sido dedicadas aos benefícios de curto prazo e crônicos do treinamento intervalado.[15,37] Da mesma forma que o treinamento tradicional de resistência aeróbia, o treinamento intervalado pode resultar em melhoras do condicionamento cardiorrespiratório e cardiovascular, do volume de sangue, do LL e da capacidade de armazenamento muscular.[16] Esses fatores são necessários para melhorar o desempenho e são similares às adaptações vistas no treinamento LDRL. Desse modo, se adaptações similares no desempenho de resistência aeróbia podem ser alcançadas usando-se um treinamento intervalado de 20 minutos em comparação com um treinamento LDRL de 45 a 60 minutos, então o treinamento intervalado é claramente mais eficiente, resultando também em menos estresse para o corpo.[34]

Treinamento de força

As pesquisas que servem de base para a implementação do treinamento de força em um programa de treinamento de resistência aeróbia expandiram-se como uma estratégia eficaz para a prevenção de lesões e aumento da força, potência (i. e., a disparada no final de uma corrida) e estamina.[28] Como em qualquer caso, um programa de treinamento de força deve ser elaborado para melhorar os objetivos específicos do esporte do atleta. Atletas e profissionais de força e condicionamento geralmente adotam o treinamento de força como um método para alterar a composição corporal, reabilitar o atleta de lesões e melhorar o equilíbrio muscular, a velocidade e a resistência muscular local.[22] Os programas de força tradicionais para atletas de resistência aeróbia têm sido elaborados com exercícios de baixa intensidade (< 67% do valor de 1RM), alto número de repetições (> 12) e tempos curtos de repouso (30 a 60 s) por duas ou três séries. Eles podem ser realizados uma ou mais vezes por semana, dependendo da temporada de treinamento.[1] Ainda que esse tipo de exercício melhore a resistência muscular, evidências mais recentes sugerem que o treinamento de força explosiva é um método mais eficiente para melhorar a economia da corrida e o desempenho (i. e., 5 km/10 km).[28]

Vários aspectos do treinamento de força, tais como exercícios específicos escolhidos, estrutura do exercício, resistência usada, volume (repetições e séries), intervalos de repouso entre as séries e frequência do treinamento, podem ser manipulados para moldar o programa de treinamento de força para que ele atenda da melhor forma possível os objetivos do atleta. Por exemplo, incorporar o exercício de agachamento em um programa de treinamento de um atleta de resistência aeróbia pode reduzir o risco de lesão na parte inferior do corpo, o que é comum em atletas de resistência aeróbia. Ele também pode aumentar a força e a potência do atleta para a disparada durante o último estágio de uma corrida.

PERIODIZAÇÃO PARA O TREINAMENTO DE RESISTÊNCIA AERÓBIA

Os programas de treinamento devem ser elaborados para maximizar o desempenho e minimizar a fadiga e o sobretreinamento (*overtraining*) durante os períodos de treinamento de grande volume no início das competições. Dividir o treinamento em fases, alterando sistematicamente o volume e a intensidade e proporcionando uma regeneração adequada e um desempenho de pico próximo das competições mais importantes é uma estratégia comum chamada de *periodização*.[2] A periodização será tratada em detalhes no Capítulo 11, mas, de modo geral, a temporada de treinamento é dividida de forma monocíclica, incluindo o tempo preparatório (pré-temporada), o segmento competitivo (durante a temporada), a transição (pós-temporada, ou repouso ativo) e um período fora de temporada.[35]

Fases do treinamento

Tradicionalmente, as sessões de treinamento são organizadas como um conjunto de vários ciclos (i. e., micro, meso e macro). Um *microciclo* refere-se a uma sessão de treinamento ou grupo de sessões de treinamento. Os *mesociclos* são grupos de vários microciclos reunidos próximos da fase de competição. Os *macrociclos* são uma série de mesociclos planejados anual ou semestralmente.[24,35]

O mesociclo preparatório, ou de pré-temporada, concentra-se em aumentar a intensidade do treinamento e sustentar um volume de treinamento de moderado a alto. O treinamento competitivo, ou durante a temporada, incorpora os dias de corridas importantes e de competição, desenvolvendo um plano de treinamento que deixa o atleta descansado nos momentos de pico. A fase de transição pós-temporada permite a recuperação ativa ao diminuir a intensidade e o volume para eliminar qualquer possibilidade de esgotamento ou lesão. Ainda que um período de treinamento fora de temporada não seja tão comum hoje em dia para atletas

Para considerações práticas adicionais relacionadas à criação de um plano de treinamento anual para atletas de resistência aeróbia, ver o Capítulo 12.

de resistência aeróbia quanto costumava ser (já que a maioria dos atletas compete o ano todo), este continua sendo um aspecto importante em qualquer programa de treinamento. Uma fase fora de temporada é implementada para estabelecer uma base cardiorrespiratória, aumentando lentamente a intensidade e a duração do treinamento conforme o atleta vai aumentando seu condicionamento. Vale ressaltar que um aumento gradual na duração do treinamento (5 a 10% semanalmente) deve ser adotado para evitar lesões e sobretreinamento (*overtraining*).[38]

Estratégias de polimento

O conceito de polimento evoluiu com novas estratégias para atletas de resistência aeróbia reduzirem o volume de treinamento, mas ainda alcançarem o desempenho de pico no momento que ele for mais crucial. O polimento envolve a alteração da frequência, duração e intensidade do treinamento, bem como da extensão de tempo da fase reduzida. Mais recentemente, a intensidade do exercício tornou-se o componente-chave do polimento efetivo. Atletas que mantiveram atividades de intensidades moderadas ($\leq 70\%$ do $\dot{V}O_{2máx}$) apresentaram diminuição no desempenho após uma fase de polimento. Contudo, reduzir a duração do treinamento, mas manter a intensidade alta ($\geq 90\%$ do $\dot{V}O_{2máx}$), provou ser eficaz em estimular ganhos no desempenho.[33] A fase de polimento deve durar, tipicamente, entre 7 e 16 dias para que um atleta de resistência aeróbia atinja o desempenho de pico.[35]

Recuperação

Possivelmente, o aspecto mais negligenciado do treinamento de resistência aeróbia é a recuperação. Em razão dos aspectos de alto volume e, às vezes, de alta intensidade do treinamento de resistência aeróbia, o sobretreinamento (*overtraining*) é um risco significativo para os atletas. O sobretreinamento (*overtraining*) é o resultado de estresse em demasia, tanto fisiológico quanto psicológico, sem repouso suficiente.[13] O sobretreinamento (*overtraining*) foi definido como fadiga prolongada e baixo desempenho que acompanham um período de treinamento ou competições pesadas. Ele dura no mínimo duas semanas e é determinado pela redução do desempenho.[5] Junto com a diminuição do desempenho, os sintomas do sobretreinamento (*overtraining*) incluem maior suscetibilidade a infecções,[5] perda de peso, alterações no padrão de sono, tonturas, irritabilidade, perda de apetite, perda de motivação, depressão, ansiedade, falta de concentração e frequências cardíacas altas nos momentos de repouso, recuperação e no período da manhã.[11]

Overreaching é uma forma de sobretreinamento (*overtraining*) de curta duração. Os sintomas de sobretreinamento (*overtraining*) podem ser revertidos com períodos de repouso planejados.[12] O *overreaching* pode ocorrer quando um atleta aumenta a intensidade ou o volume do treinamento para otimizar as adaptações do treinamento e o desempenho. Isso costuma ser seguido por um período de repouso relativo ou de polimento para permitir a supercompensação.[5] Atletas na fase de *overreaching* sofrem o risco de sobretreinamento (*overtraining*) e, portanto, devem monitorar cuidadosamente quaisquer sintomas possíveis. A recuperação do sobretreinamento (*overtraining*) pode levar até cinco semanas de repouso, durante as quais o destreinamento ou uma diminuição no treinamento ocorrerá. Por causa desse efeito de destreinamento, o atleta pode levar até três meses para voltar ao treinamento completo após o período de repouso.[21] Como resultado, fica claro que a recuperação deve ser cuidadosamente planejada dentro de um programa de treinamento, em especial durante uma fase de *overreaching*, para evitar períodos longos de um treinamento reduzido.

Um modo simples de evitar o *overreaching* e o sobretreinamento (*overtraining*) em atletas principiantes é construir lentamente níveis básicos de condicionamento (i. e., aumentar a capacidade aeróbia). O treinamento LDRL pode ajudar se for mantido dentro dos limites de 55 a 65% da FCM durante o treinamento. Durante esse tempo, adaptações fisiológicas como a perda de peso, aumento na força das pernas e quadril e melhoras na economia de exercício ajudarão a melhorar o desempenho e diminuir o risco de sobretreinamento (*overtraining*). Os atletas com níveis maiores de condicionamento se recuperam mais rápido do que aqueles com níveis menores.[17] Logo, estabelecer um nível alto de condicionamento como base é essencial para o desempenho e recuperação de longa duração.

Além disso, tanto para atletas principiantes quanto experientes, uma estratégia nutricional também é crucial para a reposição do glicogênio e recuperação muscular.[19] Um estudo recente mostrou que o consumo de proteínas e carboidratos é importante para a reposição do glicogênio perdido pelo músculo, assim como para o reparo e reconstrução do músculo.[19] O momento de ingestão desses nutrientes também é importante. Eles devem ser consumidos assim que possível após um treinamento,[19] e se possível, durante o treinamento[20] para manter a intensidade.

> Para uma amostra de programas de treinamento de resistência aeróbia para maratonas, triatlo e corridas de 5 km, bem como para natação e remo, ver o Capítulo 12.

RESUMO

- A forma principal de treinamento para atletas de resistência aeróbia deve ser a forma na qual eles competem (p. ex., corrida, ciclismo, natação). A especificidade do treinamento é importante para melhorar a economia do exercício e o desempenho geral.

- Os cálculos do volume de treinamento para atletas de resistência aeróbia devem levar em consideração a intensidade, a duração e a distância. A intensidade pode ser monitorada pela frequência cardíaca ou pela comparação do ritmo do exercício com resultados de competições anteriores.

- Novas pesquisas estabeleceram que a combinação do treinamento tradicional de longa duração com métodos de duração e intensidade moderadas e de curta duração, como o treinamento ritmado, treinamento de Fartlek e treinamento intervalado, produz resultados iguais ou melhores em relação ao desempenho. O treinamento de força também pode ser uma adição valiosa para os atletas de resistência aeróbia.

- A estratégia de polimento é uma diminuição no volume de treinamento antes da competição de modo que melhore o desempenho. A fase de polimento dura normalmente 7 a 16 dias.

- Em razão do volume e da intensidade de muitos planos de treinamento de resistência aeróbia, o sobretreinamento (*overtraining*) representa um risco significativo para os atletas de resistência aeróbia.

Treinamento de agilidade

Lee E. Brown, EdD, CSCS*D, FACSM, FNSCA
Andy V. Khamoui, MS, CSCS

A *agilidade* pode ser definida como mudanças rápidas na direção e velocidade de todo o corpo, ou simplesmente a habilidade de mudar de direção.[2] Qualquer observador casual de esportes é capaz de descrever a importância de tal habilidade no desempenho esportivo. Se não todos, a maioria dos esportes em campo ou quadra exige agilidade nas competições. Por exemplo, os longos movimentos laterais no tênis, necessários para sustentar uma sequência de jogadas, e os frequentes cortes no futebol, futebol americano e basquete mostram claramente a prevalência da agilidade no esporte.

No campo de jogo, um atleta geralmente faz mudanças rápidas de direção em resposta a um estímulo. Por exemplo, um jogador de futebol americano percebe um adversário se aproximando e, para evitar ser derrubado, reage interrompendo o movimento e correndo na outra direção. Sequências longas entre jogadores de tênis ocorrem porque eles têm a habilidade de ajustar e mudar a direção dos movimentos para cobrir toda a quadra se necessário. Isso sugere um modelo de agilidade com dois componentes: um componente visual e de tomada de decisão e um componente físico.[2,20] Este capítulo concentra-se principalmente nos componentes físicos da agilidade. Como resultado, examina o treinamento em relação ao desenvolvimento das propriedades físicas que melhoram a capacidade de mudança de direção, em vez de destacar os processos visuais de tomada de decisão (p. ex., tempo de reação).

FATORES DO DESEMPENHO DE AGILIDADE

Elaborar um programa de treinamento de agilidade exige compreender como o corpo funciona ou age enquanto muda de direção. O ato de mudar de direção pode ser descrito, de modo geral, como um evento de parada e retomada que exige que o atleta pare o corpo (força de frenagem) e recomece o movimento (força de propulsão) com o mínimo de tempo entre essas duas etapas. Como consequência, o treinamento deve objetivar essa habilidade de parada e retomada rápida.

Além disso, visto que a agilidade exige que os atletas impulsionem seu próprio corpo no campo ou quadra, a massa corporal influencia a habilidade de mudança de direção. A primeira lei de Newton afirma que um objeto em repouso ou em movimento mantém seu estado atual a não ser que uma força externa aja sobre ele fazendo com que se mova ou pare. A primeira lei de Newton também é chamada de *lei da inércia* porque inércia refere-se à resistência de um objeto em mudar (i. e., ser movido ou parado). Isso está diretamente relacionado à massa de um objeto, já que um objeto com maior massa também tem maior inércia. Todos nós sabemos disso intuitivamente, com base em nossas experiências na vida cotidiana. Por exemplo, tentar levantar uma caixa cheia de livros é um desafio maior do que pegar uma caixa de lenços, porque os livros têm massa maior e, portanto, oferecem maior resistência a serem movidos (i. e., inércia).

Isso é relevante para a habilidade de mudar de direção porque os atletas com mais massa corporal também sofrerão mais o efeito da inércia. Por essa razão, parar durante um movimento será mais difícil para eles. Para realizar com sucesso eventos de parada e retomada, esses atletas precisam de ferramentas físicas para superar a resistência da inércia inerente à massa corporal maior. Note que os atletas com maior massa corporal tipicamente também têm maior massa muscular. Esse tecido contrátil adicional pode ajudá-los a superar essa resistência da inércia.

Além dos conceitos de movimento descritos anteriormente, uma compreensão básica dos processos bioquímicos internos que fornecem o combustível para a atividade é essencial. Esses processos internos incluem os sistemas energéticos aeróbio, anaeróbio e de fosfagênio. Suas contribuições de combustível são baseadas na intensidade e duração de uma atividade. Um evento de esforço máximo e curta duração, como os 100 metros rasos, utiliza principalmente o sistema de fosfagênio.

No outro extremo, os processos aeróbios fornecem combustível para eventos de longa duração e menor intensidade, como as corridas de distância. A contribuição do sistema anaeróbio aumenta em atividades com 2 a 3 minutos de duração em intensidades abaixo da máxima, como nos 400 metros rasos. Resumindo, a contribuição de cada sistema energético depende da natureza da atividade. Mudanças de direção no esporte e durante testes de avaliação podem durar menos que 5 segundos, mais que 10 segundos e qualquer outro valor entre eles. Isso implica um papel importante dos sistemas anaeróbios e de fosfagênio ao fornecer o combustível para as atividades de mudança de direção. A seção sobre especificidade discute melhor o papel dos sistemas energéticos nas considerações sobre o treinamento.

O restante deste capítulo explorará métodos de avaliação e considerações sobre treinamentos, incluindo especificidade, transferência de treinamento, exercícios de agilidade e programas de treinamento.

AVALIAÇÃO DA AGILIDADE

Antes de implementar um programa de treinamento de agilidade, medidas básicas da habilidade de mudança de direção devem ser avaliadas para que o progresso possa ser acompanhado com o passar do tempo. Existem vários testes de agilidade, mas diferem em relação ao tempo necessário para sua realização, à quantidade de mudanças na direção e à direção principal em que a força é aplicada (p. ex., lateral, de frente para trás).[2] Idealmente, o teste deve ser representativo do que poderia ocorrer durante uma competição típica em termos de padrões de movimento. Os testes a seguir têm sido usados para avaliar a habilidade de mudança de direção:

- *Teste T.* Esta avaliação exige que o atleta se mova dentro de um padrão em forma de "T" (ver Cap. 2). Ele exige movimentos laterais e de frente para trás, e é frequentemente usado como um exercício e para a avaliação de atletas do basquete e do futebol americano. A Tabela 8.1 apresenta uma relação de várias normas.
- *Corrida 5-10-5 de ida e volta.* A corrida 5-10-5 consiste em mudanças rápidas na direção em um plano linear (Cap. 2). Ela costuma ser usada como uma avaliação no futebol americano, basquete, futebol e na maioria dos outros esportes de campo ou quadra. Este teste também é chamado de *teste pró-agilidade*. É usado como parte da avaliação de um jogador da liga principal de futebol americano, a NFL. A configuração desse teste é muito simples, já que exige apenas que três cones sejam colocados a 5 metros de distância em linha reta. A Tabela 8.1 apresenta uma relação de várias normas.

- *Teste Illinois.* O teste Illinois (Cap. 2) leva consideravelmente mais tempo do que o teste T e a corrida 5-10-5, precisa de mais espaço, inclui um número maior de mudanças na direção e exige que o atleta gire em direções diferentes e corra em ângulos diferentes.[19] Essencialmente, esse teste consiste em um *sprint* em linha reta desviando de obstáculos. A Tabela 8.2 apresenta uma relação de várias normas.

TABELA 8.1 Normas para o teste T e para a corrida 5-10-5 de acordo com o esporte, a população e o gênero

Esporte	População	Gênero	Teste T	Corrida 5-10-5
Recreativo	Universitária	M	$10,49 \pm 0,89$	—
		F	$12,52 \pm 0,90$	—
Beisebol	National Association of Intercollegiate Athletic (NAIA)	M	$10,11 \pm 0,64$	—
Basquete	1ª divisão da liga universitária americana (NCAA)	M	$8,95 \pm 0,53$	—
	Armador		$8,74 \pm 0,41$	—
	Ala		$8,94 \pm 0,38$	—
	Pivô		$9,28 \pm 0,81$	—
Futebol americano	Ensino médio (14-18 anos de idade)	M	—	$5,02 \pm 0,24$
	1ª divisão da NCAA		—	$4,53 \pm 0,22$
	Jogadores da linha defensiva e ofensiva		—	$4,35 \pm 0,11$
	Wide receivers, defensive backs		—	$4,35 \pm 0,12$
	Running backs, tight ends, linebackers		—	$4,6 \pm 0,2$
	3ª divisão da NCAA		—	$4,6 \pm 0,2$
	Jogadores da linha ofensiva		—	$4,8 \pm 0,2$
	Jogadores da linha defensiva		—	$4,8 \pm 0,2$
	Posições de habilidade ofensiva		—	$4,5 \pm 0,2$
	Defensive backs		—	$4,6 \pm 0,2$
	Principiantes da liga Draft da NFL		—	—
	Rodadas 1 e 2		—	$4,38 \pm 0,29$
	Rodadas 6 e 7		—	$4,45 \pm 0,29$

(continua)

TABELA 8.1 Normas para o teste T e para a corrida 5-10-5 de acordo com o esporte, a população e o gênero (*continuação*)

Futebol	Categorias de base (elite)	M	—	—
	Menos de 14 anos de idade		11,6 ± 0,1	—
	Menos de 15 anos de idade		11,0 ± 0,2	—
	Menos de 16 anos de idade		11,7 ± 0,1	—
	3ª divisão da NCAA	M	—	4,43 ± 0,17
		F	—	4,88 ± 0,18
Vôlei	1ª divisão da NCAA	F	11,16 ± 0,38	—
	3ª divisão da NCAA		—	4,75 ± 0,19

Dados de Hoffman, 2006.

TABELA 8.2 Normas para o teste Illinois em segundos para homens e mulheres

Categoria	Homens	Mulheres
Excelente	< 15,2	< 17
Bom	15,2-16,1	17,0-17,9
Médio	16,2-18,1	18,0-21,7
Suficiente	18,2-18,3	21,8-23
Insuficiente	> 18,3	>23

Reproduzido de Roozen, 2004.

TREINAMENTO DE AGILIDADE

Após a avaliação inicial de agilidade, o atleta pode se submeter a um programa de treinamento para desenvolver a habilidade de mudança de direção. As seções seguintes abordam aspectos importantes do treinamento de agilidade, incluindo a especificidade, exemplos de exercícios e a manipulação das variáveis na elaboração do programa para gerar resultados ideais. A seção sobre transferência de treinamento também oferece razões para a escolha dos exercícios. A seção a seguir trata do conceito de especificidade em relação ao treinamento de agilidade.

Especificidade

A *especificidade* refere-se ao treinamento com a finalidade de obter um resultado em particular. Os atletas, portanto, utilizam programas de treinamento que permitam a maior transferência para seus esportes. A especificidade do treinamento pode ser aplicada em termos de sistema energético, grupos musculares e padrões de movimento. Por exemplo, um jogador de linha do futebol americano poderia incorporar exercícios de força que almejam força e potência na parte superior e inferior do corpo, além da habilidade de corridas de velocidade curtas, já que essas características são necessárias para a posição.

O treinamento específico relacionado ao desenvolvimento de agilidade deve considerar os aspectos espaciais do esporte. Em outras palavras, o espaço que um atleta percorre dentro de determinado esporte deve ser identificado e aplicado no programa de treinamento. Um jogador de basquete somente será capaz de se mover dentro do espaço reduzido da quadra. Da mesma forma, um jogador de futebol só pode vagar dentro das limitações de espaço do campo. Logo, os exercícios de agilidade que excedem as dimensões da quadra ou campo ou ultrapassam o espaço típico coberto pelo atleta perdem a especificidade. Contudo, a importância da especificidade do esporte não pode ser exagerada. Um atacante no futebol pode precisar fazer mudanças de direção frequentes enquanto mantém o controle da bola; portanto, a especificidade do treinamento argumenta em favor de exercícios que integrem o drible e o controle da bola. Da mesma forma, um jogador de basquete precisa ser ágil enquanto dribla para poder avançar com a bola pela quadra e, ao mesmo tempo, evitar a equipe rival. Para treinar a agilidade dentro do contexto do basquete, os atletas devem integrar o drible com exercícios de mudança de direção.

A preocupação com as demandas de energia de um determinado esporte no treinamento de agilidade também é importante, visto que as mudanças de direção são realizadas de modo intermitente durante um evento. Especificamente, os movimentos de agilidade costumam ser executados em um estado abaixo do ideal, já que os outros componentes do esporte exigem gasto energético (p. ex., pular, atacar, correr). Desse modo, pode ser útil conduzir um treinamento de mudança de direção dentro de um ambiente similar ao esporte em questão, integrando exercícios de agilidade durante uma sessão prática do esporte.

As superfícies onde o atleta vai treinar também devem ser levadas em consideração. Alguns estudos documentaram respostas fisiológicas diferentes dos atletas durante testes ou competições em tipos diferentes de superfície,[5,17] o que aponta influências ambientais do terreno sobre o desempenho. Por exemplo, um estudo mediu os níveis de lactato no sangue, frequência cardíaca e velocidade de corrida em jogadores de futebol durante um teste de corrida em três superfícies diferentes: uma esteira, grama natural e grama sintética.[5] Os níveis de lactato, que se forma como resultado de um trabalho muscular vigoroso e produz uma sensação de queimação no músculo, foram maiores durante o teste na grama sintética do que nas outras superfícies. Além disso, o teste na grama sintética produziu frequências cardíacas maiores e velocidades de corrida menores, indicando um grau maior da intensidade do exercício (dificuldade). Um estudo similar com jogadores de tênis identificou níveis maiores de lactato e frequência cardíaca quando os atletas jogavam em quadra de saibro em vez de em uma quadra de superfície dura.[17]

Em conjunto, esses resultados destacam a influência dos tipos de superfície no corpo durante a atividade física. Os tipos de superfície durante o treinamento devem ser similares aos que os atletas vão encontrar durante a competição. Atletas de esportes de campo devem executar os exercícios de agilidade em um campo com grama natural ou sintética dependendo da superfície em que eles jogam durante as competições. Da mesma forma, os atletas de esportes de quadra devem realizar o treinamento de agilidade em superfícies iguais a que eles usam nas competições, como o piso de madeira no basquete ou os vários tipos de superfície para um jogador de tênis.

Transferência de treinamento

O que o técnico ou atleta interessado em desenvolver agilidade quer saber de fato é quais tipos de exercício ele deve usar. Vários estudos sobre treinamento foram feitos em um esforço para identificar a melhor abordagem para aumentar o desempenho em relação à agilidade. Esses estudos tipicamente examinaram o efeito sobre o desempenho de agilidade de programas de treinamento que consistem em exercícios tradicionais de força para a parte inferior do corpo (p. ex., levantamentos olímpicos, agachamentos com a barra nas costas, levantamentos terra, agachamentos afundo ou treinamento de saltos), *sprint* em linha reta ou exercícios específicos de mudança de direção.

Poucos estudos demonstraram melhoras no desempenho de agilidade após um programa tradicional de treinamento de força para a parte inferior do corpo que consistia de levantamentos olímpicos, agachamentos, levantamentos terra e agachamentos afundo.[6,11-13,21] De fato, a maioria não identificou melhoras significativas na agilidade quando os atletas realizaram exclusivamente exercícios de força para a parte inferior do corpo. No entanto, estudos que avaliavam o valor do treinamento de força em conjunto com um treinamento extenso de agilidade produziram resultados favoráveis.[3] Em um estudo,[15] os indivíduos realizaram treinamentos de agachamento com salto (i. e., agachar e saltar na subida com uma barra na parte superior das costas) com uma carga de 30% ou de 80% do valor de 1RM do agachamento com barra nas costas (peso levantado por esforço único e máximo). O desempenho no teste T melhorou em ambos os grupos de treinamento, com melhoras mais significativas no grupo com carga de 80% do valor de 1RM do que no grupo de 30%.

Esse tipo de treinamento pode ser benéfico por causa dos movimentos que ocorrem durante as mudanças de direção. Como descrito na introdução, a agilidade pode ser caracterizada como eventos de parada e retomada que consistem nas forças de frenagem (parada) e de propulsão (retomada). O agachamento com salto executado com carga adicional objetiva a realização dessas ações com intensidades maiores do que os atletas estão normalmente acostumados, o que leva a adaptações favoráveis quando eles fazem mudanças rápidas de direção.

O outro estudo com saltos que melhorou o desempenho de agilidade exigia que os indivíduos realizassem diversos tipos de saltos, incluindo saltos horizontais (saltar para a frente), laterais (saltar de um lado para o outro) com uma perna e laterais com ambas as pernas.[16] O tempo para completar tanto o teste T como o teste Illinois de agilidade diminuiu após o período de treinamento com salto. Esses tipos de saltos podem melhorar a habilidade de mudança de direção porque padrões de movimentos e características físicas similares são usados nos saltos e nos testes de agilidade. As exigências físicas para a realização dos movimentos laterais e horizontais no teste T e teste Illinois de agilidade são os mesmos componentes físicos recrutados durante o salto lateral e horizontal. Desse modo, parece lógico que os benefícios fornecidos por esses tipos de saltos possam melhorar o desempenho de agilidade quando incorporados em um programa de treinamento.

Um pequeno número de estudos também observou o efeito do treinamento com corridas de velocidade em linha reta sobre o desempenho de agilidade.[14,22] Uma das investigações identificou melhoras na agilidade,[14] enquanto a outra não observou melhoras no desempenho das mudanças de direção.[22] Com base nesses resultados, a eficácia do treinamento de agilidade que usa estritamente corridas de velocidade em linha reta não foi estabelecida por completo. Por sua vez, estudos sobre treinamentos que consistem de exercícios de agilidade melhoraram significativamente o desempenho nas mudanças de direção.[3,4,7,8,18] Esses estudos, destaca-se, integraram o treinamento de agilidade geral (*sprint* com mudança de direção) ou exercícios de agilidade com sessões de treinamento de fato para atletas do rúgbi, vôlei e futebol. Sendo assim, parece que o conceito de especificidade permanece verdadeiro, já que os ganhos maiores e mais consistentes no desempenho de agilidade foram documentados após o treinamento de mudanças de direção. Em outras palavras, para desenvolver a agilidade, os atletas precisam treinar com exercícios de agilidade.

Resumindo, o exercício tradicional de força para a parte inferior do corpo sozinho pode não ser o meio ideal para se desenvolver a agilidade. Além disso, a eficácia do treinamento com corridas de velocidade em linha reta sobre o desempenho de agilidade não foi bem estabelecida. Contudo, o treinamento com saltos, incluindo agachamentos com salto e carga e saltos horizontais e laterais, é promissor. O profissional de força e condicionamento pode integrar exercícios de salto no programa de treinamento de força de um atleta para melhorar o desempenho de agilidade se desejado. O benefício dos exercícios específicos de agilidade sobre a habilidade de mudança de direção parece estar fortemente fundamentado. Como resultado, o treinamento de agilidade pode ser recomendado como o modo de treinamento adequado para melhorar a velocidade nas mudanças de direção.

Exercícios de agilidade

Os vários exercícios de agilidade apresentados nesta seção utilizam distâncias pré-marcadas (linhas), cones ou domos e equipamentos específicos, como escadas. Eles também têm diferenças em relação à distância percorrida, duração, número de mudanças na direção e padrões de movimento. Essas características, que alteram a complexidade de cada exercício, devem ser consideradas ao selecionar exercícios para uma determinada população.

Como com qualquer outra forma de exercício, a técnica adequada deve ser utilizada sempre. Durante todo o exercício, a cabeça do atleta deve permanecer em uma posição neutra, com os olhos voltados diretamente para a frente. Os atletas costumam deixar o pescoço hiperestendido ou levam o queixo para baixo por fadiga ou hábito. Isso deve ser corrigido a fim de maximizar a técnica, reduzir o risco de lesão e permitir que o atleta pegue dicas relevantes sobre a tarefa apresentadas durante a prática e a competição. Quaisquer mudanças na direção devem ser iniciadas de cima para baixo. Isso significa que a cabeça deve virar primeiro na direção pretendida para depois ser seguida pelo resto do corpo. Outra forma de pensar nisso é fazer com que o atleta leve o olhar para a direção ou objetivo pretendido, e então deixe o corpo segui-lo. Durante a mudança de direção de fato (a fase de frenagem), baixar o centro de gravidade permitirá ao atleta parar e retomar o movimento muito mais rapidamente.

Por fim, o uso eficaz dos braços ajuda de forma significativa a habilidade de executar as tarefas de mudança de direção, já que os braços proporcionam equilíbrio e ajudam a girar o corpo, permitindo que ocorram as mudanças de direção.[1] Por exemplo, imagine um atleta realizando uma única mudança de direção durante uma corrida de ida e volta de 5 metros. Ao firmar o pé (fase de frenagem), o braço do lado de fora do movimento (o mesmo lado do pé apoiado) vai cruzar o tronco, possibilitando que o atleta gire o corpo e se mova em uma nova direção. Durante esse processo, o atleta deve manter os braços próximos ao corpo para minimizar a resistência à rotação (inércia rotacional), que ocorre quando os braços são balançados para longe do corpo.[1] Em outras palavras, uma concentração maior de massa mais próximo do ponto de rotação (tronco) permite que o giro ocorra com mais facilidade, o que é feito mantendo-se os braços próximos ao corpo. Essas dicas devem possibilitar que o atleta execute os movimentos de agilidade com muito mais eficácia.

CORRIDA LATERAL COM PASSOS CRUZADOS ("CARIOCA")

FINALIDADE

Desenvolver equilíbrio, flexibilidade nos quadris, trabalho de pés e velocidade lateral.

PROCEDIMENTO

O atleta deve fazer o seguinte:

1. Ficar em pé apoiado sobre os dois pés.
2. Dar um passo com o pé direito sobre a perna esquerda (A).
3. Mover o pé esquerdo para a esquerda (B) por trás da perna direita.
4. Dar um passo com o pé direito por trás da perna esquerda (C).

SALTO LATERAL

FINALIDADE

Desenvolver a explosão e a habilidade de mudança de direção lateralmente.

PROCEDIMENTO

Em uma área marcada de 1 metro de largura, o atleta deve fazer o seguinte:

1. Começar do lado esquerdo da área marcada.
2. Saltar para o lado com ambas as pernas, ultrapassando a área marcada.
3. Após aterrissar, voltar rapidamente (movimento de explosão), cruzando a área para a posição inicial.
4. Executar 5 a 10 repetições consecutivas rapidamente (o movimento de ir e voltar é considerado uma repetição).

VARIAÇÕES COMPLEXAS

Em uma área marcada de 10 metros de comprimento por 1 metro de largura, o atleta deve fazer o seguinte:

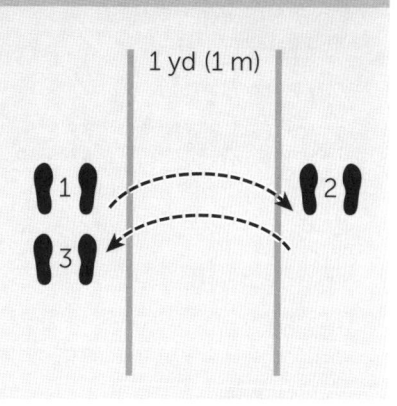

- Começar em uma extremidade e saltar por toda a extensão da área em um padrão de zigue-zague (diagonalmente) até a outra extremidade.
- Saltar apenas com uma perna.

HEXÁGONO

FINALIDADE

Melhorar a agilidade.

PROCEDIMENTO

Marcar um hexágono com lados de aproximadamente 61 cm de comprimento, mas essa medida pode variar. O atleta deve fazer o seguinte:

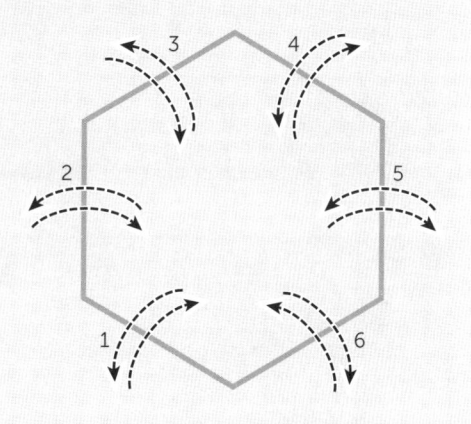

1. Começar no meio do hexágono de frente para uma determinada direção.
2. Enquanto olha para essa direção, pular com os dois pés para fora de cada lado do hexágono.
3. Seguir esse padrão tanto no sentido horário quanto anti-horário com o tempo sendo marcado.

VARIAÇÕES COMPLEXAS

- Fazer saltos com uma perna só.
- Variar o tamanho do hexágono.

CORRIDA DE IDA E VOLTA DE 18 METROS

FINALIDADE

Melhorar a habilidade de mudar de direção, o trabalho de pés e o tempo de reação.

PROCEDIMENTO

O atleta deve fazer o seguinte:

1. Começar apoiado sobre os dois pés ao lado da linha de partida.
2. Virar para a direita, correr e tocar com a mão direita uma linha a 4,6 m de distância.
3. Virar de volta para a esquerda, correr 9 m e tocar a linha mais afastada com a mão esquerda.
4. Virar de volta para a direita e correr 4,5 m de volta até a linha de partida para finalizar.

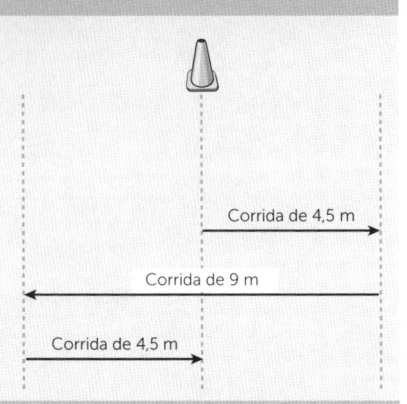

VARIAÇÃO COMPLEXA

Combinação de exercícios de agilidade na corrida de 18 metros. O atleta pratica habilidades diferentes em cada trecho do percurso (p. ex., saltos, corrida lateral com passos cruzados ["carioca"], *bounding [salto com deslocamento lateral]* etc.).

SPRINT DE IDA E VOLTA DE 55 METROS

FINALIDADE

Melhorar a agilidade e o condicionamento.

PROCEDIMENTO

O atleta deve fazer o seguinte:

1. Começar apoiado sobre os dois pés.
2. Correr 4,6 m para a frente até a primeira linha e tocá-la com qualquer uma das mãos; então, virar e voltar para a linha de partida.
3. Correr 9 m para a frente até a segunda linha e tocá-la com qualquer uma das mãos; então, virar e voltar para a linha de partida.
4. Correr 14 m para a frente até a terceira linha e tocá-la com qualquer uma das mãos; então, virar e voltar para a linha de partida.

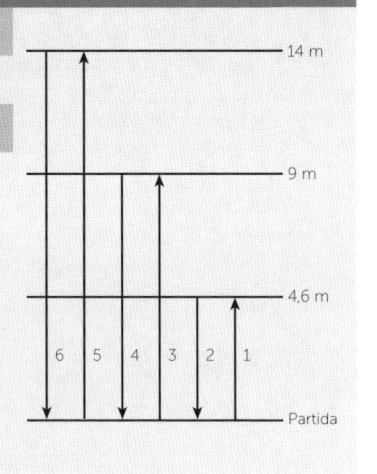

SPRINT DE IDA E VOLTA DE 91 METROS

FINALIDADE

Melhorar a habilidade de mudar de direção, o trabalho de pés e o tempo de reação.

PROCEDIMENTO

O atleta deve fazer o seguinte:

1. Começar apoiado sobre os dois pés na linha de partida.
2. Correr 4,6 m para a frente até a primeira linha, tocá-la com a mão direita, voltar para a linha de partida e tocá-la com a mão esquerda.
3. Correr 9 m para a frente até a segunda linha, tocá-la com a mão direita, voltar para a linha de partida e tocá-la com a mão esquerda.
4. Correr 14 m para a frente até a primeira linha, tocá-la com a mão direita, voltar para a linha de partida e tocá-la com a mão esquerda.
5. Correr 18 m para a frente até a segunda linha, tocá-la com a mão direita, voltar para a linha de partida e tocá-la com a mão esquerda.

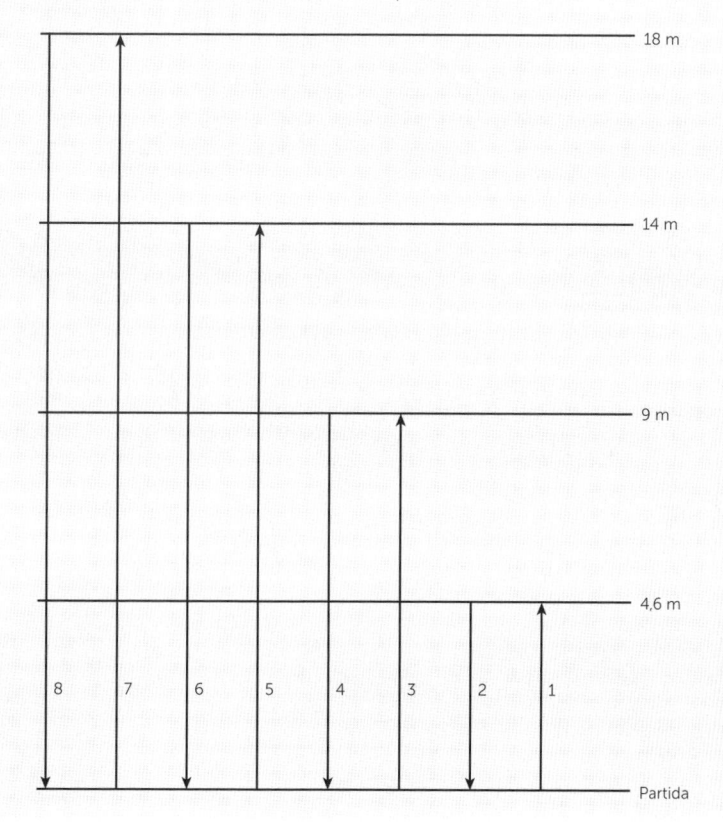

DESLOCAMENTO LATERAL DE 36 METROS

FINALIDADE

Melhorar a agilidade, o condicionamento e a flexibilidade dos abdutores e adutores, desenvolver força.

PROCEDIMENTO

O atleta deve fazer o seguinte:

1. Começar apoiado sobre os dois pés ao lado da linha de partida.
2. Deslocar-se 4,6 m lateralmente até a primeira linha, tocá-la com o pé direito, deslocar-se de volta para a linha de partida e tocá-la com o pé esquerdo.
3. Deslocar-se 9 m lateralmente até a segunda linha, tocá-la com o pé direito, deslocar-se de volta para a linha de partida e tocá-la com o pé esquerdo.
4. Deslocar-se 4,6 m lateralmente até a primeira linha, tocá-la com o pé direito e deslocar-se de volta para a linha de partida.

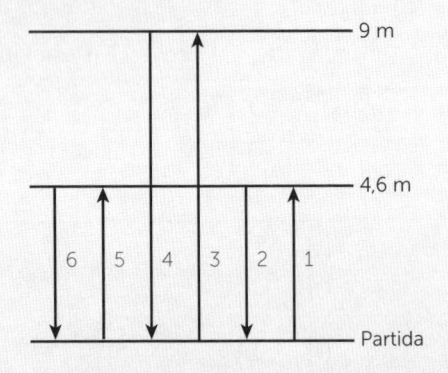

TRIÂNGULO DE 14 METROS

FINALIDADE

Melhorar a habilidade de mudar de direção, a flexibilidade nos quadris e o trabalho de pés.

PROCEDIMENTO

O atleta deve fazer o seguinte:

1. Começar apoiado sobre os dois pés.
2. Correr 4,6 m para a frente até o cone 1 e fazer uma curva acentuada para direita, dando a volta no cone
3. Correr até o cone 2, posicionado 4,6 m à direita da partida e diagonalmente em relação ao cone 1, fazer uma curva acentuada para a esquerda e dar a volta no cone.
4. Correr 4,5 m até a chegada.

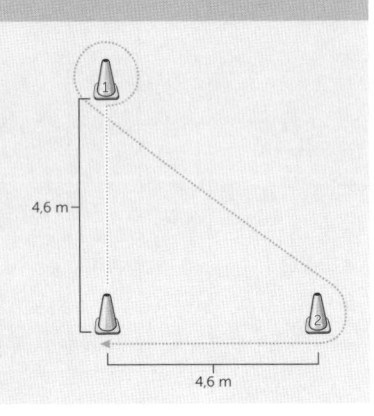

VARIAÇÕES COMPLEXAS

O atleta deve fazer o seguinte:

- Tocar o chão com a mão do lado de dentro da curva ao fazer as curvas.
- Mudar a distância entre os cones.
- Fazer as voltas quando ordenado, e não na ordem dos cones.

QUADRADO DE 18 METROS

FINALIDADE

Melhorar a habilidade de mudar de direção, a posição do corpo, as transições entre habilidades e os cortes.

PROCEDIMENTO

O atleta deve fazer o seguinte:

1. Começar apoiado sobre os dois pés
2. Correr 4,6 m até o cone 2 e fazer um corte para a direita.
3. Deslocar-se 4,5 m lateralmente e fazer um corte para trás no cone 3.
4. Correr 4,5 m de costas até o cone 4 e fazer um corte para a esquerda.
5. Deslocar-se lateralmente para a esquerda até o cone 1.

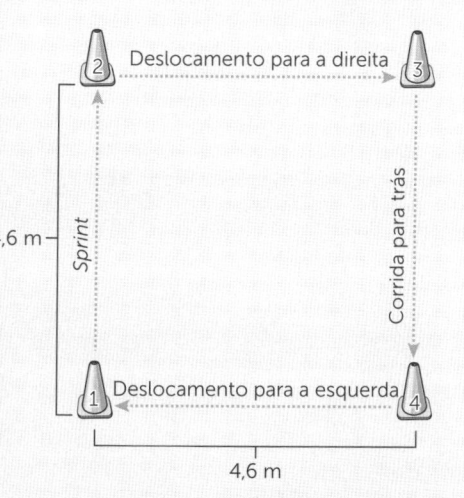

VARIAÇÕES COMPLEXAS

O atleta deve fazer o seguinte:

- Começar a partir de posições diferentes (p. ex., deitado, apoiado nos pés e nas mãos, e assim por diante).
- Mudar a distância dos cones de acordo com as demandas do esporte do atleta.
- Mudar as habilidades usadas durante cada trecho para atender a necessidades específicas.
- Fazer o corte com a perna voltada para o lado de dentro ou de fora do quadrado.
- Fazer o corte a partir do lado externo do cone ou dar a volta nos cones.
- Colocar a mão do lado de dentro do quadrado no chão durante as curvas.

MOVIMENTO EM OITO

FINALIDADE

Melhorar a habilidade de mudar de direção e o tempo de reação.

PROCEDIMENTO

O atleta deve fazer o seguinte:

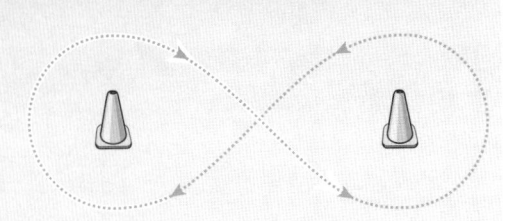

1. Posicionar dois cones de futebol com 4,6 a 9 m de distância.
2. Começar apoiado sobre os dois pés
3. Correr fazendo um oito entre os cones, tocando cada cone com a mão voltada para ele enquanto faz a volta.

VARIAÇÕES COMPLEXAS

O atleta deve fazer o seguinte:

- Mudar a distância entre os cones.
- Mudar o raio das voltas.
- Começar o exercício a partir de posições diferentes (p. ex., deitado, sentado, apoiado nos pés e nas mãos, e assim por diante).

CORRIDA EM Z

FINALIDADE

Melhorar o movimento de transição e a habilidade de virar.

PROCEDIMENTO

O atleta deve fazer o seguinte:

1. Posicionar três cones sobre duas linhas a 4,6 m de distância, de modo que os cones na linha 1 fiquem a 0, 9 e 18 m, e os cones na linha 2 fiquem a 4,6, 14 e 23 m.
2. Começar apoiado sobre os dois pés.
3. Correr 4,6 m diagonalmente até o cone mais próximo, firmar o pé do lado externo e correr ao redor do cone.
4. Continuar a correr diagonalmente até cada cone e dar a volta nele.

VARIAÇÕES COMPLEXAS

O atleta deve fazer o seguinte:

- Começar a partir de posições diferentes (p. ex., deitado, apoiado nos pés e nas mãos, e assim por diante).
- Mudar a distância entre os cones de acordo com as demandas do esporte do atleta.
- Mudar as habilidades usadas durante cada trecho para atender a necessidades específicas.
- Fazer o corte com a perna do lado de fora ou do lado de dentro.
- Colocar a mão do lado de dentro no chão durante as curvas.

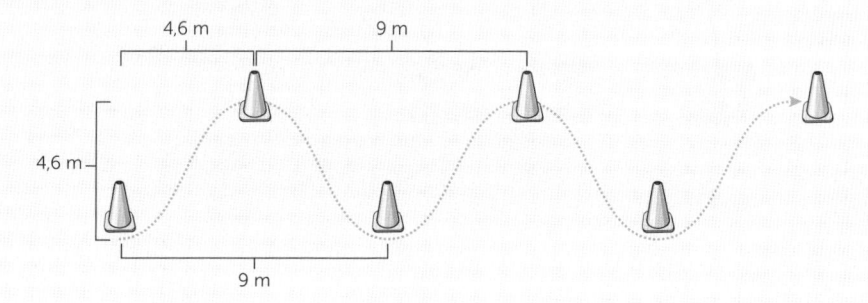

DESLOCAMENTO COM ESCADA

FINALIDADE

Aumentar a coordenação e melhorar a rapidez da parte inferior do corpo.

PROCEDIMENTO

O atleta deve fazer o seguinte:

1. Começar do lado esquerdo da escada.
2. Dar um passo para o lado com o pé direito, colocando-o dentro do primeiro quadrado formado pelos degraus da escada, e então trazer o pé esquerdo para dentro do mesmo quadrado.
3. Dar um passo para o lado com o pé direito para o lado direito da escada, e então levar o pé esquerdo para o segundo quadrado.
4. Trazer o pé direito para dentro do segundo quadrado, com o esquerdo.
5. Dar um passo para o lado esquerdo da escada e colocar o pé direito dentro do terceiro quadrado.
6. Repetir esse padrão.

Para aumentar a complexidade dos exercícios com escada, os atletas devem olhar para cima durante o exercício e evitar olhar para os pés. Todos os exercícios devem ser realizados tanto para a frente como para trás.

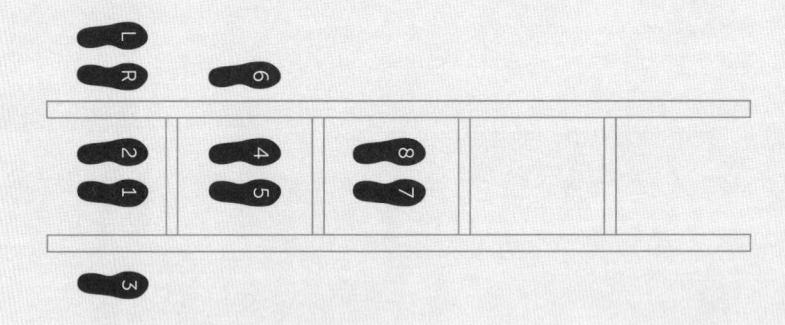

DESLOCAMENTO PARA DENTRO E PARA FORA COM ESCADA

FINALIDADE

Melhorar a agilidade, o equilíbrio, a coordenação e a rapidez.

PROCEDIMENTO

O atleta deve fazer o seguinte:

1. Começar apoiado sobre os dois pés.
2. Começar ao lado da escada, mas de frente para ela.
3. Dar um passo com o pé esquerdo direto para a frente no primeiro quadrado formado pelos degraus da escada.
4. Em seguida, colocar o pé direito no mesmo quadrado.
5. Dar um passo com o pé esquerdo para trás diagonalmente, para que ele fique de frente para o segundo quadrado à esquerda.
6. Trazer o pé direito para que ele fique de frente para o mesmo quadrado.
7. Repetir essa sequência por toda a escada.
8. Assegurar-se de que cada pé acerte todos os quadrados.

VARIAÇÕES COMPLEXAS

O atleta deve fazer o seguinte:

■ Executar o mesmo padrão com cada pé em um quadrado separado.
■ Usar um quadrado sim um quadrado não e aumentar a distância lateral do passo.
■ Realizar o exercício de costas (i. e., com a escada atrás do atleta).

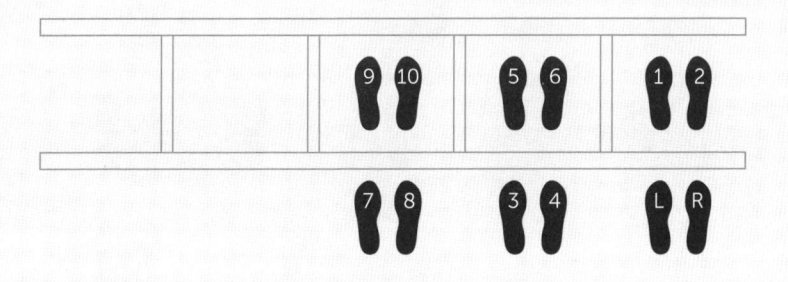

DESLOCAMENTO LATERAL COM ESCADA

FINALIDADE

Melhorar a agilidade, o equilíbrio, a coordenação e a rapidez.

PROCEDIMENTO

O atleta deve fazer o seguinte:

1. Começar apoiado sobre os dois pés.
2. Começar ao lado da escada.
3. Dar um passo com o pé direito dentro do primeiro quadrado formado pelos degraus da escada.
4. Dar um passo para a frente com o pé esquerdo por cima do primeiro quadrado até o outro lado da escada.
5. Dar um passo para o lado com o pé direito dentro do segundo quadrado.
6. Dar um passo para trás com o pé esquerdo, parando na frente do segundo quadrado.
7. Dar um passo para o lado com o pé direito dentro do terceiro quadrado.
8. Repetir essa sequência até o final da escada.

VARIAÇÃO COMPLEXA

- Lado esquerdo para dentro. O atleta deve realizar o exercício começando com o pé esquerdo e usando o pé contrário (em relação às instruções anteriores).

SALTOS EM Z

FINALIDADE

Melhorar a agilidade, o equilíbrio, a coordenação, a flexibilidade do quadril e a rapidez.

PROCEDIMENTO

O atleta deve fazer o seguinte:

1. Começar apoiado sobre os dois pés, com um pé do lado de fora e o outro do lado de dentro da escada.
2. Mantendo os pés juntos, fazer uma série de saltos dando um quarto de volta no corpo.
3. A direção para a qual os pés devem apontar em cada salto é a seguinte: para a frente, para a direita, para a frente, para a esquerda, para a frente, e assim por diante.
4. Girar o quadril a cada salto.

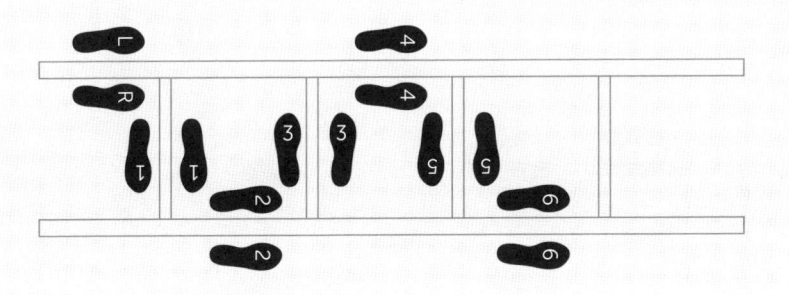

DESLOCAMENTO CRUZADO COM ESCADA

FINALIDADE

Aumentar a flexibilidade e a potência do quadril, melhorar a habilidade de mudar de direção.

PROCEDIMENTO

O atleta deve fazer o seguinte:

1. Ficar em pé do lado esquerdo da escada.
2. Cruzar o pé esquerdo sobre o direito para pisar dentro do primeiro quadrado formado pelos degraus da escada.
3. Dar um passo com o pé direito para o lado direito da escada.
4. Cruzar imediatamente o pé direito para dentro do segundo quadrado.
5. Dar um passo para o lado esquerdo da escada com o pé esquerdo.
6. Repetir o processo por toda a escada.
7. Lembre-se: apenas um pé fica dentro da escada de cada vez.

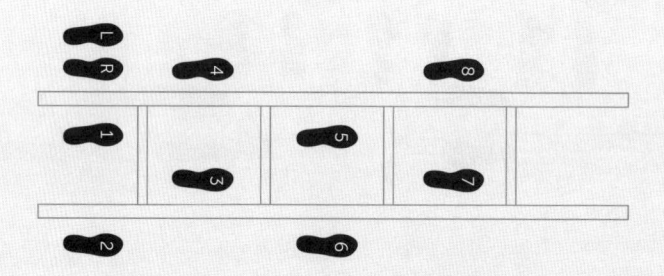

Os exercícios e diagramas acima, com exceção do salto lateral, foram reproduzidos com permissão de Brown LE., Ferrigno VA. *Training for Speed, Agility, and Quickness*. Champaign, IL, Human Kinetics, 2. ed., 2005. Para outros exercícios e informações adicionais sobre o treinamento de agilidade, incentivamos os leitores a consultar esse livro e o DVD que o acompanha.

ELABORAÇÃO DE PROGRAMAS DE AGILIDADE

Após uma avaliação inicial da habilidade de mudança de direção, o atleta pode iniciar um programa de treinamento para desenvolver a agilidade. Qualquer programa de treinamento, seja ele voltado para o desenvolvimento de força, velocidade ou resistência aeróbia, precisa de planejamento de curto e longo prazos para maximizar os ganhos e minimizar a fadiga e os platôs no treinamento. Esse planejamento e desenvolvimento exigem a manipulação do que os cientistas esportivos e praticantes de esporte chamam de *variáveis do programa*. As variáveis do programa são a seleção, ordem, frequência, intensidade, volume e períodos de repouso para os exercícios realizados durante uma determinada sessão de treinamento (Tab. 8.3).

> Para dicas práticas sobre a integração do treinamento de agilidade com outras formas de treinamento no contexto do planejamento anual do atleta, ver o Capítulo 12.

Sempre que possível, as recomendações são para a prescrição de variáveis de programa baseadas em estudos sobre treinamento que tiverem êxito na melhora da habilidade de mudança de direção. Presume-se que os resultados positivos desses estudos ocorreram a partir de um planejamento e implementação efetivos das variáveis do programa.

TABELA 8.3 Resumo das variáveis de programa relevantes para o treinamento de agilidade

Variável do programa	Diretrizes
Escolha do exercício	Considerar: ■ Padrões de movimento ■ Distâncias encontradas na competição
Ordem do exercício	Principiantes ■ Dos menos para os mais complexos Avançados ■ Dos menos para os mais complexos ou ■ Mais complexos com menor intensidade no início
Frequência	■ 2 a 3 vezes por semana ■ Pode aumentar ou diminuir baseado nas condições de treinamento do atleta
Intensidade	Máxima ou próxima da máxima
Volume	~ 5 exercícios (ajustar com base no grau de preparação individual) Principiantes ~ 5-10 repetições por exercício Avançados 5-25 repetições por exercício
Repouso	■ Razão trabalho-repouso de 1:4 até 1:20 ■ Ajustar de acordo com as condições de treinamento do atleta e a complexidade do exercício

Seleção dos exercícios

A escolha de exercícios individuais deve ser baseada no que um atleta pode encontrar em uma situação de jogo. Por exemplo, jogadores de futebol percorrem áreas enormes durante uma partida. Os padrões de movimento executados por um jogador típico incluem corridas longas em velocidade intercaladas por mudanças de direção, enquanto buscam um espaço aberto para que os companheiros de equipe possam passar a bola. Logo, as corridas de ida e volta de 36, 55 e 91 m, bem como o deslocamento lateral de 36 m e a corrida de costas de 50 m, seriam exercícios apropriados para o treinamento. O jogador que realizasse um exercício longo de deslocamento lateral (p. ex., o deslocamento lateral de 36 m) não correria os 36 m em linha reta, mas poderia fazer oito corridas com mudança de direção de 4,5 m cada. Esses exercícios proporcionam a tarefa de mudança de direção integrada com distâncias comparáveis às percorridas por um jogador de futebol. Uma abordagem similar pode ser feita para um *receiver* ou *running back* no futebol americano. Portanto, a seleção dos exercícios de agilidade deve ser feita após a identificação tanto das características do esporte quanto das diferenças entre as posições dentro do esporte.

Deve-se observar que o nível de treinamento inicial de um atleta será um fator na escolha dos exercícios. Um atleta principiante ou sem condicionamento provavelmente necessitará de uma série inicial de exercícios básicos para se acostumar com as demandas do treinamento antes de progredir para rotinas mais complexas.

Ordem dos exercícios

A ordem dos exercícios de agilidade dentro de uma sessão de treinamento depende em grande parte da situação de treinamento do atleta ou da população que está sendo treinada. Em geral, um principiante realizará exercícios menos complexos (os de menor duração e com menos mudanças de direção) antes de executar os exercícios mais complexos (os mais longos e com mais mudanças de direção). Isso permite a um iniciante se familiarizar com os padrões de movimento e as características físicas necessárias para executar as tarefas de mudança de direção. Atletas avançados podem usar a mesma ordem de exercícios, com os exercícios menos complexos servindo como aquecimento para prepará-los para os exercícios mais avançados. O atleta avançado também pode ir direto para os exercícios mais complexos no início da sessão, mas deve fazer as repetições iniciais com uma intensidade menor antes de partir para as repetições de esforço máximo.

Frequência

A *frequência* se refere ao número de sessões de treinamento realizadas durante um determinado tempo. As melhoras na habilidade de mudança de direção foram demonstradas com um mínimo de 2 vezes por semana por 4 semanas.[2] A frequência de treinamento mais comum administrada em estudos de treinamento bem-sucedidos é de 2 a 3 vezes por semana.[2] A duração desses programas de treinamento variou de 6 a 14 semanas, com o período mais comum sendo de 8 a 10 semanas.[2] Em qualquer caso, um programa de treinamento de agilidade consistente com uma frequência de 2 a 3 vezes por semana no curso de várias semanas parece ser necessário para melhorar a habilidade de mudança de direção. O Capítulo 12 discute a integração do treinamento de agilidade dentro do programa de treinamento anual.

Intensidade

Uma definição prática de *intensidade* é o esforço exigido em um determinado exercício. Outras formas de treinamento geralmente estabelecem a intensidade como uma porcentagem de algum valor máximo obtido durante uma avaliação do parâmetro de treinamento. Por exemplo, a intensidade de um exercício de força é geralmente quantificada como uma porcentagem do valor de uma repetição máxima (1RM). Nos exercícios aeróbios, ela é quantificada como uma porcentagem da frequência cardíaca máxima (FCM) ou consumo de oxigênio máximo ($VO_{2máx}$). O treinamento de agilidade, entretanto, não utiliza manipulações na intensidade do modo que um programa de exercícios aeróbios ou de resistência utilizaria. Os atletas executam os exercícios de agilidade com esforço e velocidade máximos ou próximos do máximo para desenvolver a habilidade de mudança de direção, já que, por definição, esse evento de parada e retomada precisa ocorrer muito rapidamente, com o mínimo intervalo entre as duas fases.

Volume

Dado que a intensidade dos exercícios de agilidade não varia, o volume é a variável que deve ser manipulada para ajustar a dificuldade do programa. O volume representa a quantidade total de exercícios realizados em uma sessão de treinamento. Ele pode ser calculado somando-se o número de repetições realizadas por exercício. Uma única repetição representa a finalização do exercício completo uma única vez (i. e., uma sequência completa). Se um atleta realizar 5 repetições dos exercícios com escada e 5 dos exercícios com cones, o volume total realizado será de 10 repetições ou sequências. Para aumentar o volume, um atleta pode fazer mais repetições por exercício ou aumentar o número de exercícios realizados durante uma sessão de treinamento.

Infelizmente, o volume ideal para gerar os melhores ganhos não foi identificado na literatura científica. Também não há muitas pesquisas sobre o assunto. Completar de 5 a 25 repetições de 5 exercícios tem sido aceito como um treinamento adequado, com ajustes feitos para os níveis iniciais de condicionamento e de acordo com a natureza dos exercícios (i. e., complexidade, dificuldade) executados.[9] Por exemplo, uma corrida de ida e volta de 91 m pode ser feita de 3 a 5 vezes por causa da longa distância percorrida, ao passo que uma corrida de ida e volta de 18 m pode ser feita até 20 vezes no total (2 séries de 10 repetições). Um iniciante pode realizar apenas 5 a 10 repetições de um exercício ao começar um novo programa de agilidade, dependendo da dificuldade do exercício. Além disso, o número de exercícios executados também pode ser ajustado com base no nível de preparação individual. O mesmo número de repetições não precisa ser feito para cada exercício, e deve-se dar prioridade para as áreas fracas.

Repouso

Períodos de recuperação devem ser proporcionados entre as repetições e exercícios de modo que a técnica possa ser mantida. Uma razão de trabalho-repouso entre 1:4 e 1:6 deve proporcionar a recuperação adequada.[9] Por exemplo, um exercício que dure 15 segundos teria intervalos de recuperação de 1 a 2 minutos. Ajustes também podem ser feitos para possibilitar a recuperação adequada com base no nível de condicionamento do atleta no momento, bem como na complexidade das tarefas de agilidade realizadas. Os atletas com menor condicionamento podem precisar de períodos de recuperação mais longos durante uma sessão de treinamento. Da mesma forma, aqueles que utilizam exercícios mais difíceis ou desafiadores podem precisar de tempos de repouso maiores. Na verdade, razões de trabalho-repouso de até 1:20 não são incomuns, desde que o atleta esteja pronto e capaz de aplicar o máximo esforço em cada repetição.

Estruturas do programa de treinamento

Uma sessão de treinamento de agilidade comum consiste em elementos similares a outros modos de treinamento, como um aquecimento geral, um aquecimento específico, sessão principal e resfriamento. O aquecimento geral consiste em exercícios de baixa intensidade que utilizam grupos musculares grandes (corrida leve) para aumentar a temperatura corporal e preparar o atleta para o treinamento. O aquecimento específico também serve como uma preparação, mas é mais específico em relação aos objetivos da sessão de

> Para uma amostra de programas de treinamento de agilidade cujos objetivos são um trabalho rápido de pés em espaços restritos, mudanças de direção em distâncias variáveis e exigências de agilidade de jogadores de basquete, ver o Capítulo 12.

treinamento. Isso pode ser conseguido pela execução de alguns exercícios de agilidade com uma intensidade menor (como um ensaio) para preparar o corpo para as tarefas de mudança de direção que formam o núcleo da sessão de treinamento. A parte de resfriamento, que consiste em uma atividade de baixo impacto, pode ser entendida como um aquecimento reverso que gradualmente leva o corpo de volta aos níveis de pré-atividade.

RESUMO

- As mudanças frequentes de direção realizadas na maioria dos esportes de campo e quadra destacam a importância da agilidade. A agilidade envolve mudanças rápidas de direção e velocidade. Logo, ela depende da capacidade de parar o corpo muito rapidamente (força de frenagem) e reiniciar o movimento (força de propulsão).
- Como a maioria dos outros parâmetros de desempenho, a agilidade pode ser melhorada por meio de um programa de treinamento bem planejado que utilize as variáveis de programa relevantes e o conceito da especificidade.
- O desenvolvimento de uma boa habilidade de mudança de direção requer intervenções específicas na agilidade. Assim, os atletas precisam treinar utilizando exercícios de agilidade.
- Os exercícios de agilidade devem ser selecionados de acordo com a distância que os atletas vão percorrer em uma situação de jogo e com os tipos de mudanças na velocidade e direção que eles são obrigados fazer.
- Para aumentar a habilidade de mudança de direção, os exercícios de agilidade precisam ser realizados duas a três vezes por semana durante várias semanas, no mínimo.
- Os exercícios de agilidade devem sempre ser realizados com alta intensidade para serem eficazes. A dificuldade das sessões de um treinamento de agilidade pode ser trabalhada por meio do número de exercícios executados e pela duração dos intervalos de repouso.

Treinamento de velocidade

Jay R. Hoffman, PhD, CSCS*D, FNSCA
John F. Graham, MS, CSCS*D, FNSCA

A *velocidade* pode ser definida como a habilidade de percorrer uma determinada distância em um tempo específico. A velocidade é considerada uma contribuição importante para o sucesso no desempenho esportivo. Vários estudos mostram que a velocidade é frequentemente o fator decisivo entre iniciantes e atletas experientes em esportes de equipe.[4,5,15] O fator mais influente na velocidade dos atletas é a constituição genética. Atletas com membros longos e alta porcentagem de fibras musculares de contração rápida têm tanto a vantagem fisiológica quanto a biomecânica de serem mais rápidos do que atletas com membros mais curtos e menor porcentagem de fibras musculares de contração rápida. No entanto, a velocidade da corrida também depende de habilidade e técnica, as quais, quando imperfeitas, podem ser melhoradas. Sendo assim, se os atletas podem melhorar sua técnica de corrida e aumentar sua força e potência, é possível que eles também possam melhorar sua velocidade. Muitos especialistas na área de força e condicionamento fundamentam esse conceito.[3,7,10,18,21,22,24,29]

O treinamento de velocidade é uma parte importante da preparação dos atletas que participam de esportes nos quais a velocidade é um fator significativo nos resultados do desempenho (p. ex., futebol americano, beisebol, basquete, lacrosse e futebol).[2,10,14,21,22,26,27] O treinamento de velocidade possibilita aos atletas usarem força máxima durante padrões e movimentos de velocidade específicos do esporte.[22,25,28] Ele influencia e beneficia os músculos e grupos musculares que ligam as ações musculares excêntricas com as ações musculares concêntricas, ou o *ciclo de alongamento-encurtamento* (CAE).[6,19] Um CAE ocorre quando um músculo ou grupo muscular é alongado e então imediatamente encurtado (como um elástico).

As ações de alongamento-encurtamento envolvem dois eventos: a tensão e resposta de extensão-impulso ao sistema neuromotor; e a atividade musculotendínea inerente.[6,19] Ações CAE de curta duração tendem a aumentar o desempenho, a velocidade, a aceleração e a potência do músculo por meio de energia elástica, ao passo que adaptações de longo prazo reduzem a rigidez muscular e aumentam a ativação neuromuscular.[6,19,26] O CAE é frequentemente reconhecido como uma ligação entre potência e velocidade que possibilita aos atletas aumentarem ambas as variáveis de desempenho.[17,19,24] O Capítulo 5 fala sobre as funções do CAE com mais detalhes.

FATORES DO DESEMPENHO DA VELOCIDADE

A capacidade de desenvolver a aceleração pode variar consideravelmente entre os atletas. Alguns corredores de nível olímpico podem continuar acelerando até a marca dos 70 metros em uma corrida de 100 metros rasos. Ainda que a capacidade de acelerar seja importante, a taxa em que ocorre essa aceleração pode ter uma importância maior ainda. O objetivo de todo atleta é alcançar a velocidade de pico (o que envolve maximizar a aceleração) o mais rápido possível. A velocidade da corrida é influenciada pela força e pela potência, razão pela qual atletas com o objetivo de se tornarem mais rápidos devem seguir tanto um programa de treinamento de força (ver Cap. 4) quanto o treinamento de velocidade.

Enquanto os atletas conseguem acelerar, eles ganham velocidade. Apenas quando eles começam a desacelerar é que perdem velocidade. Para manter a velocidade de *sprint*, os atletas precisam buscar melhorar a relação velocidade-resistência aeróbia. A relação velocidade-resistência aeróbia não é um fator em corridas de curta distância, como uma corrida de 40 m, na qual os atletas devem acelerar durante toda a distância da corrida. No entanto, isso se torna bastante relevante em distâncias acima dos 100 m. Nesses casos, a relação velocidade-resistência aeróbia se torna um fator determinante no sucesso da corrida.

Frequência e comprimento do passo

A *velocidade* é a interação entre a frequência e o comprimento do passo. Um passo consiste em duas fases, ou *pisadas*, que podem ser definidas como os pontos de contato entre o pé e o chão (Fig. 9.1). A *frequência do passo* é o número de passos dados com cada perna durante a distância de uma corrida. Se um corredor em uma corrida de 100 m conta 25 pisadas com sua perna direita e 24 com a perna esquerda, ela dá um total de 49 passos. Se o corredor fizer os 100 m em 11 segundos, ele terá uma frequência de 4,45 passos por segundo. Corredores de elite têm uma frequência de cerca de 5 passos por segundo.[23]

Conforme aumenta a frequência do passo, o tempo gasto tocando o chão (chamado de *fase de apoio*) diminui, e o tempo gasto na fase do voo aumenta. Se a frequência do passo de um atleta aumentar, mas a distância de seu passo permanecer constante, sua velocidade de corrida aumentará. Da mesma forma, se a frequência do passo do atleta permanecer constante, mas o comprimento de seu passo aumentar, sua velocidade de corrida também aumentará.

Durante um *sprint*, tanto a frequência como a distância dos passos aumentam, o que também provoca o aumento da velocidade de corrida. Quando um atleta se afasta do bloco de partida em uma corrida ou inicia um exercício, a mudança inicial na velocidade é o resultado de um aumento no passo da corrida. O corredor usa passos curtos e inconstantes para superar a inércia. O comprimento do passo, então, começa a aumentar conforme o corredor acelera. Conforme a velocidade da corrida vai aumentando, aumentos no comprimento e na frequência do passo contribuem para velocidades de corrida maiores. No entanto, o comprimento do passo aumenta até velocidades de corrida de cerca de 8 m/s.[11] Depois disso, conforme a velocidade continua aumentando, uma leve diminuição no comprimento

FIGURA 9.1 Uma passada em uma corrida inclui duas pisadas, como mostrado na figura.
Adaptado com permissão de Puleo J. e Milroy P. *Running Anatomy*. Champaign, IL, Human Kinetics, 2010, 20.

do passo é vista, com um aumento sustentado na frequência do passo. A contribuição tanto do comprimento quanto da frequência do passo para a velocidade de *sprint* mudará em velocidades de corrida diferentes. A frequência do passo parece ser mais importante para determinar a velocidade máxima do corredor do que o comprimento do passo.[23]

Tanto a frequência como o comprimento do passo parecem variar bastante entre os atletas. O comprimento do passo depende da altura e do comprimento das pernas do atleta.[23,24] Atletas altos com pernas mais longas geralmente têm passos mais longos. A frequência do passo também varia bastante, com diferenças maiores vistas entre corredores treinados e não treinados.[23,24] Corredores treinados podem atingir frequências maiores do que os não treinados. Eles alcançam sua velocidade máxima muito antes do que os corredores não treinados. Melhoras no desempenho de potência parecem aumentar a capacidade de aceleração dos atletas ao diminuir o tempo de contato com o chão em cada passo e aumentar a geração do impulso durante cada decolagem.[9,23,24]

Composição do tipo de fibra muscular

Como discutido anteriormente neste capítulo, a composição do tipo de fibra muscular tem um papel importante na determinação da velocidade de corrida. Os músculos são formados por dois tipos de fibras. As fibras tipo I, também chamadas de *fibras oxidativas de contração lenta*, proporcionam uma saída de força baixa e velocidade de condução lenta, mas são resistentes à fadiga. Elas são benéficas para atletas que participam de eventos de resistência aeróbia. As fibras tipo II, também chamadas de *fibras glicolíticas de contração rápida*, têm uma saída de força alta e velocidade de contração rápida, mas são facilmente fatigáveis. Essas fibras são benéficas para atletas que participam de esportes de explosão que exigem desempenho de potência e força.

Cada uma dessas fibras possui subtipos. Os subtipos das fibras possuem as características básicas do tipo de fibra (contração lenta ou contração rápida), mas elas podem ser alteradas com base no estímulo do treinamento ou na falta do estímulo. Ou seja, as fibras podem se tornar mais oxidativas ou glicolíticas dependendo do tipo de programa de treinamento. No entanto, os atletas não são capazes de mudar a composição do tipo de fibra, logo, ainda que fibras do tipo I possam se tornar mais anaeróbias ou glicolíticas por meio do treinamento de *sprint* ou intervalado, elas nunca vão adquirir muitas das características geralmente associadas às fibras do tipo II. A maioria das pessoas nasce com um número igual de fibras tipo I e tipo II. Embora o treinamento possa ajudar os atletas a alcançarem seu potencial máximo, a distribuição do tipo de fibra afetará os eventos em que eles podem se sobressair. É por isso que não é fácil desenvolver atletas de elite. Eles não se tornam atletas de elite, eles nascem assim.

A arquitetura muscular também parece ter um papel importante na velocidade. Foi sugerido que a combinação da espessura do músculo, comprimento do fascículo e ângulo de penação resultante influencia o desempenho de velocidade.[1,20] As fibras musculares com maior ângulo de penação geram mais força, e as fibras musculares com menor ângulo de penação demonstram uma característica de encurtamento mais rápido, ajudando, assim, os atletas a aumentarem a velocidade.[1,20]

TÉCNICAS E MECANISMOS DE *SPRINT*

O treinamento técnico para o *sprint* (tiro de velocidade) pode ser dividido em cinco áreas: partida, aceleração, fase de impulso, fase de recuperação e desaceleração.

Partida

Os atletas iniciam uma corrida a partir de várias posições, incluindo posições estacionárias ou em movimento. Atletas de esportes como o beisebol e o *softbol* geralmente iniciam todos os movimentos de velocidade a partir de uma posição estacionária com dois pontos de apoio, enquanto em outros esportes (p. ex., hóquei na grama, futebol, basquete e lacrosse) os atletas também podem iniciar o movimento com dois pontos de apoio, mas a partir de um movimento ativo (correr, deslocar-se lateralmente, correr de costas). O futebol americano apresenta várias posições de partida, incluindo posições estacionárias com três ou quatro pontos de apoio para os jogadores de linha e *fullbacks*, com dois pontos de apoio para lançadores, *receivers* e *running backs,* posições estacionárias ou em movimento com dois pontos de apoio para *linebackers* e *defensive backs*, bem como para jogadores em equipes especiais.

Ao iniciar um *sprint* a partir de uma posição com dois pontos de apoio, o atleta deve estar em uma posição confortável, com os pés separados na distância dos ombros ou um pouco mais próximos, com o peso do corpo distribuído igualmente em ambos os pés e com os braços dobrados em um ângulo de 90°. A mão do lado da perna posicionada mais à frente deve estar próxima dos glúteos, e a outra mão deve estar posicionada ao lado do rosto. O centro de gravidade do atleta deve estar acima do pé posicionado mais à frente, com essa perna dobrada em quase 90°. Antes de iniciar o movimento, dois terços a três quartos do peso do corpo devem ser transferidos para a perna da frente. A partida deve ocorrer com os dois pés aplicando força no chão e com um movimento explosivo para a frente. O pé posicionado atrás deve deixar o chão primeiro com um movimento rápido para a frente e o braço atrás deve ser impelido para a frente.[10,16,29]

O início do movimento a partir de três ou quatro pontos de apoio deve ocorrer com o atleta em uma posição confortável. O peso do corpo deve estar distribuído por igual entre mãos, pés e joelhos, os braços devem estar alinhados com a distância do ombro e a cabeça e as costas devem estar alinhadas. Antes de iniciar o movimento, o atleta deve alinhar o centro de gravidade acima da perna posicionada à frente, dobrar a perna da frente em quase 90° e a de trás em cerca de 125°, mover o quadril na distância dos ombros ou um pouco mais distante e esticar ambos os braços e levá-los um pouco à frente das mãos. A partida ocorre com uma força explosiva de ambos os pés, com a perna de trás movendo-se primeiro com um balanço para a frente. Ao mesmo tempo, o braço oposto deve se mover ativamente.[10,16,29]

O início do movimento ocorre com o atleta se movendo com uma caminhada ou corrida leve, apenas com uma leve inclinação para a frente. Durante a partida, o atleta deve aplicar força no chão com ambos os pés e explodir para a frente, com o pé posicionado atrás saindo primeiro do chão com um balanço rápido e com o braço de trás impelido para a frente.[10,16,29]

Aceleração

Durante a fase de aceleração, o corpo se endireita gradualmente e a distância dos passos aumenta. Quando a planta do pé faz contato com o chão, o pé deve estar em dorsiflexão. O atleta deve olhar para baixo e limitar a flexão do tronco na cintura. A aceleração difere da velocidade máxima (impulso e fase de recuperação) das seguintes formas: o comprimento do passo aumenta durante o período de aceleração e o esforço ocorre na mecânica da parte frontal (p. ex., ação da perna que ocorre na frente do corpo).[6,10,23,29]

Fases de impulso e de recuperação

A fase de impulso de cada passo começa quando a planta do pé da frente gera um contato forte com a superfície e termina quando o pé deixa a superfície. O centro de gravidade do atleta deve estar levemente atrás da perna da frente no ponto inicial do contato. O contato forte da planta do pé dianteiro em dorsiflexão é atenuado pela extensão do quadril, joelho e tornozelo. O curto período de contato com a superfície deve durar até que o centro de gravidade do atleta passe por cima e para a frente do pé dianteiro. A fase de impulso é concluída quando a planta do pé dianteiro deixa o chão.[6,10,23]

A fase de recuperação de cada passo começa quando a planta do pé posicionado à frente deixa o chão e continua até que o pé volte a tocá-lo. Ainda com o pé em dorsiflexão, o atleta deve flexionar o joelho e puxar o calcanhar em direção ao quadril rapidamente. Isso permite um movimento mais rápido da perna de recuperação por uma vantagem mecânica, já que a perna está mais próxima do eixo de rotação do quadril. Assim que o calcanhar alcançar a sua altura máxima, o atleta deve impulsioná-lo para a frente, com a intenção de passar o pé em dorsiflexão acima do joelho oposto. Conforme ele começa a estender a perna na preparação para o contato com o chão, o atleta deve se concentrar em manter o pé em dorsiflexão e levá-lo para a superfície com uma extensão forte do quadril e do joelho.[6,10,23,27]

Durante os movimentos das fases de impulso e recuperação, os atletas devem considerar os seguintes fatores. A cabeça deve ser mantida em seu alinhamento normal com o tronco e os ombros devem ser mantidos firmes para evitar a rotação. O ângulo do corpo deve permanecer entre 80° e 85°, e os músculos da cabeça, pescoço, ombros e extremidades superiores devem permanecer relaxados. O balanço do braço deve começar com o braço da frente flexionado em 70° (oposto à perna de trás), com a mão ao lado do rosto, e terminar com o braço de trás flexionado em 130° (oposto à perna da frente) e posicionado um pouco atrás do quadril.[6,23] Com o posicionamento adequado, o corredor mostrará o tronco reto, a cabeça nivelada e a altura máxima do quadril durante uma corrida de esforço máximo.

Desaceleração

Uma desaceleração e parada bem-sucedidas nos esportes permitem que os atletas transitem entre a aceleração e a velocidade máxima a fim de mudar de direção, com base no que dita a ação. A chave para a desaceleração e mudança de direção sem uma parada total é flexionar os tornozelos, quadril e joelhos conforme cada pé toca o chão. Isso prolon ga o tempo em que a força pode ser absorvida e distribuída pelo corpo, permitindo que os atletas reduzam a velocidade e façam uma mudança de direção ou parem completamente.[10]

ELABORAÇÃO DE PROGRAMAS DE VELOCIDADE

Esta seção descreve como elaborar um programa de treinamento de *sprint*, que deve sempre ser incorporado no programa de condicionamento anual de um atleta. Esta seção

> Para mais informações sobre a implementação de programas de velocidade e a integração de treinamentos de velocidade com outras formas de exercícios dentro de um plano anual para o atleta, ver o Capítulo 12.

se concentra na elaboração de programas específicos e apresenta exemplos de exercícios.

Superfícies e calçados

Antes de iniciar um programa de treinamento, é importante decidir sobre as instalações que serão usadas (i. e., quadra coberta, gramado ou pista) e o tipo de calçado que será usado. Os atletas devem realizar os exercícios do treinamento de velocidade em uma superfície similar àquela em que eles competem. Por exemplo, jogadores de basquete devem treinar corrida em uma quadra de basquete e jogadores de hóquei no gelo devem treinar em um rinque de gelo. Para os que praticam o esporte em local aberto, a grama natural continua sendo a superfície preferida. No entanto, novos campos com grama sintética, com qualidades similares de absorção de choque, proporcionam uma superfície de corrida equivalente. Os atletas também devem escolher o calçado a ser usado durante o treinamento de velocidade e a competição. Calçados como chuteiras são desenvolvidos para o uso na grama ou grama sintética. As superfícies devem ser planas e sem obstáculos (equipamentos esportivos, objetos naturais ou equipamentos de manutenção do piso). Independentemente da superfície e do calçado usado, os atletas devem se assegurar de que o calçado seja confortável e que esteja bem ajustado e preso aos pés para evitar movimentos desnecessários do pé que podem causar lesões.

Exercícios do treinamento de velocidade

Exercícios de velocidade fundamentais auxiliam a evolução da forma e técnica apropriadas no treinamento de velocidade, com benefícios que levam a uma melhora na aceleração, na velocidade máxima e no desenvolvimento da relação velocidade-resistência aeróbia. Exercícios de velocidade fundamentais oferecem a possibilidade de separar as técnicas de velocidade em segmentos menores e de aperfeiçoar essas técnicas usando velocidades menores, para que elas possam, então, ser transferidas para o treinamento de máxima aceleração, velocidade e relação velocidade-resistência aeróbia. Antes de incluir exercícios de velocidade em um programa de treinamento, os profissionais de força e condicionamento devem conhecer o propósito de cada exercício e ser capazes de demonstrar o exercício na forma e com a técnica adequadas. Além disso, eles devem monitorar os atletas em relação à forma e técnica adequadas durante a realização dos exercícios. O ideal é que os exercícios sejam realizados quando os atletas estiverem totalmente recuperados e não fadigados por outros tipos de treinamento ou pela prática do esporte. A Tabela 9.1 mostra um exemplo de treinamento de *sprint* que usa alguns dos exercícios descritos nas próximas seções.

TABELA 9.1 Amostra de treinamento de *sprint*

Exercício	Repetições	Distância ou tempo
Exercício de balanço dos braços	2-4	10 s
Partida em posição de flexão	2	11 passos de distância
	2	4,5 m em 3 passos
	2	9 m em 5 passos
	2	14 m em 7 passos
Corrida de velocidade em declive	4-6	27 m
Corrida em aclive	4-6	18-27 m

CALCANHARES PARA CIMA

FINALIDADE

Aumentar a velocidade dos pés.

MOVIMENTO

Um percurso de 18 m é marcado. O atleta deve correr o percurso usando a planta dos pés, puxando o calcanhar para cima até tocar os glúteos em cada passo. Após um período de recuperação curto (30 a 45 s), o atleta repete o exercício, voltando para a posição original. O atleta deve fazer o seguinte:

1. Conforme flexiona a perna, trazer o joelho para cima e para a frente.
2. Manter a cabeça alinhada normalmente com o tronco.
3. Manter o tronco e os ombros firmes e evitar a rotação.
4. Manter o ângulo do corpo entre 80° e 85°.
5. Relaxar os músculos da cabeça, pescoço, ombros e membros superiores.
6. Iniciar o balanço dos braços com o braço da frente flexionado em 70° e a mão ao lado do rosto (oposto à perna de trás).
7. Terminar o balanço dos braços com o braço de trás flexionado em 130° e com a mão um pouco atrás do quadril (oposto à perna da frente).

AÇÃO DOS BRAÇOS (SENTADO)

FINALIDADE

Movimentação adequada dos braços.

MOVIMENTO

O atleta deve fazer o seguinte:

1. Sentar-se com as pernas esticadas e os joelhos travados.
2. Começar com um braço flexionado em frente ao rosto e o outro para trás (A).
3. Balançar os braços a partir do ombro.
4. Mover o braço para baixo e para trás continuamente, quase tocando o chão com os dedos (B).
5. Manter uma das mãos à frente do rosto o tempo todo.
6. Fazer o mesmo movimento de martelar com a outra mão.

O exercício está correto se os glúteos saírem do chão, o que resulta do impulso do movimento do braço.

AÇÃO DOS BRAÇOS (TROCA EM PÉ)

FINALIDADE

Movimentação adequada dos braços.

MOVIMENTO

O atleta deve fazer o seguinte:

1. Começar com um braço flexionado em frente ao corpo com os dedos apontados para cima.
2. Manter o outro braço atrás do corpo com o cotovelo flexionado e os dedos apontados para baixo.
3. Trocar a posição dos braços com um movimento de corte, como no karatê.
4. Enfatizar o movimento do braço de impulso para baixo e para trás em um movimento de martelar.
5. Fazer uma pausa para marcar a troca.

INCLINAÇÃO E QUEDA ANTES DO *SPRINT*

FINALIDADE

Rapidez nas primeiras passadas e posição de corrida.

MOVIMENTO

O atleta deve fazer o seguinte:

1. Ficar em pé com os pés posicionados na distância do quadril (não além).
2. Equilibrar o peso do corpo sobre o meio dos pés.
3. Inclinar-se para a frente a partir da cintura (A).
4. Manter a parte superior do corpo parada.
5. Cair para a frente a partir do centro do corpo.
6. Deixar que o pé naturalmente vá para a frente e se posicione abaixo do quadril (B).
7. Manter o primeiro passo curto.
8. Continuar o movimento de corrida por cerca de 9 a 18 m (C).
9. Ao se mover para iniciar o *sprint*, empurrar o chão para trás de modo que os passos fiquem cada vez mais longos.

INCLINAÇÃO ASSISTIDA E PARTIDA

FINALIDADE

Posição e rapidez nas primeiras passadas.

MOVIMENTO

É necessário ter um parceiro para realizar este exercício. O corredor deve fazer o seguinte:

1. Fazer o movimento de inclinação de queda e permitir que o parceiro o segure (A).
2. Manter essa posição por uma contagem, e então deixar o parceiro mover-se para o lado e soltá-lo.
3. Acelerar a partir da inclinação para a frente (B).
4. Manter a postura e o alinhamento.
5. Mover os braços rapidamente para aplicar força contra o chão.

PARTIDA PARA O *SPRINT* COM UM SALTO

FINALIDADE

Posição e rapidez nas primeiras passadas.

MOVIMENTO

O atleta deve fazer o seguinte:

1. Começar com os pés posicionados na distância dos ombros.
2. Levar os braços para trás e, então, impulsioná-los para cima e para a frente.
3. Pular com os dois pés.
4. Aterrissar sobre um pé só.
5. Dar o impulso com essa perna e correr.

PARTIDA PARA O *SPRINT* COM VÁRIOS SALTOS

FINALIDADE

Posição e rapidez nas primeiras passadas.

MOVIMENTO

O atleta deve fazer o seguinte:

1. Saltar com os dois pés para sair do chão (A).
2. Levar uma perna à frente e dar o impulso no momento em que a perna da frente tocar o chão (B).
3. Ao aterrissar, levar a perna e o braço opostos para cima e para a frente (C).
4. Trazer a perna de trás de volta e alcançar o chão.
5. Executar quatro saltos em um *sprint*.

PARTIDA RÁPIDA

FINALIDADE

Posição e rapidez nas primeiras passadas.

MOVIMENTO

O atleta deve fazer o seguinte:

1. Deitar-se de bruços com as mãos ao lado do corpo em posição de flexão (A).
2. Levantar-se rapidamente, enfatizando a extensão tripla do tornozelo, joelho e quadril (B).
3. Manter um impulso forte do braço.

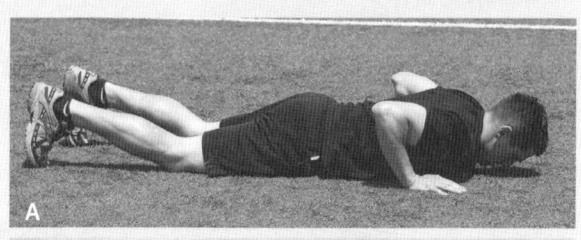

PARTIDA PARA O *SPRINT* COM DOIS SALTOS

FINALIDADE

Posição e rapidez nas primeiras passadas.

MOVIMENTO

O atleta deve fazer o seguinte:

1. Começar com os pés posicionados na distância dos ombros.
2. Fazer um movimento contrário rápido flexionando os tornozelos, joelhos e quadril.
3. Levar os braços para trás no início do salto e, então, impulsioná-los para cima e para a frente.
4. Saltar com os dois pés usando essa técnica e aterrissar sobre os dois pés.
5. Saltar novamente com ambos os pés, mas aterrissar sobre uma perna só.
6. Dar o impulso com essa perna e correr pela distância restante.

PARTIDA EM POSIÇÃO DE FLEXÃO

FINALIDADE

Posição e rapidez nas primeiras passadas.

MOVIMENTO

O atleta deve fazer o seguinte:

1. Assumir uma posição de flexão (A).
2. Ao comando, mudar para uma posição de corrida com quatro pontos de apoio (B).
3. Começar a correr.

Treinamento de velocidade resistida

No treinamento de velocidade resistida, o atleta precisa puxar outro atleta ou algum objeto que ofereça resistência. Os exercícios de velocidade resistida forçam os atletas a recrutar um número maior de fibras musculares, o que resulta em uma ativação neural maior.[8,21] Essa resposta maior ajuda o atleta a aumentar a velocidade quando a resistência é removida, por meio de um aumento no comprimento da passada e no rendimento da potência. As resistências usadas não devem diminuir a velocidade padrão dos atletas em mais de 10%. Uma resistência maior pode, na verdade, prejudicar a técnica de corrida, eliminando qualquer possível benefício da corrida resistida.

RECOMENDAÇÕES PARA OS EXERCÍCIOS DE CORRIDA RESISTIDA

- ▪ Distância recomendada: 9 a 36 m.
- ▪ Séries e repetições: 3 a 4 séries de 4 a 8 repetições.
- ▪ Recuperação: 90 a 120 s.

CORRIDA ARRASTANDO UM PESO LEVE

FINALIDADE

Aumentar a força, potência e comprimento do passo em velocidade.

MOVIMENTO

O atleta deve fazer o seguinte:

1. Prender um peso leve com uma correia ou cinto ajustável à cintura.
2. Utilizar a forma e a técnica apropriadas de velocidade (como descrito na seção técnicas de *sprint* deste capítulo).
3. Correr por 9 a 36 metros (A).

Quando o atleta realiza esse exercício, um profissional de força e condicionamento deve observar a forma, a técnica e a velocidade no decorrer do percurso. Se ele notar que a forma ou técnica do atleta é imperfeita, ou que o tempo levado para percorrer a distância é maior do que o tempo padrão do atleta em mais de 10%, a resistência pode estar pesada demais e deve ser reduzida.

Um pneu, um saco de areia ou um parceiro segurando uma corda (B) também podem ser eficazes como dispositivos de resistência. Recentemente, algumas esteiras não motorizadas, que oferecem resistência controlada, vem sendo comercializadas. A resistência deve estar em um nível que permita aos atletas manter a forma adequada da corrida.

CORRIDA EM ACLIVE

FINALIDADE

Proporcionar uma sobrecarga efetiva para aumentar a potência explosiva e a velocidade da corrida.

MOVIMENTO

O atleta corre em velocidade uma determinada distância, que não deve passar de 91 m, em aclive suave. O atleta deve fazer o seguinte:

1. Dar atenção à forma da corrida com o máximo de impulso no joelho e pressão do cotovelo.
2. Começar com uma distância curta e aumentar com o tempo.
3. Escolher um terreno com inclinação entre 6° e 10°. (Qualquer inclinação maior que essa pode causar uma redução no comprimento do passo e comprometer os resultados do treinamento.)
4. Realizar cada *sprint* com esforço de 100%.

Treinamento de velocidade assistida

O treinamento de velocidade assistida utiliza um equipamento (corda esportiva) ou contraste para ajudar o atleta a correr mais rápido do que ele normalmente correria. Ao treinar com velocidade assistida, os atletas podem aumentar a frequência e o comprimento do passo mais do que é geralmente possível.[8,21] O objetivo por trás dessa forma de treinamento é que os atletas corram mais rápido do que fariam sob circunstâncias de rotina, ao utilizar um mecanismo artificial para aumentar tanto a frequência quanto o comprimento do passo. Ao incorporar a corrida assistida em um programa de treinamento de velocidade, é preciso ter cuidado para que o atleta não ultrapasse em mais de 110% sua velocidade máxima de corrida. Caso contrário, o comprimento do passo pode ser superestendido e resultar em desaceleração e diminuição da frequência do passo.[12,13]

EXERCÍCIO DE ACELERAÇÃO EM TRÊS PESSOAS

FINALIDADE

Aumentar a frequência e o comprimento do passo e a recuperação rápida da perna nas primeiras passadas do atleta que está sendo puxado, e aumentar a potência inicial e o comprimento do passo dos dois atletas que sofrem a resistência.

MOVIMENTO

O profissional de condicionamento e força deve fazer o seguinte:

1. Reunir três atletas de velocidade idêntica ou similar. (Quanto mais próximos os atletas forem em relação à velocidade que alcançam, mais eficaz será o exercício.)
2. Prender os três atletas juntos com três cintos ajustáveis e duas cordas de resistência elástica de 2,4 m.
3. Posicionar os dois atletas resistidos (R) 3,6 m à frente e 3,6 m à direita e à esquerda do atleta que está sendo puxado (P), formando um V.
4. Quando os três atletas estiverem posicionados para começar o exercício, conectar cada um dos atletas resistidos ao atleta puxado usando uma corda.
5. Para garantir que os atletas permaneçam alinhados na mesma posição todas as vezes, posicionar cones de futebol nas duas extremidades do campo formando um V. (Os cones frontais em cada extremidade devem estar a uma distância de 23 m.)
6. Ao posicionar os cones, certificar-se de que os cones em cada extremidade estejam diretamente alinhados um com o outro para garantir que os atletas corram em linha reta.
7. Antes de começar o exercício, assegurar-se de que os três atletas estejam em uma boa posição de corrida e prontos para começar.
8. Para começar o exercício, dar dois comandos consecutivos usando a voz ou um apito.
9. No primeiro comando, os dois atletas que estão puxando (resistidos) começam a correr a toda velocidade em direção aos cones posicionados 23 m à frente deles em linha reta. (Para o benefício máximo dos três atletas, esses dois atletas devem se manter na distância estabelecida e correr em linha reta. Visto que o atleta que está sendo puxado permanece parado por um momento, esses atletas correm contra uma resistência no início do *sprint*.)
10. No segundo comando (imediatamente após o primeiro), o atleta que está sendo puxado (assistido) começa a correr a toda velocidade em direção ao cone posicionado à sua frente. (Como este atleta começa a corrida com um puxão dos outros atletas, ele vivenciará um efeito de sobrevelocidade.)

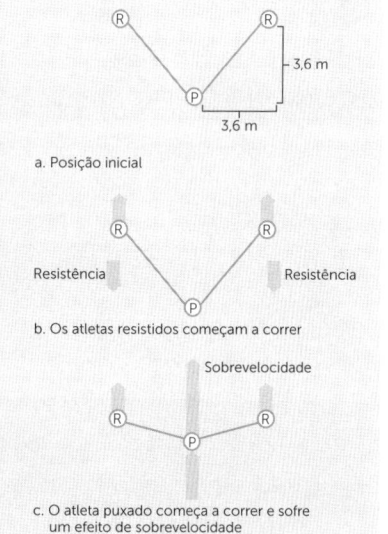

a. Posição inicial

b. Os atletas resistidos começam a correr

c. O atleta puxado começa a correr e sofre um efeito de sobrevelocidade

Os atletas devem fazer o seguinte:

1. Tentar passar os dois atletas que estão puxando (papel do atleta assistido).
2. Manter as cordas esticadas e paralelas ao chão durante o exercício.
3. Desacelerar uma vez que tenha alcançado os cones frontais na outra extremidade do exercício. (Os dois atletas da frente correrão por 23 m, e o atleta sendo puxado correrá por 27 m.)
4. Realizar o exercício em cada uma das três posições 2 a 4 vezes (6 a 12 repetições no total).

CORRIDA EM DECLIVE

FINALIDADE

Aumentar a aceleração pelo uso de treinamento em sobrevelocidade.

MOVIMENTO

O atleta desce em velocidade uma inclinação similar àquela usada na corrida em aclive (6° a 10°).

SALTOS SOBRE CONES E CORRIDA

FINALIDADE

Aumentar a potência explosiva e a aceleração.

MOVIMENTO

Os atletas devem fazer o seguinte:

1. Posicionar-se à frente de uma sequência de seis cones consecutivos com 15, 30 ou 26 cm de altura e posicionados de 1 a 2 m de distância.
2. A um comando verbal ou apito, começar a pular para a frente sobre os cones. (Atletas mais avançados podem pular para a frente sobre dois cones e para trás sobre um cone até saltar sobre os seis cones.)
3. Após pular sobre o sexto cone, correr em velocidade por 14 a 18 m para a frente até um cone posicionado diretamente à frente.
4. Dar a volta nesse cone ou tocá-lo com a mão.
5. Correr de volta até o sexto cone.

O profissional de força e condicionamento deve fazer o seguinte:

1. Aumentar a intensidade do exercício ampliando a altura de alguns ou dos seis cones, aumentando a distância entre os cones ou aumentando a distância das corridas.
2. Aumentar o volume acrescentando uma segunda repetição do exercício.
3. Usar sacos de areia ou outra superfície elevada. (No entanto, a superfície deve ser macia e capaz de ceder quando se pisa sobre ela, para evitar lesões desnecessárias.)

RESUMO

- A velocidade é um componente importante nos programas de treinamento para o desempenho esportivo.
- O treinamento de velocidade deve se concentrar na técnica da corrida, na aceleração até a velocidade máxima e na relação velocidade–resistência aeróbia.
- Deve-se dar atenção especial ao uso da forma e da técnica apropriadas.
- Os atletas não devem passar para exercícios mais avançados até que tenham dominado os exercícios de velocidade fundamentais.

10

Treinamento de estabilidade e equilíbrio

Nejc Sarabon, PhD

Com o intuito de alcançar uma técnica superior, específica para o esporte, e diminuir a possibilidade de lesões, alguns tipos de treinamento de prevenção devem ser usados. Nesse contexto, o treinamento sensoriomotor (também chamado de *treinamento proprioceptivo*, *treinamento de estabilidade articular funcional* e *treinamento de equilíbrio*) pode ser uma ferramenta útil. Seus efeitos positivos melhoram a estabilidade das articulações durante os movimentos funcionais, o equilíbrio dinâmico e estático e a consciência do movimento, ou cinestesia. A prevenção de lesões pode ajudar os atletas a alcançar uma quantidade de treinamento suficiente para manter a preparação adequada para o esporte. Por sua vez, ademais, a melhora da cinestesia é importante para o desenvolvimento da conscientização, a melhora da precisão e a realização de movimentos mais eficientes com um custo energético menor.

O treinamento sensoriomotor como é conhecido hoje foi introduzido para a reabilitação após doenças e lesões no sistema locomotor e no sistema nervoso central. No início, seus objetivos eram voltados para a restauração da função neuromuscular, o restabelecimento da estabilidade articular funcional e a melhora do equilíbrio, com base em respostas corretivas automáticas (reflexos).

Além do reflexo controlado pelo sistema nervoso central e do controle motor voluntário, outros fatores afetam o equilíbrio e a estabilidade articular. Os fatores importantes incluem o formato anatômico das articulações que impõem restrições aos movimentos, a natureza da carga aplicada e as estruturas passivas de tecido mole, como ligamentos e a cápsula articular. Eles devem ser considerados na reabilitação quando houver lesão nas articulações e as estruturas de tecido mole ao redor estiverem envolvidas. Todos esses fatores definem a estabilidade e a rigidez da articulação em uma situação específica de acordo com o ambiente do movimento. Devem ser tomadas todas as medidas para aumentar a estabilidade da articulação nos casos em que o risco de lesão é alto, particularmente nos esportes.

O treinamento de equilíbrio e estabilidade articular provou ter efeitos positivos sobre a função sensoriomotora na reabilitação e nos esportes.[6] Seus efeitos positivos devem ser usados para restabelecer a função do sistema motor após uma lesão ou para melhorar a técnica esportiva ao diminuir a suscetibilidade a lesões. Profissionais de força e condicionamento e fisioterapeutas são os responsáveis pela aplicação do treinamento. No entanto, a criatividade é favorável em exercícios que possibilitem um treinamento interessante e eficaz, mesmo que os atletas não estejam familiarizados com eles ou que os exercícios apresentem um novo tipo de treinamento.

PERIODIZAÇÃO E PLANEJAMENTO DE PROGRAMA

Ao se planejar um treinamento de equilíbrio e de estabilização articular funcional, diretrizes específicas devem ser apresentadas de acordo com os objetivos do atleta. Os exemplos incluem a prevenção de lesões, desenvolvimento da capacidade atlética e reabilitação. Ao escolher um protocolo de treinamento para esportes, a exposição de partes diferentes do corpo e sua suscetibilidade a lesões devem ser consideradas. Veja o Capítulo 1 para obter mais informações sobre a preocupação com o risco de lesões durante a avaliação das necessidades do atleta.

O treinamento de equilíbrio e estabilização articular funcional costuma ser uma parte importante dos protocolos exigidos no treinamento esportivo ou na reabilitação. No entanto, a capacidade de tal treinamento de aumentar a potência do salto, a força ou a relação força-resistência aeróbia é limitada.[5] A maior parte das pesquisas disponíveis sobre o uso do treinamento de equilíbrio e estabilidade para a força e ativação muscular observou indivíduos sem treinamento. Nesses estudos, nenhuma vantagem foi observada com programas de treinamento curtos (três a seis semanas).[1,3,7] No treinamento de atletas de competição, o treinamento de força tradicional ou o treinamento pliométrico deve ser uma preocupação prioritária no desenvolvimento da força e da potência. Em esportes de competição, o papel do treinamento de equilíbrio e estabilidade articular para a prevenção de lesões, especialmente no final da temporada, pode ser ainda mais relevante. No final da temporada, o estresse se acumula e aumenta a exposição dos atletas a lesões. Esses tipos de treinamento também podem ser usados durante a primeira parte da temporada, já que têm um efeito positivo na prevenção de lesões durante todos os períodos de treinamento.

A literatura que investiga o treinamento de equilíbrio e de estabilização articular funcional se concentra em seus efeitos agudos e crônicos sobre o sistema sensoriomotor. As adaptações ao treinamento de equilíbrio e estabilização articular funcional ocorrem rapidamente no início. Assim como em outras formas de treinamento, a taxa de melhora é reduzida conforme o treinamento progride. Logo, pode-se sugerir que os treinamentos de equilíbrio e de estabilização articular funcional sejam usados durante toda a temporada para que um nível mais alto da função neuromuscular seja alcançado e mantido. As recomendações a seguir ajudam os atletas a atingir adaptações suficientes do sistema neuromuscular:

- Programas de treinamento de equilíbrio devem durar no mínimo quatro semanas. Os atletas devem continuar o treinamento durante toda a temporada de competições para manter as melhoras.
- Para preservar o nível da função neuromuscular adquirido, no mínimo três exercícios devem ser utilizados por semana. Eles exigem unidades de treinamento adicionais para possibilitar as melhoras.
- No mínimo uma série de cada exercício deve ser utilizada, já que isso gera grandes adaptações. Ainda que seja recomendado que os atletas executem mais do que apenas uma série, a literatura não indica um limite superior.
- Pelo menos quatro repetições são necessárias para se alcançar adaptações positivas de longo prazo.
- Uma repetição deve durar no mínimo 20 segundos.

Embora essas diretrizes básicas para alcançar adaptações perceptíveis possam ser encontradas em artigos de pesquisa, suas aplicações práticas permanecem insuficientes. Isso porque a quantidade de uso é determinada pela fadiga, nível de preparação física, complexidade ou intensidade dos exercícios, experiência prévia e (no caso de reabilitação) estado da lesão. A responsabilidade por determinar o volume de treinamento apropriado, que garanta adaptações positivas e minimize o estresse excessivo e possíveis efeitos negativos, é do atleta, do profissional de força e condicionamento e do fisioterapeuta, especialmente no caso de reabilitação.

PROGRESSÃO SEGURA PARA EXERCÍCIOS DE EQUILÍBRIO

A maior preocupação com os exercícios de estabilização articular e equilíbrio é evitar movimentos potencialmente perigosos que dependem da preparação do atleta ou do paciente e do estado dos tecidos em recuperação. Deve-se buscar uma progressão lenta em direção a amplitudes de movimento extremas ou a movimentos em que a estabilidade articular esteja comprometida ou a suscetibilidade a lesões seja maior. Na maioria das pessoas, amplitudes extremas de movimento geralmente deixam as articulações suscetíveis a lesões, visto que tanto a força muscular quanto o controle neuromuscular diminuem. Por exemplo, a combinação de abdução e rotação externa do ombro ou a inversão maior do tornozelo são posições nas quais as articulações do ombro e do tornozelo ficam relativamente instáveis e suscetíveis a lesões. Tais amplitudes de movimento devem ser evitadas nos estágios iniciais da reabilitação. Outro exemplo é a síndrome da dor patelofemoral, na qual movimentos de flexão do joelho com amplitude de 30° a 60° devem ser evitados para não sobrecarregar a superfície articular da patela. Neste caso, a força compressiva está no máximo, o que estressa a cartilagem da patela. Forças incômodas em posições extremas devem ser introduzidas de forma gradual. Atletas saudáveis, mas sem treinamento, devem seguir o mesmo princípio, passando gradualmente para amplitudes de movimentos mais vulneráveis e instáveis.

A velocidade do movimento deve ser aumentada aos poucos para permitir um bom controle sobre a estabilidade da articulação. Velocidades maiores do movimento nos estágios iniciais, quando o indivíduo ainda não está acostumado ao padrão de movimento, podem causar uma diminuição no controle do movimento. Por exemplo, fazer a estabilização do tronco sentado em posição ereta e quase estática sobre uma bola de exercícios pode ser perigoso se os movimentos adicionais acrescentados pelo profissional de força e condicionamento forem rápidos demais. Isso resulta em uma estabilização reflexa ineficaz dos músculos abdominais e possivelmente em amplitudes de movimento pouco seguras.

Em programas de prevenção de lesões decorrentes de esporte, a taxa de movimento deve aumentar aos poucos em direção às velocidades usadas no esporte, possibilitando a estabilização articular durante ações rápidas e específicas do esporte. Por exemplo, exercícios de estabilização da articulação do ombro para atletas lançadores devem progressivamente seguir para movimentos mais explosivos, permitindo a adaptação do sistema neuromuscular para que ele estabilize de maneira adequada a articulação durante o início do movimento, na posição de armação e na finalização de um lançamento. Além de um aumento progressivo na velocidade do movimento, os atletas devem trabalhar a força explosiva e excêntrica, preparando os tecidos moles da articulação e a área musculoligamentar para lidar com o aumento do estresse.

Forças maiores podem ser introduzidas com o treinamento, mas não até que o indivíduo tenha dominado tarefas de equilíbrio ou de estabilização articular funcional. Uma estratégia de movimento apropriada será mais eficiente se a carga aplicada não for alta demais. Isso é especialmente verdade no caso de programas de reabilitação.

Para atletas não lesionados, o treinamento de equilíbrio e estabilização articular funcional sempre deve ser desafiador. O envolvimento ativo tanto do atleta quanto de seu sistema neuromuscular possibilita o condicionamento. Se um exercício não exigir movimentos de correção, o treinamento será ineficaz, uma vez que o sistema neuromuscular não precisará reagir e se adaptar ao desconforto ou restabelecer a estabilidade da articulação e o equilíbrio corporal.

Sugere-se a progressão de tarefas menos difíceis para mais difíceis. Por exemplo, uma progressão de plataformas de equilíbrio monoaxiais para multiaxiais é recomendada. Os atletas também devem progredir de superfícies de apoio maiores para menores e incorporar intervalos de trabalho mais longos, tarefas adicionais e uma frequência maior de oscilação em sua rotina. Quando os atletas dominarem um movimento, o profissional de força e condicionamento deve aumentar o nível do movimento ou introduzir um movimento novo, não familiar. Essa regra deve ser seguida considerando-se que as adaptações do sistema neuromuscular são induzidas por um aumento na demanda de determinada tarefa.

TREINAMENTO DE ESTABILIDADE PARA SISTEMAS ARTICULARES

Seguindo as orientações apresentadas aqui ao planejar o treinamento de equilíbrio e estabilização articular, é possível escolher os exercícios apropriados e a quantidade de treinamento. Já que normalmente sistemas articulares diferentes são exigidos no treinamento, alguns sistemas específicos devem ser considerados. As seções a seguir descrevem esses sistemas com mais detalhes.

Tronco e *core*

O tronco consiste na coluna, pelve, quadril, abdome e caixa torácica. É um dos sistemas mais importantes, possibilitando o movimento humano em atividades diárias e esportivas. Como tal, ele é a base para o movimento dos membros superiores e inferiores e possibilita a transferência de energia e força das pernas para os braços. Por exemplo, em sua fase final, o lançamento de dardo exige um movimento sincronizado das pernas e do tronco para transferir potência adicional da parte inferior do corpo para o cíngulo do membro superior, para os braços e, por fim, para o dardo. Além disso, um tronco forte e estável possibilita aos seres humanos levantar cargas pesadas e realizar movimentos de rotação, evitando movimentos possivelmente perigosos e o estresse da coluna vertebral. Ele é o centro da cadeia cinética funcional, permitindo o movimento do corpo e de partes diferentes do corpo. Os músculos que envolvem a cavidade abdominal formam um espartilho que estabiliza a parte superior do corpo, particularmente a coluna.

Na literatura popular, a estabilidade do tronco também é chamada de *estabilidade do core*, enfatizando seu papel central no movimento humano. Exercícios para a estabilidade do tronco devem ser usados na reabilitação. A estabilização da coluna envolve os músculos abdominais, especialmente o transverso do abdome, parte do oblíquo interno do abdome, o diafragma e os músculos do diafragma pélvico. A contração deles resulta em um aumento na pressão intra-abdominal, dando apoio à caixa torácica e à pelve. Isso resulta em uma diminuição do estresse de torção e compressão, em especial sobre a coluna lombar.

Estudos de pacientes (incluindo atletas) mostram que coordenar os músculos que estabilizam a coluna pode ser eficaz para tratar lesões na parte inferior das costas.[2] A combinação de um treinamento de força e equilíbrio tenta restabelecer a força e a estabilidade adequadas para o tronco. Os principais problemas associados aos padrões de ativação dos vários músculos do tronco entre as pessoas que sofrem lesões na coluna são os seguintes:

- Diminuição do senso de posicionamento e reposicionamento do tronco.
- Resposta tardia dos músculos de estabilização.
- Pré-ativação reduzida ou inexistente dos músculos do tronco em movimentos distais rápidos, causando dor na parte inferior das costas.
- Recrutamento prejudicado da musculatura do tronco durante movimentos rápidos e explosivos.
- Aumento na instabilidade do corpo.

Diretrizes de treinamento

No treinamento de equilíbrio e estabilização articular funcional do tronco, os atletas devem aplicar movimentos nos membros que demandem a estabilização reflexa dos músculos do tronco. Esses movimentos podem tanto ser antecipados quanto espontâneos. Quando são aplicadas tensões antecipadas, as respostas preparatórias reflexas são treinadas. Isso é particularmente importante para atividades do cotidiano e para técnicas de movimentos específicos do esporte. Contudo, tensões inesperadas exigem uma estabilização do tronco reflexa, e não preparatória, que auxilia na prevenção de lesões causadas pelo impacto inesperado de forças externas.

As tensões podem ser aplicadas por meio de dois sistemas principais. Um sistema envolve permanecer sobre uma plataforma instável, possibilitando a transferência de movimentos para a pelve e tronco e exigindo atividades compensatórias para efetivamente contrabalancear o corpo. Essa abordagem para os membros inferiores pode ser realiza com as pernas estendidas ou ajoelhado. No entanto, as tensões podem ser transmitidas para o tronco com os membros superiores rígidos. Os braços precisam estar quase totalmente estendidos para evitar a amortização ativa dos movimentos de tensão nos cotovelos.

Essas duas abordagens podem ser mescladas nos estágios seguintes do treinamento, causando movimentos imprevisíveis derivados dos membros inferiores e superiores. A escolha da mão ou perna como estratégia deve ser feita de acordo com as necessidades do atleta. Os atletas que se movem contra a gravidade precisam ter um tronco excepcionalmente estável durante o movimento. Como em outros esportes, os movimentos de tensão podem ser transmitidos por meio dos membros superiores, forçando a estabilidade do tronco. Isso é necessário em esportes como o tênis, rúgbi e luta livre. Ambos os princípios devem ser usados em um programa de estabilidade.

O fundamento principal dos exercícios em que os movimentos de tensão são aplicados por meio das pernas ou mãos estendidas é que as forças serão compensadas pelo movimento pélvico e da coluna. Um aumento na frequência e na amplitude dos movimentos aplicados depende da preparação do atleta. Se o estresse exceder as habilidades do atleta, outras partes do corpo vão compensar, aliviando a musculatura do tronco e da coluna e, em consequência, eliminando o propósito do treinamento.

Como mencionado anteriormente, movimentos translatórios são aqueles que demandam uma estratégia ativa do quadril envolvendo o movimento e a estabilização do tronco. Para conseguir os movimentos translatórios, podem ser usadas plataformas de equilíbrio e bolas de exercício. Como a musculatura do quadril é muito importante e pode ser influenciada por perda de condicionamento ou lesão, um esforço adicional pode ser aplicado sobre ela ao variar a distância e a simetria da posição dos pés. Uma distância menor entre os pés aumenta levemente a atividade dos glúteos. Para conseguir uma ativação ainda maior da musculatura unilateral do quadril, os pés devem estar em uma posição assimétrica sobre a plataforma de equilíbrio, o que força bastante os músculos glúteos da perna mais próxima do eixo. A atividade glútea máxima pode ser alcançada com o uso de uma posição em uma perna só. Isso pode ser importante para corredores que sofrem da síndrome do trato iliotibial, tendinite patelar ou sensação de travamento na parte lateral do quadril, nas quais o problema biomecânico subjacente pode ser causado pela coordenação inadequada da musculatura do quadril.

Ao trabalhar com atletas lesionados, o treinamento de força deve ser lentamente integrado conforme o programa de estabilização progride. Movimentos de empurrar podem ser introduzidos aos poucos, exigindo estabilidade e força ao mesmo tempo. Movimentos específicos do esporte devem ser usados para conseguir a transferência mais positiva possível da estabilidade do tronco. Alguns estudos sugerem que a estabilidade do tronco é aumentada nas atividades em que os atletas são treinados. Por exemplo, jogadores de golfe de alto nível, especificamente, melhoram a estabilidade do tronco durante o movimento de balanço do golfe.

Exercícios

Em todos os exercícios de estabilidade do tronco, deve-se dar uma atenção especial à ativação da musculatura dessa região do corpo. Ela aumenta a estabilidade e a resposta dos músculos da parte superior do corpo. Fundamentalmente, três conceitos básicos dos exercícios de estabilidade do tronco podem ser usados: (1) das pernas em direção ao tronco, (2) das mãos em direção ao tronco e (3) uma combinação dessas duas abordagens.

TRABALHO DE PERNA PARA O TRONCO: AJOELHAR SOBRE BOLA SUÍÇA

O atleta deve manter as costas retas, empurrar o quadril para a frente e dirigir o olhar para a frente. Para variar o exercício, os braços podem ser posicionados com as mãos no quadril e os cotovelos voltados para fora, ou em abdução, dependendo da capacidade do atleta de manter o equilíbrio. Os mesmos princípios podem ser seguidos usando-se outras plataformas de equilíbrio e com o atleta ficando em pé com os joelhos estendidos.

TRABALHO DE BRAÇO PARA O TRONCO: MOVIMENTO LATERAL COM BOLA SUÍÇA

O atleta deve ficar em pé, com as pernas afastadas na distância do quadril e com os joelhos flexionados para sustentar uma posição estável, e, então, girar o tronco para empurrar a bola contra uma parede (A). Depois que a bola tocar a parede, o atleta deve manter os cotovelos parados, transferindo a energia para o tronco. O atleta deve tentar manter o movimento pretendido isometricamente (B).

ABORDAGEM COMBINADA

O atleta fica em pé sobre uma plataforma de equilíbrio, estendendo os joelhos e segurando pesos com as mãos estendidas. As pernas e as mãos devem estar retas, transferindo as tensões para o tronco.

Joelho

O joelho é uma articulação relativamente simples. Grande parte de seus movimentos ocorre como rotações em torno do eixo mediolateral, resultando na flexão e na extensão. Durante esses movimentos, alguma translação anterior ou posterior acompanha a rotação axial. Quando a translação anteroposterior excede os limites funcionais (como quando tocamos o chão após um salto), o movimento força os estabilizadores passivos da articulação. Em alguns casos, isso resulta em frouxidão ou mesmo ruptura parcial ou total do ligamento. Esse aspecto é particularmente importante durante a reabilitação de ligamentos lesionados, já que essas forças de translação podem prejudicar os ligamentos em recuperação, em especial os ligamentos cruzados, se reconstruídos. Assim, durante a reabilitação, exercícios de cadeia cinética fechada são uma escolha mais segura, visto que causam menos tensão sobre as estruturas ligamentares. Se forem utilizados exercícios de cadeia cinética aberta, deve-se ter cuidado para evitar a translação anterior ou posterior excessiva do platô tibial. Durante exercícios de cadeia cinética fechada, a força é direcionada em um ângulo mais perpendicular em relação à superfície articular da tíbia. Ao contrário, nos exercícios de cadeia cinética aberta, a força costuma ser direcionada paralelamente às superfícies da articulação, causando um esforço maior na direção anteroposterior.

Contudo, tanto os exercícios de cadeia cinética aberta quanto fechada devem ser usados para a estabilização articular funcional do joelho tanto em atletas lesionados quanto não lesionados, já que os movimentos dos membros inferiores são realizados em condições de cadeia aberta e fechada, por exemplo, durante as fases de suporte e balanço do ciclo de corrida.

Programas de estabilização funcional para a articulação do joelho devem começar com exercícios simples que geram apenas respostas de estabilização para os movimentos de flexão e extensão. Forças de translação anteroposterior devem ser aplicadas lentamente em menor amplitude para forçar a articulação do joelho o máximo possível. Elas não devem enfatizar reações maiores do corpo e estratégias de equilíbrio. Durante esses exercícios, deve-se evitar o movimento valgo excessivo. Quando esses movimentos forem dominados, os movimentos rotacionais podem ser utilizados. Durante esses movimentos ocorrem todos os movimentos possíveis da articulação do joelho. Essa progressão é especialmente útil em reabilitações, nos casos em que a função neuromuscular está comprometida. O mesmo princípio pode ser utilizado no treinamento de atletas, sobretudo se uma carga adicional for aplicada.

Diretrizes de treinamento

Para possibilitar a ênfase progressiva na estabilidade articular, várias intervenções podem ser usadas. A transição de uma postura sobre duas pernas para uma perna só é usada para forçar a articulação de um joelho individualmente. Atletas e profissionais de força e condicionamento devem lembrar que algumas estratégias de movimento devem ser treinadas de acordo com demandas específicas do esporte. Algumas vezes, expor os atletas a exercícios intensos sobre duas pernas é funcionalmente mais apropriado do que expô-los a exercícios sobre uma perna só. Por exemplo, no esqui, a estabilização articular funcional e o equilíbrio contínuo são estabelecidos principalmente com uma postura sobre duas pernas. Uma carga adicional é aplicada para imitar as forças radiais durante as curvas. Agachamentos assimétricos podem ser úteis para imitar a posição assimétrica das pernas durante as curvas. Em um jogo de basquete, manobras em que os atletas aterrissam sobre uma perna só costumam resultar em lesão no joelho, o que mostra a necessidade de exercícios em uma perna só para a estabilização articular do joelho.

Os exercícios podem ficar mais desafiadores progressivamente, tanto em termos de força quanto equilíbrio, para possibilitar uma estabilização melhor da articulação do joelho. O efeito disso é melhorar funcionalmente os movimentos executados com velocidades maiores ou com forças de tensão maiores, tal como ocorre durante uma curva mais fechada no esqui ou durante um choque direto com um adversário no futebol americano.

Várias plataformas de equilíbrio e almofadas de espuma podem ser utilizadas. Da perspectiva da biomecânica, a espuma é uma superfície não natural, já que a velocidade do deslocamento diminui com a amplitude. Por sua vez, a velocidade aumenta em deslocamentos sobre plataformas de equilíbrio. Em termos funcionais, as plataformas de equilíbrio podem ser mais apropriadas para o uso nos esportes, ao passo que a espuma é mais adequada para o período inicial de reabilitação.

Podem ser utilizadas várias plataformas de equilíbrio para a estabilização articular funcional do joelho e para o treinamento de equilíbrio geral. Para garantir a evolução, plataformas que possibilitam movimentos apenas no eixo mediolateral, como plataformas T, devem ser usadas. A altura da plataforma tem um efeito importante, já que, conforme ela aumenta, aumenta também o movimento translatório. Como movimentos translatórios demandam reações corporais de larga escala, o efeito específico na estabilização da articulação do joelho é questionável. Discos de equilíbrio também podem ser usados na fase inicial da reabilitação. A intensidade do exercício pode ser aumentada com o uso de discos com diâmetros menores. Superfícies de suporte menores aumentam os movimentos de instabilidade. Se apenas uma plataforma estiver disponível, uma superfície mais macia pode influenciar as características mecânicas das plataformas de equilíbrio, possibilitando a progressão.

A adaptação gerada pelo exercício para um desempenho melhor é mais eficaz se o movimento for similar aos movimentos usados no esporte. Desse ponto de vista, os exercícios devem imitar os movimentos vistos no esporte. Ao treinar pernas e joelhos, podem ser usadas posturas diferentes para simular as posições usadas durante as competições.

Exercícios

Existem três grupos rudimentares de exercícios de estabilidade para desenvolver a estabilidade geral dos membros inferiores, com o esforço principal recaindo sobre o joelho: (1) exercícios de cadeia cinética fechada com o pé em posição fixa, (2) transição dinâmica da fase aérea para a estabilização em cadeia fechada usando passos e saltos e (3) combinação de estabilização rítmica em exercícios de cadeia cinética aberta.

EQUILÍBRIO SOBRE UMA PLATAFORMA T

A musculatura do quadril pode ser forçada ainda mais com os pés posicionados de forma assimétrica. A posição pode variar entre o plano frontal (A) e o sagital (B). Uma postura diagonal (C) aumenta a instabilidade do corpo, aumentando a intensidade do exercício no plano sagital.

POSIÇÃO EM UMA PERNA SÓ SOBRE A PLATAFORMA DE EQUILÍBRIO

A geometria da plataforma de equilíbrio pode variar para forçar eixos e direções de movimento diferentes. Basicamente, todos os exercícios executados em pé podem ser realizados sobre plataformas de equilíbrio diferentes, dependendo dos objetivos estabelecidos antes do exercício.

AGACHAMENTO SOBRE A BOLA BOSU®

Este exercício combina as exigências de força e alto equilíbrio. A altura do agachamento pode variar. Outros exercícios de força e coordenação (manuseio da bola, passagem da bola, e assim por diante) podem ser aplicados de forma similar.

AGACHAMENTO AFUNDO SOBRE ALMOFADA DE EQUILÍBRIO

Este exercício pode ser executado com ou sem cargas adicionais. O atleta deve manter as costas retas e olhar para a frente durante o exercício (A). Ao pisar sobre a almofada de equilíbrio, o atleta precisa manter a posição para restabelecer o equilíbrio, e, então, voltar devagar para a posição inicial. O agachamento afundo (B) deve ser feito em todas as direções.

Em exercícios com saltos, almofadas ou plataformas de equilíbrio podem ser usadas na aterrissagem. A última é particularmente útil para as aterrissagens sobre duas pernas. A rotação durante a fase de voo pode ser incluída para aumentar a intensidade em saltos sobre uma ou duas pernas. Ao aterrissar, o atleta precisa tentar estabelecer uma postura estável, o que é uma parte importante dos exercícios com saltos. Os saltos são o estágio final do treinamento de estabilização articular funcional e equilíbrio, e devem ser considerados como tal, especialmente nos casos de reabilitação.

PARADA EM UMA PERNA SÓ SOBRE A ALMOFADA DE EQUILÍBRIO APÓS UM SALTO PARA A FRENTE

O atleta começa de frente para a almofada de equilíbrio (A), e, então, salta para a frente, caindo em uma perna só sobre a almofada (B). Os atletas podem saltar em direções diferentes para forçar direções específicas da articulação ou movimento do corpo. Saltos para trás e em diagonal podem ser usados da mesma forma. Níveis diferentes de rotação do corpo durante a fase de voo também são uma boa forma de aumentar a intensidade em condições específicas do esporte.

CAMINHADA OU CORRIDA DENTRO DE UM POLÍGONO DE ALMOFADAS DE EQUILÍBRIO

A velocidade do movimento pode ser aumentada aos poucos, forçando a estabilidade durante a colocação do pé na curta fase de suporte da corrida.

ESTABILIZAÇÃO RÍTMICA

A estabilização rítmica pode ser aplicada pelas mãos (A), com uma corda (B) ou elásticos durante o movimento para trás da passada enquanto se caminha ou corre. O mesmo princípio de causar tensão pode ser usado com a perna em posições diferentes durante a fase de balanço. Além disso, os atletas devem progredir gradualmente para um movimento de perna dinâmico, utilizando movimentos lentos e simulando a fase de balanço da caminhada ou corrida.

Tornozelos e pés

O pé e o tornozelo humano são formados por um jogo intrincado de ossos conectados em um sistema de múltiplas articulações, que trabalham juntas como uma unidade funcional. O pé e o tornozelo são os primeiros a entrar em contato com o chão na locomoção ereta. Eles sofrem a tensão do peso de quase todo o corpo, além das forças inerciais que resultam da aterrissagem. O funcionamento apropriado do pé e do tornozelo possibilita a absorção dessas forças de alto impacto durante o contato com o chão e diminui a carga sobre outras estruturas de ligamento e articulações do corpo. Os eixos rotacionais do tornozelo e do pé permitem movimentos diferentes, consequentemente adaptando o pé ao formato da superfície. Sistemas articulares diferentes possuem eixos específicos de rotação que são importantes no treinamento de estabilização articular funcional. Como lesões específicas têm relação com os tecidos ou músculos responsáveis pelo movimento ao redor ou ao longo de um eixo específico, os exercícios de equilíbrio limitam-se geralmente a plataformas monoaxiais. Os movimentos básicos da articulação do tornozelo são a flexão plantar (Fig. 10.1A), flexão dorsal (Fig. 10.1B), inversão (Fig. 10.1C) e eversão (Fig. 10.1D).

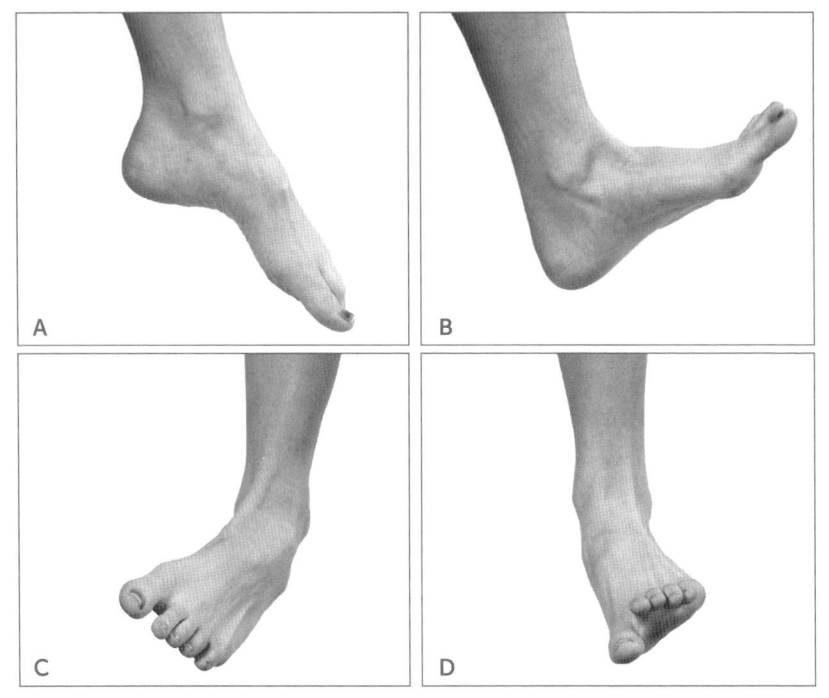

FIGURA 10.1 Movimentos da articulação do tornozelo: (A) flexão plantar, (B) flexão dorsal, (C) inversão e (D) eversão.

Se as articulações do pé e do tornozelo estiverem funcionando adequadamente, o formato do pé mostrará arcos específicos. Os três tipos de arcos são o arco longitudinal medial, o arco longitudinal lateral e o arco transversal. Eles são suportados por estruturas articulares e ósseas específicas, pelo sistema muscular e por tecido conjuntivo. Eles podem ser influenciados por treinamento, fadiga, lesão ou doença. Seu papel é agir para absorver o choque durante o contato com o chão, especialmente na fase de suporte inicial da corrida, bem como em manobras de corte em esportes como o tênis, basquete ou outros que forçam o pé e as articulações do tornozelo em inversão e rotação interna.

O tornozelo é a articulação mais lesionada em esportes.[4,8] A lesão de tornozelo mais comum é a entorse lateral de tornozelo, que, às vezes, pode resultar em instabilidade crônica do tornozelo. Por essa razão, meios de prevenção foram implementados nos esportes especificamente para a estabilização articular funcional. Certa atenção tem sido dada a fatores que contribuem para a instabilidade do tornozelo, como uma forma de auxiliar na prevenção de lesões. Alguns argumentam que extremos de rigidez e flexibilidade do tornozelo podem influenciar a suscetibilidade a lesões, particularmente se o sistema de ligamento for estirado e sua rigidez diminuir. Por outro lado, a força nos músculos eversor e inversor mostrou parecer afetar a estabilidade da articulação do tornozelo, sendo a força inversora excêntrica o fator mais importante ser abordado.

Diretrizes de treinamento

Plataformas de equilíbrio monoaxiais são geralmente usadas para forçar movimentos específicos, em particular a inversão e a eversão. A amplitude do movimento não deve exceder os limites estabelecidos pela dor ou flexibilidade; pode ser aumentada aos poucos, mas só depois que a dor, o inchaço e o controle motor tiverem sido normalizados (durante a reabilitação de lesões). A progressão para plataformas de equilíbrio multiaxiais é recomendada para forçar lentamente o complexo movimento da articulação do tornozelo.

No início do treinamento de estabilização articular funcional devem ser usadas plataformas de equilíbrio baixas, reduzindo os movimentos de translação e forçando os movimentos compensatórios do pé e tornozelo. Aos poucos, plataformas de equilíbrio mais altas podem ser utilizadas. No entanto, os profissionais de força e condicionamento devem ter em mente que plataformas mais altas demandam mais força da musculatura que estabiliza o pé e a articulação do tornozelo. A maioria dos exercícios deve ser executada em cadeia cinética fechada, em especial no treinamento para locomoção, já que a rigidez da articulação é maior.

Durante a reabilitação, colchonetes de equilíbrio podem ser utilizados. Em razão de suas propriedades mecânicas, os movimentos devem ser relativamente constantes, já que a velocidade do deslocamento não fica maior com o aumento da amplitude. Isso torna os colchonetes de equilíbrio uma escolha mais segura nos protocolos de reabilitação. Para permitir a progressão, espumas de consistências diferentes podem ser utilizadas. Colchonetes mais macios são os que exigem mais.

Exercícios para a estabilidade funcional da articulação do tornozelo são geralmente realizados com a pessoa descalça para permitir o movimento em todas as articulações do pé e tornozelo. Para aumentar a intensidade, recomenda-se a progressão para exercícios de agilidade ou trabalho de pés. Movimentos funcionais do esporte, como deslocamento lateral e manobras de corte, podem ser incluídos aos poucos sob condições controladas. Conforme a velocidade do movimento se tornar maior, aumentará também o esforço da articulação do tornozelo e do pé. Antes de utilizar exercícios de agilidade, os atletas devem saltar sobre superfícies instáveis para permitir que o sistema motor se ajuste ao trabalho pliométrico. Os músculos eversores e inversores, em particular, devem ser trabalhados durante exercícios de estabilização articular funcional. Exercícios que exigem eversão ou inversão sobre uma bola Bosu® parcialmente inflada são úteis.

Cargas adicionais podem ser usadas quando os atletas dominarem exercícios específicos. As articulações precisam ser apresentadas, aos poucos, a ambientes em que a estabilidade deve ser mantida sob a ação de forças maiores. Os exercícios podem ser voltados a movimentos específicos do esporte, simulando estratégias de movimentos especiais, como manobras de deslocamento lateral, aterrissagem sobre superfícies instáveis etc.

Exercícios

As figuras mostram dois exercícios de estabilidade básicos para a articulação do tornozelo. Como descrito na seção anterior, pode-se modificar ou dificultar os exercícios.

POSIÇÃO EM UMA PERNA SÓ SOBRE A ALMOFADA DE EQUILÍBRIO

Observe que a dificuldade pode ser aumentada ao mudar a resistência das almofadas de equilíbrio.

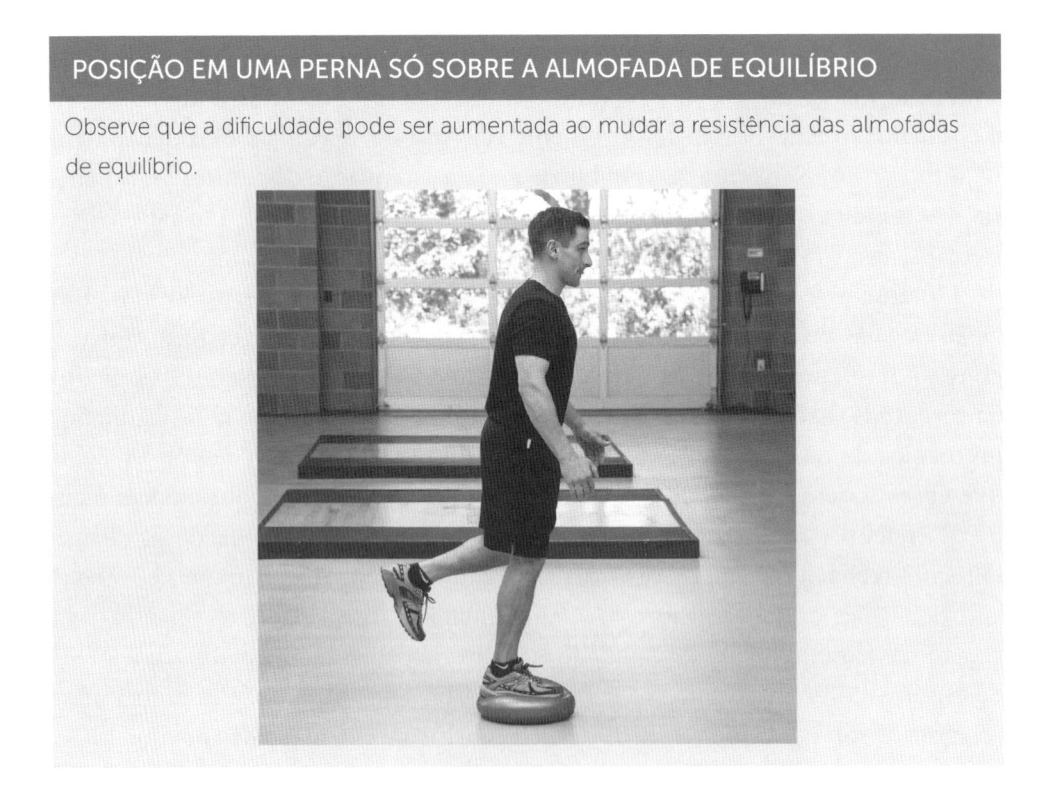

POSIÇÃO EM UMA PERNA SÓ SOBRE BOLA BOSU®

Durante o equilíbrio, a eversão e inversão podem ser usadas para trabalhar os músculos inversor e eversor do tornozelo.

Ombro

O cíngulo do membro superior é um sistema complexo de múltiplas articulações. Mecanismos articulares básicos permitem um alto grau de mobilidade, que desafia a estabilidade articular. A articulação mais proximal no sistema é a articulação escapulotorácica, que forma a base para outros movimentos das mãos. A escápula fica no tórax e possibilita movimentos de deslizamento nas direções mediolateral e inferossuperior e uma combinação dos dois nos movimentos rotacionais. Além disso, a escápula pode girar em seu eixo longitudinal. Os músculos que possibilitam seus movimentos são os levantadores (fibras superiores do trapézio, levantador da escápula e romboides), flexores (fibras médias do trapézio e romboides), abaixadores (latíssimo do dorso e fibras inferiores do trapézio) e extensores (serrátil anterior e peitoral menor e maior).

A articulação glenoumeral é uma articulação de encaixe, que permite o movimento em todas as direções. A cabeça do úmero, que tem a forma de um terço de esfera, fica dentro da cavidade glenoidal, o que permite seu comportamento de rotação. No entanto, como a cavidade glenoidal é relativamente rasa, ela é sujeita a instabilidade. Os músculos que controlam seu movimento são os abdutores (deltoide e supraespinal), rotadores externos (infraespinal e redondo menor), rotadores internos (subescapular, redondo maior e peitoral maior) e adutores (subescapular, peitorais maior e menor, latíssimo do dorso e redondos maior e menor). Três músculos importantes (infraespinal, supraespinal e redondo menor) estão inseridos na parte superior da cabeça do úmero na tuberosidade maior, em geral chamada de *manguito rotador*. Essa inserção de músculos pode colidir com estruturas superiores como o acrômio, o ligamento coracoacromial ou o coracoide, especialmente em ações executadas acima da cabeça.

A preocupação básica durante a reabilitação e prevenção de lesões na articulação do ombro deve ser normalizar o movimento escapular, também chamado de *ritmo escapuloumeral* quando combinado com os movimentos glenoumerais. Se os movimentos escapulares não forem ideais, ocorrem movimentos excessivos na articulação glenoumeral, já que a compensação leva potencialmente a colisão ou a outros tipos de lesão.

Mecanismos de controle neuromuscular da estabilidade glenoumeral afetam a qualidade e eficácia da estabilização articular funcional. Como descrito anteriormente, os músculos estabilizadores das articulações escapulotorácica e glenoumeral precisam trabalhar de forma coerente. A seção anterior descreve as interações de força dos seguintes músculos: (1) subescapular com redondo menor e infraespinal, (2) deltoide com manguito rotador menor, (3) tendões do manguito rotador como estabilizadores capsulares dinâmicos, e (4) trapézio e serrátil anterior em abdução glenoumeral completa.

Diretrizes de treinamento

Exercícios para a estabilização do ombro podem ser executados em cadeia cinética aberta ou fechada. Geralmente, as duas são necessárias, mas a especificidade do esporte deve ser considerada. As diretrizes a seguir ajudarão atletas, profissionais de condicionamento e esporte e terapeutas a estruturar e implementar um programa de estabilização articular funcional.

No início do processo de reabilitação, os exercícios devem ser realizados dentro da faixa média de amplitude do movimento do ombro, gradualmente seguindo em direção à amplitude final do movimento de articulações problemáticas ou instáveis. O mesmo princípio deve ser seguido para influenciar e melhorar a sensação em uma determinada posição. Os receptores musculares de amplitude média são de grande importância. Para se conseguir uma boa estabilização escapulotorácica devem ser usados exercícios que facilitem contrações paraescapulares sinérgicas, como socos e flexões contra uma resistência maior.

Como já mencionado, a articulação do ombro é uma estrutura complexa. Seu bom estado é possível graças aos subcomponentes diferentes do sistema de estabilização. Esses componentes podem ser mobilizados por tipos diferentes de tensão (direção da força de tensão, quantidade de força aplicada e repetição). Essas tensões devem ir ao encontro do esporte do atleta. Por exemplo, atletas lançadores podem usar tensões oscilatórias na fase final de armação do lançamento para estimular a mudança da parte excêntrica para concêntrica do lançamento, além de forçar os músculos estabilizadores ativos.

Em síndromes de impacto, os exercícios devem ser realizados com adução mínima do úmero. Se possível, deve ser executada uma adução ativa. Isso pode ser feito segurando-se uma toalha entre o braço e o tronco. Quando a estabilidade do ombro está comprometida, devem ser utilizados exercícios no plano escapular, já que estabilizadores ativos são mais eficazes em garantir a rigidez articular. Em exercícios de estabilização rítmica, é muito importante trabalhar, além disso, a atividade muscular preparatória e reativa a fim de melhorar a estabilização articular funcional.

Uma progressão lenta em exercícios pliométricos é valiosa, uma vez que eles podem ajudar o sistema neuromuscular a lidar melhor com o esforço de um lançamento ou rebatida. Como tal, eles treinam a atividade muscular excêntrica, possibilitando um controle excêntrico melhor. Eles também aumentam o senso de posição da articulação na fase final da armação do lançamento, que é geralmente realizada nos extremos da rotação lateral, e aumentam a rigidez muscular, possibilitando um uso melhor da energia elástica e de ação contrária a tensões maiores. Durante os estágios finais da reabilitação e em programas de prevenção de lesões, os exercícios devem simular movimentos específicos do esporte, incluindo sua posição (rotação lateral extrema acima da cabeça, esforço elevado na posição de contato ao dar uma cortada ou acertar a bola com uma raquete) e função. O esforço elevado, como o pliométrico ou com carga adicional, deve ser aplicado apenas quando o atleta atingir uma estabilidade dinâmica, força e uma amplitude de movimento sem dor e completa.

Exercícios

Dois grupos principais de exercícios de estabilização das extremidades superiores podem ser diferenciados: (1) exercícios de cadeia cinética fechada e (2) exercícios de cadeia cinética aberta. Nos exercícios de cadeia cinética fechada, a coativação dos músculos glenoumerais é alta, possibilitando uma boa estabilidade em exercícios dinâmicos.

TRANSFERÊNCIA DE PESO DE UMA MÃO PARA A OUTRA

O atleta pode se apoiar em uma parede, um banco (A) ou no chão. O atleta move cada uma das mãos para dentro (B), trocando o peso do corpo de um braço para o outro, e, então, fazendo o caminho de volta. O exercício também pode ser realizado em pé. Conforme o atleta progride para uma posição horizontal do corpo, o esforço aumenta. Para aumentar ainda mais o esforço, podem ser usadas pequenas bolas de exercício, ou movimentos de desestabilização podem ser aplicados por um parceiro.

O uso de tubos elásticos permite o movimento em um espaço bidimensional. Como esses exercícios demandam boa estabilidade da parte superior do corpo e dos membros inferiores, eles também influenciam a estabilidade do tronco.

O mesmo princípio usado no treinamento de estabilidade do tronco deve ser seguido, trabalhando a pré-ativação dos músculos abdominais. Os ombros também devem estar posicionados para baixo e para trás (adução e abaixamento das escápulas).

OSCILAÇÃO DE BARRA ELÁSTICA NA ABDUÇÃO E ADUÇÃO

O cotovelo deve permanecer levemente flexionado durante a oscilação (A-B).

OSCILAÇÃO DE BARRA ELÁSTICA NA ROTAÇÃO MEDIOLATERAL DO OMBRO

As rotações de ombro podem ser realizadas durante a adução, flexão no plano sagital ou abdução no plano escapular. A dificuldade aumenta com a respectiva posição. Na adução, uma toalha pequena enrolada pode ser colocada entre o braço e o tronco para liberar o espaço subacromial.

241

ESTABILIZAÇÃO RÍTMICA DO OMBRO COM UM PARCEIRO

A frequência e a amplitude das tensões podem variar.

RESUMO

- Os efeitos positivos do treinamento sensoriomotor são amplamente aceitos na reabilitação e nos esportes. Um extenso material na literatura e experiências práticas enfatizam os efeitos positivos do treinamento sensoriomotor sobre a função neuromuscular comprometida após lesões no sistema locomotor causadas pelo esporte.

- A prática e as pesquisas também mostram um número reduzido de lesões causadas pelo esporte após a implementação sistemática do treinamento sensoriomotor em protocolos de treinamento padrão para atletas de níveis diferentes sem lesão. Logo, o treinamento sensoriomotor é uma ferramenta eficiente para melhorar outras modalidades de treinamento e auxiliar os atletas em sua jornada em direção à perfeição no esporte.

- Ao elaborar um protocolo de treinamento para esportes ou reabilitação, muitos aspectos precisam ser considerados. Dessa forma, a periodização será a base para o planejamento e tomada de decisão sobre a escolha do treinamento ou os tipos de reabilitação que devem ser usados.

- Profissionais de força e condicionamento e terapeutas devem estar familiarizados com as especificidades de sua disciplina esportiva, o envolvimento de diferentes partes do corpo e o esforço posto sobre elas. De acordo com essas orientações básicas, medidas preventivas podem ser tomadas considerando o desenvolvimento da fadiga e combatendo os efeitos negativos de um treinamento intensivo e de longo prazo.

- Os complexos articulares importantes a serem considerados quando se avaliam o equilíbrio e a estabilidade são o tronco (ou *core*); joelho; tornozelo e pé; e ombro.
- Como movimentos de estabilização do *core* são necessários para a maioria dos atletas, o treinamento do *core* deve fazer parte do treinamento de equilíbrio de todos os atletas, mesmo que esse não seja o local de uma lesão ou de alguma outra instabilidade articular.

Periodização e integração do treinamento

G. Gregory Haff, PhD, ASCC, CSCS*D, FNSCA

Erin E. Haff, MA

Um dos conceitos principais associados com o desenvolvimento e integração do treinamento é a *periodização*. Ainda que a periodização seja amplamente aceita como um componente fundamental do processo de treinamento, ela costuma ser mal interpretada e mal aplicada. O que contribui para essa confusão é a interpretação errada da literatura sobre o tópico e uma tendência comum voltada para a separação dos componentes individuais de um plano de treinamento sem considerar o modo como eles são organizados e integrados. Esses problemas são mais bem ilustrados na literatura contemporânea sobre treinamento de força, em que a periodização é incorretamente definida como a manipulação das séries, repetições ou resistência.[18,47] Pouca ou nenhuma atenção recai sobre como os programas de treinamento de força são afetados ou integrados por outros fatores do treinamento, como resistência aeróbia, velocidade e agilidade, treinamento pliométrico, técnico e tático. Na realidade, a periodização é um elemento teórico e prático muito mais abrangente, em que o gerenciamento das cargas de trabalho de todos os fatores de treinamento é considerado em relação a períodos de recuperação, de modo que direcione as adaptações do treinamento e, por fim, aumente o desempenho nos momentos apropriados.[38,59,64,80]

A natureza multifatorial da periodização é demonstrada com clareza na literatura clássica, em que a variação planejada é considerada no contexto de um sequenciamento e integração adequados dos múltiplos fatores de treinamento.[58,59] Por exemplo, Nádori[57] e Nádori e Granek[58] sugerem que a periodização é a base teórica e metodológica do treinamento e planejamento. Aqui, os objetivos predeterminados do treinamento são alcançados por meio de um sequenciamento, integração e variação dos fatores de treinamento adequados, de modo que produzam adaptações fisiológicas e de desempenho bastante específicas e nos momentos apropriados. O principal nesse conceito é a ideia de que existe uma interdependência entre as várias fases do treinamento.[38,59] Os efeitos de uma fase de treinamento influenciam significativamente os períodos de treinamento subsequentes[40] e a capacidade de direcionar o processo de treinamento para os resultados desejados.[43,44] Logo, a periodização deve ser definida como a manipulação lógica, integrativa e sequencial dos fatores de treinamento (i. e., volume, intensidade, densidade, frequência e foco do treinamento e escolha do exercício) a fim de otimizar os resultados do treinamento em momentos predeterminados.

Por fim, vários objetivos são almejados com um plano de treinamento periodizado: (1) otimização do desempenho de um atleta em momentos predeterminados ou manutenção da capacidade de desempenho em esportes com uma temporada específica; (2) estruturação de intervenções de treinamento precisas que visem ao desenvolvimento de resultados fisiológicos e de desempenho específicos; (3) administração dos elementos de estresse do treinamento para reduzir a possibilidade de sobretreinamento (*overtraining*); e (4) promoção do desenvolvimento do atleta no longo prazo.[71,80] A capacidade de um plano de treinamento periodizado de atingir esses objetivos específicos depende em grande parte de uma aplicação multidimensional da variação de treinamento sequenciada. Ainda que a variação dos fatores de treinamento seja um componente central de um plano de treinamento elaborado adequadamente, variações excessivas ou aleatórias devem ser evitadas, visto que os ganhos de desempenho serão alterados.[80] É essencial que a variação do treinamento seja aplicada de modo lógico e sistemático para ajustar as respostas do treinamento ao mesmo tempo que reduz a fadiga e eleva o desempenho nos momentos apropriados.

PRINCÍPIOS GERAIS DA PERIODIZAÇÃO

Explorando a literatura clássica, fica claro que a periodização é uma forma de aplicar alterações de sequência ou fase na carga de trabalho, no foco e nas tarefas de treinamento incluídas no microciclo, mesociclo e plano de treinamento anual. A abordagem depende dos objetivos estabelecidos para o período de treinamento especificado.[38,52,58] A elaboração adequada de um plano de treinamento periodizado fornece a estrutura para que uma sequência de treinamento apropriada seja estabelecida, de modo que as tarefas, conteúdo e cargas de trabalho variem em diversos níveis, dentro de um padrão lógico e de fases, garantindo o desenvolvimento de resultados fisiológicos e de desempenho em momentos predeterminados.

A fim de desenvolver respostas fisiológicas específicas e resultados de desempenho, um plano de treinamento periodizado devidamente sequenciado e estruturado permite o gerenciamento dos processos de recuperação e adaptação.[12,18,52,64,80] Como um desempenho de pico só pode ser mantido por curtos períodos (8 a 14 dias),[9,45,55] a estrutura sequencial do plano de treinamento periodizado é uma preocupação importante.[64,80,85] De modo geral, a intensidade média dos fatores abordados pelo plano de treinamento tem uma relação inversa com o tempo médio durante o qual o desempenho de pico pode ser mantido e com a magnitude geral do pico de desempenho.[17,38,80]

Por exemplo, se a intensidade média de todos os fatores de treinamento for alta, o desempenho se elevará rapidamente, mas só será mantido por curtos períodos. Se, contudo, for utilizado um ajuste sequencial mais lógico da intensidade do treinamento, a duração do desempenho de pico pode ser ampliada. A magnitude do ganho de desempenho também pode ser significativamente maior. Três teorias mecanicistas básicas oferecem um entendimento fundamental sobre como a periodização administra as respostas de recuperação e adaptação: a síndrome da adaptação geral (SAG),[80,88] a teoria do estímulo-fadiga-recuperação-adaptação[68,80] e a teoria da fadiga–condicionamento.[80,88]

Síndrome da adaptação geral

A síndrome da adaptação geral (SAG) é uma das teorias fundamentais a partir da qual o conceito de periodização do treinamento foi desenvolvido.[78,85] Conceituada pela primeira vez em 1956 por Hans Selye, a SAG descreve a resposta específica do corpo ao estresse, físico ou emocional.[68] Essas respostas fisiológicas parecem ser similares, independentemente do que estimula o estresse. Ainda que a SAG não explique todas as respostas ao estresse, ela oferece um possível modelo que explica as respostas adaptativas a um estímulo de treinamento (Fig. 11.1).[27,78]

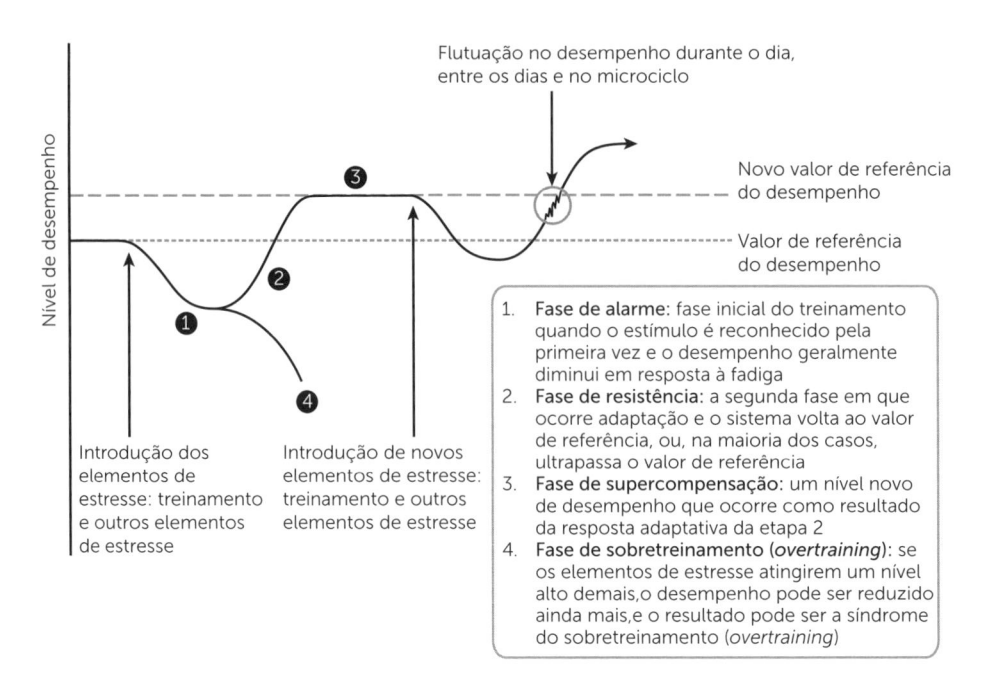

FIGURA 11.1 Síndrome de adaptação geral e sua aplicação na periodização.
Adaptado de Fry et al.,[36] Stone et al.[73] e Stone, Stone e Sands.[80]

Quando um estresse de treinamento é introduzido, a resposta inicial, ou *fase de alarme*, reduz o desempenho como resultado de fadiga acumulada, dor, rigidez e uma redução nas reservas de energia.[78] A *fase de alarme* inicia as respostas adaptativas essenciais para a *fase de resistência* da SAG. Se os elementos de estresse do treinamento não forem excessivos e forem planejados adequadamente, as respostas adaptativas ocorrerão durante a *fase de resistência*. O desempenho retornará ao valor de referência ou passará para níveis mais altos (supercompensação). Inversamente, se o estresse do treinamento for excessivo, o desempenho será reduzido ainda mais, como resposta à incapacidade do atleta de se adaptar ao estresse do treinamento, resultando no que se considera uma resposta de sobretreinamento (*overtraining*).[20] Do ponto de vista da resposta ao treinamento, é importante perceber que todos os elementos de estresse se somam e que fatores externos ao programa de treinamento (p. ex., relações pessoais, nutrição e estresse da carreira) podem afetar a capacidade do atleta de se adaptar aos elementos de estresse introduzidos pelo programa de treinamento.

Teoria do estímulo-fadiga-recuperação-adaptação

Sempre que um estímulo de treinamento é aplicado, há uma resposta geral chamada de *teoria do estímulo-fadiga-recuperação-adaptação* (Fig. 11.2).[80] A resposta inicial a um elemento de estresse do treinamento é um acúmulo da fadiga, que resulta na diminuição da prontidão e do desempenho. A quantidade de fadiga acumulada e a correspondente redução na prontidão e no desempenho são proporcionais à magnitude e à duração da carga de trabalho encontrada. Conforme a fadiga é dissipada e o processo de recuperação é iniciado, tanto a prontidão quanto o desempenho aumentam. Se nenhum estímulo de treinamento novo for encontrado após a recuperação e a adaptação serem completadas, a prontidão e o desempenho finalmente diminuirão. Isso é geralmente considerado um estado de involução.

Ao examinar de perto a resposta geral a um estímulo de treinamento, parece que a magnitude do estímulo desempenha um papel essencial na determinação do tempo levado na parte do processo referente à adaptação e recuperação. Por exemplo, se a magnitude da carga do treinamento for substancial, a fadiga gerada será maior, aumentando o tempo necessário para a recuperação e adaptação.[66,80] Contudo, se a carga do treinamento for reduzida, menos fadiga se acumulará e o processo de recuperação e adaptação ocorrerá de modo mais rápido. Esse fenômeno é geralmente chamado de *efeito tardio do treinamento*, no qual a magnitude

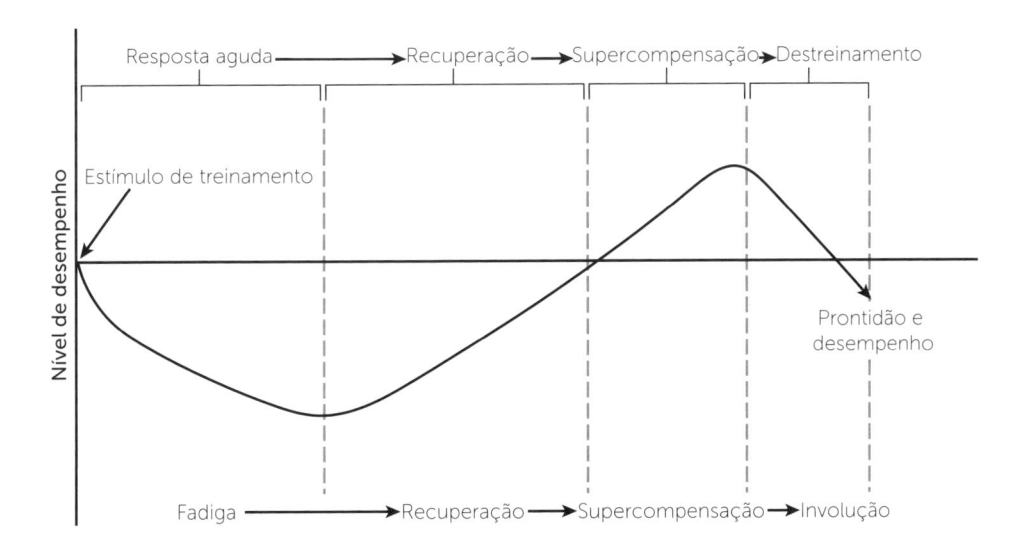

FIGURA 11.2 A teoria do estímulo-fadiga-recuperação-adaptação.
Adaptado de Verkishansky,[81] Rowbottom,[66] Yakovlev[87] e Stone, Stone e Sands.[80]

e duração da carga ditam a quantidade de tempo necessária para a recuperação e adaptação. O ajuste do tempo levado no processo de recuperação e adaptação por meio da variação e sequenciamento adequados das cargas de trabalho é uma questão central da periodização.

A fim de desenvolver de modo efetivo planos de treinamento periodizados, é importante perceber que o padrão geral de resposta a um estímulo de treinamento pode ocorrer como resultado de um único exercício, sessão de treinamento, dia de treinamento, microciclo, mesociclo ou macrociclo. É importante notar que não é necessário ter uma recuperação completa antes de se iniciar um estímulo de treinamento subsequente.[58] Na verdade, pode ser mais prudente ajustar a intensidade do treinamento ou as cargas de trabalho com o uso de dias de treinamento mais pesados ou mais leves, a fim de facilitar a recuperação,[19] enquanto o condicionamento continua a ser desenvolvido. Por fim, a capacidade de estabelecer uma sequência apropriada ao estímulo de treinamento baseia-se na manipulação de fatores de treinamento, a fim de obter vantagem do processo de recuperação-adaptação. De fato, esse processo serve de fundamento para vários modelos de sequenciamento de treinamento apresentados na literatura sobre periodização.[64,83,84]

Um modelo de sequenciamento amplamente baseado na teoria do estímulo-fadiga-recuperação-adaptação é o modelo de *carga concentrada* ou *sequenciamento conjugado* apresentado por vários autores na literatura (Fig. 11.3).[64,80,83,84] Nesse cenário, uma carga de treinamento concentrada,[64,80] ou carga acumulada,[43,44,88] é aplicada por um período específico.[80] Após essa aplicação de cargas de treinamento intencionalmente altas, ocorre uma redução significativa na carga de treinamento, e o treinamento retorna aos níveis normais. Essa é a chamada *fase de transmutação*, na qual a prontidão e o desempenho aumentam.[69,83-85] A fase final desse exemplo de carga envolve uma redução ainda maior na carga de treinamento. Esse momento é chamado, às vezes, de *fase de pico, redução* ou *realização*.[43,44,55,84,85,88] Durante essa fase, a prontidão e o desempenho geralmente são supercompensados em resposta a uma redução ainda maior na fadiga, estimulada pela redução na carga de treinamento.[55] Se, no entanto, esta for estendida por muito tempo (> 14 dias), ocorrerá a *involução*, ou uma redução na prontidão ou no desempenho.

Por meio da manipulação das variáveis de treinamento, um plano de treinamento periodizado, integrado e sequenciado adequadamente permite o gerenciamento da fadiga acumulada e do processo de recuperação e adaptação. Ele também direciona as respostas do treinamento para os resultados desejados. Se as cargas de treinamento forem aplicadas ao acaso e estabelecidas em uma sequência

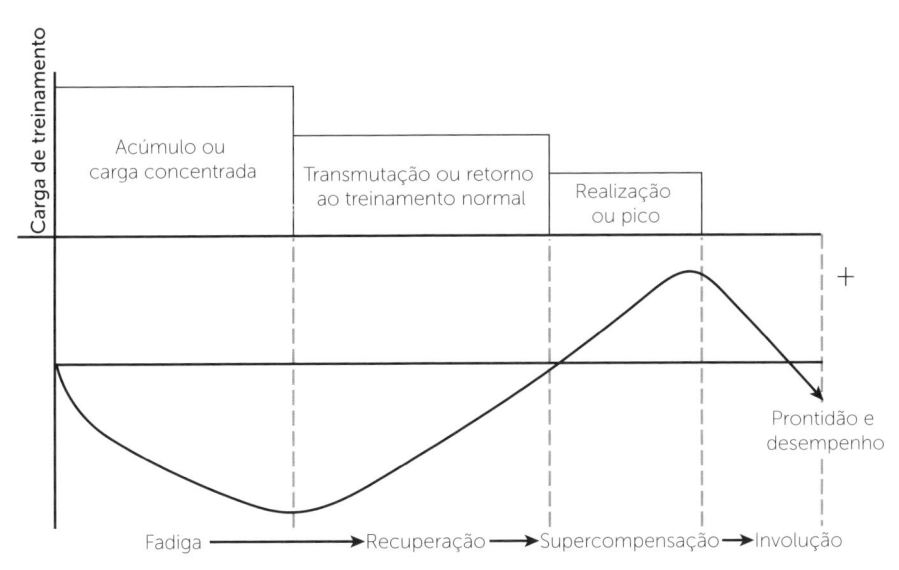

FIGURA 11.3 Aplicação da teoria do estímulo-fadiga-recuperação-adaptação ao treinamento sequenciado.
Adaptado de Verkishansky,[81] Rowbottom[66] e Stone, Stone e Sands.[80]

inadequada, será mais difícil alcançar os objetivos de desempenho, como resultado do mau gerenciamento da fadiga ou da recuperação.

Teoria da fadiga-condicionamento

O exemplo da fadiga-condicionamento explica parcialmente as relações entre condicionamento, fadiga e prontidão.[80,88] Ele também oferece uma visão mais completa das respostas fisiológicas a um estímulo de treinamento.[11] Nesse exemplo, os dois efeitos posteriores do treinamento, a fadiga e o condicionamento, são somados e influenciam a prontidão do atleta.[11,88] A ilustração clássica da teoria da fadiga-condicionamento apresenta os efeitos cumulativos do treinamento como uma curva de fadiga e uma de condicionamento (Fig. 11.4).[11,80] Na realidade, é provável que existam efeitos posteriores múltiplos de fadiga e condicionamento em resposta ao treinamento, que sejam interdependentes e exerçam um efeito cumulativo (Fig. 11.5).[11]

A possibilidade de efeitos múltiplos de fadiga e condicionamento oferece uma explicação parcial sobre o motivo de haver diferenças na resposta individual às variações no treinamento.[11,80] Conceitualmente, os efeitos posteriores do treinamento são considerados efeitos residuais e servem de base para o treinamento sequenciado.[43,44,82,85] O treinamento sequenciado sugere que a taxa de redução para um

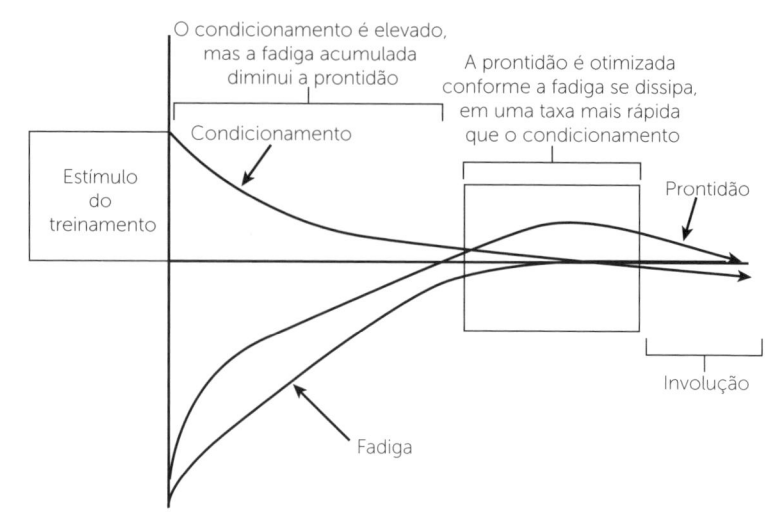

FIGURA 11.4 Exemplo da teoria da fadiga-condicionamento.
Adaptado de Stone, Stone e Sands[80] e Zatsiorsky.[88]

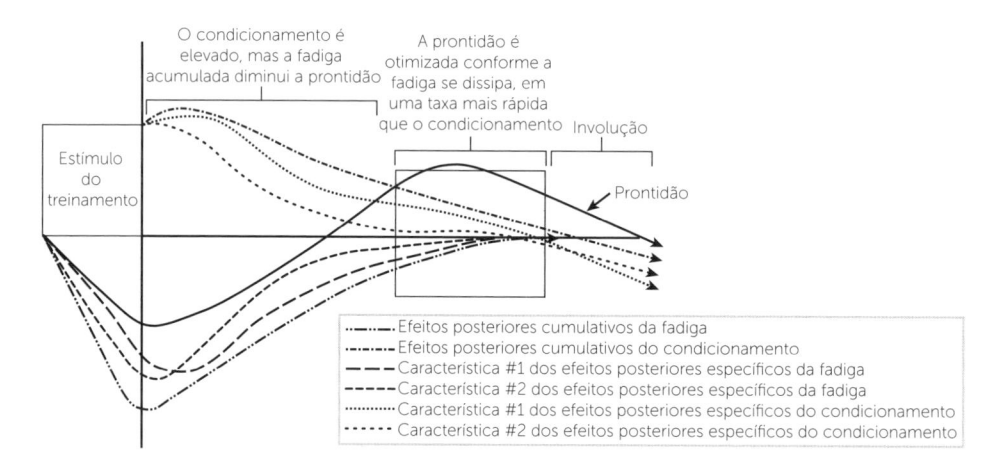

FIGURA 11.5 Exemplo modificado da teoria da fadiga-condicionamento mostrando os efeitos posteriores múltiplos do treinamento.
Adaptado de Stone, Stone e Sands[80] e Chiu e Barnes.[11]

efeito de treinamento residual pode ser ajustada com um estímulo de treinamento mínimo ou por meio da dosagem periódica do fator de treinamento especificado. Além disso, os efeitos residuais de um período de treinamento podem ajustar, potencializar ou elevar o nível de prontidão dos períodos subsequentes, dependendo dos tipos de carga empregados.

Quando a SAG, a teoria do estímulo-fadiga-recuperação-adaptação e a teoria da fadiga e condicionamento são examinadas em conjunto, fica bastante claro que a capacidade de equilibrar o desenvolvimento dos vários níveis de condicionamento, ao mesmo tempo em que se facilita a redução da fadiga, é crucial no ajuste das respostas adaptativas em um plano de treinamento. Um conceito essencial que permite o ajuste adequado dos fatores de treinamento refere-se ao sequenciamento das intervenções de treinamento para facilitar o gerenciamento da fadiga e condicionamento, ao mesmo tempo em que se controla a prontidão do atleta.[64] Assim, ao elaborar as intervenções de treinamento, é crucial que o padrão de sequenciamento real seja considerado no contexto de como a intervenção de treinamento é estruturada. Isso permite o gerenciamento da fadiga ao mesmo tempo em que o processo de recuperação e adaptação é maximizado. Ao final, isso resulta na otimização de parâmetros de condicionamento específicos em pontos-chave, de modo que a prontidão e o desempenho sejam aumentados nos momentos adequados.

PERÍODOS DE TREINAMENTO

Vários níveis distintos e inter-relacionados de planejamento precisam ser considerados ao se montar um plano de treinamento (Tab. 11.1). Cada um desses níveis deve ser considerado no contexto dos objetivos de treinamento estabelecidos pelo atleta. Uma vez estabelecidos os objetivos de treinamento e desempenho, os períodos são sistematicamente estruturados, sequenciados e inter-relacionados, de modo que o atleta seja capaz de progredir em direção aos resultados de treinamento e desempenho especificados no plano de treinamento. Os períodos de treinamento geralmente são subdivididos em vários níveis de planejamento, abrangendo desde estruturas globais ou de longo prazo, como o plano de treinamento plurianual, até treinamentos individuais incluídos em um dia específico de treinamento (Fig. 11.6).[6,16,64,67,80,88]

TABELA 11.1 Períodos de treinamento

Período	Duração	Descrição
Preparação para vários anos	2-4 anos	Também chamado de *plano quadrienal*
Plano de treinamento anual	1 ano	O plano de treinamento geral pode incluir um único macrociclo ou vários Ele pode ser subdividido nas fases de treinamento preparatória, competitiva e de transição
Macrociclo	Vários meses a um ano	Alguns autores se referem ao macrociclo como um *plano anual* Ele inclui as fases de treinamento preparatória, competitiva e de transição

(continua)

TABELA 11.1 Períodos de treinamento (*continuação*)

Mesociclo	2 a 6 semanas	Este ciclo de treinamento de duração média é às vezes chamado de *macrociclo* ou de bloco de treinamento Ele consiste em microciclos ligados
Microciclo	Vários dias a 2 semanas	Esse ciclo de treinamento de duração curta pode ter de vários dias a 2 semanas de duração Ele consiste em vários treinamentos
Dia de treinamento	1 dia	Um dia de treinamento pode conter várias sessões É elaborado no contexto do microciclo no qual está contido
Sessão de treinamento	Várias horas	Geralmente, consiste em várias horas de treinamento Se a sessão tem > 30 min de repouso entre os ciclos de treinamento, deve ser considerada uma sessão com vários treinamentos

Baseado em Bompa e Haff,[6] Issurin,[43,44] Siff[70] e Stone et al.[78]

De um ponto de vista hierárquico, o plano de treinamento periodizado pode ser subdividido em sete períodos: (1) plano de treinamento plurianual; (2) plano de treinamento anual; (3) macrociclo; (4) mesociclo; (5) microciclo; (6) dia de treinamento; e (7) sessão de treinamento.

Plano de treinamento plurianual

O plano de treinamento plurianual é formado por uma série de planos de treinamento anuais ligados para levar o treinamento do atleta a resultados específicos de desenvolvimento e desempenho.[6,46,58,59,67,88] O plano de treinamento quadrienal[12,24,43,46,52,66,88] é normalmente usado por profissionais de força e condicionamento para desenvolver programas de treinamento para atletas em preparação para Jogos Olímpicos consecutivos.[12,24,43,46,52,66,88] Esse tipo de treinamento também é sugerido como um método útil para o desenvolvimento de atletas durante o ensino médio e a faculdade.[46,61]

Como um todo, os planos de treinamento plurianuais apresentam em sua estrutura as tarefas de treinamento fundamentais, os objetivos principais e as direções de treinamento almejados dentro de cada um dos planos de treinamento anual.[12] São estabelecidos objetivos de treinamento sequenciados que desenvolvem os resultados fisiológicos, psicológicos e de desempenho específicos para realizar os objetivos de treinamento estabelecidos no plano de treinamento plurianual.[46] O sequenciamento é crucial para o sucesso da aplicação do plano plurianual, de modo que as adaptações estabelecidas em um plano de treinamento anual sirvam de base para os planos anuais subsequentes. Se os planos de treinamento

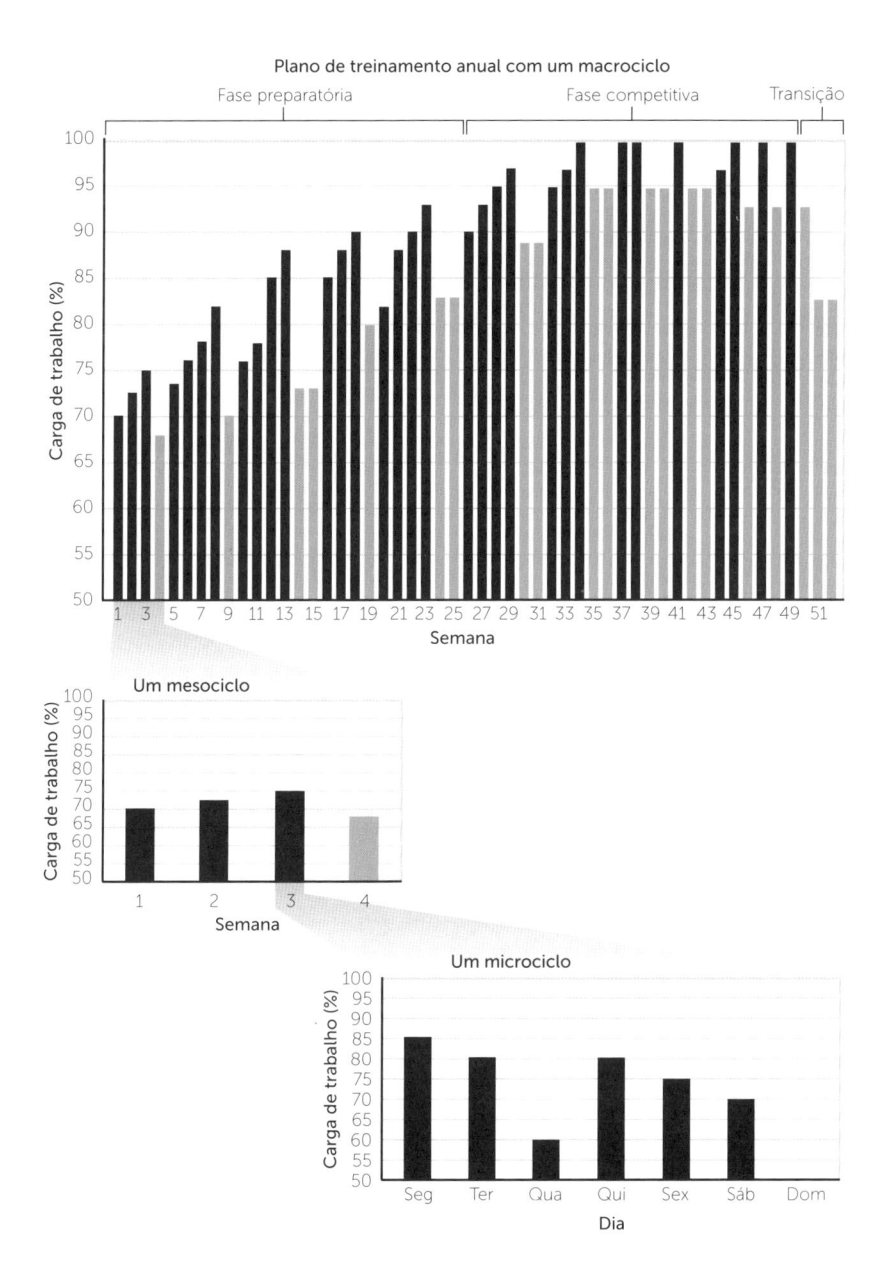

FIGURA 11.6 Detalhamento de um plano de treinamento anual. As barras pretas representam um período em que a carga de trabalho (%) está aumentando, e as barras cinzas representam um microciclo de recuperação, em que a carga de trabalho de maneira notável diminui. Conceitualmente, a carga de trabalho (%) é uma composição de todos os fatores de treinamento considerados durante cada período do treinamento.
Adaptado de Fry et al.[24] e Nádori e Granek.[57]

anuais incluídos no plano plurianual forem estruturados e sequenciados de modo adequado, o desempenho ideal ocorrerá no momento certo.

Plano de treinamento anual

O plano de treinamento anual, às vezes chamado de *macrociclo*,[12,52] descreve as estruturas de treinamento gerais dentro de um ano específico de treinamento.[12,59,66] A estrutura real do plano de treinamento anual depende em grande parte do grau de desenvolvimento do atleta,[6,43,44,59] dos objetivos de treinamento estabelecidos no plano de treinamento plurianual[12,46,59] e do calendário de competições do atleta ou da equipe.[6] Na literatura clássica, o plano de treinamento anual inclui tipicamente um macrociclo (Fig. 11.7).[52] Contudo, uma abordagem de treinamento alternativa é dividir o ano de treinamento em dois ou três macrociclos, de modo que atenda às várias temporadas de competição ou às necessidades dos atletas que participam de diversos esportes (Fig. 11.8).[6,44]

Independentemente da quantidade de macrociclos do plano de treinamento anual, a progressão básica de carga é de volumes maiores de treinamento para um treinamento de volume menor e intensidade maior, mais orientado à técnica.[31] Além disso, conforme a carga de treinamento muda durante o plano anual, o foco do treinamento é alterado. Essas mudanças no foco podem ser facilmente vistas

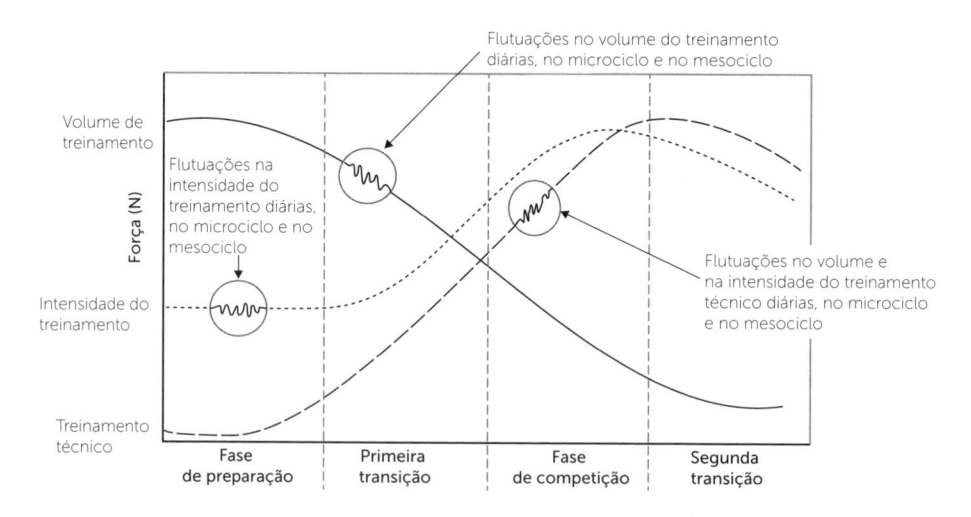

FIGURA 11.7 Modelo clássico de um plano de treinamento anual de Matveyev.
Reproduzido a partir de Michael H. Stone e Harol S. O'Bryant. *Weight Training: A Scientific Approach.* 2.ed. Burgess International Publishing. ©1987. Reproduzido com permissão da Pearson Learning Solutions, A Pearson Education Company.

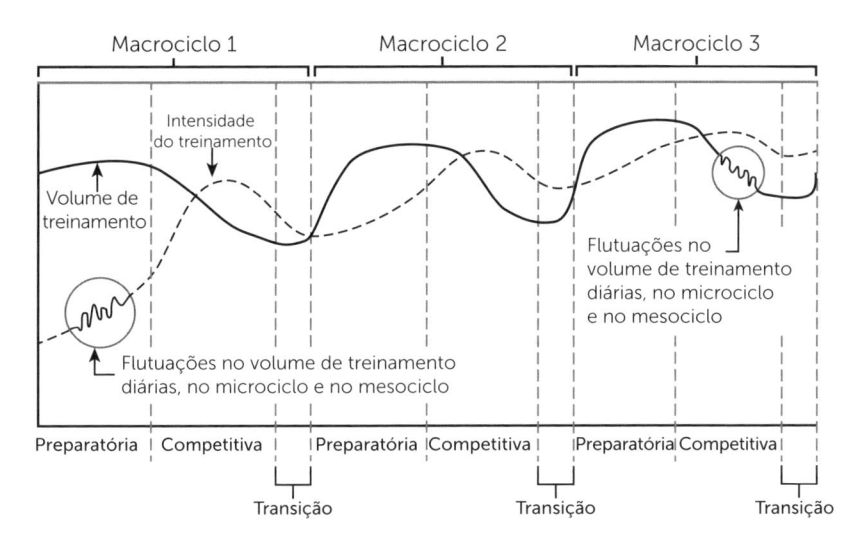

FIGURA 11.8 Exemplo de plano de treinamento anual com três macrociclos.
Adaptado com permissão de Issurin V. *Block periodization: Breakthrough in sports training.* Editado por Yessis M. (Ultimate Athlete Concepts), 2008, 213.

nas três subdivisões principais do plano de treinamento anual: as fases (1) preparatória, (2) competitiva e (3) de transição.[5,6,52,66]

Fase preparatória

A fase preparatória do plano de treinamento anual leva a adaptações fisiológicas, psicológicas e técnicas que servem de base para a fase competitiva.[6] Dependendo do nível de desenvolvimento do atleta e das exigências individuais do esporte, o tempo gasto na fase preparatória varia entre três e seis meses.[6] Conceitualmente, atletas mais jovens ou menos preparados devem passar mais tempo na fase preparatória geral,[6] ao passo que atletas mais avançados podem passar menos tempo nessa fase como resultado da base de treinamento já estabelecida. O tempo total gasto na fase preparatória será dividido entre os macrociclos incluídos no plano de treinamento anual. Por exemplo, no futebol americano geralmente é usado um plano de treinamento anual com dois macrociclos, com uma fase preparatória de três a quatro meses no início da primavera e uma fase preparatória de três meses antes da temporada de outono.

Independentemente da duração e da quantidade de fases preparatórias incluídas no plano de treinamento anual, a literatura clássica sobre periodização divide essa fase em duas categorias amplas de subpreparação: as fases preparatórias (1) geral e (2) específica.[6,44]

Fase preparatória geral A subfase preparatória geral é tipicamente incluída na parte inicial da fase preparatória. Ela é elaborada com o propósito de desenvolver uma base de treinamento físico geral.[6] Essa parte da fase preparatória é marcada por um volume alto de treinamento, intensidades mais baixas e uma grande variedade de formas de treinamento que objetivam o desenvolvimento de capacidades e habilidades motoras gerais.[43,52]

Fase preparatória específica A subfase preparatória específica concentra-se nas capacidades técnicas e motoras específicas do esporte, a fim de aumentar a prontidão no desempenho esportivo.[12] Essa subfase geralmente contém cargas de treinamento mais altas combinadas com momentos de treinamento de alta intensidade. Um foco maior no treinamento específico para o esporte também é incluído para desenvolver a base de treinamento estabelecida durante a fase preparatória geral. Conceitualmente, essa subfase fortalece a base de treinamento ao mesmo tempo que prepara o atleta para a transição para a fase competitiva do plano de treinamento anual.

Ainda que a literatura clássica altere o foco de treinamento ao determinar a sequência dessas fases subpreparatórias, outro modelo de treinamento sugere que essas duas subfases devam ocorrer ao mesmo tempo com níveis diferentes de foco (Fig. 11.9).[7,12] Esse modelo alternativo de sequenciamento, que desenvolve as subfases geral e específica concomitantemente, baseia-se no conceito de que a duração da fase preparatória é determinada pelo tempo necessário para atingir a forma esportiva, e não pela estrutura restrita de um plano de treinamento anual que contém de um a três macrociclos.[7]

Fase competitiva

O principal objetivo da fase competitiva é manter ou melhorar discretamente as habilidades fisiológicas e específicas do esporte adquiridas na fase preparatória do desenvolvimento,[58] ao mesmo tempo que aumenta a prontidão e o desempenho nos momentos adequados.[6] Esses objetivos podem ser alcançados pelo foco em atividades específicas do esporte, tais como exercícios de condicionamento baseados em habilidades,[26] com um foco menor nas atividades de preparação física geral.[6] O uso de atividades de condicionamento baseadas em habilidades também permite o desenvolvimento contínuo de séries de habilidades táticas e técnicas, necessárias para o sucesso da competição.

Geralmente, o volume de treinamento é reduzido durante a fase competitiva, ao passo que a intensidade aumenta. Ao seguir esse padrão de carga básico,

Plano de treinamento anual

Modelo	Variante	10	11	12	1	2	3	4	5	6	7	8	9
Clássico	1	Prep. geral	Fase preparatória	Prep. específica		Fase competitiva							
	2	Prep. geral	Fase preparatória	Prep. específica		Fase competitiva				Prep. específica			Transição
	5	Prep. geral	Fase preparatória	Prep. específica		Fase competitiva			Fase preparatória	Prep. específica			Transição
	8	Transição	Prep. geral		Fase preparatória	Prep. específica		Fase competitiva					
	12	Transição	Prep. geral			Fase preparatória		Prep. específica		Fase competitiva			
Alternativo	3	Transição	Fase preparatória		Transição	Fase preparatória			Fase competitiva				
	4	Transição	Fase preparatória			Fase preparatória		Fase competitiva					
	6	Transição	Fase preparatória		Fase competitiva	Transição	Fase preparatória			Fase competitiva			
	7	Transição	Fase preparatória		Fase competitiva		Fase preparatória			Fase competitiva			
	9	Transição	Fase preparatória			Transição	Fase preparatória			Fase competitiva			
	10	Transição	Fase preparatória				Fase preparatória			Fase competitiva			
	11	Transição	Fase preparatória			Transição	Fase preparatória			Fase competitiva			
	13	Transição	Fase preparatória						Fase preparatória			Fase competitiva	
	14		Fase preparatória			Transição		Fase preparatória		Fase competitiva			Transição
	15	Transição		Fase preparatória						Fase competitiva			
	16	Transição		Fase preparatória						Fase competitiva			
	17	Transição		Fase preparatória						Fase competitiva			
	18	Transição		Fase preparatória						Fase competitiva			

FIGURA 11.9 Exemplo de sequências para um plano de treinamento anual baseado nos modelos clássico e alternativo.

Adaptado de Bondarchuk A. *Periodization of sports training*. Legkaya Atletika. 1986; 12: 8-9.

é importante perceber que as flutuações tanto no volume como na intensidade ocorrem durante toda a fase competitiva, como resultado do calendário de competições. A literatura da periodização clássica frequentemente sugere que a fase competitiva seja dividida nas subfases pré-competitiva e competitiva principal.

Subfase pré-competitiva A subfase pré-competitiva deve ser considerada uma ligação entre as subfases preparatória e competitiva principal. Um componente central dessa fase é o calendário de competições não oficiais, como jogos de exibição. É importante notar que o objetivo principal dessa fase não é alcançar os níveis mais altos de desempenho, mas simplesmente usar as competições como ferramentas de treinamento ou como meio de preparação. Conceitualmente, essas competições servem como testes para medir o progresso do atleta em direção aos objetivos principais de competição.[6]

Subfase competitiva principal A ênfase principal dessa subfase é maximizar a prontidão do atleta e otimizar o desempenho. Um fator essencial na definição da duração da subfase competitiva principal é o calendário real de competições, frequentemente ditado por órgãos esportivos governamentais, como a NCAA nos Estados Unidos. Conforme o atleta passa por essa subfase, é importante que o estímulo de treinamento seja ajustado a fim de permitir a manutenção ou a continuação do aumento das habilidades e do condicionamento específico do esporte, obtidos nas fases anteriores. Geralmente, a competição mais importante ocorre no final dessa subfase. Uma redução estruturada é adotada entre 8 e 14 dias antes dessa competição.[6]

Fase de transição

A fase de transição deve ser considerada uma ponte importante entre dois planos de treinamento anuais ou dois macrociclos.[6,58,66] Como regra geral, a fase de transição deve consistir em uma carga de treinamento significativamente reduzida, com foco principal nas atividades de treinamento geral que são usadas para manter os níveis de condicionamento.[6,58] Além disso, deve haver uma ênfase mínima nas habilidades específicas do esporte a fim de manter a competência técnica.[58] Essa fase importante do plano de treinamento anual costuma durar entre 2 e 4 semanas, mas se o plano for particularmente forte, ela pode ser estendida para seis semanas.[6,16,49]

Em alguns casos, uma interrupção total no treinamento durante uma parte da fase de transição pode ser justificada (i. e., se o atleta estiver se recuperando de uma lesão).[58] No entanto, se o treinamento for interrompido por um período significativo, haverá uma redução grande na capacidade física do atleta,[6] gerando um problema de planejamento significativo. Esse cenário exigiria que a fase de preparação seguinte fosse focada no restabelecimento dos níveis de referência do condicionamento alcançados no plano de treinamento anual anterior, em vez de elevar a capacidade do atleta, como seria o esperado.[6] De modo geral, a fase de transição deve ser usada para renovar o atleta tanto física quanto mentalmente,[58] ao mesmo tempo que permite que ele se exercite com uma carga de treinamento reduzida.

Macrociclo

Tradicionalmente, o macrociclo é considerado como uma única temporada[69] ou plano de treinamento anual.[6] Contudo, é provável que, para muitos esportes, várias temporadas estejam incluídas dentro do plano de treinamento anual (i. e., corredores de longa distância costumam competir em corridas *cross-country*, em competições *indoor* e ao ar livre), e vários macrociclos (2 ou 3) serão necessários para direcionar as atividades de treinamento.[59] Estruturas com múltiplos macrociclos são geralmente vistas, por exemplo, no atletismo, que tem temporadas *indoor* e ao ar livre*, bem como no futebol universitário, que tem temporadas na primavera e no outono. Ainda que a temporada de primavera nesse exemplo não inclua um pico de verdade, como o foco é a prática, alguns profissionais de força e condicionamento podem enfatizar as competições nesse período ao tomar decisões sobre a estrutura de seus times. Teoricamente, o macrociclo deve ser considerado um plano de treinamento voltado para objetivos de competição e treinamento específico[15,16] que atendem aos objetivos gerais estabelecidos pelo plano de treinamento anual. Esses objetivos são alcançados pela manipulação de atividades de treinamento específicas tanto no nível do mesociclo quanto do microciclo.

A estrutura geral do macrociclo é muito similar à estrutura do plano de treinamento anual, uma vez que contém as fases preparatória, competitiva e de transição.[6,52,66] Como no plano de treinamento anual, o formato geral da progressão para cada macrociclo é de volumes de treinamento maiores com intensidades menores para treinamentos específicos do esporte de intensidade maior e volume menor.[31] Cada macrociclo é, então, ligado por uma fase de transição (ver Fig. 11.8). É importante perceber que com cada macrociclo que se sucede, a intensidade do treinamento e o foco no treinamento técnico, tático e específico do esporte aumenta. De modo geral, cada macrociclo será estruturado no contexto das metas e objetivos gerais do plano de treinamento anual. Tipicamente, o último macrociclo do plano de treinamento anual será usado para almejar as competições mais importantes incluídas no plano de treinamento.

Mesociclo

No sentido tradicional, o mesociclo é considerado um plano de treinamento de duração média. Em geral, ele é formado por 2 a 6 microciclos interligados.[43,44,59,80,83,88] Tipicamente, os mesociclos também são considerados blocos de treinamento,[43,44] ou microciclos somados.[64,78] Ao examinar tanto a literatura clássica quanto a contemporânea sobre as estruturas de mesociclo, percebe-se, normalmente, que os mesociclos duram quatro semanas em geral.[64,86,88] Parece que após cerca de quatro semanas de um mesociclo específico, efeitos assimptóticos do treinamento (i. e., uma redução das respostas de adaptação ao estímulo do treinamento) começam a surgir. Esses efeitos estão mais provavelmente relacionados a um estado de involução, no qual os ganhos fisiológicos e de desempenho ficam estagnados ou começam a regredir.[86] Parece que se o estímulo de treinamento for alterado em cerca de quatro semanas, essas reduções do condicionamento ou desempenho podem ser evitadas, e o progresso contínuo em direção aos objetivos estabelecidos pode ocorrer. De um ponto de vista estrutural, blocos de mesociclo de quatro semanas permitem que os efeitos tardios do treinamento sejam sobrepostos,[43,44,80,88] proporcionando, assim, a exploração dos efeitos de treinamento cumulativos.[80]

Existem 8 a 10 classificações possíveis de mesociclos, que podem ser estabelecidas com base nos objetivos pretendidos (Tab. 11.2).[12,39,44,52,88] O plano de treinamento básico pode ser estabelecido pelo sequenciamento e interligação de uma série de mesociclos específicos. Os que propõem estruturas de mesociclos em bloco sugerem um sistema de classificação de mesociclo simplificada, na qual são definidos três blocos básicos: acumulação, transmutação e realização (Tab. 11.3).[8,43,44,85,88]

TABELA 11.2 Classificações tradicionais do mesociclo

Tipo	Duração média (semanas)	Características
Básico e específico para o esporte	6	Elaborado para elevar o condicionamento específico do esporte, em que o desempenho em habilidades específicas é o objetivo
Formação	3	Esta forma mais geral de treinamento e condicionamento é usada para aumentar habilidades fundamentais ou o condicionamento Pode ser usada após um período de treinamento específico ou de carga de treinamento maior
Competição	2 a 6	Um mesociclo que objetiva especificamente uma competição durante esse mesociclo é usado na fase competitiva do plano de treinamento anual
Formação competitiva	3	Um período de aumento nas cargas de treinamento que ocorre durante uma fase competitiva longa e que é usado para restabelecer habilidades fundamentais ou o condicionamento
Geral	Qualquer duração	Este treinamento e educação básica ou geral objetiva o desenvolvimento do condicionamento básico Geralmente, ocorre na fase preparatória do plano de treinamento anual
Preparatório imediato	2	Este período de treinamento ocorre antes de uma competição e objetiva o pico e a restauração Pode ser considerado como polimento e seguir um período de testes
Pré-competitivo	6	Maximização da prontidão e do desempenho para uma competição específica ou série de competições Marcado pelo treinamento específico para o esporte Elaborado para o pico do condicionamento, desempenho e prontidão
Preparatório	6	Elaborado para desenvolver a base necessária para o desempenho competitivo O treinamento passa de extensivo para intensivo O condicionamento é estabelecido e usado para desenvolver habilidades
Recuperação	1 a 4	Possui o objetivo específico de provocar a recuperação Pode seguir uma série de competições Serve para preparar o atleta para o treinamento subsequente
Estabilização	4	Treinamento usado para aperfeiçoar a técnica e a base de condicionamento A correção de erros técnicos e deficiências no condicionamento são o objetivo Usado para desenvolver o condicionamento específico do esporte e habilidades básicas

Adaptado de Harre[38] e Stone, Stone e Sands.[80]

TABELA 11.3 Estruturas simplificadas de mesociclo sequencial

Fase	Nomes alternativos	Duração	Métodos	Características
Acumulação	Carga concentrada	2-6 semanas	Desenvolvimento físico geral: resistência geral, força muscular e técnica básica	Tende a apresentar os efeitos residuais de treinamentos mais longos
				Gera o maior nível de fadiga
				É a que mais aumenta o condicionamento geral
Transmutação	Treinamento normal	2-4 semanas	Habilidades específicas do esporte: condicionamento anaeróbio (misto), resistência muscular, prontidão técnica e tática	Efeitos residuais de treinamento mais curtos
				Aumento da prontidão
				A fadiga pode se tornar um problema
Realização	Pico ou polimento	7-14 dias	Modelo para competição: trabalho em velocidade máxima, recuperação ativa	Cargas de treinamento reduzidas
				Aumento da prontidão
				Recuperação

Adaptado de Issurin.[43,44]

Mesociclos de acumulação

O principal foco de um mesociclo de acumulação,[43,44] ou carga concentrada,[31,64,80] é o desenvolvimento do condicionamento geral do atleta por meio do uso de cargas de trabalho substanciais que objetivam capacidades atléticas básicas, como força muscular, resistência anaeróbia ou aeróbia.[44,88] A duração dos mesociclos de acumulação geralmente varia entre 2 e 4 semanas e depende do tempo necessário para alcançar o efeito de treinamento pretendido, da taxa de involução (i. e., declínio do desempenho) e do calendário de competições.

Do ponto de vista do sequenciamento, a duração desse mesociclo é proporcional à estabilidade do efeito de treinamento[80,88] e ao tempo da involução dos efeitos residuais do treinamento.[64,80] Mesociclos de acumulação mais longos resultam em efeitos residuais mais longos[43,44] e em efeitos de treinamento significativamente mais tardios.[64,80] Se estruturado de forma correta, esse mesociclo estabelece a base de treinamento na qual os mesociclos seguintes serão baseados. Por fim, esse mesociclo deve ser considerado um período de treinamento fundamental que prepara o atleta para mesociclos com treinamento mais intensivo e desempenho elevado.

Mesociclos de transmutação

Após a conclusão de um mesociclo de acumulação, o mesociclo de transmutação,[43,44,88] ou fase de potencialização,[64,80] é realizado. O objetivo principal desse mesociclo é aumentar o nível geral de prontidão do atleta, ao aumentar as capacidades desenvolvidas durante o mesociclo de acumulação.[88] Os objetivos desse mesociclo são alcançados por meio de métodos de treinamento específicos do esporte que se concentram na atividade competitiva e utilizam intensidades maiores que geram mais fadiga.[43] Por exemplo, se a fase de acumulação realizada pelo atleta for voltada para a força-resistência, o mesociclo de transmutação pode objetivar a maximização da força muscular, com base nos fundamentos estabelecidos no mesociclo anterior. A taxa de involução (taxa de declínio) dos efeitos residuais do treinamento resultantes do mesociclo de acumulação, a quantidade de fadiga gerada durante o mesociclo atual e o tempo que leva para que surjam os efeitos de treinamento assimptóticos servem de base para a duração de 2 a 4 semanas tipicamente usada nos mesociclos de transmutação. Se a duração desse mesociclo for estendida (> 4 semanas), é provável que a involução dos efeitos de treinamento residuais resultantes do bloco de acumulação seja maximizada. Se isso ocorrer, o condicionamento básico necessário ao desempenho durante o mesociclo de realização[43,44] ou pré-competitivo[85] não estará presente e o desempenho e prontidão serão alterados.

Mesociclos de realização

O mesociclo de realização é a estrutura final antes de uma competição principal que maximiza o nível de prontidão do atleta.[9,45,55,56] Esse mesociclo é muito similar ao polimento que costuma ser vista na literatura clássica, dado que geralmente tem os mesmos objetivos e dura de 8 a 14 dias.[43,44] Assim como o polimento clássico, esse mesociclo utiliza uma diminuição na carga de treinamento que maximiza a prontidão e o desempenho, ao mesmo tempo que diminui a fadiga acumulada. Por fim, o mesociclo de realização busca criar uma situação em que os efeitos residuais do treinamento gerados pelos mesociclos de acumulação e transmutação se transformem em um aumento na prontidão, maximizem habilidades especificamente treinadas e gerem uma situação que maximize o desempenho.[43,44,88]

Os três mesociclos estruturais principais servem como fundamento para o conceito de treinamento sequenciado. Esses mesociclos devem ser considerados como estruturas de planejamento intercambiáveis que podem ser usadas repetidamente de modo a direcionarem o treinamento do atleta para os objetivos pretendidos.[80]

O padrão básico de sequenciamento das três estruturas básicas de mesociclos é mostrado abaixo:

$$Acumulação \rightarrow Transmutação \rightarrow Realização$$

Por fim, o sequenciamento real e os aspectos de duração dessas estruturas de planejamento são ditados pelos objetivos estabelecidos tanto no macrociclo quanto no plano de treinamento anual.

Microciclo

O microciclo é a menor estrutura de treinamento e a mais básica, com objetivos de treinamento muito específicos.[64,80] A duração básica de um microciclo é ditada, em grande parte, pela fase do plano de treinamento geral. Ela pode durar de vários dias a duas semanas.[31,43,44,80] Os microciclos contidos na fase preparatória geralmente duram sete dias, ao passo que os microciclos da fase competitiva têm duração variada, dependendo do calendário de competições.[31,43,44,80] Por exemplo, durante a fase preparatória geral, o microciclo será de sete dias. Contudo, durante a fase competitiva, pode haver duas competições na mesma semana. Isso pode exigir que dois microciclos sejam criados: um de três dias e outro de quatro dias. A estrutura real do microciclo é amplamente determinada por sua posição dentro das estruturas de planejamento geral (mesociclo, macrociclo e plano de treinamento anual), pelas exigências específicas do esporte ou do atleta, pela capacidade do atleta de suportar o estresse do treinamento e pelo tempo reservado às atividades de treinamento.[49]

As fases preparatórias geral e específica do esporte são as duas categorias principais dos microciclos.[49,80] No início da fase preparatória, o treinamento objetiva o desenvolvimento do condicionamento geral com o uso do que se convencionou chamar de *microciclos preparatórios gerais*.[80] Nos estágios finais da fase preparatória, microciclos preparatórios específicos do esporte serão usados para desenvolver o condicionamento e as habilidades específicas do esporte.[49,80] Esses dois tipos de microciclos podem ser, ainda, subdivididos em microciclos comuns, de choque, pré-competição, competitivos e de recuperação.[49,69,80]

- *Microciclos comuns.* Essa estrutura de microciclo é formada por cargas de treinamento menores realizadas em intensidade submáxima. Com esse tipo de microciclo, a carga de treinamento é gradual e uniformemente aumentada com microciclos sucessivos.[49,69]

- *Microciclos de choque.* Um aumento repentino na carga de treinamento, enquanto se mantém um alto volume de treinamento, é o que se vê em um microciclo de choque,[49,52,69,80] ou de carga concentrada.[64] Microciclos de choque são amplamente usados tanto durante a fase preparatória quanto a competitiva do treinamento por atletas avançados que tenham desenvolvido uma base de treinamento substancial. Isso permite que eles trabalhem com períodos curtos de carga intencionalmente alta.[49] Se incluídos na sequência correta dentro da estrutura do mesociclo, o microciclo de choque pode ser uma ferramenta muito útil para provocar adaptações fisiológicas e de desempenho significativas.[49,64,69,80] Tipicamente, após um microciclo de choque, são usados microciclos comuns ou de recuperação, dependendo do nível de treinamento do atleta e dos objetivos gerais do programa. Contudo, em situações muito específicas, alguns atletas de elite podem utilizar dois microciclos de choque em sequência. Isso é chamado de *microciclo de duplo choque.*[69] Microciclos de choque são comuns em planos de treinamento de atletas de elite, mas devem ser evitados com atletas principiantes.[49,64] Ao se considerar o uso de microciclos de choque, é importante notar que a implementação deles nunca deve colocar o atleta em risco de lesão. Eles devem sempre utilizar cargas lógicas e realistas e devem incluir etapas para monitorar o estado de saúde geral dos atletas. Por exemplo, uma aplicação ilógica de um microciclo de choque seria utilizá-lo com um jogador de futebol americano universitário após o período de transição do inverno, no início da fase preparatória geral, antes que uma base de condicionamento apropriada esteja estabelecida. Essa abordagem pode aumentar o risco de lesão do atleta e a possibilidade de sobretreinamento (*overtraining*), e pode provocar respostas traumáticas por má adaptação, como a rabdomiólise. Nesse exemplo, uma abordagem melhor seria desenvolver um período de treinamento de base que utilize esquemas de carga menos agressivos, a fim de aumentar o condicionamento de base antes de tentar empregar microciclos de choque.
- *Microciclos pré-competitivos.* Os microciclos pré-competitivos,[49] ou introdutórios,[69] preparam o atleta para o microciclo competitivo. Esse microciclo pode ser considerado uma parte inicial da redução pré-competição. Ele é marcado por volumes de treinamento reduzidos, mas também enfatiza atividades de treinamento específicas do esporte que aumentam o desempenho.[49]
- *Microciclo competitivo.* O microciclo competitivo ocorre imediatamente antes da competição. Ele maximiza o desempenho e a prontidão.[49,69,80] Esse microci-

clo deve ser considerado uma extensão do microciclo pré-competição. Inclui a parte final da redução que precede a competição. Tipicamente, esse microciclo inclui a preparação imediata de treinamento, a viagem para a competição, a preparação do local, o aquecimento, a competição de fato e as atividades de recuperação conduzidas após a competição.[49,80]

- *Microciclo de recuperação.* Esse microciclo é uma estrutura de treinamento com carga reduzida que leva à recuperação ao permitir que o atleta repouse, cure-se e prepare-se para os treinamentos que virão a seguir.[49,69,80]

As estruturas básicas do microciclo podem ser pensadas como blocos intercambiáveis, a partir dos quais o plano de treinamento do mesociclo pode ser construído. Dependendo dos resultados almejados no mesociclo, tipos específicos de microciclos podem ser selecionados e sequenciados. Por exemplo, se os atletas estiverem em um mesociclo de realização, eles podem realizar a seguinte sequência de microciclos:

Microciclo pré-competitivo (7 dias) → Microciclo competitivo (7 dias)

Em comparação, um mesociclo de acumulação pode ter um resultado almejado diferente. Desse modo, ele incluiria uma sequência diferente de microciclos:

Comum (7 dias) → Comum (7 dias) → Comum (7 dias) → Recuperação (7 dias)

Como alternativa, se a estrutura do mesociclo pedir o uso de uma carga concentrada na semana 1, a sequência de microciclos seria a seguinte:

Choque (7 dias) → Comum (7 dias) → Comum (7 dias) → Recuperação (7 dias)

Por fim, as várias estruturas de microciclo permitem que sequências diferentes de treinamento sejam construídas, com base nas necessidades do atleta, na fase do treinamento e nos objetivos do mesociclo, macrociclo e plano de treinamento anual.

Dia de treinamento

Um dia de treinamento é uma das menores unidades de treinamento de um plano de treinamento periodizado. Em geral, um dia de treinamento inclui uma ou mais sessões de treinamento interligadas,[69] que são construídas de acordo com os objetivos estabelecidos pelo plano de microciclos. A densidade das sessões de treinamento em um dia de treinamento depende muito do nível de desenvolvimento do atleta, do tempo dedicado ao treinamento e da fase do treinamento. De modo geral, diversos autores recomendam distribuir várias sessões de treinamento durante todo o dia de treinamento.[28,80,82] Com períodos mais curtos de treinamento durante o dia, acredita-se que adaptações fisiológicas maiores possam ocorrer, o que acabaria por resultar em ganhos maiores no desempenho. A base para essa ideia pode ser encontrada na literatura científica, em que estudos mostraram que adaptações neuromusculares e hipertróficas maiores ocorreram com treinamentos duas vezes ao dia, em comparação com uma única sessão de treinamento, mesmo com um volume de treinamento constante.[36] Por fim, ao alterar a densidade do treinamento incluído em um único dia, pode-se estabelecer um nível adicional de variação no planejamento.

Sessão de treinamento

Uma sessão de treinamento[43,88] é a unidade estrutural básica em um plano de treinamento periodizado. Tipicamente, sessões múltiplas de treinamento são realizadas a cada dia a fim de trabalhar fatores diversos do treinamento.[88] A organização do treinamento durante o dia pode tanto incluir sessões múltiplas periodicamente espaçadas durante o dia quanto sessões de treinamento que contenham períodos de repouso curtos (< 40 min).[34-36] Com base nessas estratégias organizacionais, define-se como sessão de treinamento, tradicionalmente, quando há qualquer intervalo de repouso menor que 40 minutos.[43,44,88]

INTEGRAÇÃO E SEQUÊNCIA DO PROCESSO DE TREINAMENTO

A ideia de que programas de treinamento periodizados devem ser sequenciados e integrados não é nova.[7,38,50-53,58,60,83,84] Na verdade, esse conceito pode ser visto no texto original de Matveyev,[52] em que ele afirma que existe uma "sequência claramente definida de diferentes ligações do processo de treinamento" e "uma ordem racional da interação de vários aspectos do treinamento de um atleta". Ainda que esses conceitos ecoem em outros textos clássicos sobre periodização,[3,4,7,8,38,51-53,57,58] parece que muitos treinadores contemporâneos, especialmente profissionais de força e condicionamento, não entendem a importância da sequência e integração do processo de treinamento.[2,10,29,61]

Essa falta de sequência e integração no treinamento pode ser vista em programas de treinamento em que muitos ou todos os fatores de treinamento são abordados ou enfatizados de uma vez. Essa prática cria um cenário que gera níveis altos de fadiga e torna praticamente impossível otimizar o desempenho nos momentos apropriados.[30] É provável que esses altos níveis de fadiga aumentem o risco de sobretreinamento (*overtraining*)[75] e a possibilidade de lesões.[26] Em geral, um plano de treinamento adequadamente periodizado minimiza esses dois riscos ao manipular os diversos fatores de treinamento, incluindo a intensidade, o volume, a densidade e o foco do treinamento, de forma sequenciada e integrativa.[76,77] Além disso, a sequência e integração dos fatores de treinamento exploram as adaptações fisiológicas que ocorrem em resposta a intervenções específicas no treinamento. Quando trabalhado de forma correta, isso resulta em um gerenciamento melhor dos componentes de estresse do treinamento e em uma habilidade maior de direcionar o treinamento para objetivos específicos de desempenho.

Como afirmado anteriormente, as teorias da SAG, do estímulo-fadiga-recuperação-adaptação e da fadiga-condicionamento oferecem uma base para o treinamento sequenciado e integrativo.[43,44,64,78,82,84,85] Do ponto de vista da sequência, os efeitos residuais (tardios) do treinamento desenvolvidos em resposta a um mesociclo são usados para potencializar os efeitos fisiológicos e no desempenho desenvolvidos nos mesociclos subsequentes.[80] Como os diversos efeitos residuais, ou adaptações fisiológicas e de desempenho, induzidos por uma intervenção no treinamento possuem estabilidade diversa e apresentam taxas diferentes de involução, não é necessário trabalhar todos os fatores de treinamento em cada estágio do plano de treinamento periodizado.[43,44,64] Como resultado dos vários níveis de involução que existem para os diversos fatores de treinamento, é possível trabalhar uma abordagem de treinamento sequenciado na qual fatores de treinamento compatíveis (Tab. 11.4) são enfatizados em momentos específicos por meio de mesociclos múltiplos. Isso maximiza resultados fisiológicos e do desempenho.

O sucesso de um plano de treinamento sequenciado está relacionado ao ordenamento de mesociclos sucessivos de acordo com a especificidade mecânica,[64,69,79,83] especificidade metabólica,[63,80] e duração da estabilidade e da involução dos efeitos de treinamento residuais.[43,44,69,86,88] Além disso, a ênfase em fatores de treinamento reais e a compatibilidade entre os fatores são considerações importantes quando se busca sequenciar o mesociclo dentro de um plano de treinamento. De um ponto de vista metodológico, possibilidades infinitas de sequenciamento podem ser empregadas ao se elaborar um plano de treinamento. Três dos métodos mais comumente usados são o (1) modelo clássico ou tradicional, (2) modelo de microciclo somado e (3) modelo de sequenciamento conjugado.[64,80]

TABELA 11.4 Fatores de treinamento compatíveis

Ênfase dominante (primária) do treinamento	Fatores de treinamento compatíveis
Resistência aeróbia	Treinamento de força-resistência
	Treinamento de força máxima
	Treinamento de resistência anaeróbia
	Treinamento técnico e tático (se realizado primeiro)
Resistência anaeróbia	Treinamento de força-resistência
	Treinamento misto de resistência aeróbia-anaeróbia
	Treinamento de resistência e potência
	Treinamento de *sprint* (agilidade)
	Treinamento de força explosiva/potência muscular
	Treinamento de força muscular
	Treinamento técnico e tático (se realizado primeiro)
Habilidade de *sprint*	Treinamento de força máxima
	Treinamento pliométrico
	Treinamento de força explosiva/potência muscular
	Treinamento de agilidade
	Treinamento técnico e tático (se realizado primeiro)
Força máxima	Treinamento de *sprint*
	Treinamento de agilidade
	Treinamento de força explosiva/potência muscular
	Treinamento de resistência anaeróbia
	Treinamento técnico e tático (se realizado primeiro)
Força explosiva/ potência muscular	Treinamento de *sprint*
	Treinamento de agilidade
	Treinamento de força máxima
	Treinamento pliométrico
	Treinamento técnico e tático (se realizado primeiro)
Treinamento técnico	Qualquer ênfase desde que realizado antes de outros fatores de treinamento
Treinamento tático	Qualquer ênfase desde que realizado antes de outros fatores de treinamento

Adaptado de Issurin.[43,44]

Modelo clássico ou tradicional

O modelo clássico ou tradicional de periodização utiliza estruturas de treinamento que contêm variações relativamente limitadas quanto aos meios e métodos de treinamento.[64,80] Elas são constituídas de modo a criar aumentos graduais, como ondas, na carga de trabalho (Fig. 11.7),[50-52] que são organizados em sequência dentro de períodos de treinamento multilateral maiores, que, por sua vez, distribuem uniformemente as cargas de treinamento dentro de uma estrutura de treinamento predeterminada.[12] Uma avaliação cuidadosa do modelo clássico revela que a carga de treinamento geral é expressa como uma razão entre volume e intensidade de treinamento (Fig. 11.7).[50] Nos estágios iniciais do treinamento, a carga é aumentada principalmente pelo aumento no volume de trabalho, enquanto a intensidade é aumentada apenas de leve.[12] Conforme o treinamento prossegue, a intensidade aumenta e o volume de treinamento cai em seguida.

A imagem original de Matveyev[50,52] do modelo clássico foi criada apenas como uma ilustração gráfica dos conceitos centrais (Fig. 11.7). A ideia não era que fosse aplicada de forma rígida. O gráfico dos aumentos em ondas na carga de trabalho apresentado no modelo tem sido chamado de *modelo linear de periodização*.[1,18,47,48,65] Contudo, uma análise crítica do texto original de Matveyev[50,52] sobre o tópico revela que o modelo dele não é, na verdade, linear. Ele contém vários graus de variação no volume, intensidade e modo de treinamento nos níveis do microciclo, mesociclo e macrociclo.

Um componente central do modelo clássico é um sistema complexo que utiliza o desenvolvimento paralelo de habilidades físicas.[12,69,82] Uma pesquisa inicial sobre esse modelo sugeriu que ele resulta em um desenvolvimento simultâneo de funções fisiológicas divergentes necessárias para vários esportes.[69] No entanto, uma análise cuidadosa dessa literatura revela que ela foi desenvolvida décadas atrás com atletas principiantes.[69,82] Logo, ele pode não otimizar as adaptações fisiológicas e de desempenho de atletas intermediários e avançados.[12,82] Existem várias razões pelas quais a aplicação rígida do modelo clássico não é vantajosa para atletas avançados:

1. Atletas avançados já possuem um nível alto de preparo físico. Eles precisam de um estímulo de treinamento significativo que busque uma ênfase bastante específica para provocar as adaptações apropriadas.[69,81] Como um todo, o modelo clássico produz um intervalo de tempo bem pequeno em que um novo estímulo fica disponível para estimular a adaptação. Ele é seguido por períodos de treinamento monótono que são desvantajosos para atletas avançados. Por outro lado, com atletas principiantes, esse modelo permite a estabilização de habilidades técnicas e de outros fatores de treinamento.[80,83]

2. O modelo clássico, principalmente por se basear em um método de treinamento multifacetado que exige o desenvolvimento simultâneo de vários fatores de treinamento, não é capaz de produzir o preparo físico altamente específico de que os atletas avançados precisam.[83] Conceitualmente, a abordagem do treinamento multifacetado resulta em um desenvolvimento geral equilibrado

que não estimula a otimização de qualquer treinamento específico e pode resultar em um silenciamento das adaptações de treinamento e uma magnitude menor do ganho no desempenho.

3. O modelo clássico se baseia em longos períodos de preparação básica e específica para o esporte.[43,44] Esses períodos podem ser benéficos para atletas principiantes, mas são considerados uma desvantagem para atletas avançados, por causa da variação insuficiente no treinamento.[80] No entanto, pesquisas recentes indicam que o modelo clássico pode ser vantajoso em atletas treinados quando utilizado com jogadores universitários de futebol americano em programas de treinamento fora de temporada relativamente curtos (p. ex., 15 semanas).[42]

4. Competições de elite exigem alto nível de competência técnica. Desenvolver competências técnicas, estabelecendo ao mesmo tempo um preparo físico especial, acumula uma quantidade enorme de fadiga. Níveis altos de fadiga geralmente criam um cenário em que as habilidades técnicas se deterioram, impedindo, assim, o desenvolvimento geral do atleta de elite.[69,81]

5. O calendário esportivo moderno frequentemente inclui muitas competições que o modelo de periodização clássico (tradicional) não pode abordar.[43,44]

Com base nesses pontos principais, tem-se sugerido que o modelo clássico de periodização é mais apropriado para atletas principiantes.[12,43,44,64,80,82] Modelos de sequenciamento complexos, como o microciclo somado ou modelo de sequenciamento conjugado, por sua vez, são mais apropriados para atletas intermediários e avançados.[43,44,64,80,82]

Modelo de microciclo somado

O modelo de microciclo somado aumenta a variação do treinamento com uma estrutura de treinamento sequenciada e integrada. Tipicamente utilizado com atletas intermediários ou avançados, esse modelo introduz fatores de treinamento complementares em um padrão cíclico que permite uma magnitude e taxa menores de declínio residual, ou involução.[64,80] A estrutura típica de um microciclo somado é baseada em um bloco de treinamento de quatro semanas, ou mesociclo, que progride a partir de uma carga de trabalho intensiva, seguida por um período curto de restituição.[43,44] A estrutura básica de quatro semanas é frequentemente selecionada porque essa duração é associada ao momento em que os efeitos de treinamento assimptóticos surgem e a involução (declínio) dos efeitos residuais do treinamento começa a aparecer.[43,44,78,86,88]

Em comparação com os modelos de periodização clássicos, o modelo de microciclo somado utiliza um bloco inteiro de treinamento, ou mesociclo, para enfatizar um fator de treinamento muito específico, enquanto outros fatores de treinamento complementares recebem uma ênfase mínima.[64,80] Ao estruturar o treinamento dessa forma, pode-se criar um nível maior de variação entre os mesociclos.[25,52,66,80] Ao mesmo tempo, o foco do treinamento é sequenciado e integrado de modo melhor por meio das várias fases de treinamento.[43,44,69] Se montado corretamente, esse tipo de modelo sequencial pode minimizar a chance de sobretreinamento (*overtraining*) e diminuir a involução dos efeitos posteriores do treinamento, ao mesmo tempo que permite que vários desses efeitos se alinhem, de modo que o desempenho e a prontidão estejam elevados nos momentos apropriados.[80]

Essencial à aplicação eficaz do modelo de microciclo somado é a integração do fator de treinamento e do padrão de carga incluído em cada um dos quatro microciclos interligados que formam o bloco do mesociclo. Outro ponto importante é como cada bloco de treinamento está inter-relacionado e sequenciado. Do ponto de vista da carga, o modelo somado básico utiliza uma estrutura de carga que progride de cargas de trabalho extensivas para intensivas, por meio de três microciclos sucessivos, seguidos por um microciclo de recuperação (Fig. 11.10, blocos 1 a 3).[64,80] Essa estrutura de carga geral é tradicionalmente chamada de modelo de carga de 3:1.[67,71] Aqui, os primeiros três microciclos aumentam em volume, intensidade e densidade do treinamento, ou alguma combinação de cada fator, seguidos por um microciclo de recuperação ou sem carga.[32,64] É importante notar que ao final do terceiro microciclo é que se desenvolvem os maiores níveis de fadiga, e a capacidade de desempenho pode ser bastante prejudicada.[80] Logo, o microciclo de recuperação (no qual a carga geral de trabalho é reduzida pela manipulação do volume, intensidade ou densidade do treinamento) deve ser considerado um componente extremamente importante do modelo de microciclo somado, já que reduz a fadiga e a possibilidade de sobretreinamento (*overtraining*), aumenta a prontidão[31,32] e facilita as adaptações fisiológicas necessárias para o bloco de treinamento seguinte.[80]

Um segundo método de carga frequentemente usado em conjunto com o modelo de microciclo somado utiliza um microciclo de carga concentrada,[69,84,85] ou *overreaching* planejado.[14,21-23,37,73] Esse método de carga é usado com frequência para iniciar o bloco com um microciclo que contenha uma carga de trabalho intencionalmente alta, seguido por um retorno às cargas de treinamento normais (Fig. 11.10, blocos 4 e 5).[80] Durante o primeiro microciclo, a fadiga aumentará de forma significativa, enquanto os marcadores de prontidão e desempenho (força muscular,

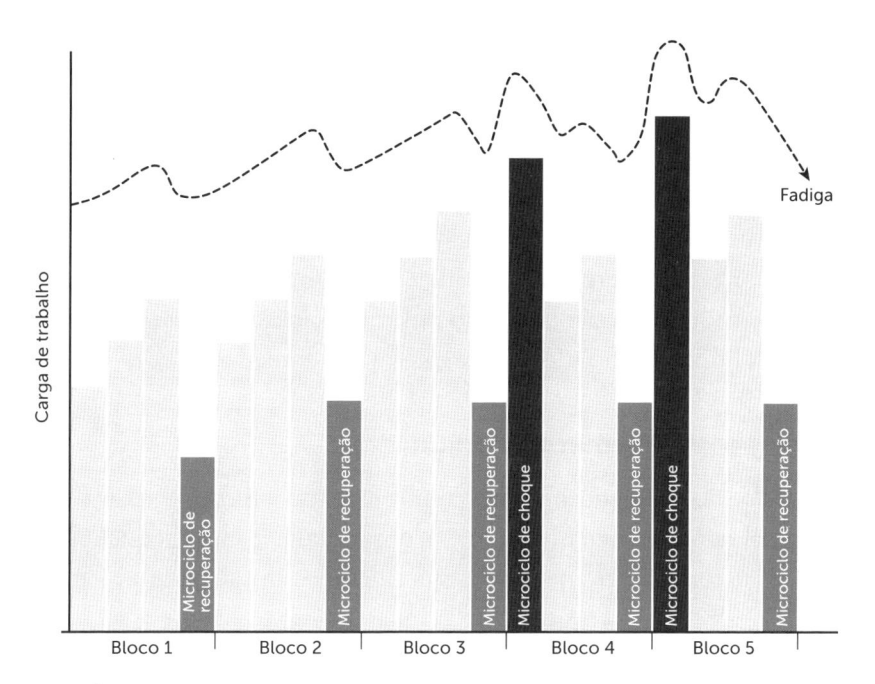

FIGURA 11.10 Exemplo de uma sequência de carga para duas variantes do modelo de microciclo somado. Cada bloco tem quatro semanas de duração, e cada barra representa um microciclo.
Adaptado de Stone, Stone e Sands[80] e Plisk e Stone.[64]

potência e resistência aeróbia) serão reduzidos.[13,23] Por fim, o grau de redução da prontidão e do desempenho estimulado pelo microciclo de carga concentrada é diretamente proporcional à magnitude da carga.[69] No entanto, quanto maior a carga durante essa fase, maior a elevação do desempenho potencial que pode ser estimulado uma vez eliminada a fadiga.[81] Nesse modelo, a eliminação da fadiga se dá pelo sequenciamento do mesociclo, de modo que ao final do microciclo de carga concentrada, a carga do treinamento é reduzida aos níveis normais por dois microciclos. Em seguida, as cargas de treinamento são reduzidas ainda mais em um microciclo de recuperação de uma semana. Se a sequência estiver correta, um efeito de supercompensação ocorrerá ao final do bloco em resposta à convergência dos efeitos tardios do treinamento,[69,74,80] ou efeitos residuais do treinamento.[43,44]

A eficácia de um modelo de microciclo somado pode ser aumentada pelo uso de táticas de variação dentro dos microciclos. Por exemplo, a intensidade do treinamento pode ser alterada por meio do microciclo, permitindo dias pesados e dias leves no contexto do objetivo do microciclo.[80] Um atleta pode fazer um treinamento de força às segundas e sextas-feiras, mas a carga de trabalho da sexta-feira deve ser 40% menor que a utilizada na segunda-feira. A inclusão de dias submáximos (leves) pode influenciar significativamente o potencial de adaptações positivas, ao mesmo tempo que minimiza a possibilidade de sobretreinamento (*overtraining*).[19] Outras táticas de variação dentro dos microciclos, como métodos de repetição, intervalo ou teste competitivo, também podem ser utilizadas para modular a eficácia do microciclo somado.[80] Por fim, muitos métodos podem ser usados para introduzir variações dentro dos microciclos, ou para modificar os padrões de carga utilizados no modelo de microciclo somado.

Modelo de sequenciamento conjugado

O modelo de sequenciamento conjugado, ou *sistema sucessivo combinado*, como originalmente era chamado,[64,83] é um sistema para o sequenciamento e integração de fatores de treinamento tipicamente utilizados com atletas avançados.[41,44,64,69,71,74,78,80,86,88] O componente principal desse modelo é o sequenciamento dos mesociclos de acumulação[64,81,84] (carga concentrada),[64,80] transmutação[43,44,88] e realização[43,44] ou recuperação,[64,80] de modo que tire proveito dos efeitos de treinamento residuais (tardios) (Fig. 11.11). Teoricamente, o plano de treinamento anual pode ser construído pelo sequenciamento dessas três estruturas básicas de mesociclo e elaboração de intervenções de treinamento no contexto das fases (i. e., preparatória ou competitiva) incluídas no plano anual (Fig. 11.12).

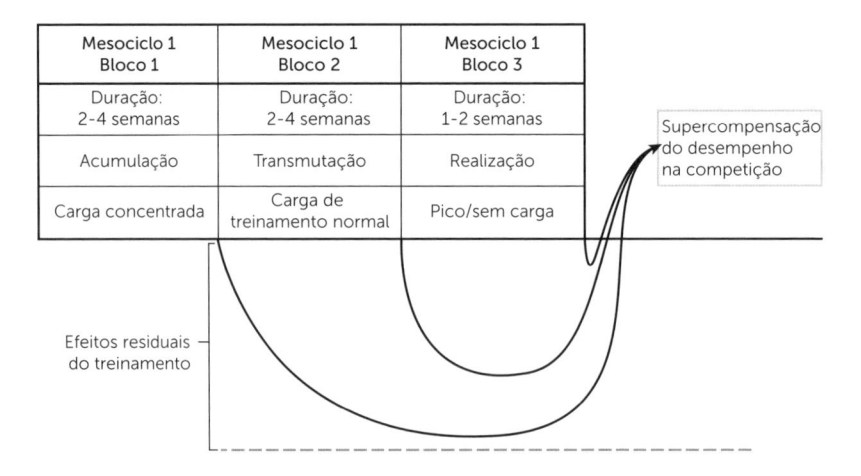

FIGURA 11.11 Estrutura do sequenciamento conjugado básico.
Adaptado de Issurin.[43,44]

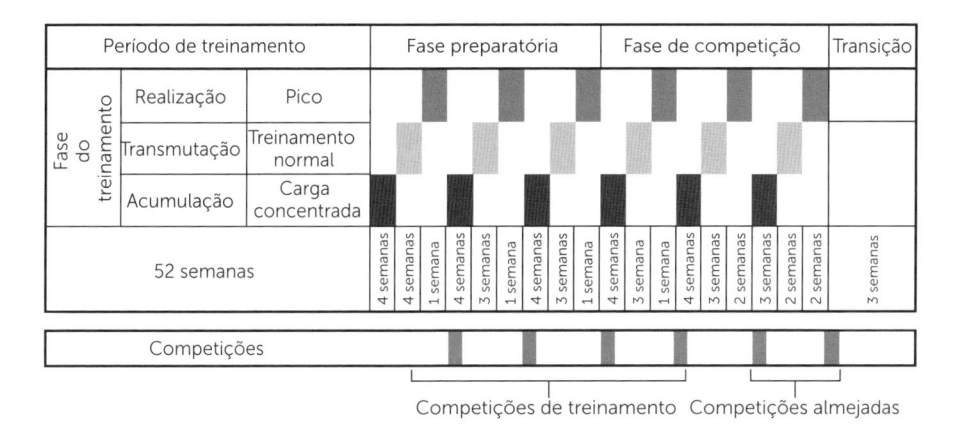

FIGURA 11.12 Exemplo de um plano de treinamento anual com uma aplicação sequencial de mesociclos de acumulação, transmutação e realização.
Adaptado de Issurin.[43,44]

Essencial à eficácia do modelo de sequenciamento conjugado é o uso dos *blocos de carga concentrada*, que são considerados o componente principal do bloco de acumulação. Tipicamente, o bloco de acumulação dura entre duas e quatro semanas, durante as quais tanto o desempenho quanto a prontidão diminuem em resposta a um nível elevado de fadiga acumulada.[64] Conceitualmente, o bloco de carga concentrada satura o sistema com maior ênfase de treinamento, enquanto os fatores de treinamento extras são trabalhados com uma ênfase menor (Fig. 11.13). Por exemplo, ao sequenciar o treinamento para desenvolver velocidade, a ênfase primária no *bloco de acumulação* deve objetivar o desenvolvimento de força máxima, enquanto a ênfase secundária deve ser na potência muscular, e a ênfase terciária, na velocidade e agilidade.[6,62] Conforme o treinamento muda para o segundo bloco, ou *bloco de transmutação*, a ênfase muda e as cargas de trabalho são redistribuídas. No exemplo apresentado na Figura 11.13, a ênfase primária do bloco de transmutação é a potência muscular, enquanto a ênfase secundária é a velocidade e a agilidade, e a ênfase terciária é a força máxima.

A escolha desses fatores de treinamento é baseada nas relações entre força máxima, desenvolvimento de potência e expressão da velocidade. Tipicamente, a força deve ser aumentada antes que a potência possa ser desenvolvida e, então, expressa como velocidade. A reorientação da ênfase do treinamento facilita a recuperação e tira proveito dos efeitos tardios do treinamento (efeitos residuais) desenvolvidos pelo bloco de acumulação.

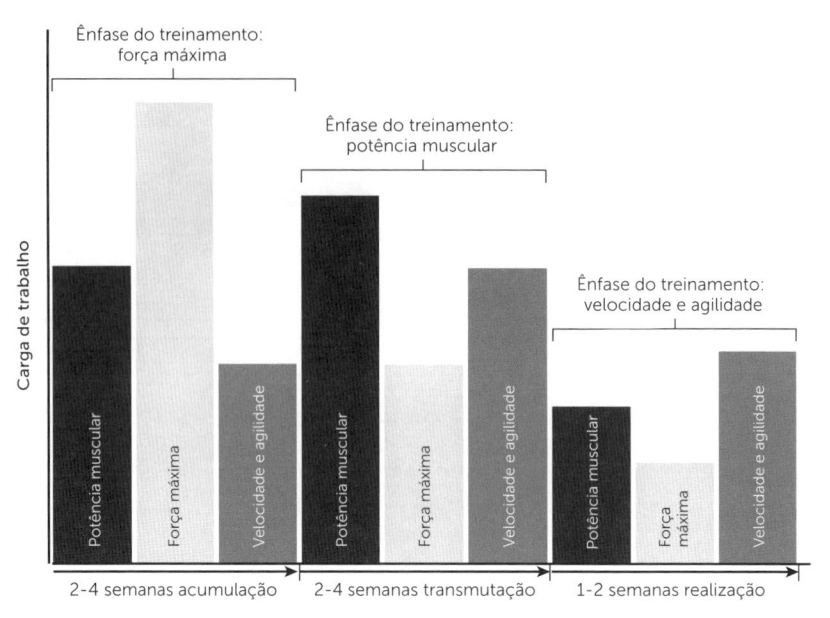

FIGURA 11.13 Exemplo de uma aplicação sequencial de blocos de acumulação, transmutação e realização para o desenvolvimento de velocidade.

Após completar 2 a 4 semanas do bloco de transmutação,[43,44] um bloco de *realização* ou *restituição*, que dura entre uma e duas semanas, será aplicado.[6] O bloco de realização do plano sequencial resulta na eliminação contínua da fadiga e no aumento significativo da prontidão e desempenho, que ocorre em resposta às mudanças no foco de treinamento e à redução na carga de treinamento. Por exemplo, na Figura 11.13, o bloco de realização contém uma ênfase primária na velocidade e agilidade, ênfase secundária na potência muscular, e ênfase terciária na força máxima, ao mesmo tempo em que reduz as cargas de trabalho com o intuito de maximizar a prontidão e o desempenho.

Ao montar um plano de treinamento, vários blocos de acumulação, transmutação e realização podem ser ligados a fim de direcionar o treinamento a resultados fisiológicos e de desempenho específicos. Se sequenciado adequadamente, o nível de prontidão e desempenho do atleta aumentará, por meio dos blocos de treinamento ligados sequencialmente e como resposta ao bloco de realização (Figs. 11.14 a 11.16). A Figura 11.14 apresenta o exemplo de um modelo de sequenciamento conjugado no qual uma sobreposição sistemática dos blocos de acumulação, transmutação e realização é usada para direcionar a prontidão para o desempenho de velocidade–força.

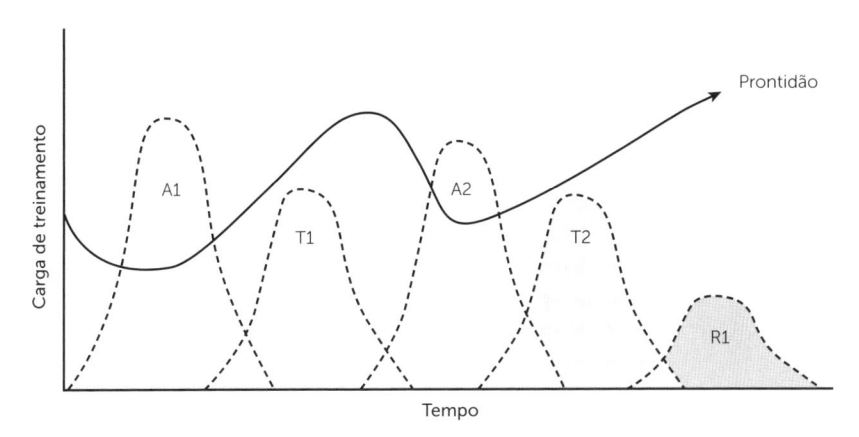

FIGURA 11.14 Sequenciamento de blocos de acumulação, transmutação e restituição do treinamento para o desenvolvimento de velocidade-força.
Adaptado de Siff,[69] Siff e Verkoshansky[70] e Stone, Stone e Sands.[80]

Nesse exemplo, os dois blocos de acumulação (A1 e A2) possuem um treinamento de força de alto volume e baixa intensidade. Durante esse período, espera-se que o desempenho diminua em resposta à fadiga acumulada.[80] Durante os blocos de transmutação (T1 e T2), o foco do treinamento muda para um trabalho de velocidade de alta intensidade combinado com um treinamento técnico. A redução na carga de treinamento e a mudança na ênfase de treinamento resultam em uma eliminação da fadiga acumulada e estimulam um aumento correspondente na prontidão. Após a segunda fase de transmutação (T2), um bloco de realização (R1) é planejado. Nesse bloco, a carga de treinamento será reduzida ainda mais, e o desempenho vai supercompensar em resposta a uma redução ainda maior da fadiga acumulada.[69,80,88]

A Figura 11.14 representa um modelo de sequenciamento conjugado básico, mas estruturas de treinamento mais complexas podem ser criadas (Figs. 11.15 e 11.16). Por exemplo, na Figura 11.15, a sequência dos fatores de treinamento é mais complexa. Nesse exemplo, o resultado de desempenho pretendido é, mais uma vez, velocidade e força. Ele apresenta uma ilustração mais complexa para um ordenamento sequencial dos blocos de treinamento de acumulação, transmutação e realização. O bloco de acumulação está inserido na primeira metade da estrutura de treinamento. Esse bloco mostra uma primeira ênfase na força-resistência aeróbia e no condicionamento anaeróbio, seguidos por uma mudança em direção à força máxima e uma ênfase crescente no treinamento técnico (i. e., habilidade) e no treinamento de velocidade. Na segunda metade desse plano, a primeira parte representa o bloco de transmutação, que muda a ênfase em direção ao desenvolvimento de força e potência, ao mesmo tempo que mantém o foco no treinamento técnico e de velocidade. O condicionamento anaeróbio é mantido. A parte final da estrutura apresentada mostra o bloco de realização, em que o treinamento técnico e de velocidade são o foco principal e uma ênfase mínima é dada ao condicionamento anaeróbio. Aqui, o pico são as capacidades de força/potência.

Outro exemplo de um modelo de sequenciamento conjugado é apresentado na Figura 11.16. Nesse modelo, o resultado pretendido é uma resistência aeróbia de média duração. Resistência aeróbia, preparo físico geral, desenvolvimento de força e velocidade-resistência aeróbia são manipulados sequencialmente de modo que direcionem a prontidão do atleta.

Por fim, se os blocos de treinamento forem sequenciados e integrados adequadamente com o modelo de sequenciamento conjugado, a prontidão do atleta será aumentada e o desempenho será supercompensado nos momentos apropriados.[69,80,88] Quando comparado com uma abordagem de treinamento multidimensional tradicional, o modelo de sequenciamento conjugado tem o potencial de produzir ganhos de desempenho maiores.[33,40,54,64,76,80] Parece que esse modelo é particularmente útil quando o objetivo é o desenvolvimento de potência e velocidade, em comparação com o treinamento pesado de força ou força e velocidade exclusivamente.[33,76]

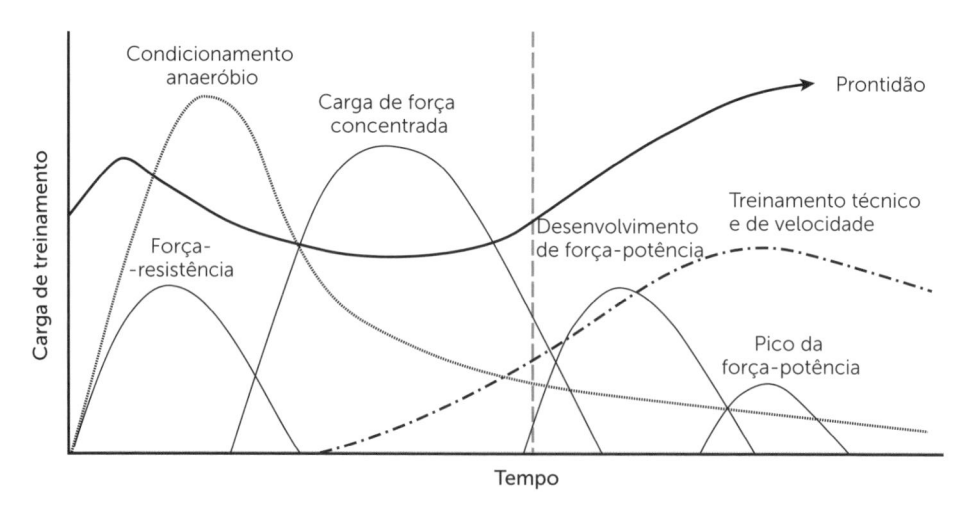

FIGURA 11.15 Exemplo de sequenciamento do treinamento para o desenvolvimento de velocidade-força.
Adaptado de Siff[69] e Siff e Verkoshansky.[70]

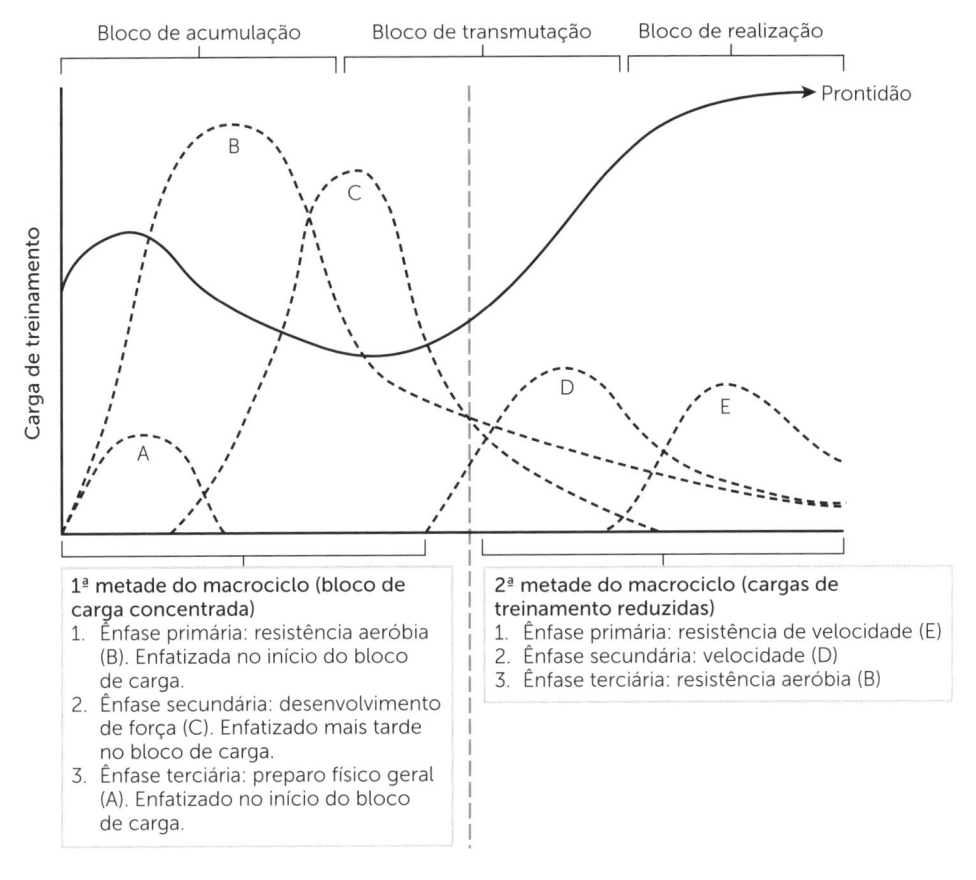

FIGURA 11.16 Exemplo de sequenciamento para um esporte que requer resistência de média duração.
Adaptado de Issurin,[43,44] Plisk[62] e Bompa e Haff.[6]

DIRETRIZES PRÁTICAS

A periodização, como um todo, é um processo de planejamento que pode ser usado para organizar o processo de treinamento de qualquer atleta, independentemente do nível de desenvolvimento ou do esporte. Um processo simplificado que contém sete etapas inter-relacionadas é apresentado na Tabela 11.5.

Ao iniciar o desenvolvimento de um plano de treinamento periodizado, o primeiro passo é estabelecer um plano de treinamento plurianual básico. Por exemplo, com atletas universitários, Jeffreys[46] sugere que o primeiro ano seja um momento de estabelecer fundamentos que desenvolvam os padrões motores requisitados e as características de condicionamento essenciais para os anos seguintes de treinamento.

Durante o segundo ano do plano, o treinamento é construído sobre os fundamentos estabelecidos no ano anterior, por meio de um desenvolvimento contínuo do condicionamento específico para o esporte e da proficiência técnica. Nos anos 1 e 2, a ênfase não deve ser o desempenho nas competições, mas o desenvolvimento

TABELA 11.5 Etapas básicas do processo de planejamento

Etapa	Objetivos
1	1. Determinar os objetivos de longo prazo do atleta a fim de desenvolver um plano plurianual Normalmente, isso é feito com um plano quadrienal
	2. Definir a estrutura básica do plano plurianual
2	1. Priorizar os objetivos principais buscados pelo plano de treinamento anual
	2. Avaliar o plano de treinamento do ano anterior, incluindo resultados de competições e desempenho, e consultar o atleta ou equipe sobre o plano de treinamento
	3. Criar uma estrutura de trabalho para o plano de treinamento do ano seguinte, com base nas exigências competitivas do atleta ou da equipe
	4. Determinar o número de macrociclos incluídos no plano de treinamento anual
	5. Estabelecer a duração dos macrociclos no contexto da estrutura estabelecida para o plano de treinamento anual
3	1. Dividir o plano de treinamento anual nas fases preparatória, competitiva e de transição, com base no cronograma do atleta ou da equipe
	2. Dividir as fases preparatórias em geral e específica
	3. Criar as fases pré-competitiva e competitiva principal dentro das fases competitivas do plano de treinamento anual
	4. Incluir dias de teste dentro do plano de treinamento anual em momentos-chave
4	1. Determinar a duração dos mesociclos individuais
	2. Selecionar e sequenciar as diversas estruturas dos mesociclos dentro do plano de treinamento anual
	3. Priorizar o foco dos fatores de treinamento para cada mesociclo, considerando como os fatores são sequenciados dentro de cada fase do treinamento no plano anual
	4. Estabelecer os padrões de carga em cada mesociclo e determinar como a carga vai aumentar dentro dos macrociclos no plano anual
5	1. Construir cada microciclo
	2. Dividir o microciclo em dias de treinamento e dias de recuperação, de acordo com o nível de desenvolvimento e objetivos gerais do atleta
	3. Estabelecer quais fatores serão treinados em cada dia de treinamento e quantas sessões de treinamento serão incluídas dentro de cada dia
	4. Criar as estruturas de carga usadas durante o microciclo
6	1. Elaborar as sessões de treinamento individuais
	2. Determinar as estruturas de carga para a sessão de treinamento
	3. Selecionar as atividades para o plano de treinamento
7	1. Implementar o plano de treinamento
	2. Continuamente monitorar e avaliar o plano e o processo de treinamento

das habilidades necessárias para o sucesso em competições futuras. O desempenho competitivo se torna mais importante no terceiro ano do plano de treinamento plurianual. Durante esse plano anual, mais ênfase é dada às fases competitivas e à otimização real do desempenho esportivo. Por fim, durante o quarto ano, o objetivo principal do plano anual será atingir o desempenho competitivo mais alto. Ainda que o exemplo apresentado por Jeffreys[46] para um atleta universitário seja excelente, deve-se ter em mente que várias estruturas de treinamento plurianual possíveis podem ser desenvolvidas, dependendo das necessidades individuais do atleta.

Após estabelecer um plano de treinamento plurianual, a etapa seguinte do processo de periodização é criar o plano de treinamento anual para o ano seguinte. Costuma ser melhor estruturar o plano de treinamento anual durante a fase de transição, que em geral ocorre ao final do ano de treinamento anterior.[6] Nesse momento, o profissional de força e condicionamento pode avaliar o processo de treinamento do ano anterior, examinar o resultado dos testes de desempenho e competições e consultar o atleta sobre o plano de treinamento geral. Para facilitar o processo de planejamento, o profissional de força e condicionamento pode desenvolver um modelo para o plano de treinamento anual. Um exemplo de um possível modelo de planejamento está disponível em www.HumanKinetics.com/products/all-products/NSCAs-Guide-to-Program-Design, mas os profissionais devem criar planos individualizados para os atletas ou times com base em suas necessidades de planejamento únicas.

Após uma consideração e reflexão cuidadosa sobre o ano de treinamento anterior, o profissional de força e condicionamento pode, então, começar o plano para o ano seguinte. O primeiro passo ao montar o plano de treinamento anual é colocar todas as competições planejadas e suas localizações na planilha de planejamento. Feito isso, as competições devem ser priorizadas para determinar em que momento o desempenho de pico é necessário e para permitir que o profissional de força e condicionamento decida quantos macrociclos serão incluídos no plano de treinamento anual.

Uma vez determinados os macrociclos, o plano de treinamento anual deve ser dividido, ainda, nas fases preparatória, competitiva e de transição. A duração da fase competitiva depende muito do cronograma de competições estabelecido. Após dividir os macrociclos nessas fases principais, o plano de treinamento ainda é dividido nas subfases preparatória geral, preparatória específica, pré-competitiva e competitiva principal.

Com base nessas decisões estruturais, o profissional de força e condicionamento pode, então, determinar em que momento o desempenho de pico é necessário. Isso é indicado pelo índice de pico. O índice de pico é apresentado em uma escala de 1 a 5, em que 1 é o nível mais alto de prontidão e 5 é o mais baixo.[6] Conceitualmente, quanto maior o volume de trabalho ou os componentes de estresse do treinamento, maior o índice de pico. As decisões tomadas sobre o índice de pico ajudarão no processo de tomada de decisão para estabelecer as estruturas de mesociclo e microciclo.

A Figura 11.17 mostra um exemplo de uma planilha de um plano de treinamento anual para um time de futebol feminino, da primeira divisão dos Estados Unidos, após a conclusão das etapas 2 e 3 do processo de planejamento apresentado na Tabela 11.5. Nesse exemplo, o primeiro macrociclo, que consiste na temporada da primavera no hemisfério norte, ocorre de 4 de janeiro a 9 de maio, com uma fase preparatória de 11 semanas (4 de janeiro a 21 de março) e uma fase competitiva de 5 semanas (22 de março a 24 de abril). Após completar a fase competitiva 1, os atletas passam por uma fase de transição de 3 semanas antes de iniciar o macrociclo 2. É importante perceber que o desempenho competitivo não é uma prioridade nesse ponto do plano de treinamento anual, logo, os atletas não são levados a um pico real, como indicado pelo índice de pico.

O segundo macrociclo (Fig. 11.17) é o macrociclo mais importante do plano de treinamento anual. Ele começa em 10 de maio e vai até 26 de dezembro. Como o time do exemplo é uma das equipes de elite de sua confederação, que geralmente se classifica para o campeonato da NCAA, o pico principal deve ocorrer para esse campeonato. Assim como o primeiro macrociclo do plano de treinamento anual, o segundo macrociclo é subdividido nas fases preparatória, competitiva e de transição. O início do verão no hemisfério norte, de 10 de maio a 17 de julho, inclui a subfase de preparação geral, enquanto a subfase preparatória específica ocorre de 18 de julho a 22 de agosto. Como observado no quadro de planejamento, um jogo de exibição está marcado para 22 de agosto e serve como uma ferramenta de avaliação. Dessa forma, decisões sobre habilidades táticas ou técnicas precisam ser consideradas na fase competitiva do plano anual.

O início da fase competitiva 2 (23 de agosto a 12 de setembro) é delineado como a fase pré-competitiva. Essa subfase aumenta progressivamente a capacidade competitiva dos atletas e culmina em um pico menor (ou sem carga) para o jogo de 11 de setembro. Após completar a subfase pré-competitiva, começa a fase competitiva principal. Uma fase competitiva relativamente longa é planejada como resultado da natureza do esporte. Um pico menor é planejado para o torneio da confederação, que ocorre nos ciclos 44 e 45, ao passo que o pico principal ocorrerá durante o campeonato da NCAA.

A próxima etapa do planejamento é determinar a duração dos mesociclos incluídos em cada macrociclo. Nesse exemplo, o plano de treinamento anual é dividido em 14 mesociclos, com 5 mesociclos incluídos no macrociclo 1, e 9 incluídos no macrociclo 2. Uma vez estabelecidos os macrociclos, o profissional de força e condicionamento pode começar a sequenciar e integrar os diversos fatores de treinamento. A Figura 11.18 é uma expansão da Figura 11.17, na qual essas etapas são integradas dentro do planejamento para uma equipe de futebol feminino da primeira divisão. Nesse exemplo, o treinamento de força é sequenciado e integrado com outros fatores de treinamento a fim de gerenciar melhor a fadiga e os componentes de estresse do treinamento. Nessa etapa, o profissional de força e condicionamento deve considerar quais fatores de treinamento requerem ênfase principal e, então, integrá-los, indicando se a ênfase é alta, moderada ou baixa. A Figura 11.18 deve ser vista apenas como um exemplo de como isso pode ser feito para uma equipe de futebol feminino.

A etapa seguinte do processo de planejamento é determinar os padrões de carga incluídos em cada mesociclo e macrociclo no plano de treinamento anual. Perceba que isso é meramente uma estimativa da carga de trabalho. Além disso, a representação gráfica é uma soma de cada um dos fatores de treinamento. É importante lembrar que cada barra mostrada na Figura 11.18 é uma soma de todos os fatores de treinamento individuais. Por exemplo, no microciclo 3, a carga de trabalho representa a integração do treinamento de força (resistência de força e trabalho de força básico), treinamento de resistência aeróbia, treinamento de *sprint* e agilidade e trabalho técnico ou tático.

Após a conclusão das etapas de 1 a 4 do processo de planejamento, o profissional de força e condicionamento pode começar a construir os microciclos individuais, dando atenção particularmente à ênfase colocada sobre cada fator de treinamento (etapa 5, Tabela 11.5). Ao passar por esse processo, o profissional de força e condicionamento deve considerar o cronograma diário do atleta, a necessidade de dias de recuperação e o contexto geral do mesociclo e do macrociclo para o qual o microciclo foi designado. Uma vez definido o microciclo, o profissional de força e condicionamento pode passar para a etapa 6 do processo de planejamento e elaborar as sessões de treinamento individuais.

Para ver versões ampliadas das Figuras 11.17 e 11.18, visite www.HumanKinetics.com/products/all-products/NSCAs-Guide-to-Program-Design [em inglês].

RESUMO

- A periodização do treinamento é um componente essencial do desenvolvimento de longo prazo do atleta. Ela deve ser considerada uma manipulação lógica, integrativa e sequencial dos fatores de treinamento, de modo que otimize os resultados do treinamento em momentos predeterminados.

- A periodização é um exemplo teórico e prático bem estabelecido na literatura científica como um método superior de desenvolvimento de atletas, especialmente no longo prazo.

- Ela também é um processo de planejamento que permite que o profissional de força e condicionamento estruture um treinamento que tenha como objetivo resultados fisiológicos e de desempenho específicos, ao mesmo tempo em que gerencia os componentes de estresse do treinamento e da vida aos quais o atleta está exposto.

- Os períodos de treinamento que devem ser considerados e estruturados ao se elaborar o programa do atleta incluem o plano de treinamento plurianual, plano de treinamento anual, macrociclo, mesociclo e microciclo, além do dia e sessão de treinamento.

- Ainda que o modelo clássico de periodização seja útil para atletas principiantes, atletas avançados necessitam de modelos de periodização sequencial mais complexos. Esses incluem o modelo de microciclo somado e o modelo de sequenciamento conjugado.

	Mês	Janeiro				Fevereiro				Março			Março	Abril					Maio	
Datas	Fim de semana	10	17	24	31	7	14	21	28	7	14	21	28	4	11	18	24	25	2	9
Competições	Partida fora de casa					C							C							
	Partida em casa													C	C	C	C			
	Nome da competição					28 fev – Penn State							28 mar – Tennessee / 28 mar – Georgia	4 abr – Pitt.	5 abr – Team Ontario	18 abr – Purdue	25 abr – Ohio State			
Periodização	Fase do treinamento	Fase preparatória 1											Competitiva 1					Transição 1		
	Subfase do treinamento	Preparatória geral								Prep. específica			Pré-competitiva	Competitiva				Transição		
	Macrociclo	Macrociclo 1																		
	Mesociclo																			
	Microciclo	1	2	3	4	5	6	7	8	9	10	11	12	13	14	15	16	17	18	19
	Índice de pico	5	5	5	5	4	4	4	4	5	5	5	4	3	3	3	2	5	5	5
	Datas de teste	T																T		
	Semanas de recuperação																			

Legenda (competição)
P = pico maior
p = pico menor
C = competição

Abreviações
R = semana de recuperação
Prep. específica = fase preparatória específica
T = teste

Índice de pico
1 = nível mais alto de prontidão
2
3
4
5 = nível mais baixo de prontidão

FIGURA 11.17 Exemplo das etapas 2 e 3 do processo de planejamento para uma equipe de futebol feminino da primeira divisão.

(continua)

FIGURA 11.17 Exemplo das etapas 2 e 3 do processo de planejamento para uma equipe de futebol feminino da primeira divisão. *(continua)*

(continuação)

Mês	Fim de semana	Partida fora de casa	Partida em casa	Nome da competição	Fase do treinamento	Subfase do treinamento	Macrociclo	Mesociclo	Microciclo	Índice de pico	Datas de teste	Semanas de recuperação
Maio	16				Fase preparatória 2	Preparatória geral	Macrociclo 2		20	5		
Maio	23								21	5		
Maio	30								22	5		
Junho	6								23	5		
Junho	13								24	5		
Junho	20								25	5		
Junho	27								26	5		
Julho	4								27	5		
Julho	11								28	5		
Julho	18								29	4	T	
Julho	25								30	4		
Agosto	1					Prep. específica			31	4		
Agosto	8								32	4		
Agosto	15								33	5		
Agosto	22		C	16 ago. – Apresentação Maryland					34	5		
Agosto	29	C	C	23 ago. – Ohio State; 29 ago. – Penn State; 31 ago. – BYU	Competitiva 2	Pré-competitiva	Macrociclo 2		35	4		
Setembro	5		C	3 set. – Duquense					36	3		
Setembro	12	p	C	6 set. – Boston; 11 set. – Virginia		Competitiva			37	2	T	
Setembro	19	C	C	13 set. – Dartmouth; 18 set. – Pitt					38	3		
Setembro	26	C	C	20 set. – Tennessee; 24 set. – Marquette					39	3		

(Categorias à esquerda: **Datas**, **Competições**, **Periodização**)

	Mês	Outubro										Novembro				Dezembro				
Datas	Fim de semana	3		10		17		24		31		7	14	21	28	5		12	19	26
Competições	Partida fora de casa	C					C	C	C	C	p	p	P	P	P	P	P			
	Partida em casa		p	C	C	C														
	Nome da competição	27 set. – USF	2 out. – Notre Dame	4 out. – DePaul	9 out. – Syracuse	11 out. – St. Johns	16 out. – Villanova	18 out. – Georgetown	23 out. – Connecticut	25 out. – Providence	Torneio da Costa Leste (Storrs, Connecticut)	13 nov. – NCAA 1ª rodada	15 nov. – NCAA 2ª rodada	20 a 22 nov. – Campeonatos NCAA	21, 22 ou 23 nov. – NCAA 3ª rodada	4 dez. – NCAA Semifinais	6 dez. – NCAA Finais			
Periodização	Fase do treinamento	Competitiva 2																Transição 2		
	Subfase do treinamento	Competitiva																Transição		
	Macrociclo	Macrociclo 2																		
	Mesociclo																			
	Microciclo	40		41		42		43		44		45	46	47	48	49		50	51	52
	Índice de pico	2		3		3		2		1		1	2	2	2	1		5	5	5
	Datas de teste															T				
	Semanas de recuperação																	R	R	R

FIGURA 11.17 Exemplo das etapas 2 e 3 do processo de planejamento para uma equipe de futebol feminino da primeira divisão. (*continuação*)

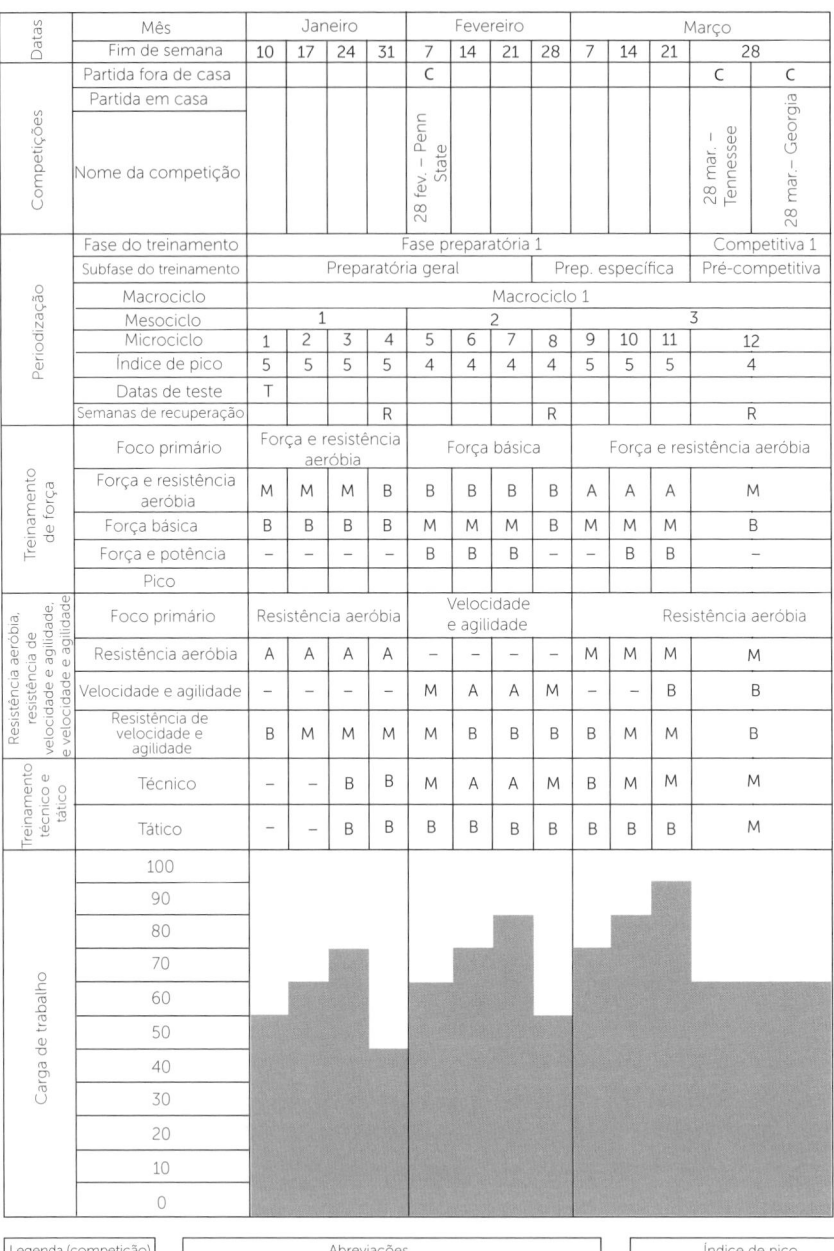

FIGURA 11.18 Exemplo da etapa 4 do processo de planejamento para uma equipe de futebol feminino da primeira divisão.

(continua)

Datas	Mês	Abril					Maio					Junho
	Fim de semana	4	11	18	24	25	2	9	16	23	30	6
Competições	Partida fora de casa											
	Partida em casa	C	C	C	C							
	Nome da competição	4 abr. – Pitt	5 abr. – Team Ontario	18 abr. – Purdue	25 abr. – Ohio State							
Periodização	Fase do treinamento	Competitiva 1					Transição 1		Fase preparatória 2			
	Subfase do treinamento	PreC	Competitiva				Transição		Preparatória geral			
	Macrociclo	Macrociclo 1							Macrociclo 2			
	Mesociclo	4					5		6			
	Microciclo	13	14	15	16	17	18	19	20	21	22	23
	Índice de pico	3	3	3	2	5	5	5	5	5	5	5
	Data de teste					T						
	Semanas de recuperação				SC	R	R	R				R
Treinamento de força	Foco primário	Força e potência				Recuperação			Força e resistência aeróbia			
	Força e resistência aeróbia	M	M	B	-	-	-	-	M	A	A	M
	Força básica	A	A	M	B	-	-	-	B	B	B	B
	Força e potência	M	M	A	M	-	-	-	-	-	-	-
	Pico			A								
Resistência aeróbia, resistência de velocidade e agilidade, e velocidade e agilidade	Foco primário	Velocidade e agilidade				Recuperação			Resistência aeróbia			
	Resistência aeróbia	-	-	-	-	-			M	M	M	M
	Velocidade e agilidade	M	A	A	B	-			-	-	B	B
	Resistência de velocidade e agilidade	M	B	B	B	-			B	M	M	M
Treinamento técnico e tático	Técnico	M	M	B	B	-			B	B	B	B
	Tático	M	M	A	A	-			B	B	B	B

FIGURA 11.18 Exemplo da etapa 4 do processo de planejamento para uma equipe de futebol feminino da primeira divisão (*continuação*).

(*continua*)

Datas	Mês	Junho			Julho				Agosto			
	Final de semana	13	20	27	4	11	18	25	1	8	15	22
Competições	Partida fora de casa											
	Partida em casa											C
	Nome da competição											16 ago. – Apresentação Maryland
Periodização	Fase do treinamento	Fase preparatória 2										
	Subfase do treinamento	Geral					Prep. específica					
	Macrociclo	Macrociclo 2										
	Mesociclo	7				8			9			10
	Microciclo	24	25	26	27	28	29	30	31	32	33	34
	Índice de pico	5	5	5	5	5	4	4	4	4	5	5
	Datas de teste					T						
	Semanas de recuperação				R			R				R
Treinamento de força	Foco primário	Força básica				Força e resistência aeróbia			Força básica			
	Força e resistência aeróbia	B	B	B	B	M	A	A	B	B	B	B
	Força básica	M	A	A	M	B	M	M	M	M	M	M
	Força e potência	B	B	M	B	-	-	B	M	M	M	M
	Pico											
Resistência aeróbia, resistência de velocidade e agilidade, e velocidade e agilidade	Foco primário	Velocidade e agilidade				Resistência de velocidade e agilidade						
	Resistência aeróbia	B	B	B	B	A	M	M	B	B	B	B
	Velocidade e agilidade	M	M	M	M	-	M	M	M	A	A	M
	Resistência de velocidade e agilidade	B	B	B	B	M	B	B	M	M	M	A
Treinamento técnico e tático	Técnico	M	M	M	M	B	B	B	M	M	B	B
	Tático	B	B	B	B	B	B	B	A	A	A	A

FIGURA 11.18 Exemplo da etapa 4 do processo de planejamento para uma equipe de futebol feminino da primeira divisão (*continuação*).

(*continua*)

Categoria	Item	23 ago – Ohio State	29 ago – Penn State	31 ago – BYU	3 set – Duquense	6 set – Boston	11 set – Virginia	13 set – Dartmouth	18 set – Pitt.	20 set – Tennessee	24 set – Marquette	27 set – USF	2 out. – Notre Dame
Datas	Mês	Agosto		Setembro								Outubro	
	Final de semana	29		5		12		19		26		3	
Competições	Partida fora de casa		C	C			p	C	C			C	
	Partida em casa	C			C	C				C	C		p
	Nome da competição	23 ago. – Ohio State	29 ago. – Penn State	31 ago. – BYU	3 set. – Duquense	6 set. – Boston	11 set. – Virginia	13 set. – Dartmouth	18 set. – Pitt.	20 set. – Tennessee	24 set. – Marquette	27 set. – USF	2 out. – Notre Dame
Periodização	Fase do treinamento	Competitiva 2											
	Subfase do treinamento	Pré-competitiva						Competitiva					
	Macrociclo	Macrociclo 2											
	Mesociclo	10						11					
	Microciclo	35		36		37		38		39		40	
	Índice de pico	4		3		2		3		3		2	
	Datas de teste					T							
	Semanas de recuperação					SC				SC			
Treinamento de força	Foco primário	Força e potência						Força e potência					
	Força e resistência aeróbia	-		-		-		B		-		-	
	Força básica	M		M		B		M		B		B	
	Força e potência	A		M		B		M		M		B	
	Pico					A						A	
Resistência aeróbia, resistência de velocidade e agilidade, e velocidade e agilidade	Foco primário	Tática e manutenção											
	Resistência aeróbia	B		B		B		M		B		B	
	Velocidade e agilidade	B		B		B		B		B		B	
	Resistência de velocidade e agilidade	B		B		B		M		B		B	
Treinamento técnico e tático	Técnico	B		B		B		B		B		B	
	Tático	A		A		A		A		A		A	

Carga de trabalho (escala: 100, 90, 80, 70, 60, 50, 40, 30, 20, 10, 0) — representada por um gráfico de barras.

FIGURA 11.18 Exemplo da etapa 4 do processo de planejamento para uma equipe de futebol feminino da primeira divisão. (*continuação*)

(*continua*)

Datas		Mês	Outubro							Novembro
		Final de semana	10	17		24		31		7
Competições		Partida fora de casa				C	C	C	C	p	p
		Partida em casa	C	C	C						
		Nome da competição	4 out. – DePaul	9 out. – Syracuse	11 out. – St. Johns	16 out. – Villanova	18 out. – Georgetown	23 out. – Connecticut	25 out. – Providence		Grande Torneio do Leste (Storrs, Conn.)
Periodização		Fase do treinamento	Competitiva 2								
		Subfase do treinamento	Competitiva								
		Macrociclo	Macrociclo 2								
		Mesociclo	12								
		Microciclo	41	42		43		44		45
		Índice de pico	3	3		2		1		1
		Datas de teste								
		Semanas de recuperação	SC					SC		SC
Treinamento de força		Foco primário	Força e potência								
		Força e resistência aeróbia	B	–		–		–		–
		Força básica	M	B		B		B		B
		Força e potência	M	M		M		B		B
		Pico						A		A
Resistência aeróbia, resistência de velocidade e agilidade, e velocidade e agilidade		Foco primário	Tática e manutenção								
		Resistência aeróbia	M	B		B		B		B
		Velocidade e agilidade	B	B		B		B		B
		Resistência de velocidade e agilidade	M	B		B		B		B
Treinamento técnico e tático		Técnico	B	B		B		B		B
		Tático	A	A		A		A		A
Carga de trabalho		100								
		90								
		80								
		70								
		60								
		50								
		40								
		30								
		20								
		10								
		0								

FIGURA 11.18 Exemplo da etapa 4 do processo de planejamento para uma equipe de futebol feminino da primeira divisão. (*continuação*)

(*continua*)

	Mês	Novembro			Dezembro			
Datas	Fim de semana	14	21	28	5	12	19	26
Competições	Partida fora de casa	P	P	P	P	P	P	
	Partida em casa							
	Nome da competição	13 nov. – 1ª rodada NCAA	15 nov. – 2ª rodada NCAA	20 a 22 nov. – Campeonatos NCAA	21, 22 ou 23 nov. – 3ª rodada NCAA	4 dez. – Semifinais NCAA	6 dez. – Finais NCAA	
Periodização	Fase do treinamento	Competitiva 2					Transição 2	
	Subfase do treinamento	Competitiva					Transição	
	Macrociclo	Macrociclo 2						
	Mesociclo	13					14	
	Microciclo	46	47	48	49	50	51	52
	Índice de pico	2	2	2	1	5	5	5
	Datas de teste				T			
	Semanas de recuperação				SC	R	R	R
Treinamento de força	Foco primário	Força e potência					Recuperação	
	Força e resistência aeróbia	B	–	–	–		–	
	Força básica	M	B	B	–		–	
	Força e potência	M	B	B	B		–	
	Pico				A		–	
Resistência aeróbia, resistência de velocidade e agilidade, e velocidade e agilidade	Foco primário	Tática e manutenção					–	
	Resistência aeróbia	M	B	B	B		–	
	Velocidade e agilidade	B	B	B	B		–	
	Resistência de velocidade e agilidade	M	B	B	B		–	
Treinamento técnico e tático	Técnico	B	B	B	B		–	
	Tático	A	A	A	A		–	
Carga de trabalho	100							
	90							
	80							
	70							
	60							
	50							
	40							
	30							
	20							
	10							
	0							

FIGURA 11.18 Exemplo da etapa 4 do processo de planejamento para uma equipe de futebol feminino da primeira divisão. (*continuação*)

Implementação de programas de treinamento

Jay R. Hoffman, PhD, CSCS*D, FNSCA
Lee E. Brown, EdD, CSCS*D, FACSM, FNSCA
Abbie E. Smith, PhD, CSCS*D, CISSN

Frequentemente, o aspecto mais complicado do trabalho de força e condicionamento é montar o programa. Os capítulos anteriores detalharam as metodologias usadas para melhorar os componentes específicos do condicionamento envolvidos no desempenho atlético. Contudo, os profissionais de força e condicionamento precisam incorporar todas as informações e criar um plano de treinamento anual que maximize o desempenho no momento apropriado e minimize o risco de sobretreinamento (*over-training*). A maior parte da teoria para o desenvolvimento de um programa de treinamento periodizado é apresentada no Capítulo 11. Este capítulo se concentra nos aspectos práticos do desenvolvimento de um programa de treinamento. Exemplos de programas de treinamento específicos são usados para enfatizar aspectos importantes da discussão.

> Para todos os exemplos de programas de treinamento de força deste capítulo, a faixa de repetições assume que a última repetição é a de esforço máximo. A resistência deve ser ajustada para que a RM do atleta esteja dentro da faixa apresentada. Ver Capítulo 4 para mais informações sobre a escolha de carga com base na RM.

É importante notar que o programa de treinamento anual é específico para cada esporte. A mensagem a se guardar deste capítulo são os exemplos que proporcionam uma visão de como montar um programa e das várias influências que podem afetar a progressão do programa. Ainda que individualmente nenhum método tenha uma aceitação universal em relação ao desenvolvimento de um programa de treinamento (ele é bem específico para o esporte e para o atleta individualmente), entende-se que, para ser um programa de treinamento eficaz, ele precisa ter base científica. Os vários métodos de treinamento existentes apenas dão ao profissional de força e condicionamento as ferramentas que precisam ser usadas em momentos adequados durante o ciclo de treinamento anual. Muitos dos exemplos deste capítulo foram usados com programas universitários de basquete e futebol americano. Outros esportes possuem nuances específicas que precisam ser consideradas para a integração no programa de treinamento anual.

SESSÕES DE EXERCÍCIO

Antes do início de qualquer treinamento, o profissional de força e condicionamento deve liderar ou dirigir uma rotina de aquecimento estruturada para preparar os atletas para os exercícios que virão a seguir. Rotinas de aquecimento adequadas também podem reduzir o risco de lesão durante sessões de treinamento. É questionável se exercícios de alongamento estático devem ser incorporados ao aquecimento (ver o Cap. 3 para uma discussão mais detalhada). Um aquecimento dinâmico que utiliza padrões de movimento específicos do exercício é o que oferece o maior benefício na preparação para o exercício. É importante notar que o aquecimento não deve causar fadiga nos atletas e prejudicar o desempenho subsequente. Um exemplo de aquecimento dinâmico é mostrado adiante.

Conforme os atletas passam de uma fase de treinamento para outra, é imperativo que eles estejam fisicamente preparados para cada etapa seguinte. As variáveis de intensidade, volume e escolha de exercício devem progredir a fim de proporcionar desafios físicos em cada fase subsequente do treinamento. A ênfase na técnica adequada sempre deve ser uma prioridade. A carga não deve ser enfatizada até que os atletas demonstrem a técnica correta no exercício. A ordem dos exercícios dentro de uma sessão de treinamento é outra variável que pode ser manipulada para obter resultados de treinamento melhores. O Capítulo 4 apresenta diretrizes mais específicas para o desenvolvimento do programa de treinamento de força, incluindo diretrizes para a ordem dos exercícios.

EXEMPLO DE AQUECIMENTO DINÂMICO

Todos os exercícios são realizados por 27 m.

1. Caminhada com agachamento afundo e extensão dos braços.
2. Deslocamento lateral (trocar os lados a cada 9 m).
3. Marcha (pés e mãos opostos, joelho em direção ao tórax).
4. Caminhada com o joelho erguido, seguido por chute para trás (calcanhar ou pé nos glúteos).
5. Deslocamento lateral (trocar os lados a cada 9 m).
6. Corrida lateral com passos cruzados ("carioca").
7. Saltos em velocidade com chutes para dentro.
8. Corrida de costas (alcance longo).
9. Corrida de costas (passos curtos).
10. Corrida de força.
11. Dois a quatro saltos para acelerar para a corrida de 27 m.

TREINAMENTO FORA DE TEMPORADA

Os objetivos do programa de treinamento fora de temporada devem ser específicos para cada atleta. A chave é encontrar o modo mais eficaz para alcançar esses objetivos. Para um atleta de força/potência experiente, exercícios balísticos (p. ex., agachamentos com salto ou supinos com arremesso) podem ser mais eficazes do que para um atleta principiante. O profissional de força e condicionamento precisa examinar qual componente do treinamento tem a maior janela de adaptação (ou o maior potencial para melhora). Isso é identificado por meio de uma avaliação cuidadosa dos resultados de testes (ver Cap. 2).

Ainda que seja necessário manter níveis altos de capacidade para desempenho, o foco da prescrição do treinamento deve ser a área com mais espaço para adaptação. O foco da parte inicial de um programa de treinamento fora de temporada é principalmente o desenvolvimento da hipertrofia, força, potência e velocidade, mas os atletas devem manter um nível mínimo de condicionamento. Quando possível, eles devem praticar as habilidades de seus esportes. Por exemplo, jogadores de basquete com frequência fazem isso participando de jogos informais. Para jogadores de futebol americano, isso é um pouco mais difícil. Ainda assim, independentemente do esporte, os atletas devem ser encorajados a manter a forma e a competitividade participando de esportes fora da temporada, como basquete ou esportes com raquete.

O objetivo básico de todos os programas de treinamento fora de temporada é aumentar a capacidade de desempenho do atleta. Isso geralmente envolve programas de treinamento que aumentam a potência, velocidade e força. Outros objetivos do treinamento fora de temporada incluem alterar a composição corporal aumentando a massa magra e diminuindo a massa gorda.

Ao iniciar o programa fora de temporada, o foco deve estar principalmente na sala de musculação. Todo atleta pode se beneficiar do fato de estar mais forte e mais potente. Conforme discutido nos Capítulos 4 e 11, o programa de treinamento de força costuma começar com um modelo de volume alto (número maior de repetições realizadas por série) e intensidade baixa (cargas com uma porcentagem baixa do valor de 1RM do atleta). O propósito disso é preparar os atletas para os levantamentos de alta intensidade que eles vão realizar durante as últimas etapas do programa de treinamento, e focar na fase de hipertrofia do programa de treinamento periodizado. O tempo gasto nessa etapa dependerá dos objetivos de treinamento do atleta. Se o foco do atleta for aumentar o tamanho dos músculos (o que pode ser comum entre atletas mais jovens), mais tempo pode ser gasto nessa fase de treinamento. Se o objetivo principal do atleta for aumentar a força e a potência, então essa fase será usada como preparação para exercícios mais complicados de intensidade maior que serão incorporados nas fases posteriores do programa de treinamento.

As Figuras 12.1A e B apresentam exemplos de programas de treinamento fora de temporada para um atleta de força/potência cujo esporte é praticado na época do outono (no hemisfério norte). Isso pode ser ajustado para atender às necessidades de outros atletas, usando intervalos de tempo aproximados em cada fase. São apresentados dois exemplos. Um utiliza uma duração maior para cada fase de treinamento e presume que a prática de nenhum esporte específico, como futebol americano na primavera, vai interromper o programa de treinamento. O outro exemplo repete os vários ciclos de treinamento e conta com o futebol americano na primavera. Além disso, pode ser prudente usar um período sem carga (uma semana) entre cada fase de treinamento para a recuperação.

Ainda que muitos exemplos deste capítulo mostrem programas para atletas de força/potência, tenha em mente que um programa de treinamento de força bem elaborado pode beneficiar atletas de vários esportes. A Tabela 12.1 mostra um programa de treinamento de força de 15 semanas para o tênis, que não é considerado um esporte de força/potência. No entanto, os tenistas podem se beneficiar enormemente de um treinamento de força.

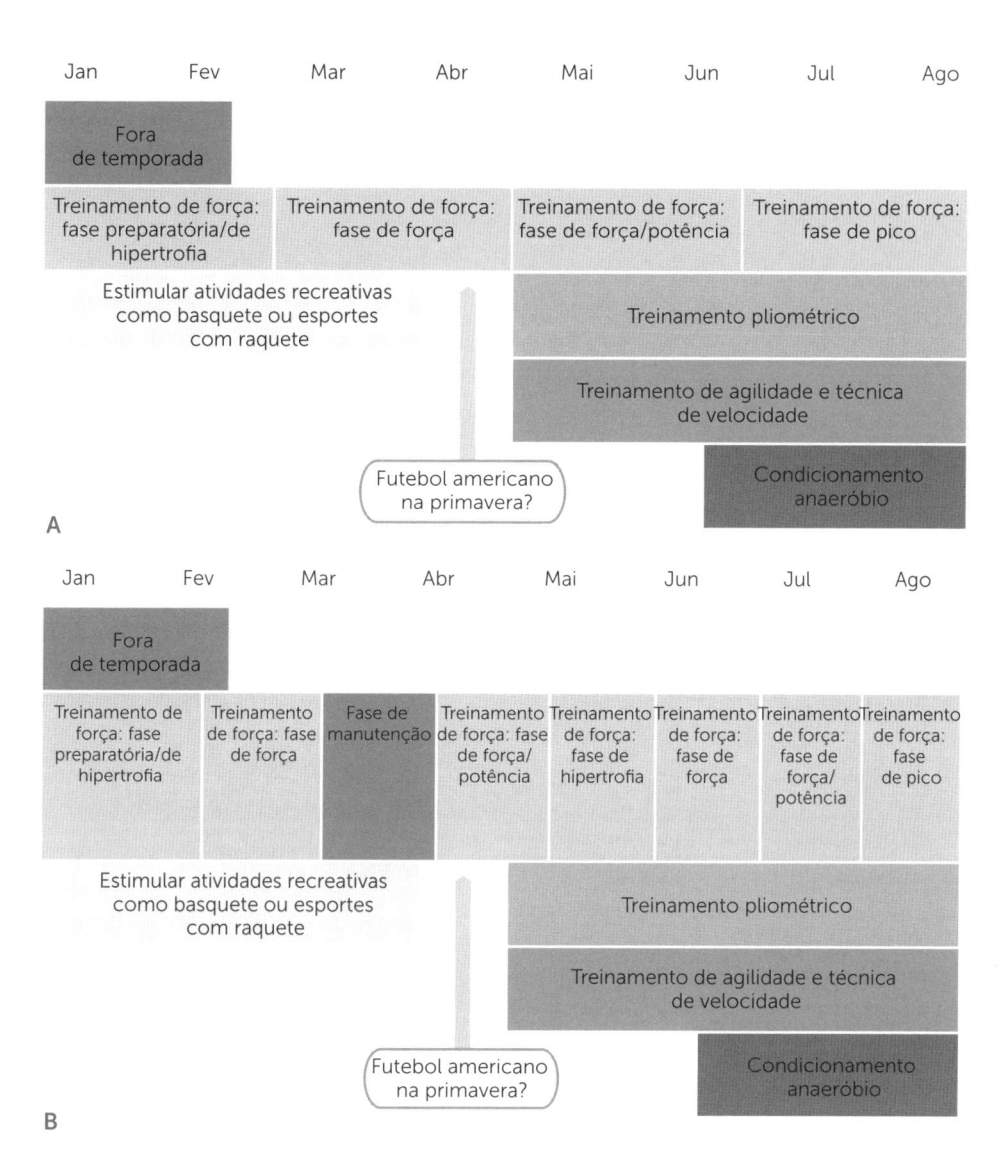

FIGURA 12.1 Dois programas de treinamento fora de temporada para um esporte de força/potência, como o futebol americano: (A) Não permite interrupções no programa de treinamento, mas (B) faz concessões para competições na primavera, nos Estados Unidos.

TABELA 12.1 Programa de tênis de 15 semanas (treinando três dias por semana)

Exercício	Séries × repetições, semanas 1-5	Séries × repetições, semanas 6-10	Séries × repetições, semanas 11-15
Segunda-feira			
*Hang clean**	3 × 4-6	4 × 3-5	5 × 2-4
Agachamento com barra nas costas	3 × 10-12	3 × 8-10	3 × 6-8
Supino reto	3 × 10-12	3 × 8-10	3 × 6-8
Agachamento afundo	3 × 8-10		
Elevação lateral	3 × 10-12		
Rotação do tronco	3 × 25		
Rotações medial/lateral	3 × 10		
Quarta-feira			
Leg press	4 × 8-10	4 × 6-8	4 × 4-6
Levantamento terra com as pernas estendidas	3 × 10-12	3 × 8-10	3 × 6-8
Puxada frontal	3 × 10-12	3 × 8-10	3 × 6-8
Elevação de panturrilha	3 × 10-12		
Crucifixo inverso	3 × 10-12		
Abdominal lateral com acessório	3 × 25-30		
Desvio ulnar/radial	2 × 10		
Circuito estabilizador da escápula	2 × 10		
Sexta-feira			
*Hang snatch**	3 × 4-6	4 × 3-5	5 × 2-4
Agachamento frontal	3 × 10-12	3 × 8-10	3 × 6-8
Remada sentado	3 × 10-12	3 × 8-10	3 × 6-8
Supino inclinado com halteres	3 × 10-12	3 × 8-10	3 × 6-8
Rosca inversa/de punho	3 × 10-12		
Rotações medial/lateral	3 × 10-12		
Abdominais	3 × 25-30		

Intensidade: 60 a 85% do valor de 1RM periodizada

Intervalos de repouso: 2-3 min para exercícios centrais, 1-2 min para exercícios auxiliares, 30-60 s para exercícios abdominais

* N.T.: *Hang clean* – exercício em que o peso é erguido a partir da altura do joelho/quadril até o ombro e apoiado.
Hang snatch – exercício em que o peso é erguido a partir da altura do joelho/quadril até acima da cabeça.

Fase preparatória

A fase inicial de treinamento, como mencionado anteriormente, é a fase preparatória/de hipertrofia. A Tabela 12.2 apresenta um exemplo de programa de treinamento de força usado com um atleta de força/potência durante esse período. Esse programa tem em geral quatro a oito semanas de duração, dependendo dos objetivos do atleta. Durante essa fase do treinamento, o atleta também pode realizar atividades recreativas (p. ex., basquete, esportes com raquete), mas o foco principal será o programa de exercícios de força.

TABELA 12.2 Exemplo de um programa de treinamento de força com divisão de rotinas (4 dias por semana): fase preparatória/de hipertrofia para um atleta de força/potência

Exercício	Séries × repetições	Exercício	Séries × repetições
Dias 1 e 3		**Dias 2 e 4**	
Agachamento	1*, 4 × 8-12	Supino reto	1*, 4 × 8-12
Extensão de perna	3 × 8-12	Supino inclinado	3 × 8-12
Rosca de perna	3 × 8-12	Crucifixo inclinado	3 × 8-12
Elevação da panturrilha em pé	3 × 8-12	Desenvolvimento de ombros sentado	1*, 4 × 8-12
Puxada na polia alta	1*, 4 × 8-12	Remada em pé	3 × 8-12
Remada sentado	1*, 4 × 8-12	Elevação lateral	3 × 8-12
Rosca bíceps com halteres	3 × 8-12	Tríceps na polia	3 × 8-12
Rosca bíceps com barra	3 × 8-12	Extensão do tríceps	3 × 8-12
Hiperextensão	3 × 8-12	Abdominal completo	3 × 20
Abdominal	3 × 20		

Repouso: 1 min entre cada série, 72 horas entre os dias 1 e 3 e entre os dias 2 e 4. Os dias 1 e 2 e os dias 3 e 4 podem ser realizados consecutivamente. Por exemplo, esse programa de treinamento com divisão de rotinas pode ser realizado às segundas, terças, quintas e sextas-feiras (4 dias por semana).

* Indica no mínimo uma série de aquecimento.

Se a perda de gordura corporal for uma parte importante dos objetivos do treinamento fora de temporada, então ajustes adequados devem ser feitos para aumentar o aspecto de resistência aeróbia do programa de treinamento. Contudo, evidências significativas indicam que o treinamento de alta intensidade é um estímulo efetivo para aumentar a oxidação da gordura.[11] É preciso estar ciente de que para o atleta de força treinado, uma ênfase maior nas atividades de resistência aeróbia provavelmente terá um efeito negativo nos ganhos de potência e força máxima.[1,10] Considerando os efeitos benéficos potenciais do treinamento de alta intensidade na oxidação da gordura, uma combinação entre essas duas formas de treinamento (força e corrida de alta intensidade) pode acomodar melhor os resultados de treinamento desejados.

O programa de treinamento mostrado na Tabela 12.2 é um programa de quatro dias com divisão de rotinas, em que cada parte do corpo é treinada duas vezes por semana. O atleta precisa utilizar a mesma intensidade relativa em cada sessão do treinamento de força. No entanto, certa variação no volume do treinamento é esperada, já que o número de repetições por sessão de treinamento pode diferir como resultado da recuperação da sessão anterior do treinamento. Seguindo o princípio da sobrecarga progressiva, uma vez que o atleta seja capaz de atingir o objetivo de treinamento desejado (p. ex., o número máximo de repetições por sessão), a resistência pode ser aumentada durante a sessão de treinamento seguinte. Ainda que a intensidade relativa permaneça a mesma, o volume de treinamento de fato aumenta (carga × número de repetições). Isso é frequentemente chamado de *programa de periodização clássico* ou *tradicional* e é mencionado na literatura recente sobre literatura esportiva como *periodização linear*. Contudo, como discutido no Capítulo 11, debate-se se o termo *linear* é apropriado.

Um método alternativo de treinamento utiliza um esquema de carga diferente para cada exercício. Ele é chamado de *programa de periodização alternado* ou *não linear*.[9] A Tabela 12.3 apresenta um exemplo de programa de treinamento não linear de três dias que pode ser considerado para atletas fora de temporada. Contudo, é importante notar que pesquisas recentes sugerem que o modelo de treinamento periodizado tradicional pode ser mais eficaz em programas de treinamento fora de temporada, de curto prazo (aproximadamente 15 semanas), para atletas universitários de força/potência.[8] Os profissionais de força e condicionamento, ao desenvolver programas de treinamento fora de temporada, devem dar especial atenção ao nível de experiência dos atletas. Para o atleta de força mais experiente, parece que a inclusão de exercícios auxiliares (p. ex., supino inclinado, crucifixo inclinado) é importante para fornecer o estímulo de treinamento necessário.[7]

TABELA 12.3 Programa alternado para atletas de força/potência de competição

Exercício	Séries × repetições	Exercício	Séries × repetições	Exercício	Séries × repetições
Segunda-feira		**Quarta-feira**		**Sexta-feira**	
Agachamento	1*, 4 × 3-5	Agachamento frontal	1*, 4 × 6-8	Agachamento afundo com halteres	3 × 10-12
Supino reto	1*, 4 × 3-5	Supino inclinado	1*, 4 × 6-8	Supino com halteres	3 × 10-12
*Push press***	1*, 4 × 3-5	Desenvolvimento de ombros sentado com halteres	1*, 4 × 6-8	Desenvolvimento de ombros sentado	3 × 10-12
*High pull***	3 × 3-5	Remada em pé com halteres	3 × 6-8	Série composta: encolhimento e elevação lateral	3 × 10-12 × 2

(continua)

TABELA 12.3 Programa alternado para atletas de força/potência de competição (*continuação*)

Puxada na polia alta	3 × 3-5	Remada sentado	3 × 6-8	Remada unilateral	3 × 10-12
Tríceps na polia	3 × 6-8	Extensão do tríceps	3 × 6-8	Paralelas com peso	3 × 10-12
Rosca bíceps em pé	3 × 3-5	Rosca bíceps sentado com halteres	3 × 6-8	Rosca martelo	3 × 10-12
Abdominal completo	3 × 20	Abdominais	3 × 20	Extensão das costas	3 × 8-10

* Indica no mínimo uma série de aquecimento.
** N.T.: *Push press* – exercício em que o peso é erguido da altura do ombro até acima da cabeça. *High pull* – exercício em que o peso é erguido do chão até a altura do ombro e abaixado em seguida, sem pausa.

Força

O ciclo de treinamento seguinte no período fora de temporada geralmente se concentra no desenvolvimento da força. A intensidade durante essa fase do treinamento aumenta em comparação com a fase preparatória/de hipertrofia, o que representa menos repetições realizadas por série. Como resultado, o volume total de treinamento (séries × número de repetições) diminui. Durante essa fase do treinamento, o profissional de força e condicionamento pode incorporar exercícios adicionais (principalmente exercícios de movimento estrutural, para múltiplas articulações) no programa de treinamento para aumentar o estímulo. Um exemplo desse programa de treinamento pode ser visto na Tabela 12.4. Em comparação com o programa de treinamento para a fase preparatória/de hipertrofia visto na Tabela 12.2, esse programa passa a incorporar movimentos do levantamento de peso olímpico (p. ex., *high pulls**). Esses exercícios também poderiam aparecer durante a fase inicial do treinamento, mas atletas inexperientes ou principiantes podem se beneficiar com o desenvolvimento de uma base de força e técnica apropriada com exercícios tradicionais de levantamento de peso. Além disso, a incorporação desses exercícios nas fases finais do treinamento proporciona um grau de variação ao programa de treinamento, evitando a monotonia. Essa fase do treinamento também pode durar entre 4 e 6 semanas.

★ N.T.: Exercício em que o peso é erguido do chão até a altura do ombro e abaixado em seguida, sem pausa.

TABELA 12.4 Exemplo de um programa de treinamento de força com divisão de rotinas: fase de força para atletas de força/potência (4 dias por semana)

Exercício	Séries × repetições	Exercício	Séries × repetições
Dias 1 e 3		**Dias 2 e 4**	
Agachamento	1*, 4 × 6-8	*High pulls***	1*, 4 × 6-8
Levantamento terra	3 × 6-8	Supino reto	1*, 4 × 6-8
Rosca de perna	3 × 6-8	Supino inclinado	3 × 6-8
Elevação da panturrilha em pé	3 × 6-8	Crucifixo inclinado	3 × 6-8
Puxada na polia alta	1*, 4 × 6-8	Desenvolvimento de ombros sentado	1*, 4 × 6-8
Remada sentado	1*, 4 × 6-8	Elevação lateral/ frontal	3 × 6-8
Rosca bíceps com halteres	3 × 6-8	Tríceps na polia	3 × 6-8
Rosca bíceps com barra	3 × 6-8	Extensão do tríceps	3 × 6-8
Hiperextensão	3 × 8-12	Abdominal completo	3 × 20
Abdominal	3 × 20		

Repouso: 3 min entre cada série, 72 horas entre os dias 1 e 3 e entre os dias 2 e 4. Os dias 1 e 2 e os dias 3 e 4 podem ser realizados consecutivamente. Por exemplo, esse programa de treinamento com divisão de rotinas pode ser realizado às segundas, terças, quintas e sextas-feiras (4 dias por semana).

* Indica no mínimo uma série de aquecimento.
** N.T.: *High pull* – exercício em que o peso é erguido do chão até a altura do ombro e abaixado em seguida, sem pausa.

Em alguns programas, os profissionais de força e condicionamento podem começar a incorporar formas adicionais de treinamento. Por exemplo, exercícios pliométricos ou de velocidade e agilidade podem ser incorporados no calendário de treinamento. Durante o programa de condicionamento fora de temporada para o futebol americano, exercícios pliométricos podem ser incorporados ao mesociclo de força. A inclusão de exercícios pliométricos também deve progredir de exercícios de baixa para alta intensidade. A Tabela 12.5 oferece uma lista de exercícios pliométricos separados pelo nível de intensidade.

Tipicamente, exercícios de baixa intensidade incorporam saltos com os dois pés do nível do chão. Saltos com uma perna só, saltos em profundidade e saltos repetidos sobre plataformas aumentam a intensidade do treinamento. Um aspecto importante na elaboração do programa é a decisão de incluir ou limitar o volume do treinamento pliométrico. Considere o tipo de esporte. Por exemplo, espera-se que jogadores de basquete e vôlei participem de jogos informais fora da temporada de competições. Os saltos que os atletas executam durante esses jogos recreativos precisam ser considerados, visto que eles ainda contribuirão para a fadiga geral. Acrescentar exercícios pliométricos aos programas de treinamento desses atletas, sem considerar essas atividades recreativas, pode aumentar o risco de sobretreinamento (*overtraining*).

(*O texto continua na p.310*)

TABELA 12.5 Exemplos de exercícios pliométricos

Exercício	Intensidade	Posição inicial	Ação
Salto em distância sem corrida	Baixa	Parado em posição semiagachada, com os pés separados na distância dos ombros	Com um balanço forte dos braços e um contramovimento das pernas, saltar o mais longe possível
Agachamento com salto	Baixa	Parado em posição agachada com as coxas paralelas ao chão e os dedos entrelaçados atrás da cabeça	Pular o mais alto possível sem mover as mãos. Ao aterrissar, voltar à posição inicial
Skipping (saltitos)	Baixa	Parado em posição confortável	Levantar uma perna com o joelho flexionado em 90° enquanto levanta o braço oposto (cotovelo também flexionado em 90°). Alternar entre os lados. Para aumentar a dificuldade, dar o impulso contra o chão para subir mais
Power skipping (saltitos altos, om elevação dos joelhos)	Baixa	Parado em posição confortável	Movendo os dois braços, ir para a frente com um salto, trazendo a perna da frente o mais alto possível, como para alcançar as mãos. Tentar subir o mais alto possível ao impulsionar com a perna de trás. Cada repetição deve ser realizada com pernas alternadas
Salto para a frente sobre cones	Baixa	Parado com os pés separados na distância dos ombros de frente para uma sequência de cones	Mantendo os pés separados na distância dos ombros, pular sobre cada cone, aterrisando sobre os dois pés ao mesmo tempo. Usar o balanço dos dois braços e tentar ficar o menor tempo possível no chão
Impulsão com uma perna sobre plataforma	Baixa	Parado no chão em frente a uma plataforma com 15-30 cm de altura. Colocar o calcanhar de um dos pés sobre a plataforma próximo à borda	Dar um impulso com o pé em cima da plataforma para ganhar a maior altura possível estendendo toda a perna e o pé. Usar o balanço dos dois braços para ganhar altura e manter o equilíbrio
Lançamento de medicine ball	Baixa	Em pé segurando uma medicine ball acima da cabeça	Dar um passo à frente e lançar a bola com os dois braços para um parceiro ou por uma distância predeterminada. Este exercício também pode ser feito como um passe de peito, sentado ou em pé
Salto para a frente em plataforma	Baixa a moderada	Parado em frente a uma plataforma com 30 a 107 cm de altura (dependendo da habilidade), com os pés posicionados na distância dos ombros e as mãos atrás da cabeça	Pular e aterrissar com os dois pés sobre a plataforma, e então descer. Para um exercício mais avançado, pular para descer e pular imediatamente para cima de volta. Usar várias alturas de plataforma

(continua)

TABELA 12.5 Exemplos de exercícios pliométricos (*continuação*)

Salto canguru	Moderada	Em pé com os joelhos levemente flexionados e os pés posicionados na distância dos ombros	Saltar verticalmente o mais alto possível, trazendo os joelhos na direção do tórax e segurando-os com as mãos antes de voltar ao chão. Aterrissar em posição vertical
Salto lateral sobre cones	Moderada	Em pé com os joelhos levemente flexionados e os pés posicionados na distância dos ombros ao lado de uma fileira de cones	Saltar para o lado pela fileira de cones, aterrissando com os dois pés. Ao completar a fileira, saltar de volta para a posição inicial. Este exercício deve ser executado com 3 a 5 cones posicionados 60 a 90 cm de distância um do outro
Salto triplo sem corrida	Moderada	Em pé com os pés posicionados na distância dos ombros e os joelhos flexionados com uma leve inclinação para a frente	Com um contramovimento, saltar o mais alto e mais longe possível com os dois pés, como no salto em distância. Aterrissar com um pé só e imediatamente dar um impulso para a frente, com esse mesmo pé. Alcançar a maior distância possível e aterrissar com o pé oposto, para saltar de novo, e então aterrissar com os dois pés
Saltos múltiplos em plataformas	Moderada	Em pé, em frente a 3 a 5 plataformas de 30 a 107 cm de altura (dependendo da habilidade), com os pés posicionados na distância dos ombros	Pular em cima da primeira plataforma e então para baixo. Pular na plataforma seguinte e continuar até o fim da sequência, balançando os dois braços para ganhar altura e manter o equilíbrio
Saltos em profundidade com altura definida	Moderada	Em pé sobre uma plataforma de 30 a 107 cm de altura (quanto mais alta a plataforma, maior a intensidade do exercício) em frente a uma plataforma de altura similar, com os dedos próximos à borda e os pés posicionados na distância dos ombros	Descer da plataforma e aterrissar com os dois pés. Assim que tocar o chão, pular o mais alto possível para cima da segunda plataforma. Tentar ficar em contato com o chão o mínimo possível
Saltos com pernas alternadas	Moderada	Começar com um pé levemente à frente do outro e os braços ao lado do corpo. Dar um passo como em um drible de progressão ou começar a partir de uma corrida leve	Dar o impulso com a perna da frente e levar o joelho para cima e para fora. Buscar o máximo de distância horizontal e vertical com o movimento alternado ou paralelo dos braços. Tentar permanecer no ar o máximo possível. Ao aterrissar, repetir o movimento com a perna oposta. O objetivo é cobrir a maior distância possível com cada salto. O exercício não foi elaborado para ser uma corrida

(*continua*)

TABELA 12.5 Exemplos de exercícios pliométricos (*continuação*)

Lançamento com *medicine ball*	Moderada a alta	Deitar de costas no chão com os braços estendidos, próximo a uma plataforma com 30 a 107 cm de altura. Um parceiro permanece sobre a plataforma segurando uma *medicine ball*	Quando o parceiro soltar a bola, pegá-la e lançá-la imediatamente de volta
Salto em ziguezague com uma ou duas pernas	Moderada a alta	Posicionar 6 a 10 cones 46 a 60 cm de distância um do outro em ziguezague. Começar com os pés afastados na distância dos ombros e os joelhos levemente flexionados	Saltar diagonalmente sobre o primeiro cone. Ao aterrissar, mudar a direção e saltar diagonalmente sobre cada um dos cones restantes. Saltar com uma perna só é considerado um exercício pliométrico de alta intensidade
Salto carpado	Moderada a alta	Em pé com os pés posicionados na distância dos ombros e os joelhos levemente flexionados	Saltar e levar ambas as pernas para a frente do corpo. A flexão deve acontecer apenas no quadril. Tentar tocar os dedos dos pés no pico do salto. Voltar à posição inicial
Salto em profundidade	Alta	Em pé sobre uma plataforma de 30 a 107 cm de altura (quanto mais alta a plataforma, maior a intensidade do exercício), com os dedos próximos à borda e os pés posicionados na distância dos ombros	Descer da plataforma e aterrissar com os dois pés. Assim que tocar o chão, pular o mais alto possível. Tentar ter o menor contato possível com o chão
Agachamento afundo com troca de pernas	Alta	Em pé, com os pés afastados para a frente e para trás o máximo possível. A perna da frente forma um ângulo de 90° na altura do quadril e de 90° na altura do joelho	Saltar verticalmente o mais alto possível enquanto troca a posição das pernas. Conforme as pernas mudam de posição, tentar flexionar o joelho de modo que o calcanhar da perna de trás se aproxime dos glúteos. Aterrissar na posição do agachamento afundo e saltar novamente
Salto com uma perna só	Alta	Posicionar um pé levemente à frente do outro como se estivesse dando um passo, com os braços ao lado do corpo	Usando um passo como em um drible de progressão ou começando com uma corrida leve, levar o joelho da perna da frente para cima e para fora o máximo possível, balançando os dois braços ao mesmo tempo. Manter a outra perna parada, com o joelho flexionado durante o exercício. O objetivo é permanecer no ar o máximo de tempo possível. Aterrissar com a mesma perna e repetir

(continua)

TABELA 12.5 Exemplos de exercícios pliométricos (*continuação*)

Agachamento com saltos múltiplos em plataformas	Alta	Em pé, em frente a 3 a 5 plataformas de 30 a 107 cm de altura (dependendo da habilidade). Assumir uma posição de agachamento paralela, com os pés posicionados na distância dos ombros e as mãos atrás da cabeça ou no quadril	Pular em cima da primeira plataforma, mantendo a posição agachada, e então saltar para fora. Pular para a próxima plataforma e continuar até o fim da sequência. Manter as mãos atrás da cabeça ou no quadril
Salto em profundidade com uma perna só	Alta	Em pé sobre uma plataforma de 30 a 45 cm de altura, com os dedos próximos à borda e os pés posicionados na distância dos ombros	Dar um passo para fora da plataforma e aterrissar com um pé só. Assim que tocar o chão, pular o mais alto possível com um único pé. Tentar tocar o chão o mínimo possível
Saltos com uma perna só	Alta	Parado sobre uma perna	Pular com um pé só o mais longe possível, usando o balanço da outra perna e dos braços para se equilibrar e aumentar o impulso para a frente

Em geral, o programa de treinamento ideal determina que os atletas realizem exercícios pliométricos nos dias do treinamento de força para a parte superior do corpo. Se forem incluídos exercícios pliométricos para a parte superior do corpo, eles devem ser realizados nos dias do treinamento de força para a parte inferior do corpo. Uma amostra de um programa de treinamento que integra o treinamento pliométrico e de força pode ser vista na Tabela 12.6. Também é possível incluir vários exercícios pliométricos para a parte inferior do corpo como parte do programa de treinamento de força para essa parte do corpo. Contudo, o profissional de força e condicionamento deve ter cuidado para não fadigar o atleta. Quando tipos diferentes de exercícios são acrescentados, a fim de reduzir a incidência de *overreaching*, é prudente reduzir o volume de treinamento para outros exercícios. Por exemplo, se alguns exercícios pliométricos forem incluídos nos dias da rotina de levantamento para os membros inferiores, alguns dos exercícios auxiliares para a parte inferior do corpo devem ser excluídos. Usando o programa de treinamento descrito na Tabela 12.4, o profissional de força e condicionamento pode substituir os levantamentos terra por saltos em plataforma em um dos dias do levantamento para os membros inferiores, a fim de evitar o sobretreinamento (*overtraining*) do atleta.

TABELA 12.6 Exemplo de programa de treinamento pliométrico e de força integrados

Dia	Treinamento de força	Treinamento pliométrico
Segunda-feira	Exercícios de alta intensidade para a parte superior do corpo	Exercícios de baixa intensidade para a parte inferior do corpo
Terça-feira	Exercícios de alta intensidade para a parte inferior do corpo	—
Quarta-feira	—	—
Quinta-feira	Exercícios de baixa intensidade para a parte superior do corpo	Exercícios de alta intensidade para a parte inferior do corpo
Sexta-feira	Exercícios de baixa intensidade para a parte inferior do corpo	—

Reproduzido com permissão de Hoffman J.R. *Physiological aspects of sport training and performance*. Champaign, IL, Human Kinetics, 2002, 169-184.

Força e potência

A fase seguinte do treinamento é a fase da potência ou força/potência. Durante essa fase do treinamento, a intensidade do exercício é aumentada ainda mais e o volume do treinamento é reduzido em relação aos níveis da fase de força inicial. Para um jogador de futebol americano universitário, essa fase pode ser interrompida pelos jogos realizados durante a primavera. Se for esse o caso, o atleta provavelmente entrará em um programa de manutenção durante o período desses jogos. Em seguida, o profissional de força e condicionamento pode reiniciar o programa de treinamento de força a partir da fase de hipertrofia e então seguir para as outras fases do treinamento. O propósito de voltar para a fase da hipertrofia é reduzir a intensidade do treinamento e ajudar o atleta a se recuperar dos jogos da primavera. No entanto, isso não costuma ser uma preocupação em outros esportes, então esses atletas continuarão a se concentrar nos objetivos do treinamento fora de temporada.

Durante a fase de força/potência, mais ênfase é dada aos exercícios balísticos e olímpicos. O desempenho da potência é aumentado pelo uso de movimentos estruturais compostos para múltiplas articulações, que combinam tanto a velocidade do movimento quanto alto rendimento de força. Exercícios como arranque, *power clean** e *push press*** são frequentemente acrescentados ao programa. Alguns dos exercícios tradicionais de levantamento de peso ou exercícios auxiliares são removidos. A Tabela 12.7 apresenta um exemplo de programa de treinamento de

---

* N.T.: Exercício em que o peso é erguido do chão até a altura do ombro e apoiado.

** N.T.: Exercício em que o peso é erguido da altura do ombro até acima da cabeça.

força com divisão de rotinas, realizado quatro dias por semana, usado na fase de força/potência. Pesquisas anteriores mostraram que exercícios de levantamento olímpico podem aumentar o desenvolvimento de potência e velocidade em atletas de força treinados, durante seu programa de treinamento fora de temporada, em um grau maior do que os exercícios tradicionais de levantamento de peso.[3] Além disso, um programa de velocidade e agilidade é normalmente incluído nessa fase do treinamento. Esses exercícios não costumam resultar em mudanças no programa de treinamento de força.

TABELA 12.7 Exemplo de um programa de treinamento de força com divisão de rotinas: fase de potência para atletas de força/potência (4 dias por semana)

Exercício	Séries × repetições	Exercício	Séries × repetições
Dias 1 e 3		**Dias 2 e 4**	
Agachamento	1*, 4 × 4-6	*High pulls/power clean***	1*, 4 × 4-6
Levantamento terra/arranque	4 × 4-6	Supino reto	1*, 4 × 4-6
Rosca de perna	3 × 4-6	Supino inclinado	3 × 4-6
Puxada na polia alta	1*, 4 × 4-6	*Push press***/arremesso	1*, 4 × 4-6
Remada sentado	1*, 4 × 4-6	Elevação lateral/frontal	3 × 4-6
Rosca bíceps com halteres	3 × 4-6	Tríceps na polia	3 × 4-6
Rosca bíceps com barra	3 × 4-6	Extensão do tríceps	3 × 4-6
Hiperextensão	3 × 8-12	Rotina para o *core*/abdominal	3 × 20
Abdominal	3 × 20		

Repouso: 3 min entre cada série, 72 horas entre os dias 1 e 3 e entre os dias 2 e 4. Os dias 1 e 2 e os dias 3 e 4 podem ser realizados consecutivamente. Por exemplo, esse programa de treinamento com divisão de rotinas pode ser realizado às segundas, terças, quintas e sextas-feiras (4 dias por semana).

* Indica no mínimo uma série de aquecimento.
** N.T.: *High pull* – exercício em que o peso é erguido do chão até a altura do ombro e abaixado em seguida, sem pausa. *Power clean* – exercício em que o peso é erguido do chão até a altura do ombro e apoiado. *Push press* – exercício em que o peso é erguido da altura do ombro até acima da cabeça.

Velocidade e agilidade

Durante a fase de potência do treinamento, frequentemente uma rotina de velocidade e agilidade é incorporada às rotinas semanais. Nos esportes de equipe, um dos propósitos desses exercícios é fazer o grupo trabalhar junto. Um objetivo mais importante é melhorar o desempenho do atleta nessas variáveis de movimento. Essa rotina não se destina ao condicionamento. Dessa forma, o intervalo trabalho-repouso é relativamente mais longo que se esperaria quando os objetivos incluem o condicionamento.

Por exemplo, a razão trabalho-repouso para um exercício que aumenta a capacidade anaeróbia (ver Cap. 6) pode ser 1:4; no entanto, quando o foco é a qualidade por repetição, a razão trabalho-repouso pode aumentar para 1:8. O foco durante essa fase do treinamento, em relação a exercícios de agilidade, velocidade e pliométricos, é a qualidade do trabalho, não a quantidade. Conforme o atleta se aproxima para os estágios finais do programa de treinamento fora de temporada, o trabalho de velocidade e agilidade passa a contribuir mais rápido para os aspectos do condicionamento anaeróbio. Contudo, uma razão trabalho-repouso maior ainda exige 100% de esforço em cada exercício.

Exemplos de exercícios de agilidade e técnica de velocidade para atletas na fase de força/potência são mostrados no quadro seguinte. Esses exercícios são frequentemente realizados em forma de circuito duas vezes por semana. Por exemplo, exercícios de agilidade em circuito podem incluir estações (em ordem) de exercício T, passada lateral de Edgren, exercício de pró-agilidade, exercício L e de agilidade com escada. Um circuito para exercícios pliométricos poderia incluir estações para salto em distância sem corrida, salto frontal ou lateral sobre plataforma, saltos com uma perna só, lançamento de bola de exercício e saltos em profundidade, nessa ordem. Esses circuitos são normalmente usados no futebol americano, basquete, beisebol e outros esportes de força/potência. Esses circuitos também seriam bastante benéficos para jogadores de futebol, hóquei na grama e lacrosse, já que eles exigem níveis maiores de resistência cardiorrespiratória, mas ainda se beneficiariam do desenvolvimento de potência.

Para administrar a atividade, a equipe é dividida em 5 grupos. Os jogadores realizam cada exercício por 3 minutos. Por exemplo, se 60 jogadores estiverem participando dos exercícios, cada grupo terá 12 jogadores. Se o exercício levar 5 segundos para ser completado, então cada atleta fará cerca de 3 repetições. Mais uma vez, como mencionado anteriormente, a qualidade é muito mais importante que a quantidade. Logo, usando o exemplo anterior de tempo, cada atleta realizaria cerca de 15 repetições. Os atletas podem ser escolhidos de forma aleatória para cada tipo de exercício (recomenda-se que atletas com capacidades similares sejam colocados juntos, talvez separados por posição). Eles devem passar de um exercício para o outro no sentido horário.

TÉCNICA DE *SPRINT* E EXERCÍCIOS DE AGILIDADE

Exercícios de técnica de *sprint* (ver Cap. 9):

- Calcanhares para cima
- Ação dos braços
- Inclinação e queda antes do *sprint*
- Inclinação assistida e partida
- Partida para o *sprint* com vários saltos
- Partida para o *sprint* com um salto
- Partida rápida
- Corrida arrastando um peso leve
- Saltos sobre cones e corrida
- Largada: os primeiros 4 passos
- Largada: os primeiros 8 passos
- Dois *sprints* de 27 m

Exercícios de agilidade:

- Teste T (ver Cap. 2)
- Teste pró-agilidade (ver Cap. 2)
- Movimento em oito (ver Cap. 8)
- Deslocamento lateral de 36 m (ver Cap. 8)
- Triângulo de 14 m (ver Cap. 8)
- Corrida em Z (ver Cap. 8)
- Quadrado de 18 m (ver Cap. 8)
- Exercícios de agilidade com escada (ver Cap. 8)

As seções seguintes descrevem modelos de programas de treinamento de agilidade para basquete e esportes de campo. É preciso estar ciente de que com a inclusão de exercícios de agilidade ao programa de treinamento, o volume do treinamento no programa de exercícios de força é geralmente reduzido (menos repetições por exercício). Se o volume de treinamento acrescentado não for considerado, o risco de sobretreinamento (*overtraining*) pode aumentar.

Programa de agilidade para basquete

A Tabela 12.8 mostra um exemplo de um programa simples de agilidade para basquete. Os exercícios incluídos contêm padrões de movimento similares àqueles que um jogador de basquete encontraria durante um jogo (p. ex., movimento em oito). A frequência de treinamento é de duas a três vezes por semana, já que essa frequência demonstrou ser eficaz em estudos anteriores sobre treinamento. Além disso, como discutido anteriormente, os exercícios de agilidade devem ser realizados com intensidade máxima, ou próxima da máxima, para produzir adaptações ideais. O volume será de duas séries de 10 repetições para cada exercício.

TABELA 12.8 Programa de agilidade para basquete

Exercício	Frequência	Intensidade	Volume	Repouso
Corrida de ida e volta de 18 m	2-3	Máx.	2 séries de 10	2-3 min
Quadrado de 18 m	2-3	Máx.	2 séries de 10	2-3 min
Movimento em oito	2-3	Máx.	2 séries de 10	2-3 min
Escada: para dentro e para fora	2-3	Máx.	2 séries de 10	2-3 min
Corrida lateral com passos cruzados ("carioca")	2-3	Máx.	2 séries de 10	2-3 min

Por exemplo, o atleta realizará 10 repetições consecutivas do exercício, o que representa uma série. A natureza rápida do basquete, que fica evidente nas mudanças de ataque para defesa realizadas durante o jogo, exige mudanças de direção constantes. Isso é proporcionado pelas corridas de ida e volta nos volumes prescritos. Os períodos de recuperação de 2 ou 3 minutos devem ser encaixados entre as séries, porém, isso pode ser ajustado pelo profissional de força e condicionamento, dependendo de fatores como a fadiga do atleta.

Programa de agilidade para esportes de campo: trabalho rápido dos pés, espaços restritos

Esse modelo de programa de agilidade (Tab. 12.9) seria apropriado para muitos esportes de campo, como futebol americano, futebol, lacrosse e rúgbi. Ele enfatiza o trabalho rápido dos pés e mudanças de direção em espaços fechados ou restritos. Como ambos os times nesses esportes em particular têm vários jogadores em campo ao mesmo tempo, é muito comum eles trabalharem em espaços apertados. Por exemplo, um atacante no futebol, ao tentar avançar para o gol, terá que desviar de vários adversários. Conforme o time oposto se aproxima, um trabalho rápido dos pés dentro de um espaço restrito será crucial para manter a posse de bola. Para um jogador da defesa, disputas cara a cara exigirão que o atleta espelhe os movimentos do atacante e utilize um trabalho rápido dos pés em espaços curtos e mude de direção para evitar ser derrotado. Situações de bola parada, como cobranças de falta ou escanteio, também envolvem um número significativo de jogadores de ataque e defesa dentro de uma mesma área, limitando bastante a disponibilidade de espaço. Para conseguir uma posição mais adequada para colocar a bola no fundo da rede, os jogadores do time que está atacando tentarão frequentemente se livrar de seus marcadores usando movimentos rápidos dos pés e mudanças rápidas de direção. Isso demonstra claramente uma necessidade de movimentos ágeis em espaços restritos.

TABELA 12.9 Programa de agilidade para esportes de campo: trabalho rápido dos pés, espaços restritos

Exercício	Frequência	Intensidade	Volume	Repouso
Hexágono	1-3	Máx.	3 séries de 3 (nos sentidos horário e anti-horário)	1-2 min
Salto lateral	1-3	Máx.	5 séries de 1	1-2 min
Deslocamento com escada	1-3	Máx.	5 séries de 1	1-2 min
Deslocamento lateral com escada	1-3	Máx.	5 séries de 1	1-2 min
Deslocamento cruzado com escada	1-3	Máx.	5 séries de 1	1-2 min
Saltos em Z com escada	1-3	Máx.	5 séries de 1	1-2 min

Todos os exercícios listados na Tabela 12.9 consistem em movimentos que exigem um trabalho rápido dos pés e mudanças de direção em espaços fechados ou limitados. A frequência é estabelecida em uma a três vezes por semana, dependendo do calendário a ser considerado. Por exemplo, se esse programa de agilidade for utilizado junto com outros programas de treinamento (p. ex., treinamento de força) ou durante a fase da temporada, a menor frequência do intervalo pode ser mais adequada. Se esse programa for usado sozinho, uma frequência de três vezes por semana pode ser mais benéfica.

O volume e os períodos de repouso para a maioria dos exercícios são de cinco séries de 1 minuto e entre 1 e 2 minutos, respectivamente, exceto para o exercício do hexágono. O volume para o exercício do hexágono é de três séries de três minutos em ambas as direções, o que significa que três repetições consecutivas devem ser realizadas tanto no sentido horário quanto anti-horário. O volume para o restante dos exercícios foi estabelecido em cinco séries de um minuto, já que se presume que as equipes vão trabalhar juntas. Assim, em vez de fazer as cinco repetições consecutivamente, todos na equipe completarão uma repetição de cada vez, e então aguardarão seus companheiros de equipe fazerem o mesmo exercício, antes de passar para a série seguinte. Além disso, como resultado da realização do exercício em turnos, o tempo entre as repetições deve proporcionar perto de 1 a 2 minutos do tempo de repouso previsto.

Programa de agilidade para esportes de campo: mudança de direção dentro de distâncias variáveis

Além da necessidade de agilidade em espaços restritos, atletas de esportes de campo também percorrem distâncias maiores com mudanças de direção espalhadas durante o evento. Esse programa (Tab. 12.10) objetiva integrar atividades de mudança de direção dentro das várias distâncias encontradas durante um jogo. O profissional de força e condicionamento também pode considerar acrescentar uma especificidade do esporte nesses exercícios, se desejado. Os exemplos incluem jogadores de futebol realizando um *sprint* de ida e volta com movimentos de dribles e atletas de lacrosse correndo com o bastão. A frequência do treinamento é estabelecida entre uma e três vezes por semana pelas mesmas razões descritas anteriormente para o programa de agilidade de trabalho dos pés e espaços restritos. Por exemplo, esse treinamento poderia ser conduzido uma vez por semana, e o programa de trabalho rápido dos pés e espaços restritos poderia ser feito duas vezes por semana, ou vice-versa. Como sempre, a intensidade deve ser máxima ou próxima da máxima. Os volumes estabelecidos diminuem conforme aumenta a distância total percorrida em um determinado exercício, como nas corridas de velocidade de ida e volta de 55 e 91 m. Períodos de recuperação maiores também são proporcionados para esses exercícios, já que eles incluem mais mudanças de direção e distâncias maiores.

TABELA 12.10 Programa de agilidade para esportes de campo: mudança de direção dentro de distâncias variáveis

Exercício	Frequência (por semana)	Intensidade	Volume	Repouso
Triângulo de 14 m	1-3	Máx.	5 séries de 1	1-2 min
Quadrado de 18 m	1-3	Máx.	5 séries de 1	1-2 min
Corrida em Z	1-3	Máx.	5 séries de 1	1-2 min
Deslocamento lateral de 36 m	1-3	Máx.	5 séries de 1	2-3 min
Sprint de ida e volta de 55 m	1-3	Máx.	5 séries de 1	3-5 min
Sprint de ida e volta de 91 m	1-3	Máx.	5 séries de 1	3-5 min

Pico

A fase seguinte do treinamento é a fase de pico. Durante essa fase, a intensidade do treinamento está no seu ponto mais alto, enquanto o volume é reduzido ainda mais. Aqui, o atleta começa a fazer as preparações finais para as competições mais importantes ou para o início do treinamento pré-temporada. O volume de treinamento menor também proporciona ao atleta um tempo adicional para se concentrar em exercícios de condicionamento anaeróbio. Durante as duas ou três semanas finais da fase de força/potência e durante toda a fase de pico, o atleta vai focar em adquirir a condição anaeróbia para disputar a temporada competitiva. A Tabela 12.11 apresenta um exemplo de um programa de treinamento de força durante fase de pico, e a Tabela 12.12 mostra um programa de condicionamento anaeróbio de 13 semanas para velocidade, técnica e agilidade para atletas em preparação para uma temporada competitiva. Observe que a fase de condicionamento começa aproximadamente oito semanas antes do início da pré-temporada.

TABELA 12.11 Exemplo de um programa de treinamento de força com divisão de rotinas: fase de pico para atletas de força/potência (4 dias por semana)

Exercício	Séries x repetições	Exercício	Séries x repetições
Segunda-feira		**Terça-feira**	
Levantamento (chão)	5 x 1-3	Arranque (chão)	5 x 1-3
Push jerk*	5 x 1-3	Clean pulls* (acima do joelho)	3 x 1-3
Agachamento	5 x 1-3	Supino reto	5 x 1-3
Salto de plataforma	3 x 5	Push press*	4 x 3
Para o core	4x	Para o core	4x
Quinta-feira		**Sexta-feira**	
Arranque (chão)	5 x 1-3	Clean pull* (cintura)	4 x 1-3
Clean pulls* (acima do joelho)	3 x 1-3	Supino reto	5 x 1-3
Supino reto	5 x 1-3	Supino inclinado	3 x 5
Push press*	4 x 3	Push jerk*	4 x 1-3
Para o core	4x	Encolhimento	4 x 3
Levantamento (acima do joelho)	5 x 1-3	Para o core	4x

O objetivo diário é alcançar 3 repetições máximas com cada levantamento. O atleta pode não realizar 3 repetições em suas últimas séries (p. ex., 1-2). Antes de iniciar a sessão de exercícios com peso, o atleta pode precisar realizar 2-3 séries de aquecimento. O período de repouso entre as séries deve ser de 3-5 min.

*N.T.: Push press – exercício em que o peso é erguido da altura do ombro até acima da cabeça. Push jerk – segundo tempo do arremesso. Clean pull – arranque em dois tempos.

TABELA 12.12 Programa de condicionamento, agilidade e velocidade.

Semana	Segunda-feira	Terça-feira	Quarta-feira	Quinta-feira	Sexta-feira	Sábado
1		Agilidade e prática de corrida		Agilidade e prática de corrida		
2		Agilidade e prática de corrida		Agilidade e prática de corrida		
3		Agilidade e prática de corrida		Agilidade e prática de corrida		
4		Agilidade e prática de corrida		Agilidade e prática de corrida		
5		Agilidade e prática de corrida		Agilidade e prática de corrida		
6		Agilidade e prática de corrida	2 × corridas de 183 m, 5 × de 55 m	Agilidade e prática de corrida	1 × exercício em linha, 2 × treinamento intervalado	
7		Agilidade e prática de corrida	4 × corridas de 183 m, 6 × de 55 m	Agilidade e prática de corrida	1 × exercício em linha, 3 × treinamento intervalado	
8	4 × partidas, 3 × treinamento intervalado	Agilidade e prática de corrida	4 × corridas de 183 m, 6 × de 55 m	Agilidade e prática de corrida	1 × exercício em linha, 3 × treinamento intervalado	4 × corridas de 183 m, 4 × de 91 m, 4 × de 37 m
9	6 × partidas, 3 × treinamento intervalado	Agilidade e prática de corrida	5 × corridas de 183 m, 8 × de 55 m	Agilidade e prática de corrida	2 × exercício em linha, 3 × treinamento intervalado	4 × corridas de 183 m, 4 × de 91 m, 4 × de 37 m

(continua)

TABELA 12.12 Programa de condicionamento, agilidade e velocidade (*continuação*)

Semana	Segunda-feira	Terça-feira	Quarta-feira	Quinta-feira	Sexta-feira	Sábado
10	8 × partidas, 4 × treinamento intervalado	Agilidade e prática de corrida	6 × corridas de 183 m, 8 × de 55 m	Agilidade e prática de corrida	2 × exercício em linha, 4 × treinamento intervalado	5 × corridas de 183 m, 5 × de 91 m, 5 × de 37 m
11	10 × partidas, 4 × treinamento intervalado	Agilidade e prática de corrida	7 × corridas de 183 m, 10 × de 55 m	Agilidade e prática de corrida	3 × exercício em linha, 4 × treinamento intervalado	5 × corridas de 183 m, 5 × de 91 m, 5 × de 37 m
12	10 × partidas, 5 × treinamento intervalado	Agilidade e prática de corrida	8 × corridas de 183 m, 10 × de 55 m	Agilidade e prática de corrida	3 × exercício em linha, 4 × treinamento intervalado	6 × corridas de 183 m, 6 × de 91 m, 6 × de 37 m
13	10 × partidas, 6 × treinamento intervalado	3 × exercício em linha	8 × corridas de 183 m, 10 × de 55 m	Agilidade e prática de corrida	Repouso	Apresentar-se à concentração

Condicionamento anaeróbio na fase de pico

O condicionamento anaeróbio consiste em corridas de velocidade de curta e longa distância, bem como de treinamento intervalado. O Capítulo 6 aborda a base desse programa de condicionamento. O volume de treinamento para o condicionamento anaeróbio aumentará a cada semana. A intensidade é controlada pela alteração da razão trabalho-repouso. Conforme o atleta se aproxima do treinamento para a pré-temporada, o tempo entre cada *sprint* deve diminuir. Próximo ao fim do ciclo de treinamento, a razão trabalho-repouso deve simular aquela encontrada no desempenho real. Em momentos específicos (i. e., próximo do início da temporada), a razão trabalho-repouso pode exceder aquela vista durante o desempenho real. Isso pode ser necessário para proporcionar uma sobrecarga adicional que possa estimular outras adaptações fisiológicas.

Como discutido anteriormente neste capítulo, muitos atletas continuam em forma durante o período fora de temporada ao praticarem seu esporte. Esses atletas manterão certo nível de condicionamento que precisa ser considerado. Caso contrário, pode haver erro na prescrição dos exercícios, o que pode expor esses atletas ao risco de sobretreinamento (*overtraining*). Em geral, os profissionais de força e condicionamento devem planejar seis a oito semanas de condicionamento anaeróbio para preparar seus atletas para a competição.

Atletas anaeróbios não devem começar a se preparar para estarem metabolicamente prontos para a temporada de competições até duas a quatro semanas antes do programa de treinamento pré-temporada.[4] Até essa fase, o programa de condicionamento fora de temporada do atleta é focado, principalmente, no treinamento de força e desenvolvimento de potência (pliometria) e de habilidades específicas do esporte (incluindo o desenvolvimento de agilidade e velocidade). O condicionamento anaeróbio não é enfatizado até a fase da pré-temporada para evitar a ocorrência de sobretreinamento (*overtraining*) durante a temporada. No entanto, os atletas devem ser fortemente encorajados a manter certo nível de condicionamento durante o período fora da temporada.

Para muitos esportes (tanto profissional como universitário), o período de pré-temporada dura cerca de seis semanas. O objetivo durante essa fase do treinamento é aproximar o atleta da condição de pico, mas não necessariamente chegar lá. Ainda que essa última afirmação seja bastante ambígua, há uma razão para isso. Por exemplo, fora da temporada, o principal contato dos atletas universitários é o profissional de força e condicionamento. Quando os treinamentos oficiais começam, a equipe começa a trabalhar com o resto da equipe do treinador. Esse período antes do início da temporada de competições também é chamado de *pré-temporada*. No entanto, para o atleta, essa será a *segunda pré-temporada*. Dependendo da situação específica, muitos profissionais de força e condicionamento dedicarão boa parte desse tempo a exercícios de condicionamento. Durante essa fase do treinamento, pode ser prudente que esses profissionais encontrem espaço para melhoras. Um problema de fadiga ou *overreaching* pode se desenvolver se os atletas chegarem ao pico cedo demais. A situação ideal é que o profissional de força e condicionamento e a equipe do treinador do esporte do atleta trabalhem juntos no desenvolvimento do programa de treinamento anual. Embora isso pareça ser bastante lógico, muitos erros são cometidos na prescrição de exercícios como resultado da falta de comunicação. Uma compreensão clara dos objetivos de uma sessão de treinamento determina se exercícios de condicionamento adicionais são necessários ou se o treinamento é suficiente para estimular a adaptação fisiológica.

Condicionamento anaeróbio para esportes em equipe

Um exemplo de programa de condicionamento anaeróbio de pré-temporada é apresentado na Tabela 12.13. Esse programa foi desenvolvido para jogadores de basquete universitário e é realizado quatro dias por semana com progressão na intensidade e no volume. Também é importante notar como a intensidade dos exercícios é manipulada pelas mudanças na razão trabalho-repouso durante o treinamento de *sprint*. O propósito de reduzir a razão trabalho-repouso é melhorar o tempo de recuperação entre os ciclos de atividade de alta intensidade geralmente vistos durante um jogo de basquete. Além disso, como descrito anteriormente, há uma grande variação nos padrões de movimento e nos níveis de intensidade desses movimentos. Para oferecer uma similaridade maior com o jogo, pode ser aconselhável elaborar o programa de treinamento com exercícios que simulem tais mudanças. O treinamento intervalado ou de Fartlek deve fazer parte do programa. Considerando a variação da intensidade e distância das corridas de velocidade que esses exercícios utilizam, o profissional de força e condicionamento pode simular de uma forma mais efetiva as mudanças que podem ocorrer em um jogo de basquete. Descrições específicas desses tipos de exercícios de treinamento serão apresentadas mais adiante.

TABELA 12.13 Exemplo de um programa de condicionamento anaeróbio para basquete

	Dia 1	Dia 2	Dia 3	Dia 4
Semanas 1-2	Treinamento intervalado 3-4 voltas	*Sprints* (distância × repetições) 400 m × 1 100 m × 2 30 m × 8 Razão trabalho-repouso = 1:4	Treinamento intervalado 3-4 voltas	*Sprints* (distância × repetições) 200 m × 4-5 Razão trabalho-repouso = 1:4
Semanas 3-4	Treinamento intervalado 4-5 voltas	*Sprints* (distância × repetições) 400 m × 1 100 m × 3-4 30 m × 8-10 Razão trabalho-repouso = 1:4	Treinamento intervalado 4-5 voltas	*Sprints* (distância × repetições) 200 m × 5-6 Razão trabalho-repouso = 1:4
Semanas 5-6	Treinamento intervalado 5-6 voltas	*Sprints* (distância × repetições) 400 m × 2 100 m × 4-5 30 m × 10-12 Razão trabalho-repouso = 1:3	Treinamento intervalado 5-6 voltas	*Sprints* (distância × repetições) 200 m × 6-7 Razão trabalho-repouso = 1:3

Reproduzido com permissão de Hoffman J.R. *Physiological aspects of sport training and performance.* Champaign, IL, Human Kinetics, 93-108.

Condicionamento anaeróbio para esportes individuais

Como discutido no Capítulo 6, o treinamento anaeróbio para esportes individuais, como provas de corrida em distância, deve concentrar-se em diminuir a taxa de fadiga durante o curso de uma única corrida, em vez de preparar o atleta para atividades de alta intensidade repetidas por um longo tempo. A Tabela 12.14 mostra os intervalos de repouso recomendados para aumentar a velocidade-resistência em um corredor dos 400 m rasos. Observe os longos intervalos de repouso entre as corridas. Obviamente, o objetivo do corredor dos 400 m não é melhorar o tempo de recuperação, mas maximizar a qualidade de cada *sprint*.

TEMPORADA COMPETITIVA

Uma vez iniciada a pré-temporada e conforme o atleta inicia as competições, o foco principal é o desempenho esportivo real. Ainda que os treinadores possam continuar a condicionar seus atletas durante a prática esportiva, a intensidade real da atividade deve ser levada em consideração quanto ao volume dos exercícios de condicionamento. A duração e a frequência do *sprint* real que acontece durante a

TABELA 12.14 Treinamento de velocidade-resistência para corredores dos 400 m

Número de *sprints*	Distância de cada *sprint* (m)	Tempo de recuperação entre os *sprints* (min)
10	100	5-10
6	150	5-10
5	200	10
4	300	10
3	350	10
2	450	10

A distância de cada *sprint* pode variar. No entanto, a distância total corrida por treinamento deve ser cerca 2,5 vezes a distância da prova do atleta. Assim, se o atleta for um corredor dos 400 m, ele deve correr 1.000 m em *sprints* por treinamento. A duração do período de repouso deve proporcionar recuperação completa.

Adaptado de USA Track and Field.[12]

prática esportiva também devem ser calculadas e levadas em conta para determinar se exercícios de condicionamento específicos devem ser realizados durante a prática ou se eles representariam um risco maior de sobretreinamento (*overtraining*). Contudo, os profissionais de força e condicionamento podem decidir incluir exercícios de condicionamento adicionais para atletas de esportes em equipe que não sejam titulares. Isso dará a eles o estímulo fisiológico necessário para manter um alto nível de condicionamento e para estarem prontos se surgir a necessidade de eles participarem por mais tempo.

O esforço necessário para manter os ganhos de força e potência obtidos durante o período fora de temporada é extremamente importante. Às vezes, isso é desconsiderado pelos profissionais de força e condicionamento. Pesquisas mostraram com clareza que esses ganhos de força e potência podem ser mantidos por um programa de treinamento de força realizado dois dias por semana.[2,5,6] Tipicamente, o volume e a intensidade utilizados durante a fase de força são incorporados, e apenas levantamentos para o *core* são necessários (Tab. 12.15). A finalidade é usar exercícios que recrutem a maior massa muscular e simulem o desempenho esportivo. Curiosamente, vários estudos mostraram que melhoras na força também podem ser vistas durante a fase de manutenção em atletas jovens com pouca experiência no treinamento de força.[5,6]

CONSIDERAÇÕES PARA ATLETAS DE ESPORTES DE RESISTÊNCIA AERÓBIA

Assim como para atletas de força/potência, o programa de treinamento para atletas que participam de esportes de resistência aeróbia é periodizado para ajudá-los

TABELA 12.15 Programa de manutenção de treinamento de força durante a temporada

Exercício	Séries	Repetições
Power clean*	4	4-6
Agachamento	4	6-8
Supino reto	4	6-8
Push press*	4	4-6

* N.T.: *Power clean* – exercício em que o peso é erguido do chão até a altura do ombro e apoiado. *Push press* – exercício em que o peso é erguido da altura do ombro até acima da cabeça.

a atingir sua condição de pico na época do ano apropriada. Uma das maiores diferenças entre esses dois tipos de atletas é que a maioria dos atletas de força/potência que participam de esportes em equipe foca em uma temporada competitiva, na qual todas as provas são importantes. Por sua vez, atletas de resistência aeróbia, ainda que participem de vários eventos durante a temporada, preparam-se para atingir seu pico em uma prova específica no final da temporada de competições. Esses atletas realmente treinam por meio de provas anteriores a fim de alcançar o desempenho de pico nas provas mais importantes que ocorrem no final da temporada. Outra diferença entre os dois tipos de atletas é que os atletas de resistência aeróbia geralmente não realizam treinamentos de velocidade e agilidade. Porém, alguns podem usar o treinamento de força para auxiliar em objetivos específicos (ver Cap. 4). As seções a seguir discutem estratégias de treinamento específicas para eventos de resistência aeróbia. Além disso, são apresentados exemplos de programas de treinamento.

Longa distância: maratona

A distância da maratona está se tornando cada vez mais popular entre corredores com propósitos recreativos. Anteriormente considerada como uma corrida apenas para corredores sérios, a distância oferece um desafio agora atraente e, com o treinamento apropriado, possível para muitos corredores. Muitos *websites* oferecem planos de treinamento grátis para maratona e permitem que os atletas modifiquem o volume e a intensidade com base no tempo de corrida atual, número de semanas antes do evento e nível de condicionamento atual. Se o objetivo não for apenas completar a maratona, mas também melhorar o tempo, os atletas podem considerar acrescentar um exercício de ritmo ou aclive a cada semana. A Tabela 12.16 mostra um programa de treinamento para maratona de 16 semanas para um principiante. Um corredor mais avançado poderia utilizar um programa mais parecido com o mostrado na Tabela 12.17.

TABELA 12.16 Programa de treinamento para maratona de um principiante

Segunda-feira	Terça-feira	Quarta-feira	Quinta-feira	Sexta-feira	Sábado	Domingo
Semanas 1-7						
Repouso	5 km	6 km	Repouso	5 km, 2-3 sprints em aclive	Repouso	8 km
Semanas 8-11						
Repouso	10 km	6 km	8 km	6 km, 5-6 sprints em aclive	Repouso	19 km
Semanas 12-15						
Repouso	10 km	11 km	8 km	4 x 1,5 km em ritmo de 10 km	Repouso	32 km
Semana 16						
Repouso	6 km	Repouso	5 km	Repouso	Corrida leve ou repouso	Corrida

TABELA 12.17 Programa de treinamento intermediário para maratona

Segunda-feira	Terça-feira	Quarta-feira	Quinta-feira	Sexta-feira	Sábado	Domingo
Semanas 1-7						
Repouso ou corrida leve	5 km	8 km	Repouso ou corrida leve	6 km, 2-3 sprints em aclive	5 km	13 km
Semanas 8-11						
Repouso	8 km	4 x 1,5 km em ritmo de 10 km	13 km	10 km, 5-6 sprints em aclive	13 km	26 km
Semanas 12-15						
Repouso	13 km	16 km	10 km	10 x 800 m em ritmo de 3/5 km	Repouso	32 km
Semana 16						
Repouso	10 km	Repouso ou corrida leve	8 km	Repouso	3-5 km de corrida leve	Corrida

O treinamento para a meia maratona pede um volume reduzido, especificamente diminuindo o dia de treinamento para um trabalho de longa distância em ritmo lento (LDRL), e talvez acrescentando uma sessão de velocidade adicional a cada semana. Os atletas também podem aumentar a intensidade das sessões de velocidade existentes. O treinamento para corridas de ultrarresistência exige mais volume e menos intensidade durante um período de treinamento maior.

Meia distância: triatlo

O treinamento para triatlo pode abranger várias áreas do treinamento, dependendo da distância da competição. Em todos os casos, as estratégias de treinamento incluem uma variedade de exercícios de natação, ciclismo e corrida que utilizam todos os conceitos abordados neste capítulo: LDRL, treinamento intervalado e de Fartlek e, é claro, recuperação. Existem vários *websites* que ajudam a estabelecer programas específicos. A Tabela 12.18 oferece um exemplo de ciclo de treinamento para triatlo de 2 semanas.

TABELA 12.18 Exemplo de um ciclo de treinamento para triatlo de duas semanas

Segunda	Terça	Quarta	Quinta	Sexta	Sábado	Domingo
Semana 1						
Dia de folga	Natação: velocidade-resistência 100 s Ciclismo: ritmado 90 min (60 min com concentração total)	Corrida: 60 min (30 min ritmado)	Natação: resistência aeróbia (base) – velocidade intervalada Ciclismo: repetições em aclive 60-75 min (5 × 3 min/6 repetições)	Corrida: 30 min leve	Ciclismo: resistência aeróbia 90-120 min Corrida: transição imediata após 15 min pedalando	Natação: 30-45 min técnica Corrida: resistência aeróbia 80 min
Semana 2						
Dia de folga	Natação: velocidade-resistência 25 s/50s Ciclismo: ritmado 90 min (60 min com concentração total)	Corrida: 60 min (40 min ritmado)	Natação: resistência aeróbia (base) 400 s/ 200 s/100 s Ciclismo: repetições em aclive 75 min (5 × 3 min/6 repetições)	Dia de folga	Natação: tomada de tempo 1.500 m Ciclismo: resistência aeróbia 120 min Corrida: transição imediata após 20 min pedalando	Corrida: resistência aeróbia 90 min Ciclismo: leve 30 min

Eventos curtos de resistência aeróbia

Um benefício da distância de 5 km é que praticamente qualquer um, com qualquer nível de condicionamento, pode treinar para uma corrida de 5 km dentro de 6 a 8 semanas. O treinamento para 5 km consiste em menos volume e mais intensidade do que o necessário para eventos de resistência aeróbia mais longos. A Tabela 12.19 é um exemplo de um plano de treinamento para um corredor intermediário.

O treinamento para 10 km exige mais volume do que o treinamento para 5 km pelo fato de a distância da corrida ser maior. Corredores intermediários devem realizar uma ou duas corridas de treinamento por semana que sejam mais longas que a distância da corrida. Para principiantes, corridas de treinamento mais longas podem não ser tão necessárias se o objetivo principal for apenas completar a prova. Ao fazer exercícios de velocidade voltados para uma distância específica, o objetivo deve ser igualar a distância final do treinamento de velocidade à distância da corrida (p. ex., ao treinar para uma corrida de 5 km, 12 × 400 m será quase igual a 5 km). É importante aumentar gradualmente o volume do trabalho de velocidade para evitar lesões.

TABELA 12.19 Plano de treinamento de três semanas com 5 km para corredores intermediários

Segunda	Terça	Quarta	Quinta	Sexta	Sábado	Domingo
Repouso/ corrida leve	3 km 4 × 100 m aceleração	5 km	Repouso/ corrida leve	5 km, 2-3 *sprint* em aclive	3 km	6 km
Repouso/ corrida leve	3 km 6 × 200 m em ritmo de 5 km	6 km	Repouso/ corrida leve	5 km, 4-5 *sprint* em aclive	3 km	10 km
Repouso/ corrida leve	3 km 6 × 400 m em ritmo de 5 km	6 km	Repouso/ corrida leve	5 km, 5-7 *sprint* em aclive	5 km	13 km

Treinamento de natação

Tanto para um nadador avançado como para um principiante, a elaboração de exercícios diários pode ser um desafio. Variação, técnica e velocidade são elementos importantes e frequentemente negligenciados. A Tabela 12.20 oferece um plano de treinamento de natação com exemplos de programação diária.

TABELA 12.20 Exemplo de programação diária para um plano de treinamento de natação

Exemplo dia 1			Exemplo dia 2		
Duração	45-60 min		Duração	30-45 min	
Distância	2.560 m		Distância	1.830 m	
Medida da piscina	23 m		Medida da piscina	23 m	
Estilo	Série × repetições	Observações	Estilo	Série × repetições	Observações
Aquecimento					
Qualquer estilo (mesmo ritmo)	4 × 91 m	Repouso 0:15/91 m (nadar o estilo escolhido sem alterar o ritmo)	Qualquer estilo (mesmo ritmo)	4 × 45 m	Repouso 0:15/45 m
Formação (repetir 6 vezes no dia 1, 4 vezes no dia 2)					
Remada frontal e batida de perna	1 × 45 m	Repouso 0:15/45 m (corpo em posição hidrodinâmica com braços retos e batendo perna)	Batendo perna na posição hidrodinâmica	1 × 45 m	Repouso 0:15/45 m
Nado livre braçada e deslize	1 × 45 m	Repouso 0:15/45 m (nado livre, com pausa ao final de cada braçada com os braços esticados, um mantido à frente e o outro solto ao lado do corpo)	Nado livre braçada e deslize	1 × 45 m	Repouso 0:15/45 m
Central					
Nado livre	2 × 183 m	Sair em 4:10/183 m	Nado livre	6 × 45 m	Tempo-alvo 00:56/45 m Repouso 0:20/45 m
Nado livre	4 × 91 m	Sair em 2:10/91 m	Nado livre	6 × 45 m	Tempo-alvo 00:56/45 m Repouso 0:15/45 m
Nado livre	2 × 183 m	Sair em 4:10/183 m	Nado livre	6 × 45 m	Tempo-alvo 00:56/45 m Repouso 0:20/45 m
Nado livre	80 × 45 m	Sair em 1:05/45 m	Nado livre	6 × 45 m	Tempo-alvo 00:56/45 m Repouso 0:10/45 m
Recuperação					
Nado livre leve	2 × 45 m	Repouso 0:15/45 m	Nado livre leve	2 × 45 m	Repouso 0:15/45 m
Nado costas leve	2 × 45 m	Repouso 0:15/45 m	Nado costas leve	2 × 45 m	Repouso 0:15/45 m

Remo

O remo também pode ser considerado um esporte de resistência aeróbia, dependendo da duração da competição e dos objetivos de condicionamento. Ele também pode ser um ótimo método de treinamento diversificado para vários atletas de resistência aeróbia. A pouca familiaridade é um empecilho comum quando se buscam outros caminhos para melhorar o condicionamento. A Tabela 12.21 traz um exemplo de treinamento para remo.

TABELA 12.21 Exemplo de exercícios de um plano de treinamento para remo

Treinamento de competição		
Duração	45 min	
Dificuldade	Intermediária	
Ação	Tempo	Intensidade
Aquecimento		
10 batidas	5 min	Crescente
Central		
5 intervalos de remada	1 min forte, 30 s leve	Moderada
5 intervalos de remada	1 min forte, 30 s leve	Rápida
5 intervalos de remada	1 min forte, 30 s leve	Moderada
5 intervalos de remada	1 min forte, 30 s leve	Muito rápida
Recuperação		
Recuperação ativa	10 min	Leve
Condicionamento geral		
Duração	45 min (incluindo aquecimento e recuperação)	
Dificuldade	Principiante	
Frequência da batida	Tempo	Ritmo
22	Remada 16 min Repouso 3 min	Leve, informal
26	Remada 16 min	Levemente mais rápido

AVALIAÇÃO DE PROGRAMAS

Uma parte do desenvolvimento de programas de treinamento para atletas e da avaliação da eficácia desses programas são os contínuos monitoramento e avaliação dos níveis de condicionamento e desempenho dos atletas. A capacidade de avaliar adequadamente os atletas oferece aos profissionais de força e condicionamento uma compreensão melhor de como maximizar o desempenho atlético de seus jogadores e, como resultado, maximizar o esforço dedicado à elaboração de programas de treinamento ideais. Como discutido no Capítulo 2, esse tipo de teste oferece uma análise completa de todos os componentes responsáveis pelo desempenho atlético (i. e., força, potência anaeróbia, velocidade, agilidade, capacidade aeróbia máxima e resistência aeróbia, flexibilidade e composição corporal). Os resultados dos testes podem ajudar a determinar a relevância e a importância de cada componente do condicionamento para um esporte em particular. Eles também permitem que se dê a ênfase apropriada a essa variável dentro do programa de treinamento. Tanto os atletas como os profissionais de força e condicionamento podem usar esses parâmetros como ferramenta motivacional ao estabelecer objetivos pessoais de treinamento, pela comparação de seus resultados com os dados vistos em populações similares. Os testes de desempenho também podem ser usados para fornecer dados de referência para a prescrição de programas de exercício individuais, servindo como *feedback* da avaliação de um programa de treinamento e oferecendo informações a respeito da extensão da recuperação após uma lesão.

RESUMO

- A chave para desenvolver um regime de treinamento de sucesso para atletas é basear o programa em uma evidência científica válida. As informações apresentadas neste livro são baseadas em evidências encontradas na literatura esportiva científica. Isso possibilita aos profissionais de força e condicionamento defenderem o programa e oferecerem as melhores técnicas para treinar seus atletas.

- Sessões de treinamento individuais sempre devem incluir um aquecimento dinâmico adequado. Os exercícios devem enfatizar a técnica apropriada antes de um aumento na carga.

- O objetivo básico do treinamento fora de temporada é aumentar as habilidades do atleta. As fases básicas da maioria dos programas de treinamento fora de temporada são a fase preparatória, fase de força, fase de força/potência e fase de pico.

- Os objetivos do treinamento fora de temporada devem ser específicos às necessidades do atleta. Em muitos programas, o treinamento pliométrico e o de velocidade-agilidade podem ser introduzidos durante as fases de força e força/potência.

- Durante a temporada, o objetivo é manter os ganhos obtidos no período fora de temporada. No caso dos ganhos de força/potência, esse objetivo pode ser alcançado com um programa executado duas vezes por semana.

- Ainda que este livro ofereça exemplos de várias rotinas de treinamento, como discutido no Capítulo 1, as respostas individuais a um mesmo programa de treinamento vão variar bastante. Isso se deve a inúmeras razões, que incluem experiência de treinamento e potencial genético. Os profissionais de força e condicionamento precisam avaliar seus programas com base na resposta dos atletas.

Referências bibliográficas

Capítulo 1

1. Alentorn-Geli E, Myer GD, Silvers HJ, et al. Prevention of non-contact anterior cruciate ligament injuries in soccer players. Part 2: A review of prevention programs aimed to modify risk factors and to reduce injury rates. *Knee Surgery, Sports Traumatology, Arthroscopy.* 2009; 17: 859-879.
2. Andrews JR, Harrelson GL, Wilk KE. *Physical Rehabilitation of the Injured Athlete.* 3rd ed. Philadelphia, PA: Saunders; 2004.
3. Baker D, Wilson G, Carlyon R. Periodization: The effect on strength of manipulating volume and intensity. *Journal of Strength and Conditioning Research.* 1994; 8: 235-242.
4. Bloomer RJ, Ives JC. Varying neural and hypertrophy influences in a strength program. *Strength and Conditioning Journal.* 2000; 22: 30-35.
5. Bloomfield J, Polman R, O'Donoghue P, McNaughton L. Effective speed and agility conditioning methodology for random intermittent dynamic type sport. *Journal of Strength and Conditioning Research.* 2007; 21: 1093-1100.
6. Borghuis J, Hof AL, Lemmink KA. The importance of sensory-motor control in providing core stability: Implications for measurement and training. *Sports Medicine.* 2008; 38: 893-916.
7. Campos GE, Luecke TJ, Wendeln HK, et al. Muscular adaptations in response to three different resistance-training regimens: Specificity of repetition maximum training zones. *European Journal of Applied Physiology.* 2002; 88: 50-60.
8. Dudley GA, Djamil R. Incompatibility of endurance- and strength-training modes of exercise. *Journal of Applied Physiology.* 1985; 59: 1446-1451.
9. Fleck SJ, Kraemer WJ. *Designing Resistance Training Programs.* 3rd ed. Champaign, IL: Human Kinetics; 2004.
10. Folland JP, Williams AG. The adaptations to strength training: Morphological and neurological contributions to increased strength. *Sports Medicine.* 2007; 37: 145-168.

11. Fry AC, Kraemer WJ. Resistance exercise overtraining and overreaching. Neuroenocrine responses. *Sports Medicine.* 1997; 23: 106-129.

12. Fry RW, Morton AR, Keast D. Overtraining in athletes. An update. *Sports Medicine.* 1991; 12: 32-65.

13. Giza E, Micheli LJ. Soccer injuries. *Medicine and Sport Science.* 2005; 49: 140-169.

14. Halson SL, Jeukendrup AE. Does overtraining exist? An analysis of overreaching and overtraining research. *Sports Medicine.* 2004; 34: 967-981.

15. Hreljac A. Impact and overuse injuries in runners. *Medicine and Science in Sports and Exercise.* 2004; 36: 845-849.

16. Kerssemakers SP, Fotiadous AN, deJonge MC, Karantanas AH, Mass M. Sport injuries in the paediatric and adolescent patient: A growing problem. *Pediatric Radiology.* 2009; 39: 471-484.

17. Knobloch K, Jagodzinski M, Haasper C, Zeichen J, Krettek C. Gymnastic school injuries— Aspects of preventive measures. *Sportverltz Sportsschaden.* 2006; 20: 81-85.

18. Kraemer WJ. Exercise prescription in weight training: A needs analysis. *National Strength and Conditioning Association Journal.* 1983; 5: 64-65.

19. Kraemer WJ. Exercise prescription: Needs analysis. *National Strength and Conditioning Association Journal.* 1984; 6: 47.

20. Kraemer WJ. A series of studies: The physiological basis for strength training in American football: Fact over philosophy. *Journal of Strength and Conditioning Research.* 1997; 11: 131-142.

21. Kraemer WJ, Fleck SJ. *Optimizing Resistance Training Programs.* Champaign, IL: Human Kinetics; 2007.

22. Kraemer WJ, Nindl BA. Factors involved with overtraining for strength and power. In: Kreider RF, O'Toole AM, eds. *Overtraining in Sport.* Champaign, IL: Human Kinetics; 1998: 69-86.

23. Kraemer WJ, Ratamess NA. Fundamentals of resistance training: Progression and exercise prescription. *Medicine and Science in Sports and Exercise.* 2004; 36: 674-688.

24. Kraemer WJ, Fry AC, Rubin MR, et al. Physiological and performance responses to tournament wrestling. *Medicine and Science in Sports and Exercise.* 2001; 33: 1367-1378.

25. Kraemer WJ, Patton JF, Gordon SE, et al. Compatibility of high-intensity strength and endurance training on hormonal and skeletal muscle adaptations. *Journal of Applied Physiology.* 1995; 78: 976-989.

26. Kraemer WJ, Noble BJ, Clark MJ, Culver BW. Physiological responses to heavy resistance exercise with very short rest periods. *International Journal of Sports Medicine.* 1987; 8: 247-252.

27. McArdle WD, Katch FI, Katch VL. *Exercise Physiology; Energy, Nutrition, and Human Performance.* 5th ed. Philadephia, PA: Lippincott Williams & Wilkins; 2001.

28. Myer GD, Ford KR, Palumbo JP, Hewett TE. Neuromuscular training improves performance and lower-extremity biomechanics in female athletes. *Journal of Strength and Conditioning Research.* 2005; 19: 51-60.

29. Paulsen G, Myklestad D, Raastad T. The influence of volume of exercise on early adaptations to strength training. *Journal of Strength and Conditioning Research.* 2003; 17: 115-120.

30. Pearce PZ. Prehabilitation: Preparing young athletes for sports. *Current Sports Medicine Reports.* 2006; 5: 155-160.

31. Ratamess NA, Kraemer WJ, Volek JS, et al. The effects of amino acid supplementation on muscular performance during resistance training overreaching. *Journal of Strength and Conditioning Research.* 2003; 17: 250-258.

32. Sale DG. Neural adaptation to resistance training. *Medicine and Science in Sports and Exercise.* 1985; 20: S135-S145.

33. Smith CE, Nyland J, Caudill P, Brosky J, Carbon DN. Dynamic trunk stabilization: A conceptual back injury prevention program for volleyball athletes. *Journal of Orthopaedic and Sports Physical Therapy.* 2008; 38: 703-720.

34. Smith LK, Weiss EL, Lehmkuhl LD. *Brunnstrom's Clinical Kinesiology.* 5th ed. Philadelphia, PA: FA Davis; 1996.

35. Taimela S, Kujala UM, Osterman K. Intrinsic risk factors and athletic injuries. *Sports Medicine.* 1990; 9: 205-215.

36. Woods K, Bishop P, Jones E. Warm-up and stretching in the prevention of muscular injury. *Sports Medicine.* 2007; 37: 1089-1099.

37. Zatsiorsky VM, Kraemer WJ. *Science and Practice of Strength Training,* 2nd ed. Champaign, IL: Human Kinetics; 2006.

Capítulo 2

1. American College of Sports Medicine (ACSM). *Guidelines for Exercise Testing and Prescription.* Franklin BA, ed. Philadephia, PA: Lippincott Williams & Wilkins; 2000.

2. Anderson DE. Reliability of air displacement plethysmography. *Journal of Strength and Conditioning Research.* 2007; 21: 169-171.

3. Ayalon A, Inbar O, Bar-Or O. Relationships among measurements of explosive strength and anaerobic power. In: Nelson and Morehouse, eds. *International Series on Sport Sciences. Vol I Biomechanics IV.* Baltimore, MD: University Park Press; 1974: 527-532.

4. Ballard T.P., L. Fafara and M.D. Vukovich. Comparison of Bod Pod and DXA in female collegiate athletes. *Medicine and Science in Sports and Exercise.* 2004. 36: 731-735.

5. Bar-Or O. The Wingate anaerobic test: An update on methodology, reliability and validity. Sports Medicine. 1987; 4:381-394.

6. Bar-Or O, Dotan R, Inbar O, Rotstein A, Karlsson J, Tesch P. Anaerobic capacity and muscle fiber type distribution in man. International Journal of Sports Medicine. 1980; 1:89-92.

7. Bosco C, Mognoni P, Luhtanen P. Relationship between isokinetic performance and ballistic movement. European Journal of Applied Physiology. 1983; 51:357-364.

8. Brzycki M. Strength testing: Predicting a one-rep max from reps to fatigue. *Journal of Health, Physical Education, Recreation and Dance*. 1993. 64:88-90.

9. Cook EE, Gray VL, Savinar-Nogue E, Medeiros J. Shoulder antagonistic strength ratios: A comparison between college-level baseball pitchers and nonpitchers. *Journal of Orthopedic and Sports Physical Therapy*. 1987; 8:451-460.

10. Davis JA, Dorado S, Keays KA, Reigel KA, Valencia KS, Pham PH. Reliability and validity of the lung volume measurement made by the BOD POD body composition system. *Clinical Physiology Functional Imaging*. 2007; 27: 42-46.

11. Durnin JV, Womersley J. Body fat assessment from total body density and its estimation from skinfold thickness: Measurements on 481 men and women aged 16-72 years. *British Journal of Nutrition*. 1974; 32:77-97.

12. Ebbeling CB, Ward A, Puleo EM, Widrick J, Rippe JM. Development of a single-stage submaximal treadmill walking test. *Medicine and Science in Sports and Exercise*. 1991; 23:966-973.

13. Ellenbecker TS. A total arm strength isokinetic profile of highly skilled tennis players. *Isokinetic Exercise Science*. 1991; 1:9-21.

14. Epley B. Poundage chart. Lincoln, NE. *Boyd Epley Workout*. 1985.

15. Falk B, Weinstein Y, Dotan R, Abramson DR, Mann-Segal D, Hoffman JR. A treadmill test of sprint running. *Scandinavian Journal of Medicine and Science in Sports*. 1996; 6:259-264.

16. Fornetti WC, Pivarnik JM, Foley JM, Fliechtner JJ. Reliability and validity of body composition measures in female athletes. *Journal of Applied Physiology*. 1999; 87:1114-1122.

17. Gettman LR. Fitness testing. In: Durstine JL, King AC, Painter PL, Roitman JL, Zwiren LD, eds. *ACSM's Resource Manual for Guidelines for Exercise Testing and Prescription*. 2nd ed. Philadelphia, PA: Williams & Wilkins; 1993: 229-246.

18. Hakkinen K, Komi PV, Alen M, Kauhanen H. EMG, muscle fibre and force production characteristics during a 1 year training period in highly competitive weightlifters. *European Journal of Applied Physiology and Occupational Physiology*. 1987; 56:419-427.

19. Harman EA, Rosenstein MT, Frykman PN, Rosenstein RM, Kraemer WJ. Estimation of human power output from vertical jump. *Journal of Applied Sport Science Research*. 1991; 5:116-120.

20. Harris RC, Edwards RH, Hultman E, Nordesjo LO, Nylind B, Sahlin K. The time course of phosphorylcreatine resynthesis during recovery of the quadriceps muscle in man. *Pflugers Archives*. 1976; 367:137-142.

21. Heyward VH, Stolarczyk LM. *Applied Body Composition Assessment*. Champaign, IL: Human Kinetics; 1996.

22. Hoeger WW, Hopkins DR, Barette SL, Hale DF. Relationship between repetitions and selected percentages of one repetition maximum: A comparison between untrained and trained males and females. *Journal of Applied Sports Science Research*. 1990; 4:47-54.

23. Hoffman JR.. *Physiological Aspects of Sport Training and Performance*. Champaign, IL: Human Kinetics; 2002: 169-184.

24. Hoffman JR. *Norms for Fitness, Performance, and Health*. Champaign, IL: Human Kinetics; 2006: 3-115.

25. Hoffman JR, Fry AC, Howard R, Maresh CM, Kraemer WJ. Strength, speed and endurance changes during the course of a division I basketball season. *Journal of Applied Sport Science Research*. 1991; 5:144-149.

26. Hoffman JR, Kang J, Ratamess NA, Hoffman MW, Tranchina CP, Faigenbaum AD. Examination of a high energy, pre-exercise supplement on exercise performance. *Journal of the International Society of Sports Nutrition*. 2009; 6:2.

27. Hoffman JR, Kraemer WJ, Fry AC, Deschenes M, Kemp M. The effect of self-selection for frequency of training in a winter conditioning program for football. *Journal of Applied Sport Science Research*. 1990; 3:76-82.

28. Hoffman JR, Ratamess NA, Faigenbaum AD, Mangine GT, Kang J. Effects of maximal squat exercise testing on vertical jump performance in college football players. *Journal of Sports Science and Medicine*. 2007; 6:149-150.

29. Hoffman JR, Ratamess NA, Faigenbaum AD, Ross R, Kang J, Stout JR. Short duration b-alanine supplementation increases training volume and reduces subjective feelings of fatigue in college football players. *Nutrition Research*. 2008; 28:31-35.

30. Jackson AS, Pollock ML. Practical assessment of body composition. *Physician and Sports Medicine*. 1985; 13:76-90.

31. Katch V, Weltman A, Martin R, Gray L. *Optimal test characteristics for maximal anaerobic work on the bicycle ergometer*. Research Quarterly. *1977; 48:319-327.*

32. Knapik JJ, Bauman CL, Jones BH, Harris JM, Vaughan L. Preseason strength and flexibility imbalances associated with athletic injuries in female collegiate athletes. *American Journal of Sports Medicine*. 1991; 19:76-81.

33. Landers J. Maximum based on reps. *National Strength and Conditioning Association Journal*. 1985; 6: 60-61.

34. Leveritt M, Abernethy PJ. Acute effects of high-intensity endurance exercise on subsequent resistance activity. *Journal of Strength and Conditioning Research*. 1999; 13: 47-51.

35. Lohman TG. Skinfolds and body density and their relation to body fatness: A review. *Human Biology*. 1981; 53: 181-225.

36. Mayhew JL, Ball TE, Bowen JC. Prediction of bench press lifting ability from submaximal repetitions before and after training. *Sports Medicine, Training and Rehabilitation*. 1992; 3:195-201.

37. Mayhew JL, Ware JS, Bemben MG, et al. The NFL-225 test as a measure of bench press strength in college football players. *Journal of Strength and Conditioning Research*. 1999; 13:130-134.

38. O'Toole ML, Douglas PS, Hiller WD. Applied physiology of a triathlon. *Sports Medicine*. 1989; 8: 201-225.

39. Pineau JC, Guihard-Costa AM, Bocquet M. Validation of ultrasound techniques applied to body fat measurement. A comparison between ultrasound techniques, air displacement plethysmography and bioelectrical impedance vs. dual-energy X-ray absorptiometry. *Annals of Nutrition and Metabolism*. 2007; 51: 421-427.

40. Pipes TV. Variable resistance versus constant resistance strength training in adult males. *European Journal of Applied Physiology and Occupational Physiology.* 1978; 17; 39(1): 27-35.

41. Radley D, Gately PJ, Cooke CB, Carroll S, Oldroyd B, Truscott JG. Estimates of percentage body fat in young adolescents: A comparison of dual-energy X-ray absorptiometry and air displacement plethysmography. *European Journal of Clinical Nutrition.* 2003; 57: 1402-1410.

42. Radley D, Cooke CB, Fuller NJ, Oldroyd B, Truscott JG, Coward WA, Wright A, Gately PJ. Validity of foot-to-foot bio-electrical impedance analysis body composition estimates in overweight and obese children. *International Journal of Body Composition Research.* 2009; 7: 15-20.

43. Ross RE, Ratamess NA, Hoffman JR, Faigenbaum AD, Kang J, Chilakos A. The effects of treadmill sprint training and resistance training on maximal running velocity and power. *Journal of Strength and Conditioning Research.* 2009; 23:385-394.

44. Sargeant AJ, Hoinville E, Young A. Maximum leg force and power output during short-term dynamic exercise. *Journal of Applied Physiology.* 1981; 26:188-194.

45. Visser M, Fuerst T, Lang T, Salamone L, Harris T. Validity of fan-beam dual-energy X-ray absorptiometry for measuring fat-free mass and leg muscle mass. *Journal of Applied Physiology.* 1999; 87: 1513-1520.

Capítulo 3

1. American College of Sports Medicine. *ACSM's Guidelines for Exercise Testing and Prescription.* 8th ed. Baltimore, MD: Lippincott, Williams and Wilkins; 2010.

2. Asmussen E, Bonde-Peterson F, Jorgenson K. Mechano-elastic properties of human muscles at different temperatures. *Acta Physiologica Scandinavica.* 1976; 96: 86-93.

3. Behm D, Button D, Butt JC. Factors affecting force loss with prolonged stretching. *Canadian Journal of Applied Physiology.* 2001; 26: 262-272.

4. Behm DG, Bambury A, Cahill F, Power K. Effect of acute static stretching on force, balance, reaction time, and movement time. *Medicine and Science in Sports and Exercise.* August 2004; 36(8): 1397-1402.

5. Bergh U, Ekblom B. Influence of muscle temperature on maximal strength and power output in human muscle. *Acta Physiologica Scandinavica.* 1979; 107: 332-337.

6. Bradley P, Olsen P, Portas M. The effect of static, ballistic, and proprioceptive neuromuscular facilitation stretching on vertical jump performance. *Journal of Strength and Conditioning Research.* 2007; 21(1): 223-226.

7. Burkett LN, Phillips WT, Ziuraitis J. The best warm-up for the vertical jump in collegeage athletic men. *Journal of Strength and Conditioning Research.* August 2005; 19(3): 673-676.

8. Chatzopoulos D, Michailidis C, Giannakos A, et al. Postactivation potentiation effects after heavy resistance exercise on running speed. *Journal of Strength and Conditioning Research.* 2007; 21(4): 1278-1281.

9. Cissik J, Barnes M. *Sport Speed and Agility*. Monterey, CA: Healthy Learning; 2004.

10. Cornwell A, Nelson A, Sidaway B. Acute effects of stretching on the neuromuscular properties of the triceps surae muscle complex. *European Journal of Applied Physiology*. 2002; 86: 428-434.

11. Cornwell A, Nelson AG, Heise GD, Sidaway B. Acute effects of passive muscle stretching on vertical jump performance. *Journal of Human Movement Studies*. 2001; 40: 307-324.

12. de Villarreal SS, Gonzalez-Badillo JJ, Izquierdo M. Optimal warm-up stimuli of muscle activation to enhance short and long-term acute jumping performance. *European Journal of Applied Physiology*. July 2007; 100(4): 393-401.

13. Devore P, Hagerman P. A pre-game soccer warm-up. *Strength and Conditioning Journal*. 2006; 28(1): 14-18.

14. Faigenbaum A, Kang J, McFarland J. Acute effects of different warm-up protocols on anaerobic performance in teenage athletes. *Pediatric Exercise Science*. 2006; 17: 64-75.

15. Faigenbaum A, McFarland J. Guidelines for implementing a dynamic warm-up for physical education. *Journal of Physical Education Recreation and Dance*. 2007; 78: 25-28.

16. Faigenbaum A, Westcott W. *Youth Strength Training: Programs for Health, Fitness and Sport*. Champaign, IL: Human Kinetics; 2009.

17. Faigenbaum AD, Mcfarland JE, Kelly N, Ratamess NA, Kang J, Hoffman JR. Influence of recovery time on warm-up effects in adolescent athletes. *Pediatric Exercise Science*. 2010; 22: 266-77.

18. Faigenbaum AD, McFarland JE, Schwerdtman JA, Ratamess NA, Kang J, Hoffman JR. Dynamic warm-up protocols, with and without a weighted vest, and fitness performance in high school female athletes. *Journal of Athletic Training*. Oct-Dec 2006; 41(4): 357-363.

19. Fletcher IM, Jones B. The effect of different warm-up stretch protocols on 20 meter sprint performance in trained rugby union players. *Journal of Strength and Conditioning Research*. 2004; 18(4): 885-888.

20. Fowles J, Sale D, MacDougall J. Reduced stretch after passive stretch of the human plantarflexors. *Journal of Applied Physiology*. 2000; 89: 1179-1188.

21. Fradkin AJ, Gabbe BJ, Cameron PA. Does warming up prevent injury in sport? The evidence from randomized controlled trials. *Journal of Science and Medicine in Sport*. 2006; 9(3): 214-220.

22. Gullich A, Schmidleicher D. MVC-induced short term potentiation of explosive force. *New Studies in Athletics*. 1996; 11: 67-81.

23. Hayes P, Walker A. Pre-exercise stretching does not impact upon running economy. *Journal of Strength and Conditioning Research*. 2007; 21(4): 1227-1232.

24. Hedrick A. Dynamic flexibility training. *Strength and Conditioning*. 2000; 22(5): 33-38.

25. Herman SL, Smith D. Four-week dynamic stretching warm-up intervention elicits longer-term performance benefits. *Journal of Strength and Conditioning Research*. 2008; 22(4): 1286-1297.

26. Hoffman JR. *Physiological Aspects of Sports Training and Performance*. Champaign, IL: Human Kinetics; 2002.

27. Jeffreys I. *Total Soccer Fitness*. Monterey, CA: Healthy Learning; 2007.

28. Jeffreys I. Warm-up and stretching. In: Baechle T, Earle R, eds. *Essentials of Strength and Conditioning*. 3rd ed. Champaign, IL: Human Kinetics; 2008: 296-324.

29. Jones J. Warming up for intermittent endurance sports. *Strength and Conditioning Journal*. 2007; 29(6): 70-77.

30. Judge L, Craig BW, Baudendistal S, Bodey K. An examination of the stretching practices of Division 1 and Division III college football programs in the midwestern United States. *Journal of Strength and Conditioning Research*. 2009; 23(4): 1091-1096.

31. Kilduff L, Bevan H, Kingsley M, et al. Postactivation potentiation in professional rugby players: Optimal recovery. *Journal of Strength and Conditioning Research*. 2007; 21(4): 1134-1138.

32. Knudson D. Current issues in flexibility fitness. *Presidents Council on Physical Fitness and Sport*. 2000; 3(1): 1-6.

33. Knudson D, Noffal G, Bahamonde R, Bauer JA, Blackwell J. Stretching has no effect on tennis serve performance. *Journal of Strength and Conditioning Research*. 2004; 18(3): 654-656.

34. Kokkonen J, Nelson A, Cornwell A. Acute muscle stretching inhibits maximal strength performance. *Research Quarterly for Exercise and Sport*. 1998; 69: 411-415.

35. Kokkonen J, Nelson A, Eldredge C, Winchester JB. Chronic static stretching improves exercise performance. *Medicine and Science in Sports and Exercise*. 2007; 39(10): 1825-1831.

36. Martens R. *Successful Coaching*. 3rd ed. Champaign, IL: Human Kinetics; 2004.

37. Masamoto N, Larson R, Gates T, Faigenbaum A. Acute effects of plyometric exercise on maximum squat performance in male athletes. *Journal of Strength and Conditioning Research*. 2003; 17(1): 68-71.

38. McMillian DJ, Moore JH, Hatler BS, Taylor DC. Dynamic vs. static-stretching warm up: The effect on power and agility performance. *Journal of Strength and Conditioning Research*. August 2006; 20(3): 492-499.

39. Nelson A, Kokkonen J. Acute ballistic msucle stretching inhibits maximal stretch performance. *Research Quarterly for Exercise and Sport*. 2001; 72(4): 415-419.

40. Nelson A, Kokkonen J, Arnall DA. Acute muscle stretching inhibits muscle strength endurance performance. *Journal of Strength and Conditioning Research*. 2005; 19(2): 338-343.

41. Nelson A, Kokkonen J, Eldredge C. Strength inhibition following an acute stretch is not limited to novice stretchers. *Research Quarterly for Exercise and Sport*. 2005; 76(4): 500-506.

42. Pearce AJ, Kidgell DJ, Zois J, Carlson JS. Effects of secondary warm up following stretching. *European Journal of Applied Physiology*. January 2009; 105(2): 175-183.

43. Rassier D, MacIntosh B. Coexistence of potentiation and fatigue in skeletal muscle. *Brazilian Journal of Medical and Biological Research.* 2000; 33: 499-508.

44. Sale D. Postactivation potentiation: Role in human performance. *Exercise and Sport Sciences Reviews.* 2002; 30: 138-143.

45. Sargeant A, Hoinville E, Young A. Maximum leg force and power output during short term dynamic exercise. *Journal of Applied Physiology.* 1981; 26: 188-194.

46. Shehab R, Mirabelli M, Gorenflo D, Fetters M. Pre-exercise stretching and sports related injuries: Knowledge, attitudes and practices. *Clinical Journal of Sports Medicine.* 2006; 16(3): 228-231.

47. Shrier I. Stretching before exercise does not reduce the risk of local muscle injury: A critical review of the clinical and bsic science literature. *Clinical Journal of Sports Medicine.* 1999; 9(4): 221-227.

48. Shrier I. Does stretching improve performance? *Clinical Journal of Sports Medicine.* 2004; 14(5): 267-273.

49. Shrier I. When and whom to stretch? *Physician and Sports Medicine.* 2005; 33(3): 22-26.

50. Small K, Naughton L, Matthews M. A systematic review into the efficacy of static stretching as part of a warm-up for the prevention of exercise-related injury. *Research in Sports Medicine.* 2008; 16(3): 213-231.

51. Smith L, Brunetz M, Chenier M, et al. The effects of static stretching and ballistic stretching on delayed onset muscle soreness and creatine kinase. *Research Quarterly for Exercise and Sport.* 1993; 64(1): 103-107.

52. Stone M, O'Bryant HS, Ayers C, Sands W. Stretching: Acute and chronic? The potential consequences. *Strength and Conditioning Journal.* 2006; 28(6): 66-74.

53. Thacker S, Gilchrist D, Stroup C, Kimsey C. The impact of static stretching on sports injury risk: A systematic review of the literature. *Medicine and Science in Sports and Exercise.* 2004; 36: 371-378.

54. Tillin N, Bishop D. Factors modulating post-activation potentiation and its effect on performance of subsequent explosive activities. *Sports Medicine.* 2009; 39(2): 147-166.

55. Verstegen M, Williams P. *Core Performance.* New York: Rodale; 2004.

56. Wilcox J, Larson R, Brochu K, Faigenbaum A. Acute explosive-force movements enhance bench press performance in athletic men. *International Journal of Sports Physiology and Performance.* 2006; 1: 261-269.

57. Winchester JB, Nelson A, Landin D, Young M, Schexnayder IC. Static stretching impairs sprint performance in collegiate track and field athletes. *Journal of Strength and Conditioning Research.* 2008; 22(1): 13-18.

58. Yamaguchi T, Ishii K. Effects of static stretching for 30 seconds and dynamic stretching on leg extension power. *Journal of Strength and Conditioning Research.* 2005; 19(3): 677-683.

59. Young WB, Behm DG. Should static stretching be used during a warm-up for strength and power activities? *Strength and Conditioning Journal.* 2002; 24(6): 33-37.

60. Young WB, Behm DG. Effects of running, static stretching and practice jumps on explosive force production and jumping performance. *Journal of Sports Medicine and Physical Fitness*. March 2003; 43(1): 21-27.

61. Young WB, Elliot S. Acute effects of static stretching, proprioceptive neuromuscular facilitation stretching and maximal voluntary contractions on explosive force production and jumping performance. *Research Quarterly for Exercise and Sport*. 2001; 72: 273-279.

Capítulo 4

1. Augustsson J, Esko A, Thomee R, Svantesson U. Weight training of the thigh muscles using closed vs. open kinetic chain exercises: A comparison of performance enhancement. *Journal of Orthopaedic and Sports Physical Therapy*. 1998; 27: 3-8.

2. Baker D, Nance S, Moore M. The load that maximizes the average mechanical power output during explosive bench press throws in highly trained athletes. *Journal of Strength and Conditioning Research*. 2001; 15: 20-24.

3. Baker D, Nance S, Moore M. The load that maximizes the average mechanical power output during jump squats in power-trained athletes. *Journal of Strength and Conditioning Research*. 2001; 15: 92-97.

4. Blackburn JR, Morrissey MC. The relationship between open and closed kinetic chain strength of the lower limb and jumping performance. *Journal of Orthopaedic and Sports Physical Therapy*. 1998; 27: 430-435.

5. Borst SE, Dehoyos DV, Garzarella L, et al. Effects of resistance training on insulin-like growth factor-1 and IGF binding proteins. *Medicine and Science in Sports and Exercise*. 2001; 33, 648-653.

6. Boyer BT. A comparison of the effects of three strength training programs on women. *Journal of Applied Sport Science Research*. 1990; 4: 88-94.

7. Cormie P, McBride JM, McCaulley GO. Validation of power measurement techniques in dynamic lower body resistance exercises. *Journal of Applied Biomechanics*. 2007; 23: 103-118.

8. Cormie P, McCaulley GO, McBride JM. Power versus strength-power jump squat training: Influence on the load-power relationship. *Medicine and Science in Sports and Exercise*. 2007; 39: 996-1003.

9. Fleck SJ, Kraemer WJ. *Designing Resistance Training Programs*. 2nd ed. Champaign, IL: Human Kinetics; 1997.

10. Graves JE, Pollock ML, Leggett SH, et al. Effect of reduced training frequency on muscular strength. *International Journal of Sports Medicine*. 1988; 9:316-319.

11. Hansen S, Kvorning T, Kjaer M, Szogaard G. The effect of short-term strength training on human skeletal muscle: The importance of physiologically elevated hormone levels. *Scandinavian Journal of Medicine and Science in Sports*. 2001; 11: 347-354.

12. Hoffman JR, Ratamess NA. *A Practical Guide to Developing Resistance Training Programs*. 2nd ed. Monterey, CA: Coaches Choice Books; 2008.

13. Hoffman JR, Kraemer WJ, Fry AC, Deschenes M, Kemp DM. The effect of self-selection for frequency of training in a winter conditioning program for football. *Journal of Applied Sport Science Research*. 1990; 3: 76-82.

14. Hunter GR. Changes in body composition, body build, and performance associated with different weight training frequencies in males and females. *NSCA Journal*. 1985; 7:26-28.

15. Jones K, Hunter G, Fleisig G, Escamilla R, Lemak L. The effects of compensatory acceleration on upper-body strength and power in collegiate football players. *Journal of Strength and Conditioning Research*. 1999; 13: 99-105.

16. Kawamori N, Crum AJ, Blumert PA, et al. Influence of different relative intensities on power output during the hang power clean: Identification of the optimal load. *Journal of Strength and Conditioning Research*. 2005; 19: 698-708.

17. Keeler LK, Finkelstein LH, Miller W, Fernhall B. Early-phase adaptations of traditional-speed vs. superslow resistance training on strength and aerobic capacity in sedentary individuals. *Journal of Strength and Conditioning Research*. 2001; 15: 309-314.

18. Kemmler WK, Lauber D, Engelke K, Weineck J. Effects of single- vs. multiple-set resistance training on maximum strength and body composition in trained postmenopausal women. *Journal of Strength and Conditioning Research*. 2004; 18: 689-694.

19. Keogh JW, Wilson GJ, Weatherby RP. A cross-sectional comparison of different resistance training techniques in the bench press. *Journal of Strength and Conditioning Research*. 1999; 13: 247-258.

20. Kraemer WJ. A series of studies—The physiological basis for strength training in American football: Fact over philosophy. *Journal of Strength and Conditioning Research*. 1997; 11: 131-142.

21. Kraemer WJ, Ratamess NA. Fundamentals of resistance training: Progression and exercise prescription. *Medicine and Science in Sports and Exercise*. 2004; 36: 674-678.

22. Kraemer WJ, Ratamess NA, Fry AC, et al. Influence of resistance training volume and periodization on physiological and performance adaptations in college women tennis players. *American Journal of Sports Medicine*. 2000; 28, 626-633.

23. McBride JM, Triplett-McBride T, Davie A, Newton RU. The effect of heavy- vs. lightload jump squats on the development of strength, power, and speed. *Journal of Strength and Conditioning Research*. 2002; 16: 75-82.

24. McCurdy KW, Langford GA, Doscher MW, Wiley LP, Mallard KG. The effects of shortterm unilateral and bilateral lower-body resistance training on measures of strength and power. *Journal of Strength and Conditioning Research*. 2005; 19: 9-15.

25. McGuigan M, Ratamess NA. Strength. In: Ackland TR, Elliott BC, Bloomfield J, eds. *Applied Anatomy and Biomechanics in Sport*. 2nd ed. Champaign, IL: Human Kinetics; 2009: 119-154.

26. Mookerjee S, Ratamess NA. Comparison of strength differences and joint action durations between full and partial range-of-motion bench press exercise. *Journal of Strength and Conditioning Research*. 1999; 13: 76-81.

27. Morrissey MC, Harman EA, Frykman PN, Han KH. Early phase differential effects of slow and fast barbell squat training. *American Journal of Sports Medicine*. 1998; 26: 221-230.

28. Peterson MD, Rhea MR, Alvar BA. Maximizing strength development in athletes: A meta-analysis to determine the dose-response relationship. *Journal of Strength and Conditioning Research*. 2004; 18: 377-382.

29. Ratamess NA. Adaptations to anaerobic training programs. In: Baechle TR, Earle RW, eds. *Essentials of Strength Training and Conditioning*. 3rd ed. Champaign, IL: Human Kinetics; 2008: 93-119.

30. Ratamess, NA, Falvo MJ, Mangine GT, Hoffman JR, Faigenbaum AD, Kang J. The effect of rest interval length on metabolic responses to the bench press exercise. *European Journal of Applied Physiology*. 2007; 100: 1-17.

31. Ratamess NA, Alvar BA, Evetovich TK, et al. American College of Sports Medicine's position stand: Progression models in resistance training for healthy adults. *Medicine and Science in Sports and Exercise*. 2009; 41: 687-708.

32. Rhea MR, Alvar BA, Ball SD, Burkett LN. Three sets of weight training superior to 1 set with equal intensity for eliciting strength. *Journal of Strength and Conditioning Research*. 2002; 16: 525-529.

33. Schilling BK, Falvo MJ, Chiu LZ. Force-velocity, impulse-momentum relationships: Implications for efficacy of purposely slow resistance training. *Journal of Sports Science and Medicine*. 2008; 7: 299-304.

34. Siegel JA, Gilders RM, Staron RS, Hagerman FC. Human muscle power output during upper- and lower-body exercises. *Journal of Strength and Conditioning Research*. 2002; 16: 173-178.

35. Simao R, Farinatti PT, Polito MD, Maior AS, Fleck SJ. Influence of exercise order on the number of repetitions performed and perceived exertion during resistive exercises. *Journal of Strength and Conditioning Research*. 2005; 19: 152-156.

36. Simao R, Farinatti PT, Polito MD, Viveiros L, Fleck SJ. Influence of exercise order on the number of repetitions performed and perceived exertion during resistance exercise in women. *Journal of Strength and Conditioning Research*. 2007; 21: 23-28.

37. Starkey DB, Pollock ML, Ishida Y, et al. Effect of resistance training volume on strength and muscle thickness. *Medicine and Science in Sports and Exercise*. 1996; 28, 1311-1320.

38. Willoughby DS, Gillespie JW. A comparison of isotonic free weights and omnikinetic exercise machines on strength. *Journal of Human Movement Studies*. 1990; 19: 93-100.

39. Wilson GJ, Newton RU, Murphy AJ, Humphries BJ. The optimal training load for the development of dynamic athletic performance. *Medicine and Science in Sports and Exercise*. 1993; 25:1279-1286.

Capítulo 5

1. Adams K, O'Shea JP, O'Shea KL, Climstein M. The effect of six weeks of squat, plyometric and squat-plyometric training on power production. *Journal of Applied Sport Science Research*. 1992; 6(1): 36-41.

2. Atha J. Strengthening muscle. *Exercise and Sport Sciences Review.* 1981; 9: 1-73.

3. Baker D. A series of studies on the training of high-intensity muscle power in rugby league football players. *Journal of Strength and Conditioning Research.* 2001; 15(2): 198- 209.

4. Bauer T, Thayer RE, Baras G. Comparison of training modalities for power development in the lower extremity. *Journal of Applied Sport Science Research.* 1990; 4(4): 115-21.

5. Behm DG, Sale, DG. Intended rather than actual movement velocity determines velocity-specific training response. *Journal of Applied Physiology.* 1993; 74(1): 359-68.

6. Berger RA. Optimum repetitions for the development of strength. *Research Quarterly.* 1962; 33(3): 334-37.

7. Berger RA. Effects of dynamic and static training on vertical jumping ability. *Research Quarterly.* 1963; 34(4): 419-24.

8. Blazevich AJ, Gill ND, Bronks R, Newton RU. Training-specific muscle architecture adaptation after 5-week training in athletes. *Medicine and Science in Sports and Exercise.* 2003; 35(12): 2013-2022.

9. Bobbert MF, Van Soest AJ. Effects of muscle strengthening on vertical jump height: A simulation study. *Medicine and Science in Sports and Exercise.* 1994; 26(8): 1012-1020.

10. Bobbert MF, Gerritsen KG, Litjens MC, Van Soest AJ. Why is countermovement jump height greater than squat jump height? *Medicine and Science in Sports and Exercise.* 1996; 28(11): 1402-1412.

11. Bosco C, Komi PV. Potentiation of the mechanical behavior of the human skeletal muscle through prestretching. *Acta Physiologica Scandinavica.* 1979; 106(4): 467-472.

12. Bosco C, et al. Bosco C, Viitasalo JT, Komi PV, Luhtanen P. Combined effect of elastic energy and myoelectrical potentiation during stretch-shortening cycle exercise. *Acta Physiologica Scandinavica.* 1982; 114: 557-565.

13. Bottinelli R, Pellegrino MA, Canepari M, Rossi R, Reggiani C. Specific contributions of various muscle fibre types to human muscle performance: An in vitro study. *Journal of Electromyography and Kinesiology.* 1999; 9(2): 87-95.

14. Brown ME, Mayhew JL, Boleach LW. Effect of plyometric training on vertical jump performance in high school basketball players. *Journal of Sports Medicine and Physical Fitness.* 1986; 26(1): 1-4.

15. Caiozzo VJ, Perrine JJ, Edgerton VR. Training-induced alterations of the in vivo forcevelocity relationship of human muscle. *Journal of Applied Physiology.* 1981; 51(3): 750-754.

16. Campos GE, Luecke TJ, Wendeln HK, et al. Muscular adaptations in response to three different resistance-training regimens: Specificity of repetition maximum training zones. *European Journal of Applied Physiology.* 2002; 88: 50-60.

17. Canavan PK, Garrett GE, Armstrong LE. Kinematic and kinetic relationships between an Olympic-style lift and the vertical jump. *Journal of Strength and Conditioning Research.* 1996; 10(2): 127-130.

18. Carlock JM, Smith SL, Hartman MJ, et al. The relationship between vertical jump power estimates and weightlifting ability: A field-test approach. *Journal of Strength and Conditioning Research.* 2004; 18(3): 534-539.

19. Chimera NJ, Swanik KA, Swanik CB, Straub SJ. Effects of plyometric training on muscle-activation strategies and performance in female athletes. *Journal of Athletic Training*. 2004; 39(1): 24-31.

20. Chu DA. *Jumping into Plyometrics*. Champaign, IL: Leisure Press; 1992.

21. Clutch D, Wilton M, McGown C, Bryce GR. The effect of depth jumps and weight training on leg strength and vertical jump. *Research Quarterly for Exercise and Sport*. 1983; 54(1): 5-10.

22. Cormie P. A series of investigations into the effect of strength level on muscular power in athletic movements. In *School of Exercise, Biomedical and Health Science*. Perth, WA: Edith Cowan University; 2009: 263.

23. Cormie P, McCaulley GO, McBride JM. Power versus strength-power jump squat training: Influence on the load-power relationship. *Medicine and Science in Sports and Exercise*. 2007; 39(6): 996-1003.

24. Cormie P, McBride JM, McCaulley GO. Power-time, force-time, and velocity-time curve analysis during the jump squat: Impact of load. *Journal of Applied Biomechanics*. 2008; 24(2): 112-120.

25. Cormie P, McCaulley GO, Triplett NT, McBride JM. Optimal loading for maximal power output during lower-body resistance exercises. *Medicine and Science in Sports and Exercise*. 2007; 39(2): 340-349.

26. Coyle EF, Feiring DC, Rotkis TC, et al. Specificity of power improvements through slow and fast isokinetic training. *Journal of Applied Physiology*. 1981; 51(6): 1437-1442.

27. de Haan A, Jones DA, Sargent AJ. Changes in velocity of shortening, power output and relaxation rate during fatigue of rat gastrocnemius muscle. *Pflugers Archive*. 1989; 412(4): 422-428.

28. de Villarreal ES, Kellis E, Kraemer WJ, Izquierdo M. Determining variables of plyometric training for improving vertical jump height performance: A meta-analysis. *Journal of Strength and Conditioning Research*. 2009; 23(2): 495-506.

29. Delbridge A, Bernard JR. *The Macquarie Concise Dictionary*. Sydney, Australia: Macquarie Library; 1988.

30. Desmedt JE, Godaux E. Ballistic contractions in man: Characteristic recruitment pattern of single motor units of the tibialis anterior muscle. *Journal of Physiology*. 1977; 264: 673-693.

31. Desmedt JE, Godaux E. Ballistic contractions in fast or slow human muscles: Discharge patterns of single motor units. *Journal of Physiology*. 1978; 285: 185-196.

32. Duchateau J, Hainaut K. Isometric or dynamic training: Differential effects on mechanical properties of human muscle. *Journal of Applied Physiology*. 1984; 56: 296-301.

33. Dugan EL, Doyle TL, Humphries B, Hasson CJ, Newton RU. Determining the optimal load for jump squats: A review of methods and calculations. *Journal of Strength and Conditioning Research*. 2004; 18(3): 668-674.

34. Ebben WP, Carroll RM, Simenz CJ. Strength and conditioning practices of national hockey league strength and conditioning coaches. *Journal of Strength and Conditioning Research*. 2004; 18(4): 889-897.

35. Ebben WP, Hintz MJ, Simenz CJ. Strength and conditioning practices of major league baseball strength and conditioning coaches. *Journal of Strength and Conditioning Research.* 2005; 19(3): 538-546.

36. Elliott BC, Wilson DJ, Kerr GK. A biomechanical analysis of the sticking region in the bench press. *Medicine and Science in Sports and Exercise.* 1989; 21: 450-462.

37. Ettema GJ, van Soest AJ, Huijing PA. The role of series elastic structures in pre-stretchinduced work enhancement during isotonic and isokinetic contractions. *Journal of Experimental Biology.* 1990; 154: 121-136.

38. Faulkner JA, Claflin DR, McCully KK. Power output of fast and slow fibers from human skeletal muscles. In: Jones NL, McCartney N, McComas AJ, eds. *Human Muscle Power.* Champaign, IL: Human Kinetics; 1986: 81-94.

39. Fielding RA, LeBrasseur NK, Cuoco A, Bean J, Mizer K, Fiatarone Singh MA. High-velocity resistance training increases skeletal muscle peak power in older women. *Journal of the American Geriatric Society.* 2002; 50(4): 655-662.

40. Garhammer J. A review of power output studies of Olympic and powerlifting: Methodology, performance prediction and evaluation tests. *Journal of Strength and Conditioning Research.* 1993; 7(2): 76-89.

41. Garhammer J, Gregor R. Propulsion forces as a function of intensity for weightlifting and vertical jumping. *Journal of Applied Sport Science Research.* 1992; 6(3): 129-134.

42. Gollhofer A, Kyrolainen H. Neuromuscular control of the human leg extensor muscles in jump exercises under various stretch-load conditions. *International Journal of Sports Medicine.* 1991; 12(1): 34-40.

43. Gollnick PD, Bayley WM. Biochemical training adaptations and maximal power. In: Jones NL, McCartney N, McComas AJ, eds. *Human Muscle Power.* Champaign, IL: Human Kinetics; 1986: 255-267.

44. Haff GG, Stone M, O'Bryant HS, et al. Force-time dependent characteristics of dynamic and isometric muscle actions. *Journal of Strength and Conditioning Research.* 1997; 11(4): 269-272.

45. Hakkinen K. Neuromuscular and hormonal adaptations during strength and power training. A review. *Journal of Sports Medicine and Physical Fitness.* 1989; 29(1): 9-26.

46. Häkkinen K, Alen M, Komi PV. Changes in isometric force- and relaxation-time, electromyographic and muscle fibre characteristics of human skeletal muscle during strength training and detraining. *Acta Physiologica Scandinavica.* 1985; 125(4): 573-85.

47. Häkkinen K, Komi PV, Alen M. Effect of explosive type strength training on isometric force- and relaxation-time, electromyographic and muscle fibre characteristics of leg extensor muscles. *Acta Physiologica Scandinavica.* 1985; 125(4): 587-600.

48. Häkkinen K, Komi PV, Tesch PA. Effect of combined concentric and eccentric strength training and detraining on force-time, muscle fibre and metabolic characteristics of leg extensor muscles. *Scandinavian Journal of Sport Science.* 1981; 3: 50-58.

49. Häkkinen K, Mero A, Kauhanen H. Specificity of endurance, sprint and strength training on physical performance capacity in young athletes. *Journal of Sports Medicine and Physical Fitness*. 1989; 29(1): 27–35.

50. Häkkinen K, Komi PV, Alén M, Kauhanen H. EMG, muscle fibre and force production characteristics during a 1 year training period in elite weight-lifters. *European Journal of Applied Physiology*. 1987; 56: 419–427.

51. Häkkinen K, Kallinen M, Izquierdo M, et al. Changes in agonist-antagonist EMG, muscle CSA, and force during strength training in middle-aged and older people. *Journal of Applied Physiology*. 1998; 84(4): 1341–1349.

52. Hannerz J. Discharge properties of motor units in relation to recruitment order in voluntary contraction. *Acta Physiologica Scandinavica*. 1974; 91(3): 374–385.

53. Harris GR, Stone MH, O'Bryant HS, Proulx CM, Johnson RL. Short-term performance effects of high power, high force, or combined weight-training methods. *Journal of Strength and Conditioning Research*. 2000; 14(1): 14–20.

54. Hatfield FC. *Power: A Scientific Approach*. Chicago, IL: Contemporary Books; 1989.

55. Henneman E, Clamann HP, Gillies JD, Skinner RD. Rank order of motoneurons within a pool, law of combination. *Journal of Neurophysiology*. 1974; 37: 1338–1349.

56. Henneman E, Somjen G, Carpenter DO. Functional significance of cell size in spinal motoneurons. *Journal of Neurophysiology*. 1965; 28: 560–580.

57. Holcomb WR, Lander JE, Rutland RM, Wilson GD. The effectiveness of a modified plyometric program on power and the vertical jump. *Journal of Strength and Conditioning Research*. 1996; 10(2): 89–92.

58. Hori N, Newton RU, Nosaka K, Stone MH. Weightlifting exercises enhance athletic performance that requires high-load speed strength. *Strength and Conditioning Journal*. 2005; 27(4): 50–55.

59. Hori N, Newton RU, Andrews WA, Kawamori N, McGuigan MR, Nosaka K. Does performance of hang power clean differentiate performance of jumping, sprinting, and changing of direction? *Journal of Strength and Conditioning Research*. 2008; 22(2): 412–418.

60. Jones K, Bishop P, Hunter G, Fleisig G. The effects of varying resistance-training loads on intermediate- and high-velocity-specific adaptations. *Journal of Strength and Conditioning Research*. 2001; 15(3): 349–356.

61. Kanehisa H, Miyashita M. Specificity of velocity in strength training. *European Journal of Applied Physiology and Occupational Physiology*. 1983; 52(1): 104–106.

62. Kaneko M, Fuchimoto T, Toji H, Suei K. Training effect of different loads on the forcevelocity relationship and mechanical power output in human muscle. *Scandinavian Journal of Medicine and Science in Sports*. 1983; 5(2): 50–55.

63. Kawamori N, Haff GG. The optimal training load for the development of muscular power. *Journal of Strength and Conditioning Research*. 2004; 18(3): 675–684.

64. Kawamori N, Crum AJ, Blumert PA, et al. Influence of different relative intensities on power output during the hang power clean: Identification of the optimal load. *Journal of Strength and Conditioning Research*. 2005; 19(3): 698–708.

65. Knuttgen HG, Kraemer WJ. Terminology and measurement in exercise performance. *Journal of Applied Sport Science Research.* 1987; 1: 1-10.

66. Komi PV. The stretch-shortening cycle and human power output. In: Jones NL, McCartney N, McComas AJ, eds. *Human Muscle Power.* Champaign, IL: Human Kinetics; 1986: 27-40.

67. Komi PV, Häkkinen K. Strength and power. In: Dirix A, Knuttgen HG, Tittel K, eds. *The Olympic Book of Sports Medicine.* Boston, MA: Blackwell Scientific; 1988.

68. Kraemer WJ. Involvement of eccentric muscle action may optimize adaptations to resistance training. In: *Sports Science Exchange.* Chicago, IL: Gatorade Sports Science Institute; 1992.

69. Kraemer WJ, Newton RU. Training for muscular power. *Physical Medicine and Rehabilitation Clinics of North America.* 2000; 11(2): 341-368.

70. Kyröläinen H, Avela J, McBride JM, et al. Effects of power training on muscle structure and neuromuscular performance. *Scandinavian Journal of Medicine and Science in Sports.* 2005; 15(1): 58-64.

71. Lamas L, Aoki MS, Ugrinowitsch C, et al. Expression of genes related to muscle plasticity after strength and power training regimens. *Scandinavian Journal of Medicine and Science in Sports.* [ePub] 2009.

72. Lesmes G. Muscle strength and power changes during maximal isokinetic training. *Medicine and Science in Sports and Exercise.* 1978; 10: 266-269.

73. Lyttle AD, Wilson G, Ostrowski KJ. Enhancing performance: Maximal power versus combined weights and plyometrics training. *Journal of Strength and Conditioning Research.* 1996; 10(3): 173-179.

74. Malisoux L, Francaux M, Nielens H, Theisen D. Stretch-shortening cycle exercises: An effective training paradigm to enhance power output of human single muscle fibers. *Journal of Applied Physiology.* 2006; 100(3): 771-779.

75. Matavulj D, Kukolj M, Ugarkovic D, Tihanyi J, Jaric S. Effects of plyometric training on jumping performance in junior basketball players. *Journal of Sports Medicine and Physical Fitness.* 2001; 41(2): 159-164.

76. McBride JM, Triplett-McBride T, Davie A, Newton RU. The effect of heavy- vs. lightload jump squats on the development of strength, power, and speed. *Journal of Strength and Conditioning Research.* 2002; 16(1): 75-82.

77. Moffroid MT, Whipple RH. Specificity of speed of exercise. *Physical Therapy.* 1970; 50: 1692-1700.

78. Moss BM, Refsnes PE, Abildgaard A, Nicolaysen K, Jensen J. Effects of maximal effort strength training with different loads on dynamic strength, cross-sectional area, load-power and load-velocity relationships. *European Journal of Applied Physiology and Occupational Physiology.* 1997; 75(3): 193-199.

79. Narici MV, Roi GS, Landoni L, Minetti AE, Cerretelli P. Changes in force cross-sectional area and neural activation during strength training and detraining of the human quadriceps. *European Journal of Applied Physiology.* 1989; 59: 310-319.

80. Newton RU, Kraemer WJ. Developing explosive muscular power: Implications for a mixed method training strategy. *Strength and Conditioning Journal.* 1994; 16(5): 20-31.

81. Newton RU, Kraemer WJ, Häkkinen K. Effects of ballistic training on preseason preparation of elite volleyball players. *Medicine and Science in Sports and Exercise.* 1999; 31(2): 323-330.

82. Newton RU, Kraemer WJ, Häkkinen K, Humphries B, Murphy AJ. Kinematics, kinetics, and muscle activation during explosive upper body movements. *Journal of Applied Biomechanics.* 1996; 12: 31-43.

83. Newton RU, Rogers RA, Volek JS, Häkkinen K, Kraemer WJ. Four weeks of optimal load ballistic resistance training at the end of season attenuates declining jump performance of women volleyball players. *Journal of Strength and Conditioning Research.* 2006; 20(4): 955-961.

84. Newton RU, Häkkinen K, Häkkinen A, McCormick M, Volek J, Kraemer WJ. Mixedmethods resistance training increases power and strength of young and older men. *Medicine and Science in Sports and Exercise.* 2002; 34(8): 1367-1375.

85. Newton RU, Murphy AJ, Humphries BJ, Wilson GJ, Kraemer WJ, Häkkinen K. Influence of load and stretch shortening cycle on the kinematics, kinetics and muscle activation that occurs during explosive upper-body movements. *European Journal of Applied Physiology and Occupational Physiology.* 1997; 75(4): 333-342.

86. Roman WJ, Fleckenstein J, Stray-Gundersen J, Alway SE, Peshock R, Gonyea WJ. Adaptations in the elbow flexors of elderly males after heavy-resistance training. *Journal of Applied Physiology.* 1993; 74(2): 750-754.

87. Sale DG. Influence of exercise and training on motor unit activation. *Exercise and Sport Science Review.* 1987; 15: 95-151.

88. Schilling BK, Stone MH, O'Bryant HS, Fry AC, Coglianese RH, Pierce KC. Snatch technique of collegiate national level weightlifters. *Journal of Strength and Conditioning Research.* 2002; 16(4): 551-555.

89. Schmidtbleicher D. Training for power events. In: Komi PV, ed. *Strength and Power in Sport.* Oxford: Blackwell Scientific; 1992: 381-395.

90. Schmidtbleicher D, Buehrle M. Neuronal adaptation and increase of cross-sectional area studying different strength training methods. *Biomechanics.* 1987; X-B: 615-620.

91. Schmidtbleicher D, Gollhofer A, Frick U. Effects of a stretch-shortening typed training on the performance capability and innervation characteristics of leg extensor muscles. In: de Groot G, et al., eds. *Biomechanics XI-A.* Amsterdam: Free University Press; 1988: 185-189.

92. Simenz CJ, Dugan CA, Ebben WP. Strength and conditioning practices of national basketball association strength and conditioning coaches. *Journal of Strength and Conditioning Research.* 2005; 19(3): 495-504.

93. Stone ME, Johnson R, Carter D. A short term comparison of two different methods of resistive training on leg strength and power. *Athletic Training.* 1979; 14: 158-160.

94. Stowers T, McMillian J, Scala D, Davis V, Wilson D, Stone M. The short-term effects of three different strength-power training methods. *NSCA Journal.* 1983; 5(3): 24-27.

95. Toji H, Kaneko M. Effect of multiple-load training on the force-velocity relationship. *Journal of Strength and Conditioning Research.* 2004; 18(4): 792-795.

96. Toji H, Suei K, Kaneko M. Effects of combined training loads on relations among force, velocity, and power development. *Canadian Journal of Applied Physiology.* 1997; 22(4): 328-336.

97. Tricoli V, Lamas L, Carnevale R, Ugrinowitsch C. Short-term effects on lower-body functional power development: Weightlifting vs. vertical jump training programs. *Journal of Strength and Conditioning Research.* 2005; 19(2): 433-437.

98. van Leeuwen JL. Optimum power output and structural design of sarcomeres. *Journal of Theoretical Biology.* 1991; 149: 229-256.

99. Wathen D. Position statement: Explosive/plyometric exercises. *NSCA Journal.* 1993; 15(3): 16-19.

100. Widrick JJ, Stelzer JE, Shoepe TC, Garner DP. Functional properties of human muscle fibers after short-term resistance exercise training. *American Journal of Physiology— Regulatory, Integrative and Comparative Physiology.* 2002; 283(2): R408-R416.

101. Wilson GJ, Murphy AJ, Walshe AD. Performance benefits from weight and plyometric training: Effects of initial strength level. *Coaching Sport Science Journal.* 1997; 2(1): 3-8.

102. Wilson GJ, Newton RU, Murphy AJ, Humphries BJ. The optimal training load for the development of dynamic athletic performance. *Medicine and Science in Sports and Exercise.* 1993; 25(11): 1279-1286.

103. Winchester JB, McBride JM, Maher MA, et al. Eight weeks of ballistic exercise improves power independently of changes in strength and muscle fiber type expression. *Journal of Strength and Conditioning Research.* 2008; 22(6): 1728-1734.

104. Winter DA. *Biomechanics and Motor Control of Human Movement.* New York, NY: Wiley; 1990.

105. Young WB. Training for speed/strength: Heavy versus light loads. *NSCA Journal.* 1993; 15: 34-42.

106. Young WB, Bilby GE. The effect of voluntary effort to influence speed of contraction on strength, muscular power, and hypertrophy development. *Journal of Strength and Conditioning Research.* 1993; 7(3): 172-178.

107. Zatsiorsky VM, Kraemer WJ. *Science and Practice of Strength Training.* 2nd ed. Champaign, IL: Human Kinetics; 2006.

Capítulo 6

1. Costill DL, Coyle EF, Fink WJ, Lesmes GR, Witzmann FA. Adaptations in skeletal muscle following strength training. *Journal of Applied Physiology.* 1979; 46: 96-99.

2. Dudley GA, Abraham WM, Terjung RL. Influence of exercise intensity and duration on biochemical adaptations in skeletal muscle. *Journal of Applied Physiology.* 1982; 53: 844-850.

3. Fitts RH. Substrate supply and energy metabolism during brief high intensity exercise: Importance in limiting performance. In: Lamb DR, Gisolfi CV, eds. *Energy Metabolism in Exercise and Sport*. Madison, WI: Brown & Benchmark; 1992: 53-105.

4. Gjovaag TF, Dahl HA. Effect of training with different intensities and volumes on muscle fibre enzyme activity and cross sectional area in the m. triceps brachii. *European Journal of Applied Physiology*. 2008; 103: 399-409.

5. Hoffman JR. *Physiological Aspects of Sports Training and Performance*. Champaign, IL: Human Kinetics; 2002: 93-108.

6. Houston ME, Wilson DM, Green HJ, Thomson JA, Ranney DA. Physiological and muscle enzyme adaptations to two different intensities of swim training. *European Journal of Applied Physiology*. 1981; 46: 283-291.

7. Howald H, Hoppeler H, Claassen H, Mathieu O, Staub R. Influence of endurance training on the ultrastructural composition of the different muscle fiber types in humans. *Pflugers Archives*. 1985; 403: 369-376.

8. Jacobs I, Esbjornsson M, Sylven C, Holm I, Jansson E. Sprint training effects on muscle myoglobin, enzymes, fiber types, and blood lactate. *Medicine and Science in Sports and Exercise*. 1987; 19: 368-374.

9. Jansson E, Sjodin B, Tesch P. Changes in muscle fibre type distribution in man after physical training. *Acta Physiologica Scandinavica*. 1978; 104: 235-237.

10. Jansson E, Esbjornsson M, Holm I, Jacobs I. Increases in the proportion of fast-twitch muscle fibres in sprint training in males. *Acta Physiologica Scandinavica*. 1990; 140: 359-363.

11. Kraemer WJ, Gotshalk LA. Physiology of American football. In: Garrett WE, Kirkendall DT, eds. *Exercise and Sport Science*. Philadelphia, PA: Lippincott, Williams and Wilkins; 2000: 795-813.

12. Kraemer WJ, Patton JF, Gordon SE, et al. Compatibility of high-intensity strength and endurance training on hormonal and skeletal muscle adaptations. *Journal of Applied Physiology*. 1995; 78: 976-989.

13. Lepretre PM, Vogel T, Brechat PH, et al. Impact of short-term aerobic interval training on maximal exercise in sedentary aged subjects. *International Journal of Clinical Practice*. 2009; 63: 1472-1478.

14. Linossier MT, Dormois D, Perier C, Frey J, Geyssant A, Denis C. Enzyme adaptations of human skeletal muscle during bicycle short-sprint training and detraining. *Acta Physiologica Scandinavica*. 1997; 161: 439-445.

15. MacDougall JD, Ward GR, Sale DG, Sutton JR. Biochemical adaptations of human skeletal muscle to heavy resistance training and immobilization. *Journal of Applied Physiology*. 1977; 43: 700-703.

16. Parra J, Cadefau JA, Rodas G, Amigo N, Cusso R. The distribution of rest periods affects performance and adaptations of energy metabolism induced by high-intensity training in human muscle. *Acta Physiologica Scandinavica*. 2000; 169: 157-165.

17. Sharp RL, Costill DL, Fink WJ, King DS. Effects of eight weeks of bicycle ergometer sprint training on human muscle buffer capacity. *International Journal of Sports Medicine.* 1986; 7: 13-17.

18. Simoneau JA, Lortie G, Boulay MR, Marchotte M, Thibault MC, Bouchard C. Human skeletal muscle fiber type alteration with high intensity intermittent training. *European Journal of Applied Physiology.* 1985; 54: 240-253.

19. Staron RS, Milicky ES, Leonardi MJ, Falkel JE, Hagerman FC, Dudley GA. Muscle hypertrophy and fast fiber type conversions in heavy resistance trained women. *European Journal of Applied Physiology.* 1989; 60: 71-79.

20. Staron RS, Karapondo DL, Kraemer WJ, et al. Skeletal muscle adaptations during early phase of heavy resistance training in men and women. *Journal of Applied Physiology.* 1994; 76(3): 1247-1255.

21. Staron RS, Leonardi MJ, Karapondo DL, et al. Strength and skeletal muscle adaptations in heavy resistance trained women after detraining and retraining. *Journal of Applied Physiology.* 1991; 70(2): 631-640.

22. Tanisho K, Harikawa K. Training effects on endurance capacity in maximal intermittent exercise: Comparison between continuous and interval training. *Journal of Strength and Conditioning Research.* 2009; 23: 2405-2410.

23. Troup JP, Metzger JM, Fitts RH. Effect of high-intensity exercise on functional capacity of limb skeletal muscle. *Journal of Applied Physiology.* 1986; 60: 1743-1751.

24. Walter AA, Smith AE, Kendall KL, Stout JR, Cramer JT. Six weeks of high-intensity interval training with and without beta-alanine supplementation for improving cardiovascular fitness in women. *Journal of Strength and Conditioning Research.* 2010; 24: 1199-1207.

Capítulo 7

1. Baechle TR, Earle RW, NSCA (US). *Essentials of Strength Training and Conditioning.* 3rd ed. Champaign, IL: Human Kinetics; 2008.

2. Bompa TO. *Periodization: Theory and Methodology of Training.* 4th ed. Champaign, IL: Human Kinetics; 1999.

3. Borg G. Perceived exertion as an indicator of somatic stress. *Scandanavian Journal of Rehabilitation Medicine.* 1970; 2: 92-98.

4. Boulay MR, Simoneau JA, Lortie G, Bouchard C. Monitoring high-intensity endurance exercise with heart rate and thresholds. *Medicine and Science in Sports and Exercise.* 1997; 29: 125-132.

5. Budgett R. Overtraining syndrome. *British Journal of Sports Medicine.* 1990; 24: 231-236.

6. Cavanagh PR, Williams KR. The effect of stride length variation on oxygen uptake during distance running. *Medicine and Science in Sports and Exercise.* 1982; 14: 30-35.

7. Coyle EF, Coggan AR, Hopper MK, Walters TJ. Determinants of endurance in well-trained cyclists. *Journal of Applied Physiology.* 1988; 64: 2622-2630.

8.   Cureton KJ, Sparling PB, Evans BW, Johnson SM, Kong UD, Purvis JW. Effect of experimental alterations in excess weight on aerobic capacity and distance running performance. *Medicine and Science in Sports*. 1978; 10: 194-199.

9.   Daniels J. Training distance runners—A primer. *Gatorade Sports Science Exchange*. 1989; 1-5.

10. Edge J, Bishop D, Goodman C, Dawson B. Effects of high- and moderate-intensity training on metabolism and repeated sprints. *Medicine and Science in Sports and Exercise*. 2005; 37: 1975-1982.

11. Evans M. *Endurance Athlete's Edge*. Champaign, IL: Human Kinetics; 1997: 229.

12. Fry RW, Morton AR, Garcia-Webb P, Crawford GP, Keast D. Biological responses to overload training in endurance sports. *European Journal of Applied Physiology and Occupational Physiology*. 1992; 64: 335-344.

13. Fry RW, Morton AR, Keast D. Overtraining in athletes. An update. *Sports Medicine*. 1991; 12: 32-65.

14. Gastin PB. Energy system interaction and relative contribution during maximal exercise. *Sports Medicine*. 2001; 31: 725-741.

15. Gibala MJ. High-intensity interval training: A time-efficient strategy for health promotion? *Current Sports Medicine Reports*. 2007; 6: 211-213.

16. Helgerud J, Hoydal K, Wang E, et al. Aerobic high-intensity intervals improve V. O2max more than moderate training. *Medicine and Science in Sports and Exercise*. 2007; 39: 665-671.

17. Hoffman JR. The relationship between aerobic fitness and recovery from high-intensity exercise in infantry soldiers. *Military Medicine*. 1997; 162: 484-488.

18. Holloszy JO, Coyle, EF. Adaptations of skeletal muscle to endurance exercise and their metabolic consequences. *Journal of Applied Physiology*. 1984; 56: 831-838.

19. Howarth KR, Moreau NA, Phillips SM, Gibala MJ. Coingestion of protein with carbohydrate during recovery from endurance exercise stimulates skeletal muscle protein synthesis in humans. *Journal of Applied Physiology*. 2009; 106: 1394-1402.

20. Kerksick C, Harvey T, Stout J, et al. International Society of Sports Nutrition's position stand: Nutrient timing. *Journal of the International Society of Sports Nutrition*. 2008; 5: 17.

21. Koutedakis Y, Budgett R, Faulmann L. Rest in underperforming elite competitors. *British Journal of Sports Medicine*. 1990; 24: 248-252.

22. Kraemer WJ, Ratamess NA. Fundamentals of resistance training: Progression and exercise prescription. *Medicine and Science in Sports and Exercise*. 2004; 36: 674-688.

23. Kyle CR, Caiozzo VJ. The effect of athletic clothing aerodynamics upon running speed. *Medicine and Science in Sports and Exercise*. 1986; 18: 509-515.

24. Matvyev L. *Fundamentals of Sports Training*. [English translation of the revised Russian edition.] Moscow: Progress; 1981

25. McArdle WD, Katch FI, Katch VL. *Exercise Physiology: Energy, Nutrition, & Human Performance*. 6th ed. Baltimore, MD: Lippincott Williams & Wilkins; 2007.

26. Morgan DW, Craib M. Physiological aspects of running economy. *Medicine and Science in Sports and Exercise*. 1993; 24: 456-461.

27. Morgan WP, Pollock ML. Psychological characterization of the elite distance runner. *Annals of the NY Academy of Sciences*. 1977; 301: 382-403.

28. Paavolainen L, Hakkinen K, Hamalainen I, Nummela A, Rusko H. Explosive-strength training improves 5 km running time by improving running economy and muscle power. *Journal of Applied Physiology*. 1999; 86: 1527-1533.

29. Pate RR, Branch JD. Training for endurance sport. *Medicine and Science in Sports and Exercise*. 1992; 24: S340-343.

30. Pollock ML, Gaesser GA, Butcher JD, et al. The recommended quantity and quality of exercise for developing and maintaining cardiorespiratory and muscular fitness and flexibility in healthy adults. *Medicine and Science in Sports and Exercise*. 1998; 30.

31. Powers, SK, Howley ET, eds. *Exercise Physiology: Theory and Application to Fitness and Performance*. Dubuque, IA: Brown & Benchmark; 1997.

32. Raglin JS. The psychology of the marathoner: Of one mind and many. *Sports Medicine*. 2007; 37: 404-407.

33. Shepley B, MacDougall JD, Cipriano N, Sutton JR, Tarnopolsky MA, Coates G. Physiological effects of tapering in highly trained athletes. *Journal of Applied Physiology*. 1992; 72: 706-711.

34. Smith AE, Moon JR, Kendall KL, et al. The effects of beta-alanine supplementation and high-intensity interval training on neuromuscular fatigue and muscle function. *European Journal of Applied Physiology*. 2009; 105: 357-363.

35. Smith DJ. A framework for understanding the training process leading to elite performance. *Sports Medicine*. 2003; 33: 1103-1126.

36. Stevinson CD, Biddle SJ. Cognitive orientations in marathon running and "hitting the wall." *British Journal of Sports Medicine*. 1998; 32: 229-234.

37. Tabata I, Nishimura K, Kouzaki M, et al. Effects of moderate-intensity endurance and high-intensity intermittent training on anaerobic capacity and V.O2max. *Medicine and Science in Sports and Exercise*. 1996; 28: 1327-1330.

38. Zupan MF, Petosa PS. Aerobic and resistance cross-training for peak triathlon performance. *Strength and Conditioning Journal*. 1995; 17: 7-12.

Capítulo 8

1. Brown TD, Vescovi JD. Efficient arms for efficient agility. *Strength and Conditioning Journal*. 2003; 25(4): 7-11.

2. Brughelli M, Cronin J, Levin G, Chaouachi A. Understanding change of direction ability in sport: A review of resistance training studies. *Sports Medicine*. 2008; 38(12): 1045-1063.

3. Christou M, Smilios I, Sotiropoulos K, Volaklis K, Pilianidis T, Tokmakidis SP. Effects of resistance training on the physical capacities of adolescent soccer players. *Journal of Strength and Conditioning Research*. 2006; 20(4): 783-791.

4. Cressey EM, West CA, Tiberio DP, Kraemer WJ, Maresh CM. The effects of ten weeks of lower-body unstable surface training on markers of athletic performance. *Journal of Strength and Conditioning Research*. 2007; 21(2): 561-567.

5. Di Michele RD, Di Renzo AM, Ammazzalorso S, Merni F. Comparison of physiological responses to an incremental running test on treadmill, natural grass, and synthetic turf in young soccer players. *Journal of Strength and Conditioning Research*. 2009; 23(3): 939-945.

6. Fry AC, Kraemer WJ, Weseman CA, et al. The effects of an off-season strength and conditioning program on starters and non-starters in women's intercollegiate volleyball. *Journal of Applied Sport Science Research*. 1991; 5(4): 174-181.

7. Gabbett T. Performance changes following a field conditioning program in junior and senior rugby league players. *Journal of Strength and Conditioning Research*. 2006; 20(1): 215-221.

8. Gabbett T, Georgieff B, Anderson S, Cotton B, Savovic D, Nicholson L. Changes in skill and physical fitness following training in talent-identified volleyball players. *Journal of Strength and Conditioning Research*. 2006; 20(1): 29-35.

9. Graham J, Ferrigno V. Agility and balance training. In: Brown, LE, Ferrigno, VA, eds. *Training for Speed, Agility, and Quickness*. 2nd ed. Champaign, IL: Human Kinetics; 2005.

10. Hoffman, JR. *Norms for Fitness, Performance, and Health*. 1st ed. Champaign, IL: Human Kinetics; 2006.

11. Hoffman JR, Cooper J, Wendell M, Kang J. Comparison of Olympic vs. traditional power lifting training programs in football players. *Journal of Strength and Conditioning Research*. 2004; 18(1): 129-135.

12. Hoffman JR, Ratamess NA, Cooper JJ, Kang J, Chilakos A, Faigenbaum AD. Comparison of loaded and unloaded jump squat training on strength/power performance in college football players. *Journal of Strength and Conditioning Research*. 2005; 19(4): 810-815.

13. Kraemer WJ, Hakkinen K, Triplett-Mcbride NT, et al. Physiological changes with periodized resistance training in women tennis players. *Medicine and Science in Sports and Exercise*. 2003; (35)1: 157-168.

14. Markovic G, Jukic I, Milanovic D, Metikos D. Effects of sprint and plyometric training on muscle function and athletic performance. *Journal of Strength and Conditioning Research*. 2007; 21(2): 543-549.

15. McBride JM, Triplett-McBride T, Davie A, Newton RU. The effect of heavy- vs. lightload jump squats on the development of strength, power, and speed. *Journal of Strength and Conditioning Research*. 2002; 16(1): 75-82.

16. Miller MG, Herniman JJ, Ricard MD, Cheatham CC, Michael TJ. The effects of a 6-week plyometric training program on agility. *Journal of Sports Science and Medicine*. 2006; 5: 459-465.

17. Murias JM, Lanatta D, Arcuri CR, Laino FA. Metabolic and functional responses playing tennis on different surfaces. *Journal of Strength and Conditioning Research*. 2007; 21(1): 112-117.

18. Polman R, Walsh D, Bloomfield J, Nesti M. Effective conditioning of female soccer players. *Journal of Sport Science*. 2004; 22: 191-203.

19. Roozen M. Illinois agility test. *NSCA's Performance Training Journal*. 2004; 3(5): 5-6.

20. Sheppard JM, Young WB. Agility literature review: Classifications, training and testing. *Journal of Sports Science*. 2006; 24(9): 919-932.

21. Tricoli V, Lamas L, Carnevale R, Ugrinowitsch C. Short-term effects on lower-body functional power development: Weightlifting vs. vertical jump training programs. *Journal of Strength and Conditioning Research*. 2005; 19(2): 433-437.

22. Young WB, McDowell MH, Scarlett BJ. Specificity and sprint and agility training methods. *Journal of Strength and Conditioning Research*. 2001; 15(3): 315-319.

Capítulo 9

1. Abe T, Kumagai K, Brechue WF. Fascicle length of leg muscles is greater in sprinters than distance runners. *Medicine and Science in Sports and Exercise*. 2000; 32(6): 1125-1129.

2. Arthur M, Bailey B. *Complete Conditioning for Football*. Champaign, IL: Human Kinetics; 1998.

3. Balyi I. Long-term athlete development: Trainability in childhood and adolescence. *Olympic Coach*. 2004; 16(1): 4-9.

4. Berg K, Latin RW, Baechle T. Physical and performance characteristics of NCAA division I football players. *Research Quarterly for Exercise and Sport*. 1990; 61: 395-401.

5. Black W, Roundy E. Comparisons of size, strength, speed, and power in NCAA division I-A football players. *Journal of Strength and Conditioning Research*. 1994; 8: 80-85.

6. Bosco C, Vittori C. Biomechanical characteristics of sprint running during maximal and supramaximal speed. *New Studies in Athletics*. 1986; 1(1): 39-45.

7. Cissik J. Means and methods of speed training, part I. *National Strength and Conditioning Association Journal*. 2004; 26 (4): 24-29.

8. Cissik J. Means and methods of speed training, part II. *National Strength and Conditioning Association Journal*. 2005; 27 (1): 18-25.

9. Delecluse C. Influence of strength training on sprint running performance: Current findings and implications for training. *Sports Medicine*. 1997; 24(3): 147-156.

10. Dintiman G, Ward B. *Sports Speed*. 3rd ed. Champaign, IL: Human Kinetics; 2003.

11. Enoka RM. *Neuromechanical Basis of Kinesiology*. 3rd ed. Champaign, IL: Human Kinetics; 2000.

12. Faccioni A. Assisted and resisted methods for speed development (part I). *Modern Athlete and Coach*. 1994; 32(2): 3-6.

13. Faccioni A. Assisted and resisted methods for speed development (part II). *Modern Athlete and Coach*. 1994; 32(3): 8-11.

14. Ferrigno V, Brown L, Murray D. Designing sport-specific programs. In: Brown LE, Ferrigno VA. *Training for Speed, Agility and Quickness.* 2nd ed. Champaign, IL: Human Kinetics; 2005: 71-136.

15. Fry AC, Kraemer WJ. Physical performance characteristics of American collegiate football players. *Journal of Applied Sport Science Research.* 1991; 5: 126-138.

16. Harland MJ, Steele JR. Biomechanics of the sprint start. *Sports Medicine.* 1997; 23(1):11-20.

17. Harman E. Biomechanics of resistance exercise. In: Baechle TR, Earle RW, eds. *Essentials of Strength Training and Conditioning.* 3rd ed. Champaign, IL: Human Kinetics; 2008.

18. Hoffman JR. *Physiological Aspects of Sport Training and Performance.* Champaign, IL: Human Kinetics; 2002.

19. Komi PV. Stretch-shortening cycle. In: Komi PV, ed. *The Encyclopedia of Sports Medicine: Strength and Power in Sport.* 2nd ed. Oxford: Blackwell Science; 2003: 184-202.

20. Kumagai K, Abe T, Bruechue WF, Ryushi T, Takano S, Mizuno M. Sprint performance is related to muscle fascicle length in male 100 m sprinters. *Journal of Applied Physiology.* 2000; 88: 811-816.

21. Lentz D, Hardyk A. Speed training. In: Brown LE, Ferrigno VA, eds. *Training for Speed, Agility and Quickness.* 2nd ed. Champaign, IL: Human Kinetics; 2005: 17-76.

22. Little T, Williams AG. Specificity of acceleration, maximum speed, and agility in professional soccer players. *Journal of Strength and Conditioning Research.* 2005; 19(1): 76-78.

23. Mero A, Komi PV, Gregor RJ. Biomechanics of sprint running. *Sports Medicine.* 1992; 13(6): 376-392.

24. Plisk S. Speed, agility, and speed endurance development. In: Baechle TR, Earle RW, NSCA, eds. *Essentials of Strength Training and Conditioning.* 3rd ed. Champaign, IL: Human Kinetics; 2008: 471-491.

25. Verkhoshansky YV. Principles for a rational organization of the training process aimed at speed development. *New Studies in Athletics.* 1996; 11(2-3): 155-160.

26. Verkhoshansky YV. Quickness and velocity in sports movements. *New Studies in Athletics.* 1996; 11(2-3): 29-37.

27. Verkhoshansky YV. Speed training for high level athletes. *New Studies in Athletics.* 1996; 11(2-3): 39-49.

28. Verkhoshansky YV, Lazarev VV. Principles of planning speed and strength/speed endurance training in sports. *National Strength and Conditioning Association Journal.* 1989; 11(2): 58-61.

29. Young WB, McDowell MH, Scarlett BJ. Specificity of sprint and agility training methods. *Journal of Strength and Conditioning Research.* 2001; 15(3): 315-319.

Capítulo 10

1. Cowley PM, Swensen T, Sforzo GA. Efficacy of instability resistance training. *International Journal of Sports Medicine.* 2007; 28: 829-835.

2. Ebenbichler GR, Oddsson LI, Kollmitzer J, Erim Z. Sensory-motor control of the lower back: Implications for rehabilitation. *Medicine and Science in Sports and Exercise.* 2001; 33: 1889-1898.

3. Goodman CA, Pearce AJ, Nicholes CJ, Gatt BM, Fairweather IH. No difference in 1RM strength and muscle activation during the barbell chest press on a stable and un- stable surface. *Journal of Strength and Conditioning Research.* 2008; 22: 88-94.

4. Kerr ZY, Collins CL, Fields SK, Comstock RD. Epidemiology of player-player con- tact injuries among US high school athletes, 2005-2009. *Clinical Pediatrics.* December 30, 2010.

5. Kohler JM, Flanagan SP, Whiting WC. Muscle activation patterns while lifting stable and unstable loads on stable and unstable surfaces. *Journal of Strength and Conditioning Research.* 2010; 24: 313-321.

6. Taube W, Gruber M, Gollhofer A. Spinal and supraspinal adaptations associated with balance training and their functional relevance. *Acta Physiologica Scandanavica.* 2008; 193: 101-16.

7. Uribe BP, Coburn JW, Brown LE, Judelson DA, Khamoui AV, Nguyen D. Muscle activation when performing the chest press and shoulder press on a stable bench vs. a Swiss ball. *Journal of Strength and Conditioning Research.* 2010; 24: 1028-1033.

8. Waterman BR, Owens BD, Davey S, Zacchilli MA, Belmont PJ Jr. The epidemiology of ankle sprains in the United States. *Journal of Bone and Joint Surgery.* 2010; 92: 2279- 2284.

Capítulo 11

1. Baker D, Wilson G, Carlyon R. Periodization: The effect on strength of manipulating volume and intensity. *Journal of Strength and Conditioning Research.* 1994; 8: 235-242.

2. Behm DG. Periodized training program of the Canadian Olympic curling team. *Strength and Conditioning Journal.* 2007; 28: 24-31.

3. Bompa TO. In training, preparation. [Antrenamentul in perioda, pregatitoare.] *Caiet Pentre Sporturi Nautice.* 1956; 3:22-24.

4. Bompa TO. Criteria pregatirii a unui plan departa ani. *Cultura Fizica si Sport.* 1968; 2:11-19.

5. Bompa TO. *Periodization: Theory and Methodology of Training.* 4th ed. Champaign, IL: Human Kinetics; 1999: 414.

6. Bompa TO, Haff GG. *Periodization: Theory and Methodology of Training.* 5th ed. Cham- paign, IL: Human Kinetics; 2009.

7. Bondarchuk AP. Periodization of sports training. *Legkaya Atletika.* 1986; 12:8-9.

8. Bondarchuk AP. Constructing a training system. *Track Tech.* 1988; 102: 254-269.

9. Bosquet L, Montpetit J, Arvisais D, Mujika I. Effects of tapering on performance: A meta-analysis. *Medicine and Science in Sports and Exercise.* 2007; 39: 1358-1365.

10. Buse GJ, Santana JC. Conditioning strategies for competitive kickboxing. *Strength and Conditioning Journal.* 2008; 30: 42-49.

11. Chiu LZ, Barnes JL. The fitness-fatigue model revistited: Implications for planning short- and long-term training. *NSCA Journal*. 2003; 25: 42-51.

12. Counsilman JE, Counsilman BE. *The New Science of Swimming*. Englewood Cliffs, NJ: Prentice Hall; 1994: 420.

13. Coutts A, Reaburn P, Piva TJ, Murphy A. Changes in selected biochemical, muscular strength, power, and endurance measures during deliberate overreaching and tapering in rugby league players. *International Journal of Sports Medicine*. 2007; 28: 116-124.

14. Coutts AJ, Reaburn P, Piva TJ, Rowsell GJ. Monitoring for overreaching in rugby league players. *European Journal of Applied Physiology*. 2007; 99: 313-324.

15. Dick FW. Planning the programme. In: *Sports Training Principles*. London: A and C Black; 1997: 253-304.

16. Dick FW. *Sports Training Principles*. 4th ed. London: A and C Black; 2002: 214.

17. Edington DW, Edgerton VR. *The Biology of Physical Activity*. Boston, MA: Houghton Mifflin; 1976.

18. Fleck S, Kraemer WJ. *Designing Resistance Training Programs*. 3rd ed. Champaign, IL: Human Kinetics; 2004: 375.

19. Foster C. Monitoring training in athletes with reference to overtraining syndrome. *Medicine and Science in Sports and Exercise*. 1998; 30: 1164-1168.

20. Fry AC. The role of training intensity in resistance exercise overtraining and over-reaching. In: Kreider RB, Fry AC, O'Toole ML, eds. *Overtraining in Sport*. Champaign, IL: Human Kinetics; 1998: 107-127.

21. Fry AC, Kraemer WJ. Resistance exercise overtraining and overreaching. Neuroendo-crine responses. *Sports Medicine*. 1997; 23: 106-129.

22. Fry AC, Kraemer WJ, Stone MH, et al. Endocrine responses to overreaching before and after 1 year of weightlifting. *Canadian Journal of Applied Physiology*. 1994; 19: 400- 410.

23. Fry AC, Webber JM, Weiss LW, Fry MD, Li Y. Impaired performance with excessive high-intensity free-weight training. *Journal of Strength and Conditioning Research*. 2000; 14: 54-61.

24. Fry RW, Morton AR, Keast D. Overtraining in athletes. An update. *Sports Medicine*. 1991; 12: 32-65.

25. Fry RW, Morton AR, Keast D. Periodisation of training stress—A review. *Canadian Journal of Sport Science*. 1992; 17: 234-240.

26. Gabbett T, King T, Jenkins D. Applied physiology of rugby league. *Sports Medicine*. 2008; 38: 119-138.

27. Garhammer J. Periodization of strength training for athletes. *Track Tech*. 1979; 73: 2398-2399.

28. Garhammer J, Takano B. Training for weightlifting. In: Komi PV, ed. *Strength and Power in Sport*. Oxford, UK: Blackwell Scientific; 2003: 502-515.

29. Goodwin EP, Adams KJ, Shelburne J. A strength and conditioning model for a female collegiate cheerleader. *Strength and Conditioning Journal*. 2004; 26: 16-21.

30. Haff, GG. *Periodization: Let the Science Guide Our Program Design.* United Kingdom Strength and Conditioning Conference, Belfast, Ireland; 2008.
31. Haff GG, Kraemer WJ, O'Bryant HS, Pendlay G, Plisk S, Stone MH. Roundtable discussion: Periodization of training (part 1). *NSCA Journal.* 2004; 26:50-69.
32. Haff GG, Kraemer WJ, O'Bryant HS, Pendlay G, Plisk S,. Stone MH. Roundtable discussion: Periodization of training (part 2). *NSCA Journal.* 2004; 26: 56-70.
33. Häkkinen K. Neuromuscular adaptations during strength training, aging, detraining, and immobilization. *Critical Reviews in Physical and Rehabilitation Medicine.* 1994; 6: 161-198.
34. Häkkinen K, Pakarinen A, Alen M, Kauhanen H, Komi PV. Daily hormonal and neuromuscular responses to intensive strength training in 1 week. *International Journal of Sports Medicine.* 1988; 9: 422-428.
35. Häkkinen K, Pakarinen A, Alen M, Kauhanen H, Komi PV. Neuromuscular and hormonal responses in elite athletes to two successive strength training sessions in one day. *European Journal of Applied Physiology.* 1988; 57: 133-139.
36. Häkkinen K, Kallinen M. Distribution of strength training volume into one or two daily sessions and neuromuscular adaptations in female athletes. *Electromyography and Clinical Neurophysiology.* 1994; 34: 117-124.
37. Halson SL, Bridge MW, Meeusen R, et al. Time course of performance changes and fatigue markers during intensified training in trained cyclists. *Journal of Applied Physiology.* 2002; 93: 947-956.
38. Harre D. *Principles of Sports Training.* Berlin, Germany: Sportverlag; 1982a.
39. Harre D. *Training Doctrine.* [*Trainingslehre*]. Berlin, Germany: Sportverlag; 1982b.
40. Harris GR, Stone MS, O'Bryant HS, Proulx CM, Johnson RL. Short-term performance effects of high power, high force, or combined weight-training methods. *Journal of Strength and Conditioning Research.* 2000; 14: 14-20.
41. Hartmann J, Tünnemann H. *Fitness and Strength Training.* Berlin, Germany: Sportverlag; 1989.
42. Hoffman JR, Ratamess NA, Klatt M, et al. Comparison between different off-season resistance training programs in Division III American college football players. *Journal of Strength and Conditioning Research.* 2009; 23: 11-19.
43. Issurin V. *Block Periodization: Breakthrough in Sports Training.* Yessis M, ed. Michigan: Ultimate Athlete Concepts; 2008a; 213.
44. Issurin V. Block periodization versus traditional training theory: A review. *Journal of Sports Medicine and Physical Fitness.* 2008b; 48: 65-75.
45. Izquierdo M, Ibanez J, Gonzalez-Badillo JJ, et al. Detraining and tapering effects on hormonal responses and strength performance. *Journal of Strength and Conditioning Research.* 2007; 21: 768-775.
46. Jeffreys I. Quadrennial planning for the high school athlete. *Strength and Conditioning Journal.* 2008; 30: 74-83.

47. Kraemer WJ, Fleck SJ. *Optimizing Strength Training: Designing Nonlinear Periodization Workouts.* Champaign, IL: Human Kinetics; 2007: 245.

48. Kraemer WJ, Hatfield DL, Fleck SJ. Types of muscle training. In: Brown LE, ed. *Strength Training.* Champaign, IL: Human Kinetics; 2007: 45-72.

49. Kurz T. *Science of Sports Training.* 2nd ed. Island Pond, VT: Stadion Publishing Company; 2001.

50. Matveyev LP. *Periodization of Sports Training.* Moscow, Russia: Fizkultura i Sport;1965.

51. Matveyev LP. *Periodization of Sports Training.* 2nd ed. [*Periodisterung Des Sportlichen Trainings.*] Moscow, Russia: Fizkultura i Sport;1972.

52. Matveyev LP. *Fundamentals of Sports Training.* Moscow, Russia: Fizkultua i Sport; 1977.

53. Matveyev LP. About the construction of training. *Modern Athlete and Coach.* 1994; 32: 12-16.

54. Medvedev AS. Training content of weightlifters in the preparatory period. *Soviet Sports Review.* 1982; 17: 90-93.

55. Mujika I, Padilla S. Scientific bases for precompetition tapering strategies. *Medicine and Science in Sports and Exercise.* 2003; 35: 1182-1187.

56. Mujika I, Goya A, Padilla S, Grijalba A, Gorostiaga E, Ibanez J. Physiological responses to a 6-d taper in middle-distance runners: Influence of training intensity and volume. *Medicine and Science in Sports and Exercise.* 2000; 32: 511-517.

57. Nádori L. *Training and Competition.* Budapest: Sport; 1962.

58. Nádori L, Granek I. *Theoretical and Methodological Basis of Training Planning With Special Considerations Within a Microcycle.* Lincoln, NE: NSCA;1989.

59. Olbrect J. *The Science of Winning: Planning, Periodizing, and Optimizing Swim Training.* Luton, England: Swimshop; 2000: 282.

60. Ozolin N. *Athlete's Training System for Competition.* [*Sovremennaia systema sportivnoi trenirovky.*] Moscow, Russia: Fizkultura i Sport; 1971.

61. Pistilli EE, Ginther G, Larsen J. Sport-specific strength-training exercises for the sport of lacrosse. *Strength and Conditioning Journal.* 2008; 30: 31-38.

62. Plisk SS. Speed, agility, and speed-endurance development. In: Baechle TR, Earle RW, eds. *Essentials of Strength Training and Conditioning.* Champaign, IL: Human Kinetics; 2008.

63. Plisk SS, Gambetta V. Tactical metabolic training: Part 1. *Strength and Conditioning Journal.* 1997; 19: 44-53.

64. Plisk SS, Stone MH. Periodization strategies. *Strength and Conditioning Journal.* 2003; 25: 19-37. 2003.

65. Rhea MR, Ball SD, Phillips WT, Burkett LN. A comparison of linear and daily undulating periodized programs with equated volume and intensity for strength. *Journal of Strength and Conditioning Research.* 2002; 16: 250-255.

66. Rowbottom DG. Periodization of training. In: Garrett WE, Kirkendall DT, eds. *Exercise and Sport Science.* Philadelphia, PA: Lippicott Williams and Wilkins; 2000: 499-512.

67. Schmolinsky G. *Track and Field: The East German Textbook of Athletics*. Toronto, Canada: Sports Book; 2004.

68. Selye H. *The Stress of Life*. New York, NY: McGraw-Hill; 1956.

69. Siff MC. *Supertraining*. 6th ed. Denver, CO: Supertraining Institute; 2003: 496.

70. Siff, M.C. and Y.U. Verkhoshansky. *Supertraining*. 4th ed. Denver, CO: Supertraining International. 1999.

71. Smith DJ. A framework for understanding the training process leading to elite performance. *Sports Med*. 2003; 33: 1103-1126.

72. Stone MH, Fry AC. Increased training volume in strength/power athletes. In: Kreider RB, Fry AC, O'Toole ML, eds. *Overtraining in Sport*. Champaign, IL: Human Kinetics; 1998: 87-106.

73. Stone, M.H., H.S. O'bryant, and J. Garhammer. A theoretical model of strength training. *NSCA J*. 1982; 3:36-39.

74. Stone MH, O'Bryant HS. *Weight Training: A Scientific Approach*. Edina, MN: Burgess; 1987.

75. Stone MH, Keith R, Kearney JT, Wilson GD, Fleck SJ. Overtraining: A review of the signs and symptoms of overtraining. *Journal of Applied Sport Science Research*. 1991; 5: 35-50.

76. Stone MH, O'Bryant HS, Schilling BK, et al. Periodization: Effects of manipulating volume and intensity (part 1). *Strength and Conditioning Journal*. 1999; 21: 56-62.

77. Stone MH, O'Bryant HS, Schilling BK, et al. Periodization: Effects of manipulating volume and intensity (part 2). *Strength and Conditioning Journal*. 1999; 21: 54-60.

78. Stone MH, Potteiger JA, Pierce KC, et al. Comparison of the effects of three different weight-training programs on the one repetition maximum squat. *Journal of Strength and Conditioning Research*. 2000; 14: 332-337.

79. Stone MH, Plisk S, Collins D. Training principles: Evaluation of modes and methods of resistance training—A coaching perspective. *Sport Biomechanics*. 2002; 1: 79-104.

80. Stone MH, Stone ME, Sands WA. *Principles and Practice of Resistance Training*. Champaign, IL: Human Kinetics; 2007: 376.

81. Verkhoshansky YU. *Fundamentals of Special Strength Training in Sport*. [*Osnovi Spetsialnoi Silovoi Podgotovki i Sporte.*] Moscow, Russia: Fizkultura i Sport; 1977.

82. Verkhoshansky YU. *Programming and Organization of Training*. Moscow: Fizkultura i Sport; 1985.

83. Verkhoshansky YU. *Fundamentals of Special Strength Training in Sport*. Livonia, MI: Sportivy Press; 1986.

84. Verkhoshansky YU. *Special Strength Training: A Practical Manual for Coaches*. Michigan: Ultimate Athlete Concepts; 2006: 137.

85. Verkhoshansky YU. Theory and methodology of sport preparation: Block training system for top-level athletes. *Teoria i Practica Physicheskoj Culturi*. 2007; 4: 2-14.

86. Viru A. *Adaptations in Sports Training*. Boca Raton, FL: CRC Press; 1995.

87. Yakovlev, N.N. *Sports Biochemistry*. Leipzig, Germany: Deutsche Hochschule für Korperkultur (German Institute For Physical Culture), 1967.

88. Zatsiorsky VM. *Science and Practice of Strength Training*. Champaign, IL: Human Kinetics; 1995.

Capítulo 12

1. Hoffman JR. *Physiological Aspects of Sports Training and Performance*. Champaign, IL: Human Kinetics; 2002: 93-108.

2. Hoffman JR, Kang J. Strength changes during an inseason resistance training program for football. *Journal of Strength and Conditioning Research*. 2003; 17: 109-114.

3. Hoffman JR, Cooper J, Wendell M, Kang J. Comparison of Olympic versus traditional power lifting training programs in football players. *Journal of Strength and Conditioning Research*. 2004; 18: 129-135.

4. Hoffman JR, Maresh CM. Physiology of basketball. In: Garrett WE, Kirkendall DT, eds. *Exercise and Sport Science*. Philadelphia, PA: Lippincott, Williams and Wilkins; 2000: 733-744.

5. Hoffman JR, Maresh CM, Armstrong LE, Kraemer WJ. The effects of off-season and inseason resistance training programs on a collegiate male basketball team. *Journal of Human Muscle Performance*. 1991; 1: 48-55.

6. Hoffman JR, Wendell M, Cooper J, Kang J. Comparison between linear and nonlinear inseason training programs in freshman football players. *Journal of Strength and Conditioning Research*. 2003; 17: 561-565.

7. Hoffman JR, Fry AC, Deschenes M, Kemp M, Kraemer WJ. The effects of self selection for frequency of training in a winter conditioning program for football. *Journal of Applied Sport Science Research*. 1990; 4(3): 76-82.

8. Hoffman JR, Ratamess NA, Klatt M, et al. Comparison between different resistance training programs in Division III American college football players. *Journal of Strength and Conditioning Research*. 2009; 23: 11-19.

9. Kraemer WJ, Fleck SJ. *Optimizing Strength Training—Designing Nonlinear Periodization Workouts*. Human Kinetics: Champaign, IL; 2007.

10. Kraemer WJ, Patton JF, Gordon SE, et al. Compatibility of high-intensity strength and endurance training on hormonal and skeletal muscle adaptations. *Journal of Applied Physiology*. 1995; 78: 976-989.

11. Tremblay A, Simoneau JA, Bouchard C. Impact of exercise intensity on body fatness and skeletal muscle metabolism. *Metabolism*. 1994; 43: 814-818.

12. USA Track and Field. *USA Track & Field Coaching Manual*. Champaign, IL: Human Kinetics; 2000: 35-62.

Índice remissivo